RURAL DEVELOPMENT, INSTITUTIONAL INNOVATION AND ANTI-POVERTY

问道乡野

农村发展、制度创新与反贫困

王曙光 ◆ 著

北京大学出版社
PEKING UNIVERSITY PRESS

图书在版编目(CIP)数据

问道乡野:农村发展、制度创新与反贫困/王曙光著.—北京:北京大学出版社,2014.10

(北京大学经济学院教授文库)

ISBN 978 - 7 - 301 - 25033 - 4

Ⅰ.①问…　Ⅱ.①王…　Ⅲ.①农村经济发展—中国—文集　Ⅳ.①F323 - 53

中国版本图书馆 CIP 数据核字(2014)第 242452 号

书　　　　名:问道乡野——农村发展、制度创新与反贫困

著作责任者:王曙光　著

责 任 编 辑:郝小楠

标 准 书 号:ISBN 978 - 7 - 301 - 25033 - 4/F·4082

出 版 发 行:北京大学出版社

地　　　　址:北京市海淀区成府路 205 号　100871

网　　　　址:http://www.pup.cn

电 子 信 箱:em@pup.cn　　　QQ:552063295

新 浪 微 博:@北京大学出版社　@北京大学出版社经管图书

电　　　　话:邮购部 62752015　发行部 62750672　编辑部 62752926　出版部 62754962

印　刷　者:北京宏伟双华印刷有限公司

经　销　者:新华书店

　　　　　　730 毫米×1020 毫米　16 开本　18.5 印张　373 千字

　　　　　　2014 年 10 月第 1 版　2014 年 10 月第 1 次印刷

定　　　　价:48.00 元

序　言

论学者、科学精神与人文关怀*

　　每一所大学都会在历史的传承中逐渐形成一种鲜明而持久的风格,这种由数代人酝酿、造就、革新、拓展并遗传下来的特殊精神,是一所大学延续与壮大的精神支柱。北大在历史上曾以"博学审问慎思明辨"为校训,我觉得是非常精当的,现在应该恢复这个校训。"博学",乃是要求学者首先成为知识广博的人,他对事物背后隐藏的真理有着广泛的兴趣;他不仅是一个领域的专门家,而且应该是一个学识闳富、趣味广博的研究者。"审问",乃是要求学者必须对事物有着精细深刻的研究,对世界的本质与根源作深入的探讨与不懈的追问,穷根溯源,孜孜以求,对真理怀有执着的信念。"慎思",乃是一切学者最根本的素养,即运用自己的理性,慎重而独立地作出判断,这就要求他不追随他人的成见,不依傍以往思想家和同时代学者的教条,不理会这个世界的喧嚣,以自己严肃认真的思考对客观世界作出最终的裁决。"明辨",乃是要求学者在面对流行的各种思想与意识时,能明智地辨别其中的是非,这也就意味着一种判断力的养成,一种独立的理性思考能力的养成。

　　在我们这样一个社会结构面临大规模转型、经济形态发生剧烈变迁、市场经济原则与意识渗透到社会各个角落的时代,学者面临着空前的挑战和彷徨。社会价值观念的混乱、学术规范的颠倒与学术市场的失序,都使学术工作面临着巨大的困境,也使学者们往往在一种两难选择前倍感尴尬。一个学者,如果顺从世俗的功利的要求,就必然放弃严肃的持久的科学研究,而以一种浅薄的、最易赢得世俗肯定的方式去博得这个世界的喝彩,此时世俗的功利的回报是以科学的衰退与萎缩为代价,科学的研究者迎合这个世界的肤浅要求,而置自己庄严的科学使命于不顾。然而另一方面,假如一个学者在这个时代坚守自我的科学立场,摒弃世俗的功利的欲望,去从事孤独的、需要长久的工作才能证明其价值的科学研究,则他很可能会被这个现实主义的世界所淡忘或抛弃,他的声名将埋没在这个世界的喧嚣之中,而学者自身也将被视为与这个世界不相和谐的另类。学者面临的这个两难困境使正在开启学术事业序幕的年轻研究者们无所适从,在世俗的潮流与科学的庄严要求

---

　　* 本文是作者 2005 年 11 月在北京大学研究生会主办的第一次学术沙龙上的演讲稿,载王曙光:《燕园夜札:仰望便是幸福》,东方出版社 2008 年版。

之间,他们面临着致命的抉择。

然而,一个严肃的学者若是迁就世俗的要求,以某种功利主义的姿态进行学术工作,则其结果必然与真正的科学事业背道而驰。现实世界为学者们设置了各种各样的诱惑与陷阱,社会荣誉、公众知名度、公共传媒的吹捧与政治地位对每一个学者的科学信念都是一种挑战。在这样的现实中,一个研究者如何成为一个对真理的探求有所贡献的科学工作者,是一个并不简单的命题。对一个有志于终生从事科学工作的年轻学者而言,我体会,以下三种素养或态度也许是最重要的,那就是独立精神、批判意识与真正的人文关怀。

独立精神乃是前面所述"慎思明辨"的根本要义,科学工作者,不管是自然科学工作者还是社会科学工作者,都必须充分运用自己的理性,在真正科学研究的基础上创造知识、发现真理。在这个过程中,学者是一个自由的人,也是一个勇敢的人——他不被潮流所裹挟,在大众的主流意识形态和主流学术思潮面前保持宝贵的冷静与中立姿态,并在各种社会利益集团和大众传媒的压力面前保持研究者的独立性与学术自由。但是一个学者在商业社会中保持学术独立与学术自由是具有相当难度的,市场经济原则的渗透与冲击使学术工作本身产生了"异化",学术不再是创造知识发现真理的手段,而成了市场中具有交换价值的商品,学术成果成为通往更高政治地位、财富与社会荣誉的交换媒介,而学者自身也逐渐由独立、自由的研究者而蜕变为意识形态的诠释者、特殊利益集团的代言人、大众传媒操纵下的傀儡以及商业资本的驯服雇员。由于缺乏科学工作必要的独立自由的前提,有价值的科学成果的生产变得相当困难。在市场交换原则支配一切社会活动的商业社会,学者应尽力维护学术的尊严,维护学术研究的独立性。

批判意识是学术创造的前提。大学是创造新的思想与新的知识的殿堂,然而知识创造的前提是知识者有着足够活跃的带有批判性的心灵,这颗心灵能够对前人或同时代人的思想作出理性的判断,它批判性地吸收前人或同时代人的科学成就,运用自己的理性并以质疑与诘问的眼光看待一切教条与成说。美国思想家爱默生在一篇著名的演讲《论美国学者》中说:

> 世上唯一有价值的东西是活跃的心灵。这是每个人都有权享有的。每个人自身都包含着这颗心灵,尽管多数人心灵受到了滞塞,有些人的心灵尚未诞生。活跃的心灵能看见绝对的真理,能表述真理,或者进行创造。……假如心灵不具备自明的能力,而是从另一颗心灵那里接受真理,即使这真理的光辉滔滔不绝,接受者却没有定期的反省、诘问和自我发现,结果仍然会是一种严重的错误。(爱默生:《论美国学者》,选自《爱默生集:论文与演讲录》)

在当下的中国,也许最值得警惕的莫过于对于国外科学成果的不加批判的盲目接受与膜拜的态度,这种倾向在社会科学中尤其明显。不可否认,西方学者在经济学、社会学、政治学诸领域的研究成果确实值得我国学者借鉴与吸收,但是由于社会科学研究的对象具有极为明显的历史、文化、地域、种族等方面的特征,而这些特征又决定了独特的思维模式、经济形态、社会结构与政治传统,这就决定了我国学者不可能不加批判地接受国外社会科学家已有的定论来套用本国的现实。任何理论都具有特定的前提与约束条件,是在一定的假定基础上展开逻辑推演的,即使逻辑推演是完全没有瑕疵的理论,也会因前提假定的独特性而导致其结论适用范围的局限性,一个真正的科学工作者,对此不可不有清醒的认识,而这种认识同时也关乎一个中国学者的学术自信心。

然而,独立精神与批判意识只是一个真正的学者的必备要素,要使一个学者成为严格意义上的知识分子,还必须具备一种深远的人文关怀。在我国悠久的学术传统中,读书人一直崇尚"士"的节操与风尚,"士"不是一般意义上的读书人(知识的创造者与研究者),他除了具备广博的学识和全面的素养之外,还须关注那些超脱于研究者自身的更为广阔而深远的命题,关注国家、民族乃至整个人类的福祉与终极命运。所以"士"的使命极为庄严重大,因而《论语》里说:"士不可以不弘毅,任重而道远。"(《论语·泰伯》)当然,已经有学者正确地指出了传统意义上的"士"所秉持的"居庙堂之高则忧其民,处江湖之远则忧其君"的信念的局限性,这种局限性导致中国传统知识分子缺乏对纯粹知识创造和纯粹科学研究的激情,他们对知识的追求太切近于"齐家治国平天下"的实用,以至于损害了真正具备科学意义的研究,损害了对真理的理性追求。一个真正意义上的知识分子是把纯粹理性的科学研究与深远宽广的人文关怀完美地结合在一起的人,是超越了单纯知识创造角色的学者,是真正以科学家的姿态关注人类命运、人类价值与人类尊严的人。没有真正意义上的科学研究,不成为某一个领域的专家,科学工作者的人文关怀就是虚空的、肤浅的;然而,一个具备了相当高的科学成就的科学家,假如没有更为广阔的人文关怀,没有关注整个人类价值与前途的宽大胸襟,则他只能是一个具备工具理性的专家,只能是一个"单向度的人",只能是一个人格萎缩、灵魂矮小的"知道分子"。爱因斯坦曾经告诫科学家们说:"关注人本身,应当始终成为一切科学上奋斗的主要目标。……当你埋头于图表和方程式时,千万不要忘记这一点!"(爱因斯坦:《科学与幸福》)面对当代科学工作者人文关怀意识的衰退,爱因斯坦曾经慨叹道:"科学家通过内心自由、通过他思想和工作的独立性所唤醒的那个时代,那个曾经使科学家有机会对他的同胞进行启蒙并丰富他们生活的年代,难道就真的一去不复返了吗?"(爱因斯坦:《科学家的道义责任》)近代以来,理性主义、科学主义的泛滥已经使得真正的人文精神大大衰微,大学中的社会科学教育已经沦落为一种纯粹工程学式的教育,在那些貌似科学的理性的冰冷的模型里,看不到对人的关怀和对人的价值与尊严的追求,而是抽象掉所有的人文视角,退化为一种纯技术性的分析。经济学家、社会学家和法学家,为了使自己的研究更接近于所谓"科学"的标准,正在更多地热衷于构造完美的理论模型,陶醉于闭门造车过程中的理论快感,而不关注真实世界中人的境遇和价值,对这种倾向,哈耶克曾经作过尖锐的嘲讽和深刻的分析(哈耶克:《科学的反革命:理性滥用之研究》)。然而,任何真正意义上的科学研究,其最终目的乃是提升与改善人的境遇,乃是人的自由和价值的重新发现以及人的幸福和尊严的实现,这也就是学者和知识分子"对人类幸福所负的责任"。

当一个研究者真正具备了独立精神、批判意识与人文关怀的时候,他就可以准备启程走上科学工作的道路。这条道路对于一个年轻的研究者而言无疑是艰难的,他会时常遭遇到各种困惑,会面临着来自尘世生活的各种压迫,他必须首先使自己成为勇敢的人、内心强大的人,才能抵御这些困难、挑战与诱惑。我经常提醒我自己并希望通过这个机会提醒我的年轻的同行们的几点是:

一是始终保持在科学面前的诚实。中国古人说"修辞立其诚",就是要求读书人(知识分子)在进行创作或探讨学问时应有一种诚实不欺的态度。这是对待科学工作应该秉持的最起码的学术良知。然而在很多时刻,各种社会力量和利益集团都会出于自己的目的而给科学工作者施加压力,使他们不能忠诚于真理与科学研究的结论;此时科学成为社会利益集团的附庸,学者成为某些力量的傀儡。叔本华说:"只有真理是我的北斗星。"为此他坚决拒绝为迁就世俗与主流思潮而删改自己的著作。从本质上而言,科学工作者诚实的品德也是源于陈寅恪先生所表彰的"独立之精神、自由之思想",也就是他所说的"士之读书治学,盖将以脱心志于俗谛之桎梏"。陈寅恪先生曾这样评价王国维先生:

> 先生以一死见其独立自由之意志,非所论于一人之恩怨,一姓之兴亡。呜呼!树兹石于讲舍,系哀思而不忘。表哲人之奇节,诉真宰之茫然。来世不可知也,先生之著述,或有时而不彰。先生之学说,或有时而可商。惟此独立之精神,自由之思想,历千万祀,与天壤而同久,共三光而永光。(陈寅恪:《清华大学王观堂先生纪念碑铭》)

学术上的诚实需要一种特别的勇敢与对于自己科学工作的自信。我们所尊敬的北大校长马寅初先生,曾因《新人口论》而遭受全国性的猛烈批判,就在这样的严酷的学术气候下,1959 年 11 月,马寅初先生仍然发表了一篇掷地有声的公开信,他说:

> 我虽年近八十,明知寡不敌众,自当单枪匹马出来应战,直到战死为止,决不向以力压服不以理说服的那种批判者投降……我对我的理论相当有把握,不能不坚持。学术的尊严不能不维护,只得拒绝检讨。(马寅初:《重申我的请求》)

马寅初先生身上所彰显出来的坚毅与自信的品格乃是一种真正意义上的科学家品格,是每一个诚实的科学工作者必须具备的品格,学术尊严与学术良知在这种诚实的科学品格的卫护下才得以维持。

第二个应该时常提醒我们自己的是不要被所谓"潮流"左右了我们的科学研究。这里的"潮流"是指一时代所流行的、被称为时尚的学术倾向、意识形态潮流或者主流观点。如果一个学者，不能独立地运用自己的理智对其科学工作作出判断，而是如爱默生所说"迁就公众的喧嚣"，则其科学工作的价值就值得怀疑。在历史上，那些忠实于自己的学术研究、不肯为潮流而放弃自己科学信念的学者，也许其学说在当时的时代不被人所理解，甚至被同时代的主流思想者或者公众视为另类，但是历史的事实往往证明，这些似乎被时代思潮所抛弃或漠视的另类思想者，往往却是真理的拥有者，是真正的科学代言者。我曾写过一篇文章，以经济思想史上的许多例证，证明在经济科学的发展历程中，作出重大科学发现或者开创崭新经济学流派的经济学家往往被同时代人视为边缘或者另类经济学家，甚至被同时代主流学派所鄙弃（王曙光：《主流与边缘：另类经济学的价值》，选自《理性与信仰——经济学反思札记》）。在20世纪50年代即系统阐发市场经济与自由秩序原理却备受主流学术界鄙视冷落的哈耶克，开创制度经济学派却被时人视为怪诞不经的凡伯伦，将经济学方法渗入政治分析从而开启公共选择学派的布坎南，皆是主流经济学家所不齿的另类或边缘人物，然而他们的学说在若干年后竟然成为主流思想的重要组成部分，这几乎成为科学发展史上屡见不鲜的一种规律，验之于自然科学发展史，也是如此。因而，一个正开始科学工作的年轻学者，以自觉的态度保持对于主流思想的警觉，在潮流面前始终坚守自己的批判与质疑的科学姿态，是非常必要的。不逐骛时髦，意味着研究者在理论倾向、思想方法或者是选题上都保持一种独立与清醒，都自觉地与那些学术时尚保持距离，也就是自觉地将研究者自身置于一种边缘的状态。自然，用经济学的术语来说，这种对学术潮流自觉保持疏离甚至是拒斥态度必然会使一个学者承受巨大的机会成本，这些机会成本包括一个正常的人所必然欲求的个人财富、公众知名度与社会地位。而且在很多时候，一个自觉疏离于社会主流思潮或学术潮流从而维护了科学工作者的学术独立与自尊的学者，还必须忍受长时间的孤独，忍受不被人理解、没有同伴和追随者的痛苦。可是从长远来看，这种孤独和痛苦，不正是一个科学工作者荣耀的起点与象征吗？不恰恰是一个学者从内心真正的良知出发、从理性出发而通向真理殿堂必然经过的荆棘道路吗？我们应该相信，在那个真理的殿堂之中，所有的荆棘将会成为荣耀的冠冕。

我们应该时常提醒自己的第三件事情是，作为一个学者，我们需要关怀草根阶层的幸福，关注他们的福利与命运。一个社会科学工作者，如果在其科学研究中摒除了对于底层民众的关注，那么就意味着他的学术工作尚未完成其道义上的使命与责任。当下的经济学家，往往被那些时尚的研究课题所吸引，这些课题更容易为研究者赢得短时期的利益与名声，然而那些关系到更广大民众的幸福的命题，却被严重地忽略了，这不能仅仅解释为一种学术偏好。对草根阶层的关注并非出于学者的同情,而是出于科学家的最本质的使命与道义责任,那就是前文所揭橥的对人类幸福的责任。我国知识分子素有关怀民生疾苦、关注底层民众的传统,晏阳初先生和陶行知先生所倡导的平民教育、梁漱溟先生倡导的农村建设等,都为我们树立了作为知识分子的伟大榜样。与那些在书斋里构建完美理论而自我陶醉的学者相比,他们的生命关怀更加宽广浩瀚,他们的学术人格也更加伟岸挺拔,而他们作为一个学者也更加具备一种道义力量。而更重要的是,这种更深远的关怀所依赖的是一种坚定的行动。学者不仅应该是"思想着的人",为人类贡献有价值的知识和思想,而且应该是"行动的人"。我们往往把思想者描绘成一个孱弱的、只会在书斋里冥想而缺乏行动能力的人,这完全是一种误解和偏见。真正的思想者,必然是一个"行动的人",是一个受道义感召、具备强大生命关怀力量的行动的人。

第四,正如无数大师级的思想者所告诫我们的,作为一个成功的学者,应该具备全面的知识素养,万不可画地为牢,被自己狭窄的专业领域所囿。孔子说,"君子不器"(《论语·为政篇》),即是要求君子(知识分子)不要像器具一样只具备一种知识、一种技艺,而要具备多方面的才能和知识。这四个字的告诫里面充满着先哲伟大的智慧。许多学者为自己的专业领域所囿,对其他学科或本学科内其他领域的学术发展处于无知的状态,这种状况极大地阻碍了学术的创新与发展。更为严重的是,某些学科的研究者具有心理学上严重的所谓"自恋"倾向,这是一种学术自恋,对其他学科的学术成就(包括思想上的和方法上的)无动于衷一无所知,而把自己所处的学科当作可以驾驭统制一切其他学科的高高在上的霸主,在社会科学发展史上,"历史学帝国主义"和"经济学帝国主义"曾相继出现,为学术史留下不少教训和笑柄。实际上,像经济学这样的学科,完全可以也完全应该从哲学(包括伦理学)、社会学、法学、政治学、历史学、心理学甚至从自然科学(比如生物学、物理学)的发展中汲取思想或方法论上的灵感,而事实上,经济学这门学科在历史上确实已经受到上述学科的宝贵滋养和启示。在学科交叉日益明显的当代学术研究中,单一的、狭窄的、带有学科偏见与自大的学术视野已经不足以催生新的科学发现,取而代之的应该是全面的学术素养,开阔的学术眼光,而只有具备这样的学术背景,才可以期待未来的成功学者的出现。

以上是我对于自己以及我的年轻的同行们——预备作为科学研究者一员的同行们——的期待和建议。最后,我愿意引用爱默生《论美国学者》中的两段话作为结尾:

> ……学者的职责是去鼓舞、提高和指引众人,使他们看到表象之下的真实。……他是一个将自己从私心杂念中提高升华的人,他依靠民众生动的思想去呼吸,去生活。他是这世界的眼睛。他是这世界的心脏。他要保存和传播英勇的情操,高尚的传记,优美的诗章与历史的结论,以此抵抗那种不断向着野蛮倒退的粗俗的繁荣。

……那些最有希望的年轻人在这片国土上开始生活,山风吹拂着他们,上帝的星辰照耀他们。……要忍耐,再忍耐——忍耐中你沐浴着一切善良人和伟人的余荫,而你的安慰是你本人无限宽广的生活远景,你的工作是研究与传播真理,使得人的本能普及开来,并且感化全世界。

王曙光
2014 年 3 月于北大经济学院

目　录

第二篇　民间信用演进

第三篇　乡　村　治　理

第四篇　贫困与反贫困

第五篇　制度创新与转型

第一篇　农村金融改革

第一章 农村金融负投资与农村经济增长
——库兹涅茨效应的经验验证与矫正框架[*]

一、引言：双重二元金融结构下的农村信贷与农村经济增长

金融体系对于经济增长具有重要的作用。早在 17、18 世纪欧洲资本主义发展的早期阶段即有学者关注到金融体系对产业发展和经济成长的显著作用，在洛克、斯密和边沁的有关金融发展的早期著作中，对金融体系对经济增长的积极作用进行了开创性研究（Locke，1695；Smith，1776；Bentham，1787）。20 世纪中期以降特别是近 20 年来，关于金融发展与经济增长之间的关系的探讨构成主流的金融发展理论的核心部分。Goldsmith（1969）与麦金农-肖学派（Shaw，1973；McKinnon，1973）关于金融自由化与经济增长的开创性研究构成金融发展理论的奠基作品。20 世纪 90 年代以来，伴随金融体系的迅猛发展，金融发展与经济增长的关系得到了更为深入的研究，出现了一批重要研究成果（King and Levine，1993；Gelb，1989；Roubini and Sala-i-Martin，1992；Easterly，1993；Pagano，1993；Levine，1996）。这些研究表明，运作良好的金融体系通过动员储蓄、提升资产配置效率、改善公司治理、分散化以及促进专业化分工与交易等方面的作用，对实体经济发展提供助力并提升居民福利水平。

同样，农业信贷与其他金融资本配置会极大地改善农户生产要素投入与技术提升状况，从而使农户能够分享经济发展与工业化的福利。一些文献对农村金融与农村发展之间的关系进行了实证研究，认为农村金融发展对于农村经济增长具有重要作用，而金融支持匮乏是导致我国农村经济发展滞后和农民收入增长缓慢的重要因素之一（何广文，2004；姚耀军，2004）。长期以来，由于大型商业银行大量

　＊ 本文发表于《财贸经济》2013 年第 2 期，与李冰冰博士合作。

从基层农村地区撤出分支机构以及农信社等正规金融机构过低的存贷比例,导致农村地区出现了严重的系统性负投资,农村资金大量外流,从而使农户日益旺盛的资金需求难以得到有效满足,非正规金融体系在农户信贷中扮演了替代性的角色(黄季焜,1999;王曙光、邓一婷,2007;张杰,2004)。因而中国的金融体系呈现出典型的双重二元金融结构,即一方面城市和农村金融体系出现二元对立,农村金融资源向城市单向流动;另一方面是农村正规金融体系和非正规金融体系的二元对立,双重二元金融结构对中国农村发展和中国可持续增长产生了严重的影响(王曙光、王东宾,2011)。目前已经有文献对农村信贷和资金外流效应做了初步的计量分析,其中 Huang, Rozelle and Wang(2006)从财政、金融、税收渠道衡量了资本从农村向城市的流动;武翠芳(2009)则进一步测量了 1978—2005 年农村向城市的金融、财政、价格、投资等渠道的资金流动情况;刘民权(2006)利用来自山东、江苏和山西的调查检验了农信社资金外流与地区经济发展不平衡的关系。

虽然以上文献对农村资金外流做了初步的计量分析,但是对于农村金融负投资与农村经济增长、农户信贷与农民收入方面的系统的实证研究还比较缺乏,对负投资的形成机制的理论解释尚欠深入。本文以农村金融负投资和库兹涅茨效应的考察为核心,一方面试图在理论上建构一个农村金融负投资与农民收入增长之间关系的有效解释模型,另一方面试图基于统计数据对农村金融负投资对农民收入的影响进行计量分析和经验验证。基于这一思路,本文的第二部分构建了一个简单的理论模型,解释了农村金融负投资传导机制与库兹涅茨效应的形成。第三部分运用全国统计数据,对库兹涅茨曲线负效应区域的形成进行了经验验证。第四部分针对我国农村金融供求两方面的制度安排缺陷,深入解析农村金融负投资的深层根源,并提出了从库兹涅茨负效应区域过渡到正效应区域的系统性矫正框架,以消除二元金融结构,构建一个有利于农村经济增长的普惠型农村金融体系。

二、农村金融负投资与库兹涅茨效应:理论模型的构建

很多研究表明,在金融发展早期,金融体系不发达,资本积累的最初过程会产生贫富收入差异扩大的效应;然而在金融发展和经济发展的成熟时期,资本积累的"滴落效应"(Trickle-Down Effect)使得收入不平等逐步缓解,呈现典型的"库兹涅茨曲线"(Kuznets Curve)效果(Philippe and Patrick,1997;Kiminori,2000;Jeremy and Boyan,1990)。在中国,伴随着金融发展的进程,城乡收入的差异也在逐步上升,基尼系数有逐年扩大的趋势;其中一个重要的原因在于资本从农村的净流出规模逐年加大,农村金融负投资现象严重。本部分试图构建一个简单的理论模型,来解释农村金融负投资和库兹涅茨效应的形成。

假设经济中有两个部门,农村部门 R 和城市部门 U。经济中每个人只生活一期,在这期间进行投资生产,收入用于消费 c 以及下一代的馈赠 b。部门 j($j = R$ 或

U)中,每一个人都是同质的,每个人都拥有 1 单位劳动力,唯一的不同在于他们的初始财产禀赋 w,这一财产来源于前期的馈赠,设 $G_t^j(w)$ 为 j 部门 t 期人们的财产分布函数。假设城市和农村部门分别有一个金融机构,金融机构可以选择在城市或农村部门贷款。居民从金融部门借款需要支付利息率 r。

在 t 期,j 部门的人们对于其初始财富 w_t 有三种选择,(1) 不需要任何物质资本投资只需要 1 单位劳动力投资的生产活动,得到固定的收益 $n^j>0$。(2) 高投入、高风险、高产出的生产活动,需要资本投资规模 $\hat{K}^j$,以 p^j 的概率得到 R^j 的收益,以 $(1-p^j)$ 的概率得到 0 收益。但是期望收益 p^jR^j 大于传统生产活动产生的收益 n^j。(3) 同时,人们也可以将剩余资金存入银行,获得固定的收益率 s,$pR^j>(1+s)\hat{K}^j$。前两种技术中,最多只能选择一种进行生产,不同部门的人不能使用其他部门的技术。

那么部门 j 中,初始财富大于 $\hat{K}^j$ 的那部分人投资第二种技术,并把 $w_t-\hat{K}^j$ 的收入存入银行。初始财富小于 $\hat{K}^j$ 的那部分人如果想投资第二种技术则需要进行借贷,借贷规模为 $\hat{K}^j-w_t$。如果项目成功,那么他的收益为 $R^j-(\hat{K}^j-w_t)(1+r)$,如果项目失败,那么他的收益为 0,其借贷的预期收益为 $p^j[R^j-(\hat{K}^j-w_t)(1+r)]$。因此这部分人选择借贷的条件为:

$$p^j[R^j-(\hat{K}^j-w_t)(1+r)]>(1+s)w_t+n^j$$

解得 $w_t>\dfrac{n^j-p^jR^j+(1+r)p^j\hat{K}^j}{(1+r)p^j-(1+s)}=\hat{w}^j$,当 $(1+r)p^j-(1+s)\geq0$ 时。

则对于 j 部门那些想要借贷的人,只有初始财富 w_t 大于 $\hat{w}^j$ 的人才能够进行借贷。

金融机构的目标是寻求利益最大化,同一笔贷款 l 只有当向农村贷款的期望收益大于城市贷款的期望收益时,金融机构才向农村地区贷款。假设城市地区项目的成功概率更高,$p^U>p^R$,那么不等式 $p^R(1+r)l\geq p^U(1+r)l$ 恒成立,这就意味着向城市部门贷款的预期收益严格大于向农村地区贷款的收益,因此金融机构不会向农村部门贷款。

此时,农村部门的总借贷规模为:$L^R=0$。

总存款规模为:

$$D^R=\int_0^{\hat{K}^R}w_t\mathrm{d}G_t^R(w)+\int_{\hat{K}^R}^\infty(w_t-\hat{K}^R)\mathrm{d}G_t^R(w)$$

农村金融机构向城市部门的投资也即农村部门负投资水平为:

$$NI^R=D^R-L^R=D^R$$

即农村部门全部存款转移到城市地区。

假设农村部门和城市部门居民在自己消费和留给下一代遗产的偏好上服从里

昂惕夫效用函数，$U = \min\{(1-\delta)c; \delta b\}$，因此最优的遗产馈赠为 $b_{t+1} = w_{t+1} = (1-\delta)w(t^+)$，其中 $w(t^+)$ 为 t 期期末居民的财富。

农村部门 $t+1$ 期期初的收入为：

$$
\begin{aligned}
W_{t+1}^R = (1-\delta)\Bigg[&\int_{\hat{K}^R}^{\infty} p^R R^R + (1+s)(w_t - \hat{K}^R)\,\mathrm{d}G_t^R(w) \\
&+ \int_0^{\hat{K}^R} n + (1+s)w_t\,\mathrm{d}G_t^R(w) \Bigg]
\end{aligned}
$$

初始财富水平 $w_t \in (\hat{w}^R, \hat{K}^R)$ 的那部分农村个人可以认为是受到了信贷约束，因为这部分人在给定的利率水平下对贷款有需求但是由于金融机构供给的原因而没有能够获得信贷。假如这部分人的信贷需求能够得到满足，那么农村部门 $t+1$ 期的收入为：

$$
\begin{aligned}
V_{t+1}^R = (1-\delta)\Bigg\{ &\int_{\hat{K}^R}^{\infty} p^R R^R + (1+s)(w_t - \hat{K}^R)\,\mathrm{d}G_t^R(w) + \int_0^{\hat{w}^R} n + (1+s)w_t\,\mathrm{d}G_t^R(w) \\
&+ \int_{\hat{w}^R}^{\hat{K}^R} p^R\big[R^R - (\hat{K}^R - w_t)(1+r) \big]\,\mathrm{d}G_t^R(w) \Bigg\}
\end{aligned}
$$

则 $W_{t+1}^R < V_{t+1}^R$，在存在负投资的情况下，农村部门初始财富在 $w_t \in (0, \hat{K}^R)$ 的那部分人只能从事传统生产活动，而不能从事高投入、高收益的生产活动，负投资阻碍了这部分人财富的积累，减少了农村部门的收入。同时由于高收入人群从事高收益率的生产活动，低收入人群从事低收益率的生产活动，农村部门的贫富差距会有恶化的倾向。

在城市部门，农村全部存款进入到城市部门，城市地区信贷资金供给大大增加，本文忽略对城市部门信贷市场均衡的讨论，假如城市地区居民的信贷需求能够得到满足，则城市部门 $t+1$ 期的收入为：

$$
\begin{aligned}
W_{t+1}^U = (1-\delta)\Bigg\{ &\int_{\hat{K}^U}^{\infty} p^U R^U + (1+s)(w_t - \hat{K}^U)\,\mathrm{d}G_t^U(w) + \int_0^{\hat{w}^U} n + (1+s)w_t\,\mathrm{d}G_t^U(w) \\
&+ \int_{\hat{w}^U}^{\hat{K}^U} p^U\big[R^U - (\hat{K}^U - w_t)(1+r) \big]\,\mathrm{d}G_t^U(w) \Bigg\}
\end{aligned}
$$

假设 t 期农村部门的收入与城市部门相等，

$$
W_t^U = \int_0^{\infty} w_t\,\mathrm{d}G_t^U(w) = \int_0^{\infty} w_t\,\mathrm{d}G_t^R(w) = W_t^R
$$

收入分布函数 $G_t(w)$ 也相同，并且 $\hat{K}^R = \hat{K}^U$。由于 $\dfrac{\mathrm{d}\hat{w}^j}{\mathrm{d}p^j} < 0$，且 $p^U > p^R$，因此 $\hat{w}^U < \hat{w}^R$。从而有 $W_{t+1}^U > V_{t+1}^R > W_{t+1}^R$。则城市部门收入增长率大于农村收入增长率：

$$
\frac{W_{t+1}^U - W_t^U}{W_t^U} > \frac{W_{t+1}^R - W_t^R}{W_t^R}
$$

　　本文假设利率水平是外生给定的,假设经济发展初期,城市部门对资金的需求比较强烈,在给定的利率水平下城市部门的资金供给不能满足城市部门的资金需求,农村部门资金的流入提高了城市部门的资金供给,提高了城市部门居民的收入。随着经济的发展,城市部门居民的资金需求满足度逐渐提高,越来越多的人从事第二种技术的生产,随着竞争的加剧,第二种技术活动成功获得收益 R^U 的概率 p^U 逐渐下降,当城市部门的资金收益率低于农村部门时,资金开始向农村地区流动,农村地区的资金需求逐渐得到满足,从而农村地区收入开始上升,城乡差距逐渐缩小。这也就是金融发展的库兹涅茨效应(即倒 U 形收入差异效应)。

　　用时间序列资料证实倒 U 形假说有一定困难,然而用国家间的横截面资料观察到它是相对容易的,很多文献都运用横截面资料证实了库兹涅茨效应的存在。Hayami(2001)用双对数图的形式绘制了对应于 1990 年的人均国民生产总值和 19 个国家 20 世纪 70 年代和 80 年代的基尼系数,该图呈现一个平滑的钟形,数据对二次曲线的拟合程度也很高。我们可以用图 1 简单地描述这个钟形曲线。该图的横轴表示人均国民生产总值(Y/N),纵轴代表基尼系数(G)。图中表示出 A、B、C 三条弯度不同的曲线,其中 A 表示该国在经济发展过程中收入不平等程度最高,C 表示收入不平等程度最低,B 的情况居中。在库兹涅茨曲线的最高峰值上,代表着收入最不平等的时点,在这一峰值上人均国民生产总值大概处于 2 000—3 000 美元。

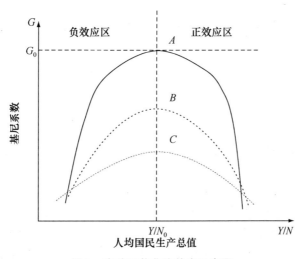

图 1　库兹涅茨曲线效应示意图

　　在金融发展和经济发展的初期,低收入者和高收入者的收入差异会显著增大且呈不断扩张的趋势。因此,在库兹涅茨曲线的左半边(负效应区域),由于收入差距不断增大,金融机构会更倾向于在具有较高预期收益从而具有较高偿还能力的城市投资,而不愿意在收入较低的农村社区投资,从而出现资金由农村向城市的净流动,这就是典型的"系统性负投资现象"(王曙光、邓一婷,2006)。单向的资金流动和系统性负投资导致城乡收入差距持续拉大,收入不平等程度加剧,低收入者陷入贫困陷阱。问题的核心在于能否运用一些特有的制度安排和激励框架,来遏制或至少在一定程度上缓解系统性负投资,从而使得库兹涅茨曲线变得相对平缓一些,减少经济发展和金融发展过程中的收入差距,在图1中即表现为"A→B→C"不断移动的过程。也就是说,即使这个库兹涅茨效应不可避免,也应该运用某种制度设计使得基尼系数上升的幅度低一些。

图1的左侧部分为库兹涅茨负效应区,在这个区域,随着经济和金融发展,人均收入上升,但是收入不平等也在加剧;右侧部分为库兹涅茨正效应区,即经过经济和金融发展的一定阶段之后,随着人均收入上升,收入不平等现象缓解,基尼系数下降。如何由库兹涅茨负效应区尽快过渡到正效应区,如何在经济和金融发展过程中降低收入分配的不平等,是我国面临的严峻课题。本文的研究证明,运用系统性的激励和约束框架,建立相应的农村金融发展机制,鼓励微型金融机构发展,构建多层次、广覆盖、可持续的普惠金融体系,可以在一定程度上缓解穷人的信贷约束,从而平滑其收入水平,降低经济发展和金融自由化过程中的收入不平等程度(即降低库兹涅茨曲线的峰值,并使得库兹涅茨负效应区尽快过渡到正效应区)。

三、城乡资金非均衡流动和库兹涅茨
曲线负效应区的计量分析

本部分运用全国统计数据,对城乡资金非均衡流动和库兹涅茨负效应区的形成机制进行实证检验。

(一)变量设定和研究方法

King and Levine(1993a)提出了检验金融发展水平与经济发展关系的以下方程:

$$G(j) = \alpha + \beta F(i) + \gamma(X) + \varepsilon$$

其中,用 $G(j)$ 表示经济增长指标,如人均 GDP 增长率、生产率增长率,用 $F(i)$ 表示金融发展水平指标,King 和 Levine 提出了四个衡量金融发展水平的指标,X 表示其他控制指标。国内对于农村金融与农村发展之间关系的研究也基本上是借鉴以上模型,这主要集中于三方面:一是关于农村金融发展与农村经济增长关系的研究,如姚耀军(2004)通过 1978—2002 年的农村金融与农村人均 GDP 数据,采用 VAR 模型实证检验发现农村金融发展影响到农村经济增长,而农村经济增长对农村金融发展没有影响,其中农村金融发展用农村贷款占 GDP 的比重、乡镇企业贷款比

重、农村存款占农村贷款的比重三个指标来衡量;二是关于农村金融发展与农民收入增长关系的研究,温涛等(2005)利用1952—2003年的数据研究发现中国金融发展对农民收入增长具有显著的负效应,而农村金融的发展(用农村信贷比率和农村居民储蓄比率表示)与农民收入增长之间并不存在长期的均衡关系,农村金融的发展并没有成为农民收入增长的原因;三是关于金融发展与城乡收入差距的研究,章奇等(2003)的研究发现金融发展扩大了城乡收入差距,张立军等(2006)进一步利用1978—2004年的数据研究了农村金融发展与城乡收入差距的关系,结果发现农村金融发展扩大了城乡收入差距,其农村金融发展指标用农户储蓄加农业贷款之和与农业产出的比值来表示。

本文也借鉴以上模型考察农村金融负投资对于农村发展的影响,金融发展水平指标如下:

$$F = F(\text{RNI}, \text{RNIGDP}, \text{RLGDP})$$

其中,

$$\text{RNI} = (D - L)/D, \quad \text{RNIGDP} = (D - L)/\text{GDP}, \quad \text{RLGDP} = L/\text{GDP}$$

D 表示农村存款,L 表示农村贷款,GDP 表示农村地区生产总值。RNI 表示农村金融负投资比例,负投资比例越高,说明农村资金流出越严重,负投资比例越低,说明农村资金流出越少。负投资比例可以是负数,说明农村资金表现为净流入。RNIGDP 表示农村金融负投资占农村 GDP 的比重,可以认为这一比例越高,越不利于农村经济的发展和农民收入的提高。RLGDP 这一指标反应农村资金留在农村内部的比率,农村贷款比例越高,农村金融负投资越小,从而越有利于农村经济的发展。

农村发展指标 $G(j)$ 主要考察农村 GDP 增长率(RGDP)、农村人均收入增长率(RINC)、城乡收入差距(IGAP = 等于城市人均可支配收入/农村人均纯收入)三个方面。受温涛(2005)估计方程的启发,投资对于经济和收入增长具有重要作用,本文利用农村固定资产投资增长率(RINV)指标来反映农村地区投资水平。

从图 2 可以看出,农村固定资产投资增长率与农村 GDP 增长率的变动趋势是大体一致的, 两者之间存在正相关关系,农村 GDP 增长率随着农村固定资产投资增长率的提高(降低)而提高(降低),而农村金融负投资比例与农村 GDP 增长率大体呈相反趋势变动。1983—1988 年后农村金融负投资比例大幅度下降,同时期农村 GDP 增长率维持在较高的水平上;农村金融负投资比例从 1994 年开始大幅度上升,而农村 GDP 增长率却逐渐下降之后维持在一个低水平的增长率上。

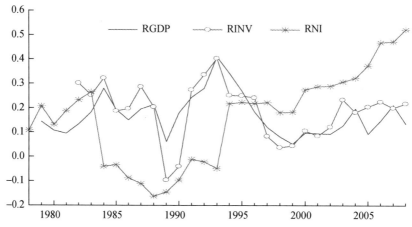

图2 农村经济增长率、农村固定资产投资增长率与农村金融负投资比例①

本文建立 VAR 模型考察以上变量之间的关系。首先对以上变量进行 ADF 单位根检验,检验变量的平稳性,因为如果数据不平稳而进行直接回归可能会出现伪回归。进行单位根检验后,如果相关变量是单整的,可以对其进行协整性检验。所谓协整关系就是指虽然每个变量本身可能是非平稳的,但它们的线性组合是平稳的,说明变量之间存在长期稳定的均衡关系。如果通过协整检验发现变量间存在协整关系,那么可以进一步分析短期因果关系;如果不存在协整关系,那么利用变量的差分进行 Granger 因果关系检验作进一步分析。

(二) 单位根检验

为了考察各变量是否是平稳的,本文首先对以上变量进行 ADF 单位根检验(见表1)。

表1　ADF 单位根检验

变量	检验形式	检验值	显著水平(临界值)
RGDP	(C,0,1)	−2.356529	5%(−2.967767)
DRGDP***	(0,0,1)	−5.400137	1%(−2.650145)
RINV	(0,0,1)	−1.492593	5%(−1.954414)
DRINV***	(0,0,1)	−4.843108	1%(−2.664853)
IGAP	(C,0,1)	−1.299441	5%(−2.967767)
DIGAP**	(0,0,1)	−2.374346	5%(−1.952910)
RINC	(C,0,3)	−1.170217	5%(−1.954414)

---

① 所有数据均为剔除物价波动之后的实际值,数据来源见附表1、2。

（续表）

变量	检验形式	检验值	显著水平（临界值）
DRINC***	(0,0,2)	-4.106187	1%（-2.656915）
RNI	(C,0,1)	-0.519813	5%（-2.963972）
DRNI***	(0,0,1)	-5.688647	1%（-2.647120）
RNIGDP	(C,0,1)	0.737103	5%（-2.963972）
DRNIGDP***	(0,0,1)	-5.020839	1%（-2.647120）
RLGDP	(C,0,1)	-2.041694	5%（-2.963972）
DRLGDP***	(0,0,1)	-4.624801	1%（-2.647120）

注：(C,T,L) 表示截距项、趋势项、滞后阶数；"**"表示 5% 水平下显著，"***"表示 1% 水平下显著。

表 1 检验结果发现，RGDP、IGAP、RINC、RNI、RNIGDP、RLGDP、RINV 都是非平稳数据，但在 5% 的显著水平下，其一阶差分都是平稳的。接下来对以上非平稳的一阶单整序列进行 Johansen 协整检验，以判断这些变量之间是否存在长期的均衡关系。

（三）协整性检验

（1）农村经济增长率、农村金融负投资比例、农村固定资产投资增长率之间的关系。由于农村经济增长率（RGDP）、农村金融负投资比例（RNI）和农村固定资产投资增长率（RINV）都是一阶单整序列，可以通过 Johansen 检验来检验这些变量之间的协整关系。Johansen 协整检验首先需要设定协整方程的形式。经过比较 SC 准则和 LR 统计量以及 VAR 模型的整体拟合度，确定 VAR 模型的最优滞后阶数为 4，因此 Johansen 检验的最优滞后阶数为 3。同时，由单位根检验，选择协整方程含截距项、不含趋势项的形式。检验结果如表 2 所示。

表 2　Johansen 协整检验结果（一）

零假设：协整向量的数目	特征值	迹统计量	5%水平临界值	P 值
0***	0.649311	50.52868	35.19275	0.0006
至多 1 个***	0.557796	26.42798	20.26184	0.0062
至多 2 个	0.283272	7.660366	9.164546	0.0957

注："***"表示 1% 水平下显著。

由表 2 可知，农村经济增长率（RGDP）与农村金融负投资比例（RNI）和农村固定资产投资增长率（RINV）之间存在两个协整关系。RGDP 与 RNI 和 RINV 之间的协整方程如下（括号中为标准差）：

$$RGDP = -0.245742RNI + 0.804102RINV + 0.049170$$
$$(0.03316) \qquad (0.07426) \qquad (0.01510)$$

方程表明农村经济增长率、农村金融负投资比例与农村固定资产投资增长率之间存在长期均衡关系。1978—2008 年，农村固定资产投资增长率与 GDP 增长率之间存在正相关关系,这说明农村固定资产投资的增加有利于农村经济的增长;而农村金融负投资比例与农村 GDP 增长率之间存在负相关关系,说明农村金融负投资规模的提高不利于农村 GDP 的增长。

(2)收入增长率与农村贷款比率、农村固定资产投资增长率的关系。接下来考察收入增长率(RINC)与农村贷款比率(RLGDP)和固定资产投资增长率(RINV)之间的协整关系。经过比较 SC 准则和 LR 统计量以及 VAR 模型的整体拟合度,确定 VAR 模型的最优滞后阶数为 4,因此 Johansen 检验的最优滞后阶数为 3。协整方程选择含截距项、不含趋势项的形式。检验结果如表 3 所示。

表 3　Johansen 检验结果(二)

零假设:协整向量的数目	特征值	迹统计量	5%水平临界值	P 值
0***	0.778911	48.40738	35.19275	0.0011
至多 1 个	0.338938	13.69597	20.26184	0.3109
至多 2 个	0.166040	4.176101	9.164546	0.3865

注:"***"表示 1%水平下显著。

由表 3 可知,收入增长率(RINC)与农村贷款比率(RLGDP)和固定资产投资增长率(RINV)之间存在一个协整关系。RINC 与 RLGDP 和 RINV 之间的协整方程如下(括号中为标准差):

$$RINC = 0.627234RLGDP + 0.718716RINV - 0.162040$$
$$(0.10633) \qquad (0.04771) \qquad (0.02997)$$

由上式可知,农村贷款比例、农村固定资产投资增长率与农民人均收入增长率之间都呈正相关关系,说明农村贷款比例的增加、农村固定资产投资的增加有利于农民收入的提高。接下来进一步在 VECM 中对其进行 Granger 因果检验,结果如表 4 所示。

表 4　Wald-Granger 检验因果关系结果

因变量	原假设	χ^2 统计量	P 值	df
DRINC	DRINV 不能 Granger 引起 RINC***	11.94723	0.0076	3
	DRLGDP 不能 Granger 引起 DRINC**	9.741592	0.0209	3
	DRINV、DRLGDP 不能同时 Granger 引起 DRINC***	23.24929	0.0007	6
DRINV	DRINC 不能 Granger 引起 DRINV	3.070851	0.3808	3
	DRLGDP 不能 Granger 引起 DRINV	1.452335	0.6933	3
	DRINC、DRLGDP 不能同时 Granger 引起 DRINV	4.956948	0.5493	6
DRLGDP	DRINC 不能 Granger 引起 DRLGDP*	6.510883	0.0892	3
	DRINV 不能 Granger 引起 RLGDP	3.745014	0.2903	3
	DRINC、DRINV 不能同时 Granger 引起 DRLGDP**	16.38356	0.0118	6

注:"*"、"**"、"***"分别表示 10%、5%、1%水平下显著。

检验结果表明,在 5% 的显著水平下,农村贷款比例以及固定资产投资增长率的变动都是收入增长率变动的 Granger 原因;同时,在 10% 的显著水平下,收入增长率的变动是农村贷款比例变动的 Granger 原因,说明农村收入增长率与农村贷款比例之间存在双向因果关系。农村贷款比例从侧面反映了农村金融负投资情况,农村贷款比例越高,农村金融负投资越小,农民的收入增长率越大,说明农村金融负投资的减少有利于农民收入的增长。

（3）收入差距(IGAP)和农村金融负投资占 GDP 比例的关系。进一步考察收入差距(IGAP)和农村金融负投资占 GDP 的比例(RNIGDP)的关系。由于两个变量均为一阶单整的,因此运用 E—G 两步法对这两个变量进行协整检验。首先用 OLS 对 IGAP 和 RNIGDP 进行回归,然后对残差项做 ADF 单位根检验,得到 ADF 检验值为 -3.077385,由于这个值大于 Mckinnon(1991)对 E—G 协整检验设定的变量为 2、样本容量为 25、有截距项但无趋势项的 10% 显著水平下的临界值(-3.22),因此不能认为 IGAP 与 RNIGDP 之间存在协整关系。

接下来对其差分作 Granger 因果检验,检验结果如表 5 所示。

表 5　DIGDP 和 DRNIGDP 的 Granger 因果检验

原假设	F 统计量	P 值	obs
DRNIGDP 不能 Granger 引起 DIGAP	0.18111	0.6739	29
DIGAP 不能 Granger 引起 DRNIGDP	3.13381	0.0884	

因此在 10% 的显著水平下可以认为收入差距的变动是负投资结构变动的 Granger 原因,但负投资结构的变动并不是收入差距变动的 Granger 原因。其中的原因是随着城乡收入差距的扩大,农村资金越来越倾向于流向收入水平高的城市地区,而远离相对贫困的农村地区,1999 年以来大量在农村开展业务的金融机构迅速撤离农村市场即反映了这一趋势;而城乡收入差距变动的成因是多方面的,农村资金的不均衡流动可能仅是原因之一,因而农村资金流动这一单一要素与城乡收入差距不构成独立的因果关系。

四、如何由库兹涅茨负效应区过渡到正效应区: 农村金融变革与普惠金融体系构建

前文对农村系统性负投资对农村经济发展的影响进行了计量分析,对库兹涅茨负效应区域的形成进行了经验验证,获得了以下极具理论与政策意义的结论:第一,农村经济增长率、农村金融负投资比例与农村固定资产投资增长率之间存在长期均衡关系,农村金融负投资比例与农村 GDP 增长率之间存在负相关关系,说明农村金融负投资规模的提高不利于农村 GDP 的增长;第二,农村贷款比例、农村固定资产投资增长率与农民人均收入增长率之间都呈正相关关系,农村贷款比例的

增加对农民收入提高有显著影响,且农村收入增长率与农村贷款比例之间存在双向因果关系;第三,农村贷款比例从侧面反映了农村金融负投资情况,农村贷款比例越高,农村金融负投资越小,农民的收入增长率越大。以上结论表明,农村金融负投资对库兹涅茨负效应区的形成有显著的影响,而减缓农村金融负投资、加强对农村的信贷投入,对于库兹涅茨负效应的矫正、缩小城乡收入差距和促进农村经济增长有重要意义。

从信贷需求和信贷供给进一步考察农村金融负投资的深层原因,会发现我国农村金融体系在供求两方面都存在一些刚性的瓶颈因素。王曙光、王东宾(2011)基于北京大学调研组对我国 11 省 14 县市的田野调查数据分析表明:地区是影响农户最终获得贷款的一个重要影响因素,在其他条件不变的条件下,东部地区比中西部地区更容易获得贷款,尤其是西部地区农民信贷需求难以满足,原因是中西部地区的信贷空白区的广泛分布和大量金融机构的撤出,更增加了中西部地区贫困农户的信贷成本,降低了这些贷款意愿较强的弱势群体的信贷可及性;同时计量结果表明,受初中以上教育人数越多,获得贷款的可能性越大;家庭千元以上财产越多、房产价值越高,获得贷款的可能性越大;参加小额信贷小组的人获得贷款的可能性要显著高于不参加小额信贷小组的人,这说明联保小组对缓解农户信贷约束起到较大缓解作用;低收入农户的贷款意愿较之高收入农户更强,但获得贷款的可能性(信贷可及性)较低。从信贷供给的角度来说,目前很多文献都表明,对于农村金融机构而言,我国农业的规模化和产业化程度低,预期收益不稳定,农业信贷的自然地理成本和自然风险较高,加之我国农业保险机制尚未完善,导致金融机构面临更大的系统性经营风险和农村网点设置成本,导致金融机构在农村开展信贷服务和开设服务网点的意愿降低。

综合以上从农村金融供求两方面的分析,可以发现,农村金融负投资现象加剧的深层根源在于信贷资源在区域上的非均衡分布、农民受家庭财产和抵押物约束以及缺乏有效担保方式而导致的信贷可及性降低、农村金融服务的经营成本和系统性风险高而导致的金融机构信贷意愿下降。中国未来农村金融变革的目标,是运用系统性的政策框架,消除农村金融系统性负投资,建立有利于促进信贷资源均衡分布和提升农民信贷可及性的体制机制,从而构建一个普惠型的农村金融体系。为满足中西部欠发达地区低收入人群旺盛的资金需求,应从财政税收等诸方面给中西部金融机构以政策扶持,对新设农村金融机构网点给以财政补贴,并运用电子科技手段构建虚拟农村金融网点以降低金融机构构建物理网点的初置成本。应鼓励农民资金互助组织、社区发展基金、非营利性小额信贷机构等微型金融机构,使之发挥接近农民、网络密集、运作成本和信息不对称成本较低的优势,同时应建立大型金融机构和微型金融机构的对接机制,通过批发贷款和委托贷款缓解微型金融机构的资金瓶颈,使两者都能发挥各自的比较优势。应创新抵押担保机制,构建农业风险保障机制,降低农村金融机构的经营风险和系统风险。

　　未来中国农村金融改革还应通过存量改革和增量改革来建立多层次、广覆盖、可持续的农村金融体系。在存量方面,加大对现有农村金融机构(包括农行、农信社、邮政储蓄银行和农发行)的改革力度,尤其是对农信社体系进行产权结构和管理模式变革,使之成为服务广大农民的具有发达网络的小型社区银行。在增量方面,应扶持村镇银行、小额贷款公司等新型农村金融机构,使农村金融体系的市场竞争结构迅速改观并提升农村金融信贷供给的效率。同时,为阻断农村负投资现象,应建立促使农村资金回流的激励和约束机制:在激励机制方面,对于那些支农信贷比例达到一定要求的农村金融机构,要建立包括财政补贴、税收优惠、增量奖励等一系列激励制度,同时应建立支农资金发放的招标机制,整合各种渠道的支农资金,委托农村金融机构发放,对中标者实施成本补偿(贴息和经营成本补贴),以激励农村金融机构更多地承担政府支农信贷发放;在约束机制方面,可效仿美国《社区再投资法》,对那些单纯从农村地区吸走资金从而存贷比很低的农村金融机构实施一定惩罚,建立科学的监测和考核的指标体系,对农村金融机构的信贷供给比例提出明确限制性要求。只有将制度激励和制度约束相结合,增量改革和存量改革相结合,才可以有效缓解农村金融负投资局面,从而有效促进库兹涅茨负效应区向正效应区过渡,在降低城乡收入差距的前提下促进农村经济的持续增长。

参考文献

Bentham J., *Defence of Usury*, London: T. Payne & Sons,1787.

Easterly W., "How Much Do Distortions Affect Growth?", *Journal of Monetary Economics*, November, 1993,32(4), pp.187—212.

Gelb A., "Financial Policies, Growth, and Efficiency", World Bank PPR Working Paper,1989. June, No.202.

Goldsmith R. W., *Financial Structure and Development*, Yale University Press, 1969, p.48.

Huang Jikun, Rozelle. S, and Wang Honglin, "Fostering or Stripping Rural China: Modernizing Agriculture and Rural to Urban Capital Flows", *The Developing Economies*, 1969, XLIV-1,pp.1—26.

Jeremy Greenwood & Boyan Javanovic, "Financial Development, Growth and the Distribution of Income", *Journal of Political Economy*, 1990, Vol.98, No.5.

Khandker S. R., Faruqee R. R., "The Impact of Farm Credit in Pakistan", *Agricultural Economics*, 2003,28(3), pp.197—213.

Kiminori Matsuyama, "Endogenous Inequality", *Review of Economic Studies*, 2000, Vol.67, pp.743—759.

King R. & Levine R., "Financial Intermediation and Economic Development", in *Financial Intermediation in the Construction of Europe*, Colin Mayer and Xavier Vives eds., London: Center for Economic Policy Research, 1993, pp.156—189.

King R. & Levine R., "Finance and Growth: Schumpeter Might Be Right", *Quarterly Journal of Economics*, 1993 August, 108(3), pp.717—738.

King R. & Levine R., "Finance, Entrepreneurship, and Growth: Theory and Evidence", *Journal of Monetary Economics*, 1993 December, 32(3), pp.513—542.

Levine R., "Financial Development and Economic Growth: Views and Agenda", World Bank Policy Research Working Paper No.1678, 1996, pp.31—36.

Locke J., *Further Considerations Concerning Raising the Value of Money*, 2nd ed, London, A. & J. Churchil, 1695.

McKinnon R. I., *Money and Capital in Economic Development*, The Brookings Institution, Washington, D. C. 1973.

Pagano Marco, "Financial Markets and Growth: An Overview", *European Economic Review*, 1993 April, 37(2—3), pp.613—622.

Philippe Aghion & Patrick Bolton, "A Theory of Trickle-Down Growth and Development", *Review of Economic Studies*, 1997, Vol. 64, pp.151—172.

Roubini N. & Sala-i-Martin X., "Financial Repression and Economic Growth", *Journal of Development Economics*, 1992 July, 39(1), pp.5—30.

Shaw E. S., *Financial Deepening and Economic Development*, New York, Oxford University Press, 1973, "Preface", p. vii.

Smith A., *An Inquiry into the Nature and Causes of the Wealth of Nations*, London: W. Strahan & T. Cadell, 1776.

Yujiro Hayami, *Development Economics: From Poverty to the Wealth of Nations*, 2nd ed, Oxford University Press, 2001, Ch.7.

何广文:《中国农村金融转型和金融机构多元化》,《中国农村观察》,2004 年第 2 期。

黄季焜:《改革以来中国农业资源配置效率的变化及评价》,《中国农村观察》,1999 年第 2 期。

刘民权:《中国农村金融市场研究》,中国人民大学出版社,2006 年。

王曙光:《边际改革、制度创新与现代农村金融制度构建(1978—2008)》,《财贸经济》,2008 年第 12 期。

王曙光、邓一婷:《农村金融领域"系统性负投资"与民间金融规范化模式》,《改革》,2006 年第 6 期。

王曙光、邓一婷:《民间金融扩张的内在机理、演进路径与未来趋势研究》,《金融研究》,2007 年第 5 期。

王曙光、王东宾:《民族金融与反贫困》,《中国社会科学》(内部文稿),2010 年第 5 期。

王曙光、王东宾:《双重二元金融结构、农户信贷需求与农村金融改革》,《财贸经济》,2011 年第 5 期。

温涛、冉光和、熊德平:《中国金融发展与农民收入增长》,《经济研究》,2005 年第 9 期。

武翠芳:《中国农村资金外流研究》,中国社会科学出版社,2009 年。

姚耀军:《中国农村金融发展与经济增长关系的实证分析》,《经济科学》,2004 年第 5 期。

张杰:《解读中国的农贷制度》,《金融研究》,2004 年第 2 期。

张立军、湛泳:《我国农村金融发展对城乡收入差距的影响》,《财经科学》,2006 年第 4 期。

章奇、刘明兴、陶然:《中国的金融中介增长与城乡收入差距》,《中国金融学》,2003 年第 11 期。

附表 1　1978—2008 年中国农村金融负投资额　　　　（单位：亿元）

年份	农村存款	农村贷款	金融负投资	年份	农村存款	农村贷款	金融负投资
1978	174.86	155.90	18.96	1994	5 879.20	4 641.90	1 237.30
1979	226.23	179.58	46.65	1995	7 391.80	5 795.50	1 596.30
1980	286.91	249.67	37.24	1996	9 034.60	7 119.10	1 915.50
1981	344.04	280.99	63.05	1997	10 665.20	8 350.40	2 314.80
1982	416.94	322.88	94.06	1998	12 189.00	10 024.20	2 164.80
1983	509.96	378.68	131.28	1999	13 343.60	10 953.70	2 389.90
1984	669.02	691.29	− 22.27	2000	14 998.20	10 949.80	4 048.40
1985	764.20	782.90	− 18.70	2001	16 904.70	12 124.50	4 780.20
1986	1 018.90	1 096.10	− 77.20	2002	19 170.04	13 696.84	5 473.20
1987	1 292.70	1 419.60	− 126.90	2003	23 076.01	16 072.90	7 003.11
1988	1 480.50	1 687.90	− 207.40	2004	26 292.47	17 912.30	8 380.17
1989	1 746.00	1 955.20	− 209.20	2005	30 810.15	19 431.69	11 378.46
1990	2 234.70	2 412.80	− 178.00	2006	36 219.14	19 430.20	16 788.94
1991	2 966.30	2 976.00	− 9.70	2007	42 333.71	22 541.95	19 791.76
1992	3 816.10	3 871.30	− 55.20	2008	51 953.20	25 083.09	26 870.11
1993	4 649.80	4 835.00	− 185.20				

注：1. 金融机构包括中央人民银行、政策性银行、国有独资商业银行、邮政储蓄机构、其他商业银行、城市合作银行、农村信用社、城市信用社、外资银行、信托投资公司、租赁公司、财务公司等。

2. 农村存款包括农业存款和农户存款；农村贷款包括农业贷款和乡镇企业贷款。

3. 负号表示资金净流入。

资料来源：历年《中国金融统计年鉴》。

附表 2　本文采用的原始数据

年份	城乡收入差距	农村人均收入增长率	农村 GDP 增长率	负投资占存款比例	负投资占 GDP 比例	贷款占 GDP 比例	固定资产投资增长率
1978	2.570359			0.108430	0.015209	0.125054	
1979	2.527409	0.180102	0.143272	0.207733	0.032466	0.123820	
1980	2.491361	0.132857	0.106051	0.130906	0.022650	0.150372	
1981	2.213693	0.158779	0.094927	0.187554	0.035356	0.153155	
1982	1.937248	0.210793	0.132843	0.232243	0.046862	0.154919	0.301158
1983	1.763674	0.146161	0.182191	0.265228	0.055602	0.154037	0.252068
1984	1.775580	0.143995	0.279660	− 0.040160	− 0.008660	0.224366	0.321713
1985	1.766529	0.070999	0.192182	− 0.033600	− 0.006810	0.209577	0.186439
1986	1.806408	0.181131	0.149618	− 0.087830	− 0.020720	0.256594	0.195980

（续表）

年份	城乡收入差距	农村人均收入增长率	农村GDP增长率	负投资占存款比例	负投资占GDP比例	贷款占GDP比例	固定资产投资增长率
1987	1.814324	0.072134	0.194950	−0.111780	−0.027980	0.278321	0.286235
1988	1.745575	0.125621	0.213566	−0.163400	−0.037620	0.267844	0.203723
1989	1.838300	0.044919	0.061115	−0.146180	−0.036680	0.287567	−0.097300
1990	1.820797	0.143435	0.179209	−0.097010	−0.026990	0.305156	−0.040770
1991	2.015812	0.028738	0.243324	−0.011290	−0.003420	0.305988	0.273982
1992	2.201108	0.105175	0.280529	−0.021940	−0.006740	0.313864	0.335745
1993	2.428632	0.154490	0.409887	−0.049000	−0.012990	0.278172	0.402690
1994	2.517976	0.300774	0.341543	0.217258	0.054053	0.194744	0.251317
1995	2.383645	0.291924	0.269164	0.222890	0.055048	0.191927	0.249942
1996	2.181699	0.240298	0.183092	0.217904	0.056002	0.200999	0.241184
1997	2.146473	0.093584	0.119817	0.222284	0.060714	0.212423	0.083028
1998	2.205988	0.042482	0.080788	0.180400	0.052496	0.238504	0.037034
1999	2.377254	0.029269	0.051128	0.181596	0.055312	0.249277	0.043728
2000	2.534570	0.022610	0.097328	0.274862	0.086144	0.227264	0.105279
2001	2.674341	0.055736	0.094280	0.287432	0.093134	0.230887	0.085054
2002	2.931643	0.053408	0.092672	0.289590	0.097732	0.239753	0.121345
2003	3.079597	0.063946	0.126148	0.307196	0.111254	0.250905	0.233292
2004	3.076123	0.126127	0.196672	0.322377	0.111348	0.234050	0.181352
2005	3.108523	0.117718	0.092966	0.373205	0.138533	0.232665	0.204020
2006	3.179044	0.111010	0.146774	0.468103	0.178487	0.202811	0.224348
2007	3.249841	0.162272	0.211562	0.471669	0.173724	0.194593	0.199178
2008	3.245291	0.155505	0.134167	0.521352	0.208067	0.191024	0.217068

资料来源:本文农村存款包括农业存款和农户存款;农村贷款包括农业贷款和乡镇企业贷款,农村存贷款数据来自历年《中国金融年鉴》。农村固定资产投资数据来自历年《中国统计年鉴》。城镇人均可支配收入与农村人均纯收入数据来自《中华人民共和国年鉴2008》以及《中国统计年鉴2009》。农村GDP采用姚耀军(2004)的算法,由全国GDP与农村GDP占全国GDP比重的乘积得出,其中全国GDP数据来自历年《中国统计年鉴》,农村GDP占全国GDP比重来自中国社科院农村发展研究所发布的历年《农村经济绿皮书》。为了减少物价波动对数据的影响,本文对所有数据都进行处理以剔除物价的影响。存贷款数据、农村固定资产投资数据和GDP数据按照全国商品零售价格指数调整,城乡人均收入数据分别按照城乡居民消费价格指数调整,1985年之前由于没有农村居民消费价格指数,因此1985年之前的农村居民人均收入数据按照城市居民的消费价格指数调整。各种价格指数的数据来自历年《中国统计年鉴》。

第二章　双重二元金融结构、非均衡增长
与农村金融改革
——基于 11 省 14 县市的田野调查[*]

一、引言：非均衡增长模式的调整、扩大内需与农村金融

改革开放三十多年以来，以"外向型出口导向战略"和"阶梯式的区域发展战略"为主要特征的非均衡增长战略取得巨大经济绩效，同时也带来某些影响深远的消极后果。一方面，"外向型出口导向战略"导致中国成为世界上外贸依存度较高的国家之一，经济增长对国外需求的依赖程度日益加深，长期忽视对国内需求的激励与开发；另一方面，"阶梯式区域发展战略"使得中国对于区域差距、城乡差距未有足够重视，对未来可持续发展与社会和谐稳定造成了深远影响。[①] 在当前全球金融危机背景下，中国面临着经济增长环境趋紧、市场景气不足、就业压力增大等重大挑战，所有这些重大挑战的核心在于非均衡增长模式带来的长期内需不足和城乡二元结构的加深，而要克服内需不足并改善城乡二元结构，对农村投融资体制和金融体系进行深刻变革是可选择路径之一。[②]

本文的研究基于一个简单的逻辑：金融危机背景下宏观经济政策的核心是反衰退和扩大内需，扩大内需的关键在于提高农民收入和改善城乡二元结构，而提高农民收入的关键之一在于阻断双重二元金融结构，对农村金融的制度安排作出深刻调整。本文的研究框架是：第二部分提出"双重二元金融结构"和"系统性负投资"的概念并对其内涵和表现进行较为清晰的界定，从理论和实证角度对"双重二元金融结构"和"系统性负投资"给农村发展和宏观经济增长带来的经济效果进行

---

[*] 本文发表于《财贸经济》2011 年第 5 期，与王东宾博士合作。
[①] 王曙光：《转型经济学的框架变迁与中国范式的全球价值》，《财经研究》，2009 年第 5 期。
[②] 刘伟：《当前中国的宏观经济形势及宏观经济政策》，《首都师范大学学报》，2009 年第 2 期。

了探讨;第三部分运用北京大学 2009 年暑期农村金融田野调查所获得的数据,分析农户贷款意愿和信贷可及性的影响因素;第四部分基于以上实证分析,针对农村金融体系的制度变革与创新提出了系统的政策框架。

二、双重二元金融结构、系统性负投资及其增长效应

(一) 双重二元金融结构的定义与表现

对于发展中国家工业化进程中的二元经济结构和二元金融结构,学术界已经进行了深入的研究。[1] 本文提出双重二元金融结构的概念,来概括中国金融体系的内在结构特征。所谓双重二元金融结构,是指中国金融体系中出现的双重二元对立结构:其中第一重二元对立结构是城市和农村金融体系的二元对立,相比于城市金融体系而言,农村金融体系发展非常滞后,农村信贷供给和农民信贷可及性低,农村金融剩余向城市净流出;第二重二元对立结构是农村金融体系中正规金融体系和非正规金融体系的二元对立,农村正规金融体系受到国家政策和法律的保护但其对农村金融需求的满足度低,金融服务的效率较低,而农村非正规金融体系虽然在满足农村信贷需求中起到重要作用却难以获得国家的合法性保护,从而使得非正规金融体系的融资成本提高并在一定程度上累积了金融风险。第一重二元金融结构的体现是农村金融体系出现所谓"系统性负投资"问题,而第二重二元金融结构的体现是我国农村非正规金融的扩张并对农村经济增长的绩效形成了巨大影响。

(二) 系统性负投资的定义、表现和规模

"系统性负投资"是对金融机构贷款进行歧视性检测的重要内容,所谓"系统性负投资",是指银行或其他金融机构从一个地区的居民中获得储蓄,而没有以相应比例向该地区发放贷款。对这种系统性负投资的一个检测方法是审查银行对某个社区的信贷与储蓄的比率。[2] 从统计数据来看,改革开放以来我国农村地区已经出现了严重的"系统性负投资"现象,而且这种现象在 90 年代以来有所加剧。从1978 年到 2005 年,中国农业银行、农村信用社、邮政储蓄系统以及其他金融机构等都不同程度地从农村地区吸走大量资金,但并没有以同样的比例向农村地区贷款,这种趋势在 1992—2005 年[3]更为明显(见图 1 和图 2)。图 2 的数据显示,1994 年,

① Pei-Kang Chang, *Agriculture and Industrialization*, Massachusetts: Harvard University Press,1949; W. A. Lewis, "Economic Development with Unlimited Supplies of Labor", *Manchester School of Economic and Social Studies*, 1954,22(May),pp. 139—191; Y. Hayami & V. Ruttan, *Agricultural Development: An International Perspective*, Baltimore: Johns Hopkins Press,1985.

② 关于系统性负投资,参见:J. R. Boatright, *Ethics in Finance*, Blackwell Publisher,1999;王曙光、邓一婷:《农村金融领域系统性负投资与民间金融规范化模式》,《改革》,2006 年第 6 期。

③ 本文以 2005 年为下限年份的原因在于,2005 年之后,随着中国金融监管部门推出一系列的农村金融改革措施,农村"系统性负投资"的现象有所缓解。

农村地区金融机构负投资额为 1 234.7 亿元,而到了 2005 年,农村地区金融机构负投资额达到 11 378.46 亿元,增长了将近 10 倍,而这 10 年正好也是大批国有金融机构纷纷从农村地区撤离网点的时期,这使得农村资金短缺的状况异常突出。如果将财政渠道的负投资额计算在内,这种状况就更加严重,农村地区的负投资总量在 1992 年为 261.28 亿元,2005 年这个数字猛增到 30 440.41 亿元,13 年间扩大了 116 倍。

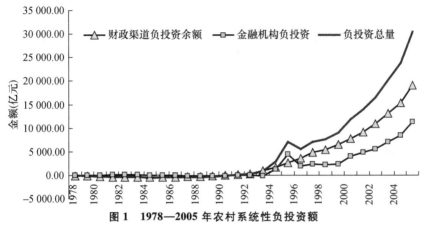

图 1　1978—2005 年农村系统性负投资额

注:农村系统性负投资包括农村资金通过财政渠道的净外流量和通过金融机构的净外流量。其中国家财政用于农业的支出和农业各税与乡镇企业税相抵后的净值为农村资金通过财政渠道的外流量,农业各税包括农业税、牧业税、耕地占用税、农业特产税和契税。通过金融机构的净外流量是金融机构农村存款和农村贷款之差,其中农村存款包括农业存款和农户存款;农村贷款包括农业贷款和乡镇企业贷款,负号表示资金净流入。本文所统计的金融机构包括中国人民银行、政策性银行、国有商业银行、邮政储蓄机构、农村信用社、城市信用社。

资料来源:历年《中国统计年鉴》、《中国乡镇企业年鉴》和《中国金融年鉴》。

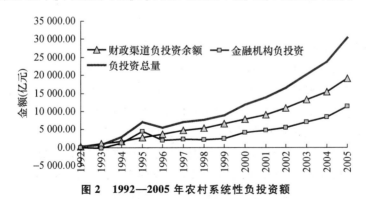

图 2　1992—2005 年农村系统性负投资额

(三) 双重二元金融结构与系统性负投资的后果

农村系统性负投资现象在一定程度上阻碍了农村经济的发展。自 20 世纪 90

年代之后,农村资金加剧外流造成了两方面的消极后果:

一方面,农村经济的发展受到资本缺乏的制约,农村地区金融供求缺口增大,农民的信贷可及性大为降低,因而农民收入增加的速度大为减慢,这导致城乡居民收入差距增大,我国居民收入分配的差异程度递增。从图3可以看出,我国基尼系数在2000—2008年的基本趋势是逐年递增的(仅有2004年一年除外),与我国居民收入分配2020年的目标值0.4逐渐偏离。从图4可以看出,城乡居民收入比的基本趋势也是在逐年递增,2000年尚接近2020年目标值2.8,但是在2000年之后城乡居民收入差距逐年增大。

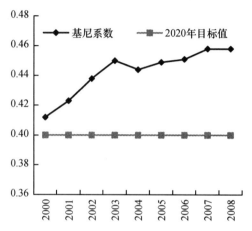

图3 2000—2008年中国基尼系数趋势图

注:基尼系数是反映居民收入分配差异程度的指标,其含义是在全部居民收入中,用于进行不平均分配的那部分收入占总收入的比重,基尼系数最大值为1,最小值为0,前者表示居民收入分配绝对不平均,而后者表示居民收入分配绝对平均。

资料来源:根据《中国统计年鉴》各年份及2003—2008年国家统计局城镇和农村居民住户调查资料估算。

另一方面,随着农村资本稀缺性的增强,农村非正规金融迅速成长,在某些地区甚至占据农村信贷供给的主导力量,导致双重二元金融结构的特征更加明显。[1]尽管非正规金融的存在在微观上缓解了部分农村信贷需求者的资金饥渴,但从整体上来说,非正规金融的过快增长对宏观经济有可能产生消极的影响。原因在于,非正规金融部门的过快增长和规模过大,表明更多的资金游离于正规金融体系之外,当农村信贷需求者寻求金融支持的时候,更多地倾向于通过民间金融的途径而不是正规金融的途径,这人为地提高了农村信贷需求者的融资成本,并有可能引发局部的金融风险。这也就表明,非正规金融体系的过快增长正好反映了我国正规金融体系无效以及由此带来的农村信贷需求者融资成本高、融资效率低这样一个事实。

---

[1] 王曙光、邓一婷:《民间金融扩张的内在机理、演进路径与未来趋势研究》,《金融研究》,2007年第5期。

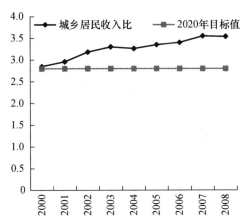

图 4　2000—2008 年中国城乡居民收入比趋势图

注:城乡居民收入比指城镇居民人均可支配收入与农村居民人均可支配收入之比(以农村为1)。

资料来源:根据《中国统计年鉴》各年份及 2003—2008 年国家统计局城镇和农村居民住户调查资料估算。

三、农户信贷意愿与信贷可及性及其影响因素的实证分析:基于 11 省 14 县市的田野调查数据

(一) 样本描述

本文所使用的数据是 2009 年暑期北京大学经济学院的学生在全国十几个省份进行的农村金融调查的农户调查数据。本次调查共收回农户问卷 460 份,其中有效问卷 452 份。调查覆盖黑龙江、辽宁、吉林、内蒙古、山西、湖南、宁夏、重庆、四川、山东、河北 11 个省份 14 个县市、31 个村。其中,中部地区(黑龙江、吉林、山西、湖南)农户 180 户,东部地区(辽宁、山东、河北)农户 81 户,西部地区(内蒙古、宁夏、四川、重庆)农户 191 户。

样本农户的平均年龄结构为平均年龄 30 岁以下的农户占到 30.4%,30 到 60 岁占 65.3%,60 岁以上占 3.8%。家庭规模 3 人以下占 41.6%,4—5 人占 49.1%,5 人以上占 9.3%。样本农户的行业主要有传统农业、经营农业、个体经营、外出务工、公职五种。其中传统农业指主要收入来源为从事传统的种植业,经营农业指主要生产经济作物的经营,个体经营指开小商店等,公职包括教师、工人等。

所有农户中,有贷款需求的农户达 276 户,占 61%。在向农信社申请贷款的农户(174 户)中,有 157 户(90.2%)农户得到贷款。所有农户中,仅有 174 户农户申请贷款,最终得到贷款的农户占总户数的 34.7%。

调查显示,农户在选择贷款方式时,考虑的主要因素为利率水平、手续是否简单,贷款的其他可选择方式(替代途径)如何等。从贷款用途看,56% 的农户贷款

用于生活性用途,如上学、盖房、红白事、看病等。同时数据显示,农户常常一次贷款会有多种用途。

此外,本文特别考察了小额信贷小组开展情况。全部样本农户中,仅有 56 户参加小额信贷小组,可能与各地区开展小额信贷小组活动的程度相关。在 56 户中,对贷款有需求的为 51 户,向信用社申请贷款户 41 户,得到贷款户 41 户,从其他商业银行得到贷款户 6 户,从亲戚朋友或合会等得到贷款户 32 户。未参加小额信贷小组的户数为 396 户,其中对贷款有需求的有 225 户,向信用社申请贷款有 133 户,得到贷款为 116 户,从其他金融机构得到贷款有 14 户,从亲戚朋友或合会得到贷款的农户为 143 户。可见从非正规渠道获得信贷供给的农户数占有相当比例。

下面运用计量工具对贷款需求、贷款获得以及贷款规模的影响因素进行分析。

(二) 农户贷款需求的影响因素

根据文献研究和问卷调查的实际情况,本文主要分析以下几种影响因素。(1)农户特征变量:包括农户家庭平均年龄、家庭人口规模、家庭受初中以上教育人数、家庭抚养负担、家庭主要从事的行业。其中家庭所从事的行业以主要从事传统农业的农户为参照,分别考察从事经营农业、个体经营、务工、公职农户的贷款需求变化。(2)地区分布情况:以中部地区为参照,估测西部地区与东部地区相对于中部地区的差别。(3)财产、收入、支出情况:财产情况用千元以上财产数量表示,收入情况用平均非农收入、非农收入占总收入的比例来表示。支出情况用家庭平均支出来表示。主要变量的定义如表 1 所示。

表 1　变量定义表

变量名	变量说明	变量名	变量说明
pop	家庭人口数量	east	东部地区,是 = 1,否 = 0
burden	家庭负担,用人口抚养比表示,等于非劳动人口/劳动人口	west	西部地区,是 = 1,否 = 0
avage	家庭平均年龄,反映家庭的整体年龄结构	ifnonfarm	家中是否有干部、企业主、教师等
edupop	受初中以上教育人数	occupation2	经营农业
avgincome	平均收入	occupation3	务工
avgnonfarminc	平均非农收入	occupation4	个体经营
nonfarmincrate	非农收入占总收入比例	occupation5	公职
totalexp	总支出	demand	贷款需求
avgexp	平均支出	ifobtain	是否获得农信社贷款
property	千元以上财产数量	ifcredgroup	是否参加了信贷小组
loanrcc	从农信社贷款总额		

　　本次问卷调查询问了农户是否曾经向农信社申请贷款,是否从农信社获得贷款,是否从其他金融机构、亲戚朋友或民间金融组织(如合会)等处获得贷款,本文认为这些可以反映农户对贷款的需求。本文定义的有贷款需求的农户不仅包括曾经向农信社申请贷款的农户,而且还包括即使没有向农信社申请贷款,但是从亲戚朋友或其他金融组织借款的农户。将贷款需求定义为二值变量,有贷款需求为1,无贷款需求为0。因此本文采用 Probit 模型来估计贷款需求的影响因素(见表2)。估计模型如下:

$$P(y_t = 1 \mid x_t) = \phi(B)$$

其中 $\phi(\cdot)$ 是标准累积正态分布函数。

$$B = X\beta + \mu$$

其中,B 为观测值为1和0的列向量,X 为解释变量的观测矩阵。

表2　Probit 模型估计贷款需求的影响因素

变量	估计系数	标准差	$P > \lvert Z \rvert$
east	− 0.466	0.193	0.016 **
west	− 0.219	0.154	0.887
avage	0.134	0.006	0.025 **
burden	− 0.023	0.085	0.117
pop	0.103	0.049	0.638
edupop	0.103	0.06	0.087 *
occupation2	− 0.300	0.218	0.168
occupation3	− 0.711	0.259	0.006 ***
occupation4	− 0.598	0.292	0.040 **
occupation5	− 1.237	0.508	0.015 **
property	0.037	0.022	0.088 *
avgnonfarminc	− 8.96E-09	0.000	0.999
nonfarmincrate	− 0.551	0.218	0.011 **
avgexp	0.000	7.26E-06	0.118
常数项	1.099	0.400	0.006 ***
LR 统计量	59.5	Prob(LR) = 0.000	
拟 R-squared	0.104		
观测值	426		

注: * 、** 、*** 分别表示在10%、5%、1%水平下显著。

　　从分析结果看,相对于中部地区来说,东部地区的农户的贷款需求要小。这说明在资金相对比较丰裕的东部地区,农户贷款意愿较资金相对匮乏的西部而言要低一些。平均年龄和教育程度对于农户贷款需求有正影响,平均年龄越高,农户贷款需求越大,受初中以上教育人数越多,农户的贷款需求越高。这说明年龄较大以及受教育程度较高的人有较强烈的贷款意愿,对运用信贷方式增加收入的认识也较深。家庭千元以上财产数量与贷款需求呈正相关,这可能与贷款抵押担保品的提供有直接关系。

农户类型对于贷款需求也有较大影响。从结果来看,主要为以个体经营、外出务工、公职为主的农户类型,其贷款需求显著小于传统农户。非农收入比率的影响与贷款需求呈负相关,也验证了这一点。外出务工、公职为主的家庭,其贷款需求较小,这比较容易理解;而个体经营农户的贷款需求小于传统农户,恰恰说明了农户的借贷倾向与农户的非农收入呈明显替代关系。也就是说,当农民来自非农业渠道的收入增加的时候,农业流动资金增加,这种变化会导致农户减少在农村金融市场中的借贷。非农收入越高,借贷倾向越低。这个逻辑与我们论述过的农户行为的基本特征是吻合的。小农经济下的农户,当其资金出现缺口时,有两个选择:一个是增加非农收入,比如到城里或其他地方打零工,或者通过家庭的各种副业来提高非农收入;另一个是通过非正式的借贷。这两种选择时间具有明显的替代性。小农经济的内在特征和农户的行为习惯决定了农户只能在这两种方式之间选择,目标是维持一种稳定的小规模的小农经济。这个结论与黄宗智的"拐杖逻辑"的结论是非常吻合的,当非农收入作为"拐杖"提高了农民的收入,增加了农民的流动资金时,农民的借贷倾向就会降低;当非农收入减少,农民流动资金紧缺时,农民借贷倾向就会增强,而借贷的主要动机仍旧是消费性的,而不是生产性的。[1]

(三) Probit 模型估计信贷可及性的影响因素

在了解贷款需求的影响因素的基础上,本文进一步考察了贷款获得的影响因素。即考察在有贷款需求的农户中,哪些因素决定了能够最终获得贷款。本文仍然使用 Probit 模型来估计。获得贷款为 1,没有获得贷款为 0。影响贷款获得因素可能包括地区分布、家庭人口规模、家庭平均年龄、受初中以上教育人数、家中是否有干部企业主或教师等非农职业成员、主要从事的职业、平均非农收入、非农收入比率、房产价值、千元以上财产数量、是否参加小额信贷小组等。

表 3 的回归结果显示,在有贷款需求的农户中,地区是影响农户最终获得贷款的一个重要影响因素。在其他条件不变的条件下,东部地区比中西部地区更容易获得贷款。而结合前面的贷款需求模型,东部地区对贷款的需求相对较小,而又更容易获得贷款,因此东部地区的农户的资金借贷情况较为良好。家庭人口越多,获

---

[1] 黄宗智:《华北的小农经济与社会变迁》,中华书局,2000 年;林毅夫等:《中国的农业信贷和农场绩效》,北京大学出版社,2000 年;王曙光、乔郁等:《农村金融学》,北京大学出版社,2008 年。

得贷款的可能性越小。平均年龄越大,获得贷款的可能性越小。结合前面对贷款的需求的回归结果来看,平均年龄越大,贷款需求越高,但是获得贷款的可能性反而越小。受初中以上教育人数越多,获得贷款的可能性越大,可见教育水平是影响贷款需求和贷款可及性的重要变量。

表3　Probit 模型估计贷款获得的影响因素

变量	估计系数	标准差	$P > |Z|$
east	0.791	0.314	0.012 **
west	0.682	0.243	0.005 ***
pop	− 0.144	0.081	0.074 *
avage	− 0.02	0.011	0.083 *
edupop	0.301	0.091	0.001 ***
ifnonfarm	0.015	0.361	0.966
occupation2	− 0.198	0.294	0.501
occupation3	− 0.251	0.398	0.529
occupation4	− 0.305	0.458	0.506
occupation5	0.457	1.007	0.65
avgnonfarminc	0	0	0.452
nonfarmincrate	− 0.943	0.433	0.029 **
housevalue	4.04E-06	2.24E-06	0.072 *
property	0.133	0.055	0.015 ***
ifcredgroup	1.521	0.332	0.000 ***
常数项	0.081	0.617	0.896
LR 统计量	91.39	prob(LR)	0.000
拟 R-squared	0.286		
观测值	235		

注:* 、* * 、* * * 分别表示在10% 、5% 、1% 水平下显著。

家庭千元以上财产越多、房产价值越高,获得贷款的可能性越大,而从之前的需求分析来看,这类家庭贷款需求也较高。参加小额信贷小组的人获得贷款的可能性要显著地高于不参加小额信贷小组的人($p < 0.001$),这说明小额信贷小组对于农户信贷可及性缺乏起到了较大的缓解作用,说明了信贷小组和联保方式在当前农村金融体系中占有非常重要的地位。

(四) 贷款规模的影响因素

在获得贷款的农户中,本文进一步运用 OLS 回归估计影响贷款规模的因素,考虑的自变量主要包括地区、人口数、家庭负担、平均年龄、受教育人数、职业情况、平均收入、非农收入情况、房产价值、千元以上财产数量、是否加入小额信贷小组、总支出等。

由于 OLS 回归只考虑了借款农户的情况,为了综合考虑所有农户的借贷行为,进一步使用 Tobit 模型估计全部农户的贷款规模影响因素。因为全部农户中有很大一部分并没有贷款,因此使用 Tobit 模型可以控制限值性变量所带来的偏差,从而能够同时考虑没有贷款的农户。

Tobit 模型中,贷款规模的决定模型为:

$$B^* = X\beta + \mu$$

其中,X 为解释变量的观测矩阵,贷款需求规模满足:

$$B^* = B, B > 0$$
$$B^* = 0, B \leq 0$$

回归结果如下:

OLS 模型回归结果显示:东部地区获得贷款的规模要明显大于中部地区,平均增加 23 862.49 元;家庭人口规模每增加 1 人,贷款规模增加 6 901.759 元;个体经营农户的贷款规模高于传统农业户,平均增加 47 757.53 元。平均收入与贷款规模正相关。

Tobit 模型的回归结果显示:东部地区的农户平均贷款规模显著高于中部地区。平均年龄与贷款规模呈负相关,年龄越大,贷款规模越小。受教育人数越多,贷款规模越大。外出务工的农户贷款规模显著小于传统农业农户。平均收入越高,贷款规模越大,两者呈正相关。房产价值与贷款规模正相关,千元以上财产数量与贷款规模正相关。加入信贷小组的农户贷款规模显著高于不加入的农户。同时无论是 OLS 还是 Tobit 模型都表明平均收入与贷款规模呈正相关,东部地区的贷款规模要高于中部地区(见表4)。

(五) 对实证结果的小结

本部分的数据分析表明,低收入农户的贷款意愿很强,但获得贷款的可能性(信贷可及性)较低;高收入农户的贷款意愿反而较弱,其原因可以归结为在当前农村金融制度安排下信贷成本的高昂导致高收入农户更倾向于运用自己的非农收入进行内源融资,或转而向非正规金融渠道寻求融资支持。同时,数据分析的结果表明,经济不发达的中西部地区农户的信贷需求很强,而这些地区的信贷供给恰恰要远远低于东部地区,中西部地区的信贷空白区的广泛分布和大量金融机构的撤出,更增加了中西部地区贫困农户的信贷成本,降低了这些贷款意愿较强的弱势群体的信贷可及性。本文的调查结果也部分地印证了中国人民银行 2008 年所发布的《中国农村金融服务报告》中所提供的结果,这份报告显示我国现有"零金融机构乡镇"数为 2 868 个,只有 1 家金融机构的乡镇有 8 901 个,其中西部地区的情况尤为严重,共有 2 645 个"零金融机构乡镇",占全国"零金融机构乡镇"

表 4 贷款规模的影响因素

变量	OLS 模型			Tobit 模型		
	估计系数	标准差	$P>\lvert t\rvert$	估计系数	标准差	$P>\lvert t\rvert$
east	23 862.49	10 012.04	0.019**	28 079.84	11 020.61	0.011**
west	−7 786.2	8 935.057	0.379	13 811.46	9 631.344	0.152
pop	6 901.759	3 311.485	0.039**	−3 063.2	3 037.278	0.314
burden	−5 233.13	5 217.915	0.318	−521.119	5 176.518	0.920
avage	−453.88	405.2498	0.265	−766.633	415.1905	0.066*
edupop	321.2828	3 161.759	0.919	12 765.03	3 475.826	0.000***
ifnonfarm	10 210.66	10 525.07	0.334	7 749.657	12 061.97	0.521
occupation2	−6 054.66	10 216.93	0.555	−11 067.2	12 364.37	0.371
occupation3	15 670.49	13 210.87	0.238	−31 459.3	15 347.92	0.041**
occupation4	47 757.53	15 320.72	0.002***	−6 899.7	16 579.12	0.678
occupation5	27 707.67	40 868.43	0.499	−29 051.1	34 280.02	0.397
avgincome	2.217106	0.398036	0.000***	0.596	0.339	0.080*
avgnonfarminc	0.114	0.4957	0.818	0.449	0.52	0.389
housevalue	0.017	0.05186	0.734	0.123	0.055	0.026**
property	−1 523.96	611.0546	0.014**	1 546.274	847.999	0.069*
ifcredgroup	3 795.588	9 580.108	0.693	57 122.7	11 370.24	0.000***
totalexp	−0.0927	0.0474	0.053*	0.065	0.064	0.307
常数项	1 453.618	20 405.88	0.943	−44 203.1	23 378.6	0.059*
F 统计量	11.96		Prob(F) = 0.000	LR 统计量	120.64	prob(LR) = 0.000
R-squared	0.63			拟 R-squared		0.033
观测值	136			384		

注：*、**、*** 分别表示在 10%、5%、1% 水平下显著。

数的 80%。① 因此,消除不发达地区信贷空白点,尤其是增加对中西部地区的信贷供给,对于满足当地低收入农户的信贷需求有重要意义。另外,家庭财产和收入状况、农户平均受教育情况以及参加小额信贷小组和联保小组情况等因素,都显著地影响农户贷款意愿、信贷可及性与贷款规模,这些结果,都对揭示我国农村金融体系的内在制度安排有重要意义。

四、结论:农村金融的增量改革与 "普惠金融体系"的制度框架

本文运用 11 省 14 县市田野调查的农户数据,对我国农村金融体系中农户贷款需求和信贷可及性的影响因素进行了定量研究,同时运用统计数据揭示了我国"系统性负投资"和"双重二元金融结构"的制度表现和经济后果,所有这些都说明,我国在金融危机时期反衰退的核心在于调整非均衡增长模式,阻断我国目前的双重二元金融结构,从而提高农户的信贷可及性进而提高农民收入,有效扩大国内需求,促进经济从危机中尽快复苏并实现可持续增长。因此,农村金融改革不仅仅是农村领域的变革,还应该提高到我国经济增长模式调整和可持续发展的高度去认识。2005 年以来,我国农村金融领域进行了一系列制度变革,这些变革对于重建农村金融体系、阻断双重二元金融结构都有重要意义。②

农村金融改革和普惠金融体系构建的整体政策框架应该遵循两条基本战略,其一是要将农村金融存量改革和增量改革同时推进。在存量改革方面,应通过对农信社的内部治理结构和产权结构改革、农村政策性金融机构业务结构调整与创新,以及农业银行和邮政储蓄银行支持"三农"机制的创新,使这些存量农村金融机构能够在有效提升其核心竞争力的前提下有动力向农村地区增加信贷供给,缓解农村资金的大规模外流。在存量改革的同时要积极扶持增量部分,通过新型农村金融机构的设立来吸引民间资本,使民间金融逐步合法化和规范化,应积极推进村镇银行、农民资金互助组织和小额贷款公司的试点,提高这些草根金融机构的覆盖面;同时,为了控制好新型农村金融机构的风险,监管部门应该创新监管体制,以便在降低监管成本的前提下控制好新型农村金融机构的风险。

农村金融改革和普惠金融体系构建应遵循的第二个整体战略是将农村资金回流的制度激励和制度约束并举。所谓制度激励,就是要落实和完善涉农贷款税收优惠、定向费用补贴、增量奖励等政策,激励农村金融机构更多地把资金贷放给农村居民和农村中小企业,而不是把资金流向城市。所谓制度约束,就是要对农村金

---

① 中国人民银行:《中国农村金融服务报告》,2008 年。
② 对于 2005 年之后我国农村金融变革总体状况的综述,参见王曙光:《农村金融改革:回顾与前瞻》,收于《中国社会科学前沿报告(2008—2009)》,社会科学文献出版社,2009 年。

融机构支农信贷比例设定某种程度的限制性要求,完善县域内银行业金融机构新吸收存款主要用于当地发放贷款政策。在美国等国家,《社区再投资法》对于遏制低收入社区的资金外流、提高弱势群体的信贷满足程度,提出了非常明确的法律要求。制度激励和制度约束相结合,就可以缓解农村信贷资金外流的局面,农民的信贷可及性就会大幅度提高。当然,在制度激励和制度约束框架的背后,还要注重农村金融的机制建设,全面建立农村信用机制、抵押担保机制、农业保险和再保险机制、大型金融机构和微型金融机构资金对接机制、政府支农资金运作机制等,为农村金融发展奠定制度基础。同时,针对西部(尤其是边远民族)地区农民信贷意愿强但信贷供给严重缺乏且金融服务空白区广泛分布的现状,应积极运用财政、经济和行政手段,尽快消除欠发达地区的金融服务空白区,满足农民的基本信贷需求,如此才能真正缩小城乡差距和区域发展差距。2010 年中央"一号文件"对农村金融问题极为关注,提出"要抓紧制定对偏远地区新设农村金融机构费用补贴等办法,确保 3 年内消除基础金融服务空白乡镇",这将是中国构建普惠金融体系的重要举措。

参考文献

J. R. Boatright, *Ethics in Finance*, Blackwell Publisher,1999.

Pei-Kang Chang, *Agriculture and Industrialization*, Massachusetts: Harvard University Press,1949.

W. A. Lewis, "Economic Development with Unlimited Supplies of Labor", *Manchester School of Economic and Social Studies*,1954,22(May): 139—191.

Y. Hayami & V. Ruttan, *Agricultural Development: An International Perspective*, Baltimore: Johns Hopkins Press,1985.

黄宗智:《华北的小农经济与社会变迁》,中华书局,2000 年。

林毅夫等:《中国的农业信贷和农场绩效》,北京大学出版社,2000 年。

刘伟:《当前中国的宏观经济形势及宏观经济政策》,《首都师范大学学报》,2009 年第 2 期。

王曙光、邓一婷:《民间金融扩张的内在机理、演进路径与未来趋势研究》,《金融研究》,2007 年第 5 期。

王曙光、邓一婷:《农村金融领域系统性负投资与民间金融规范化模式》,《改革》,2006 年第 6 期。

王曙光、乔郁等:《农村金融学》,北京大学出版社,2008 年。

王曙光:《农村金融改革:回顾与前瞻》,收于《中国社会科学前沿报告(2008—2009)》,社会科学文献出版社,2009 年。

王曙光:《转型经济学的框架变迁与中国范式的全球价值》,《财经研究》,2009 年第 5 期。

中国人民银行:《中国农村金融服务报告》,2008 年。

第三章　金融非均衡、信贷约束与贫困陷阱
——基于 10 省田野调查数据*

一、金融发展、不平等与贫困:文献综述与本文框架

在 17、18 世纪欧洲资本主义发展的早期阶段即有学者关注到金融体系对产业发展和经济成长的显著作用。① 20 世纪中期以降特别是近 20 年来,关于金融发展与经济增长之间的关系的探讨构成主流的金融发展理论的核心部分。1969 年戈德史密斯的划时代文献《金融结构与发展》使用 1860—1963 年 35 个国家的统计资料,验证了金融发展与经济增长的相关关系。② 这一研究与 70 年代以来麦金农-肖学派关于金融自由化与经济增长的开创性研究一起构成金融发展理论的奠基作品。③ 金融发展对经济增长的积极作用已经在学术界达成共识,尽管反对派的声

＊　本文为王曙光主持的国家社科基金后续资助项目"中国普惠金融体系构建"的成果之一,与李冰冰博士合作。

① 　在这个阶段,以英国为代表的欧洲资本主义经济的初步发展和产业资本的繁荣对金融资本的发展提出了崭新的要求,而金融体系的逐渐发展对产业资本也产生了巨大的促进作用,这个时代的学者注意到了运转良好的资金借贷体系对于产业部门成长的重要性,强调强有力的货币体系和不受约束的金融中介的重要性,在洛克、斯密和边沁的有关金融发展的早期著作中,都体现了这样共同的理论倾向。参见 John Locke, *Further Considerations Concerning Raising the Value of Money*, 2nd ed, London:A. & J. Churchil,1695;Adam Smith,*An Inquiry into the Nature and Causes of the Wealth of Nations*, London:W. Strahan & T. Cadell,1776;Jeremy Bentham,*Defence of Usury*, London:T. Payne & Sons,1787。到 20 世纪,熊彼特更是从企业家和创新的角度论述了金融体系的重要性,称"银行家是企业家的企业家",参见 Joseph A. Schumpeter,*The Theory of Economic Development:An Inquiry into Profits, Capital, Credit, Interest, and the Business Cycle*, Translated by Redvers Opie, Cambridge, Mass:Harvard University Press,1912,1934。

② 　Raymond W. Goldsmith,*Financial Structure and Development*, Yale University Press,1969, p.48.

③ 　麦金农-肖学派的主要文献包括:John G. Gurley and Edward S. Shaw,*Money in a Theory of Finance*, Chapter 1, 1960,"Introduction", pp.3—11;Edward S. Shaw,*Financial Deepening and Economic Development*, New York:Oxford University Press,1973, "Preface", p. ⅶ;Ronald I. McKinnon,*Money and Capital in Economic Development*, The Brookings Institution, Washington, D. C.,1973.

音一直没有停止过。[①] 20 世纪 90 年代以来,伴随金融体系的迅猛发展,金融发展与经济增长的关系得到了更为深入的研究,其中代表性的文献是 King and Levine(1993a,1993b,1993c)以及其他学者的研究成果。[②] 这些研究表明,运作良好的金融体系通过动员储蓄、提升资产配置效率、改善公司治理、分散化以及促进专业化分工与交易等方面的作用,为实体经济发展提供助力并提升居民福利水平。

　　但是,金融发展与收入不平等和贫困的关系一直在金融领域存在着巨大争议,金融发展能否减缓收入不平等和贫困,仍旧是一个悬而未决的问题。一些研究认为金融发展通过促进总体的经济增长而有助于降低贫困并改善收入不平等水平。[③] 在一篇影响广泛的经典论文中,Beck 等(2004)运用 99 个国家 1960—1999年的数据,验证了金融发展有利于减缓贫困并缩小贫富差距,金融发展通过提升穷人的收入增长率、减小基尼系数(用以衡量收入不平等)以及降低最穷人口的比

[①]　在 20 世纪 50 年代,著名经济学家罗宾逊夫人反对熊彼特所坚持的金融部门引导产业部门并激发技术创新行为和企业家精神的论断,认为是企业领导而金融追随,经济发展为某种特定形式的金融安排创造了需求,而金融体系只是自动和被动地对这些需求作出反应,这就否认了金融体系对于经济增长的积极作用。参见 Joan Robinson, "The Generalization of the General Theory", in *Rate of Interest and Other Essays*, London: Mac-Millan, 1952, p. 86。有些经济学家不相信金融与经济的关系是至关重要的说法,著名经济学家卢卡斯断言,经济学家过分夸大了金融因素在经济增长中的作用。参见 Robert E. Lucas, "On the Mechanics of Economic Development", *Journal of Monetary Economics*, 1988 July, 22(1), pp. 3—42。发展经济学的研究者则经常以故意忽视金融来表示他们对于金融体系作用的嘲讽态度。在一本包含有三位诺贝尔经济学奖获得者作品的《发展经济学前沿》的论文集中,并没有涉及金融在经济发展中的作用问题,而且在尼古拉斯有关发展经济学的综述中,也没有讨论金融体系问题,甚至在列示他所忽略的问题的清单中也未提及金融问题。参见 Gerald M. Meier & Dully Seers, *Pioneers in Development*, New York: Oxford University Press, 1984; Nicholas Stern, "The Economics of Development: A Survey", *Economics Journal*, 1989 September, 99(397), pp. 597—685。

[②]　Robert G. King & Ross Levine, "Financial Intermediation and Economic Development", in *Financial Intermediation in the Construction of Europe*, Colin Mayer and Xavier Vives eds., London: Center for Economic Policy Research, 1993 pp. 156—189; Robert G. King & Ross Levine, "Finance and Growth: Schumpeter Might Be Right", *Quarterly Journal of Economics*, 1993 August, 108(3), pp. 717—738; Robert G. King & Ross Levine, "Finance, Entrepreneurship, and Growth: Theory and Evidence", *Journal of Monetary Economics*, 1993 December, 32(3), pp. 513—542。其他学者在这个领域也分别作出了贡献: Alan H. Gelb, "Financial Policies, Growth, and Efficiency", World Bank PPR Working Paper No. 202, 1989 June; Nouriel Roubini & Xavier Sala-i-Martin, "Financial Repression and Economic Growth", *Journal of Development Economics*, 1992 July, 39(1), pp. 5—30; William Easterly, "How Much Do Distortions Affect Growth?" *Journal of Monetary Economics*, 1993 November, 32(4), pp. 187—212;以及 Marco Pagano 的综述: Marco Pagano, "Financial Markets and Growth: An Overview", *European Economic Review*, 1993 April, 37(2—3), pp. 613—622。有关这些成就的综述可以参见 Ross Levine, "Financial Development and Economic Growth: Views and Agenda", World Bank Policy Research Working Paper No. 1678, 1996, pp. 31—36。

[③]　持正面观点的文献包括: David Dollar & Aart Kraay, "Growth is Good for the Poor", *Journal of Economic Growth* 2002, 7, pp. 195—225; George Clarke, Lixin Colin Xu & Heng-fu Zou, "Finance and Income Inequality, Test of Alternative Theories", World Bank Policy Research Working Paper NO. 2984, 2003; Patrick Honohan, "Financial Development, Growth and Poverty: How Close are the Links", in Charles Goodhart ed.: *Financial Development and Economic Growth: Explaining the Links*, London: Palgrave, 2004; Beck Thorsten, Asli Demirguc-kunt & Ross Levine, "Finance, Inequality, and Poverty: Cross-country Evidence", NBER Working Paper, NO. 3338, 2004; Imran Matin, David Hulme & Stuart Rutherford, "Financial Services for the Poor and Poorest: Deepening Understanding to Improve Provision", Working Paper No. 9, University of Manchester, 1999; Jalilian Hossein & Colin Kirkpatrick, "Financial Development and Poverty Reduction in Developing Countries", Working Paper No. 30, University of Manchester, 2001。

例,显著缩小了贫富差异,从而对穷人会产生(比对富人)更显著的积极影响。[①] 但是也有研究表明在经济发展和金融发展的某些阶段,金融体系的扩张反而可能引起收入分配不平等的加剧,经济学家对金融发展是否能够降低贫困表示质疑。有些研究者认为穷人普遍依赖非正规的、带有家族关系或地缘关系背景的融资渠道来筹取资金,因此正规金融部门的扩张只是对富人有利而对穷人没有显著影响。[②] 尤其是在金融发展的早期,金融体系不发达,资本积累的最初过程会产生贫富收入差异扩大的效应;然而在金融发展和经济发展的成熟时期,资本积累的"滴落效应"(Trickle-Down Effect)使得收入不平等逐步缓解,呈现典型的"库兹涅茨曲线"(Kuznets Curve)效果。[③]

尽管存在金融发展对收入不平等的"库兹涅茨曲线"效果,然而较严格的信贷约束却对发展中国家和转型国家的贫困造成了显著的影响,由于过多且无效的金融管制、网点设置成本高昂和规模收益低下而引致的存款设施供给不足、信贷风险评估费用过高等原因,农村居民的信贷可及性极低,从而加剧了他们的贫困状况。[④] 在很多发展中国家,金融部门改革的滞后使得金融体系很难满足穷人的信贷需求,因此正确的金融改革策略是发展那些更接近目标市场、拥有更完善的社区知识且拥有更有效的信贷技术的微型金融机构,可以弥补正规金融体系的不足,从而缩小贫富收入差异,帮助传统上难以获得信贷服务的穷人摆脱贫困陷阱。[⑤] 很多研究表明,传统上以放松对正规金融部门的金融管制为核心内容的金融自由化策略,对缩小收入差距和缓解贫困并没有起到显著作用,反而会引致持续加剧的金融脆弱性乃至引发金融危机,从而导致贫困人口比例的上升和基尼系数的提高,因

---

① Thorsten Beck, Asli Demirguc-kunt & Ross Levine, "Finance, Inequality, and Poverty: Cross-Country Evidence", NBER Working Paper Series, NO. 10979, 2004.

② 参见 Stephen H. Haber, Armando Razo & Noel Maurer, *The Politics of Property Rights: Political Instability, Credible Commitments, and Economic Growth in Mexico*, Cambridge University Press, 2003; Francois Bourguignon & Thierry Verdier, "Oligarchy, Democracy, Inequality and Growth", *Journal of Development Economics* 2000 (62) 2, pp. 285—313。对这种意见的反对者则认为,更具竞争性的金融市场可能允许穷人更方便地获得金融服务,参见 Raghuram Rajan & Luigi Zingales, *Saving Capitalism from the Capitalists: Unleashing the Power of Financial Markets to Create Wealth and Spread Opportunity*, New York: Crown Business, 2003。

③ "滴落效应"最初由以下文献讨论:Philippe Aghion & Patrick Bolton, "A Theory of Trickle-Down Growth and Development", *Review of Economic Studies*, 1997, Vol. 64, pp. 151—172; Kiminori Matsuyama, "Endogenous Inequality", *Review of Economic Studies*, 2000, Vol. 67, pp. 743—759。关于金融发展和收入不平等之间的"库兹涅茨曲线"效应,也见于较早的文献:Jeremy Greenwood & Boyan JavanovicM, "Financial Development, Growth and the Distribution of Income", *Journal of Political Economy*, 1990, Vol. 98, No. 5。

④ Paul Holden & Vassili Prokopenko, "Financial Development and Poverty Alleviation: Issues and Policy Implications for Developing and Transition Countries", IMF Working Paper, WP/01/160, Washington, D.C.: International Monetary Fund, 2001.

⑤ Gibson Chigumira & Nicolas Masiyandima, "Did Financial Sector Reform Result in Increased Savings and Lending for the SMEs and the Poor?" IFLIP Research Paper 037, 2003. Philip Arestis & Asena Caner, "Financial Liberalization and Poverty: Channels of Influence", The Levy Economics Institute of Bard College Working Paper No. 411, 2004.

此正确的金融发展和金融自由化策略的抉择对于减贫和缩小收入不平等至关重要。[1]

本文的理论部分试图对信贷约束引致贫困陷阱的传导机制进行较为系统的探讨，并提出四大传导机制，即人力资源投资萎缩传导机制、融资模式萎缩传导机制（或称自我融资传导机制）、技术替代传导机制、金融发展的库兹涅茨效应传导机制。理论部分试图证明，严格的信贷约束导致人力资源投资的下降，使低收入者被迫退回自我融资和更低的技术路线，并使得金融机构更倾向于对高收益的城市和工业部门投资，从而加大了城乡和区域之间的收入不平等，最终使穷人陷入贫困陷阱。

本文的实证研究部分一方面试图通过全国和地区统计数据，验证城乡收入差距和农村信贷约束之间的关系，证明了中国的金融非均衡特征和农村信贷约束，导致城乡收入差距的拉大和收入不平等；另一方面运用本文作者所组织的 10 省农村金融田野调查的数据验证各地农民收入差异与信贷供给的关系，从而证明了农民所受的信贷约束越小，则信贷可及性越高，农民收入增长越快，反之较强的信贷约束导致农民信贷可及性下降和贫困程度的加剧。在结论部分，深入分析了农村信贷约束的根源，认为农村信贷需求者的要素禀赋缺陷和融资差序格局固化、农村信贷供给的制度约束和市场约束，从供求两个方向挤压了农村信贷的拓展空间，从而使农民遭遇较紧的信贷约束。本文最后提出了通过金融创新和制度创新扩大抵押品范围、创新担保机制、发展适合于农户需求的微型金融（绿地模式）、搭建微型金融机构和大型正规金融机构的对接机制（降低门槛模式），以及对非正规金融机构的正规化（升级模式）等政策建议，以构建一个多层次、低成本、广覆盖、可持续的普惠金融体系。

二、信贷约束如何导致贫困陷阱：
四大传导机制的理论解析

所谓信贷约束，即由于信贷供给与信贷需求方面的双重缺陷，而导致低收入人群难以进入正规金融市场进行融资，从而导致"信贷可及性下降→贫困率上升→信贷可及性下降"的恶性循环。本部分试图建立基于四大传导机制的系统的理论框

---

[1]　20 世纪 80、90 年代很多国家的金融自由化和放松管制引发了金融脆弱性。参见 Philip Arestis & Murray Glickman, "Financial Crisis in Southeast Asia: Dispelling Illusion the Minskyan Way", *Cambridge Journal of Economics*, 2002, Vol. 26, No. 2, pp. 237—260。Lustig（2000）的研究表明，金融自由化导致的金融危机不仅导致了更高的贫困率，而且对穷人的人力资本造成不可挽回的损失，在拉丁美洲 20 次金融危机中，所有危机都伴随着贫困人口比率的提高，其中 15 次伴随着基尼系数的提高，参见 Nora Lustig, "Crises and the Poor: Socially Responsible Macroeconomics", Poverty and Inequality Advisory Unit Working Paper No. 108, Inter-American Development Bank（Sustainable Development Department）: Brazil, 2000。

架,对于信贷约束引致低收入者陷入贫困陷阱的内在机制进行较为深入的研究。

(一) 人力资本投资萎缩传导机制

Schultz(1964)的研究证明了人力资本投资是农业增长和农民脱离贫困的主要源泉。他认为贫穷经济中增长缓慢的经济基础并不在于配置传统生产要素方式的明显的低效率,也不能用对这类传统要素的储蓄和投资率低于最优水平来解释,因为在正常的偏好和动机为既定的条件下,边际收益率总是太低,不能保证有追加的储蓄与投资;增长的关键在于获得并有效地使用现代生产要素,因此,通过向农民进行人力资本投资从而改善其人力资源的质量,才能实现农业经济的持续增长和农民的脱贫。[①] 但是一旦低收入者遭受暂时性收入冲击,其人力资本投资下降,贫困发生的概率就会提高。而信贷体系是低收入者平滑其收入水平、抗御暂时性收入冲击从而避免陷入贫困循环的重要途径。在信贷市场不完美、存在严格信贷约束的情形下,不同初始财富的人群的人力资本投资存在差异,富人的人力资本投资较多,从而可以跨越人力资本投资门槛而在未来获得高收入,而穷人难以跨越人力资本投资门槛从而难以获得较高收入;筹资能力的巨大差异导致富裕阶层可以利用信贷市场进行比低收入者更大的人力资本投入,从而导致富裕阶层和贫困阶层之间的收入不平等加剧。贫困阶层由于难以获得足够的信贷市场支持以平滑其收入水平,从而导致贫困阶层在面临外来的暂时性收入冲击的情况下减少本期人力资本投资以及下一代的教育投资,从而降低了本期和下一期的收入水平,导致其跨越信贷市场门槛的概率降低,从而陷入贫困的恶性循环。其传导机制是:严格的信贷约束和初始财富差异→本期和下一期人力资本投资差异→本期和下一期收入差异→低收入者与富人获得信贷支持概率差异→收入不平等加剧→进入信贷市场筹资能力差异→穷人人力资本投资和信贷可及性恶化→低收入者陷入贫困陷阱。理论研究和国别研究都证实了这一传导机制的存在。Jacoby(1994)运用秘鲁的家庭数据,发现由于难以进入信贷市场,导致穷人减少其子女的教育投资,从而加剧了穷人的贫困程度;Jacoby and Skoufias (1997)发现,与那些能够利用金融体系的家庭相比,难以进入信贷市场的印度农户在面临暂时性冲击时倾向于减少其子女的上学时间;Dehejia and Gatti(2003)的研究表明,在那些金融体系运行较差的国家,暂时性收入冲击会导致童工的更大规模上升,这表明穷人在人力资本投资方面的支出严重下降。[②] Galor(1993)则从理论上证明了初始财富差异、人力资本投资门

---

① Theodore W. Schultz, *Transforming Traditional Agriculture*, Ch. 12, Yale University Press, New Haven, 1964.

② Jacoby, "Borrowing Constraints and Progress Throgh School: Evidence from Peru", *Review of Economics and Statistics*, 1994, 76, pp. 151—160. Hanan G. Jacoby & Emmanuel Skoufias, "Risk, Financial Markets, and Human Capital", *Review of Economic Studies*, 1997, 64, pp. 311—335. Rajeev H. Dehejia & Roberta Gatti, *Child Labor: The Role of Income Variability and Credit Constraints Across Countries*, World Bank mimeo, 2003.

槛和筹资能力差异的存在使得穷人难以进行有效的人力资本投资,从而影响未来的收入分配差距和整个经济活动。[①]

(二)融资模式萎缩传导机制

发达的金融中介体系有利于投资者和储蓄者之间建立起有效的媒介关系,金融中介在提高资源配置效率方面的作用是决定不同人均收入水平的重要因素,Gurley and Shaw(1955,1960)已经做出了明确的论证。[②] 在欠发达经济金融体系中存在着正规金融中介和非正规金融部门。高收入者可以以比较低的成本进入正规金融中介进行融资,从而通过提高技术水平、更多的人力资本投入和更好的风险管理而获得较高的边际收益。低收入者由于面临较为严格的信贷约束,其进入正规金融体系的交易成本较高,难以通过金融中介机构来为其项目融资,因此往往陷入自我融资(self-finance)[③]模式,即通过自我储蓄积累以及各种基于亲缘和地缘关系的非正规借贷途径进行融资。与高收入者的正规金融中介融资相比,低收入者的自我融资或非正规金融中介融资存在交易成本高、融资可获致性的不确定性较强、融资规模偏低等特点,因此低收入者在自我融资中难以获得规模效益,其获得较高边际收益的概率下降。而收益的降低会导致低收入者的家庭财富总量降低,从而使得可抵押物减少、获得担保的可能性下降,使其更加难以进入正规金融中介进行融资。这种融资模式萎缩传导机制也可以称为"自我融资效应或融资能力效应",具体的传导机制如下:信贷约束→低收入者陷入自我融资方式→相比富人的正规金融中介融资成本高、不确定性强且融资规模小→低收入者获得高收益的可能性下降→穷人进入金融中介的可能性更低→穷人陷入贫困陷阱。

(三)技术逆向替代传导机制

金融体系的发展有利于促进专业化分工、技术创新和交换的发展。斯密思想中的核心观念之一,就是较低的交易成本可以允许更大的专业化分工,因为一个专业化分工较细的经济所包含的交易比自给自足(autarkic economy)所包含的交易要多得多,专业化分工得以形成的基本条件是交易成本要足够低。[④] 在信贷约束较低、金融体系发达的经济体中,交易成本和信息成本较低,交易成本的降低有利于

① Oded Galor & Joseph Zeira, "Income Distribution and Macroeconomics", *Review of Economic Studies*, 1993, Vol. 60, No. 1.

② John G. Gurley & Edward S. Shaw, "Financial Aspects of Economic Development", *American Economic Review*, 1955, 45(4, September), pp. 515—538. John G. Gurley & Edward S. Shaw, *Money in a Theory of Finance*, The Brookings Institution, Washington, D. C., 1960.

③ 关于自我融资,麦金农的外在货币模型作了较为系统的描述,参见 Ronald I. McKinnon, *Money and Capital in Economic Development*, The Brookings Institution, Washington, D. C., 1973, pp. 57—61。

④ Adam Smith, *An Inquiry into the Nature and Causes of the Wealth of Nations*, E. Cannan ed., 6th edition, New York: Modern Library, 1937.

经济中专业化程度的加深,而专业化程度的加深意味着更活跃的交易和技术创新,从而也就意味着更强劲的长期经济增长。[①] 根据诱致性技术创新理论,当一种要素禀赋(如资本)相对于另一种要素禀赋(如劳动力)的可获致性更强时,特定的要素相对价格就会诱导出使用更多资本和节省劳动力的技术变迁。[②] 在金融体系比较发达的经济体中,企业家获取资本的成本相对较低,因此就激励了追求利润的企业家用相对更丰裕的资源来替代相对稀缺的资源以降低生产成本,在这种情形下,新的节约劳动的技术就会替代传统技术。但是在金融体系不发达、信贷约束较强的经济体中,资本的可获致性较弱从而使资本变得相对稀缺,低收入者难以获得信贷市场的支持来更新自己的技术,从而难以进行技术创新和技术替代。信贷约束往往使低收入者被迫退回到更原始、更落后的技术水平中,从而出现了传统技术对新技术的逆向替代,技术逆向替代效应使得低收入者的收入更低,贫富差距增大,低收入者陷入贫困陷阱。我们可以用图1表示技术逆向替代传导机制。

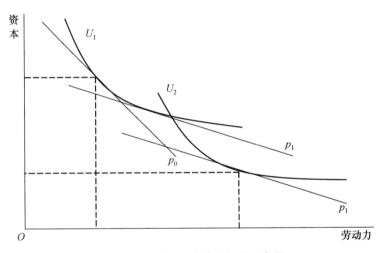

图1　技术逆向替代传导机制示意图

①　王曙光:《金融自由化与经济发展(第二版)》,北京大学出版社,2004年,第116—117页。

②　关于这一点,希克斯在20世纪30年代就已经运用新古典经济学框架进行过论证,参见 John R. Hicks, *The Theory of Wages*, London: Macmillan, 1932。在希克斯之后,速水佑次郎、拉坦和宾斯旺格对诱致性技术创新假说进行了验证和完善,参见 Yujiro Hayami & Vernon W. Ruttan, "Factor Prices and Technical Change in Agricultural Development: The United States and Japan, 1880—1960", *Journal of Political Economy*, 1970, 79 (September/October) pp. 115—141; Hans P. Binswanger & Vernon W. Ruttan, *Introduced Innovation: Technology, Institution, and Development*, Baltimore: Johns Hopkins University, 1978; Yujiro Hayami & Vernon W. Ruttan, *Agricultural Development: An International Perspective*, Baltimore: Johns Hopkins University, 1985; Toshihiko Kawagoe, Keijiro Otsuka & Yujiro Hayami, "Induced Bias of Technical Change in Agriculture: The United States and Japan, 1880—1980", *Journal of Political Economy*, 1986, 94 (June): 523—544。林毅夫把这些学者提出的假说称为"希克斯-速水-宾斯旺格诱致性技术创新假说",并利用中国的数据对这个假说进行了验证,参见 Justin Yifu Lin, "Public Research Resource Allocation in Chinese Agriculture: A Test of Induced Technical Innovation Hypotheses", *Economic Development and Cultural Change*, 1991, Volume 40, No. 1 (October)。

如图 1 所示,U_1 和 U_2 表示资本和劳动力两种生产要素下的两种不同的等产量曲线。当不存在信贷约束时,假设此时劳动力和资本的相对要素价格比例为 p_0,假设在这种要素价格比例下,在一定时期内形成 U_1 这样的技术条件下的等产量曲线。当存在信贷约束时,资本价格相对变得更贵,因此劳动力和资本的要素相对价格比例变为 p_1,短期中,要达到同样的产量,农户使用更多的劳动力而减少资本的使用。长期中,如果要素相对价格比例一直保持在 p_1,那么将转移到采用节约资本的技术条件下的等产量曲线 U_2,从而导致传统技术对新技术的逆向替代,信贷约束使低收入者陷入贫困陷阱。

(四) 金融机构负投资传导机制

这个传导机制产生的基础是金融发展的库兹涅茨效应(即倒 U 形收入差异效应)。用时间序列资料证实倒 U 形假说是困难的,然而用国家间的横截面资料观察到它是相对容易的,很多文献都运用横截面资料证实了库兹涅茨效应的存在。[①]Hayami(2001)用双对数图的形式绘制了对应于 1990 年的人均国民生产总值和 19个国家 20 世纪 70 年代和 80 年代的基尼系数,该图呈现一个平滑的钟形,数据对二次曲线的拟合程度也很高。我们可以用图简单地描述这个钟形曲线(参见本书第一章图 1 的库兹涅兹曲线图)。该图的横轴表示人均国民生产总值(Y/N),纵轴代表基尼系数(G)。图中表示出 A、B、C 三条弯度不同的曲线,其中 A 表示该国在经济发展过程中收入不平等程度最高,C 表示收入不平等程度最低,B 的情况居中。库兹涅茨曲线的最高峰值代表着收入最不平等的时点,在这一峰值上人均国民生产总值处于 2 000—3 000 美元。[②] 在金融发展和经济发展的初期,低收入者和高收入者的收入差异会显著增大且呈不断扩张的趋势。因此,在库兹涅茨曲线的左半边,由于收入差距不断增大,金融机构会更倾向于在具有较高预期收益从而具有较高偿还能力的城市投资,而不愿意在收入较低的农村社区投资,从而出现资金由农村向城市的净流动,这就是典型的"系统性负投资现象"[③]。单向的资金流动和负投资导致城乡收入差距持续拉大,收入不平等程度加剧,低收入者陷入贫困陷阱。问题的核心在于能否运用一些特有的制度安排和激励框架,来遏制或至少在

① 可参见 F. Paukert, "Income Distribution at Different Levels of Development: A Survey of Evidence", *International Labor Review*, 1973,108(Aug. —Sept.), pp. 97—125; M. S. Ahluwalia, "Income Distribution and Development: Some Stylized Facts", *American Economic Review*, 1976,66(may) pp. 128—135; G. S. Fields, *Poverty, Inequality, and Development*, Cambridge: Cambridge University Press,1980。但是 20 世纪 90 年代也有若干文献提出某些值得关注的相反证据,参见 G. S. Fields, "The Kuznets Curve: A Good Idea but ...", Paper presented at the American Economic Association Annual Meeting, Washington, D. C., 1995 Jan. 6—8; S. Anand & S. M. R. Kanbur, "Inequality and Development: A Critique", *Journal of Development Economics*, 1993,41(June), pp. 19—43。

② Yujiro Hayami, *Development Economics: From Poverty to the Wealth of Nations* (second edition), Oxford University Press,2001, Ch. 7.

③ 国内探讨系统性负投资的最早文献是:王曙光、邓一婷:《农村金融领域系统性负投资与民间金融规范化模式》,《改革》,2006 年第 6 期。

一定程度上缓解系统性负投资,从而使得库兹涅茨曲线变得相对平缓一些,减少经济发展和金融发展过程中的收入差距,在图中即表现为"$A \rightarrow B \rightarrow C$"不断移动的过程。也就是说,即使这个库兹涅茨效应不可避免,也应该运用某种制度设计使得基尼系数上升的幅度低一些。本文的研究证明,运用系统性的激励和约束框架,鼓励微型金融机构的发展,可以在一定程度上缓解穷人的信贷约束,从而平滑其收入水平,降低经济发展和金融自由化过程中的收入不平等程度(即降低库兹涅茨曲线的峰值)。

三、金融非均衡、城乡收入差距与农村信贷供给: 基于全国数据的经验检验

(一)全国城乡收入差距与农村信贷供给的关系检验(1978—2008):X 形曲线及其意义

下面我们通过全国的统计数据来检验城乡收入差距与农村信贷供给之间的关系。通过对 1978—2008 年城乡收入差距与农村贷款占比的比较发现,城乡收入差距与农村贷款占全国金融机构贷款比重呈负相关,经计算,城乡收入差距与农村贷款占全国金融机构贷款比重这两个变量的皮尔逊相关系数达到 -0.5347, t 检验 p 值为 0.0019,说明在 1% 的显著水平下显著。城乡收入差距随着农村贷款比重的上升而降低,随着农村贷款比重的下降而提高(见图 2)。从图 2 来看,这 30 年大体可以分为两个阶段:1978—1985年,城乡收入差距逐步减小,与此同时,农村

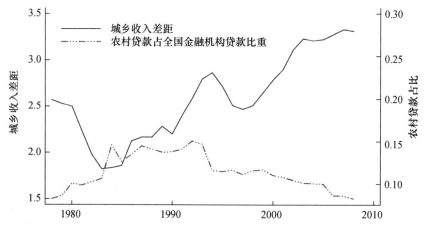

图 2　城乡收入差距与农村贷款比重

资料来源:本文农村存款包括农业存款和农户存款;农村贷款包括农业贷款和乡镇企业贷款,农村存贷款数据来自历年《中国金融年鉴》。城镇人均可支配收入与农村人均纯收入数据来自《中华人民共和国年鉴 2008》以及《中国统计年鉴 2009》。全国金融机构贷款余额数据来自《新中国统计资料 60 年》。具体数据见附表 1、附表 2。

贷款占全国金融机构贷款比重处于上升态势,两条线逐步收敛且交叉;1985—2008年城乡收入差距整体上呈现上升趋势,而农村贷款占全国金融机构贷款比重则整体处于下降态势,两条曲线逐渐分离,呈剪刀状。因此,1978—2008年城乡收入差距和农村贷款比重的这种X形趋势在某种程度上深刻而形象地刻画了我国改革开放30年农村经济改革与发展的实际状况。改革开放初期农村信贷比重上升,城乡收入差距逐步缩小;但是1985—2008年,农村信贷持续下降,农村负投资现象严重,城乡收入差距逐步拉大,城乡二元结构逐步加深,对我国经济的可持续发展造成了深刻的影响。

(二)各地区城乡收入差距与农业贷款比重的比较

城乡收入差距、金融发展趋势与农业贷款比重的省级数据如图3至图5所示。从图3可以看出,所有省份30年来城乡收入差距的大趋势是在上升(仅在改革开放初期的几年中略有下降)。同时一个比较明显的趋势是,在最近两年,局部省份(尤其是中西部省份)的城乡收入差距有逐步缩小的趋势,尽管幅度比较微小。

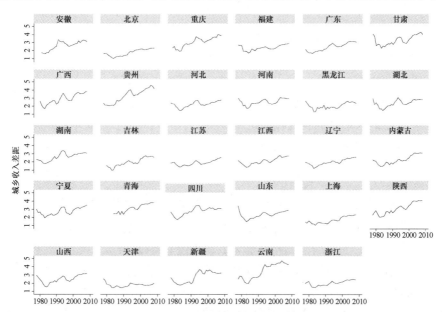

图3　城乡收入差距省级变化情况

资料来源:《新中国60年统计资料汇编》。

用全部金融机构贷款占地区生产总值的比重来表示金融发展变量,各省情况如图4所示。各省金融发展的基本趋势是先上升后下降,尤其是最近几年以来,大部分省份的金融发展程度在下降,仅有浙江等少数省份例外。

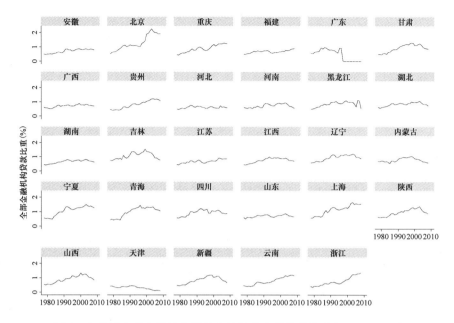

图 4　各地区全部金融机构贷款占地区生产总值的比重（1978—2008）

资料来源：《新中国 60 年统计资料汇编》。

用农业贷款占全省金融机构贷款数量的比重作为衡量农村地区金融发展的衡量指标，各地区分布情况如图 5 所示。可以看出，各省农村地区金融发展程度在 30 年间均在较低的水平徘徊且变化幅度极小（除天津等少数地区以外），这说明在 30 年间各省对农村信贷都未给予足够的重视，农村资金净流出和金融机构从农村撤出是全国的普遍现象。

（三）金融发展与城乡收入差距的关系：理论模型的构建及其检验

国外学术界对于金融发展与收入差距关系的检验的基本回归模型为：

$$y_{it} = C + \alpha f(F_{it}) + \beta g(\text{GDP}_{it}) + \gamma X_{it} + \mu_{it}$$

通过设置 $f(F)$ 和 $g(\text{GDP})$ 的形式来分别考察金融发展和经济发展对收入差距的影响，正如 Beck，Demirguc-Kunt and Levine（2004）指出的，加入人均 GDP 变量一是为了将金融发展对收入分配的影响从总的增长效应中区别出来，二是为了控制人均 GDP 对收入分配的其他任何影响，X 变量表示其他的控制变量。Beck，Demirguc-Kunt and Levine（2004）在其文章中分别用基尼系数的增长率和人均 GDP 的增长率表示上述方程中的 y 和 $g(\text{GDP})$，用金融中介对私人部门的信贷与 GDP 的比例表示 $f(F)$，通过考察 1960—1999 年的跨国数据，认为金融发展减少了收入

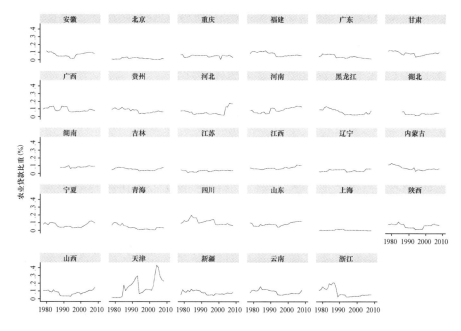

图 5　农业贷款比重分省变化趋势

资料来源:《新中国 60 年统计资料汇编》。

不平等。[1] Clarke,Xu and Zou(2003)通过加入金融发展变量和实际 GDP 变量的水平和平方项来考察金融发展、经济增长对收入差距的水平效应和库兹涅茨效应,同时还考虑了现代化的影响,通过检验 1960—1995 年的跨国数据,得出金融发展与收入差距负相关,但是金融发展与收入不平等的倒 U 形曲线并不显著。[2]

国内对于金融发展与城乡收入差距关系的实证研究主要从两方面进行。一类基本上是通过 VAR 模型检验全国金融发展水平与城乡收入差距的关系,姚耀军(2005)通过检验 1978—2002 年的数据认为金融发展与城乡收入差距存在长期均衡关系,金融发展规模与收入差距正相关,金融发展效率与城乡收入差距负相关,两者都与城乡收入差距具有双向的 Granger 因果关系。[3] 张立军、湛泳(2006a)基于 1978—2004 年的相关数据,得出农村金融发展扩大城乡收入差距的结论。[4] 另一类是运用省级的面板数据来进行检验,利用的回归模型也基本上是基于以上回归模型。章奇、刘明兴、陶然(2003)利用各省 1978—1998 年的数据,发现金融

[1]　Beck Thorsten, Asli Demirguc-Kunt & Ross Levine,"Finance, Inequality, and Poverty: Cross-country Evidence", NBER Working Paper, NO. 3338,2004.

[2]　George Clarke, Lixin Colin Xu & Heng-fu Zou,"Finance and Income Inequality, Test of Alternative Theories", World Bank Policy Research Working Paper, NO. 2984,2003.

[3]　姚耀军:《金融发展与城乡收入差距关系的经验分析》,《财经研究》,2005 年第 2 期,第 49—59 页。

[4]　张立军、湛泳:《我国农村金融发展对城乡收入差距的影响》,《财经科学》,2006 年第 4 期,第 53—60 页。

中介增长对城乡收入差距具有负作用,这一负作用主要体现在 1989—1998 年这一阶段[1],张立军、湛泳(2006b)在借鉴章奇等回归模型的基础上,进一步运用 1978—2004 年的数据进行检验,得出金融发展的门槛效应显著扩大了城乡收入差距,金融发展具有地区非均衡效应和降低贫困的效应。[2]

梳理以上文献,本文的基本回归模型为:

$$y_{it} = C + \alpha_1 \mathrm{rgrp}_{it} + \alpha_2 \mathrm{rgrp}_{it}^2 + \beta_1 \mathrm{fd}_{it} + \beta_2 \mathrm{fd}_{it}^2 + \beta_3 \mathrm{agrfd}_{it}$$
$$+ \gamma_1 \mathrm{rbdg}_{it} + \gamma_2 \mathrm{ragrbdg}_{it} + \gamma_3 \mathrm{openness}_{it} + \varepsilon_{it}$$

其中,y_{it} 表示城乡收入差距,用城镇居民人均可支配收入与农村人均纯收入的比值表示;rgrp 表示实际人均地区生产总值,同时加入其平方值;fd 表示金融发展变量,用金融机构各项贷款总额表示,加入平方项以衡量金融发展的库兹涅茨效应;agrfd 用农业贷款占全部金融机构贷款的比重表示。同时加入其他控制变量,rbdg 表示财政支出占地区生产总值的比重;ragrbdg 农业财政支出占全部财政支出的比重;openness 表示地区开放度,用进出口贸易总额占地区生产总值的比重表示。β_1、β_2、β_3 是我们所关心的系数。本文使用了除海南和西藏之外的全国 29 个省、直辖市、自治区 1978—2008 年的数据,所有数据均来自《新中国 60 年统计资料汇编》,主要变量的描述性统计结果见表 1。

从表 1 数据可见东部地区人均地区生产总值要高,但同时城乡收入差距也较小。西部地区金融机构贷款占地区生产总值的比重、农业贷款占全部金融机构贷款比重都高于中东部。

本文首先使用双向固定效应模型估计全国整体的数据,见表 2 第二栏,金融发展在初期伴随着城乡收入差距的扩大,但发展到一定程度后,城乡收入差距缩小。农业贷款比重与城乡收入差距成反比,农业贷款比重越高城乡收入差距越小。但是人均地区生产总值与城乡收入差距并没有呈现倒 U 形曲线,而是呈现 U 形曲线,城乡收入差距随人均地区生产总值的提高先下降后上升。之所以出现这样的趋势,在于倒 U 形曲线并不是一个绝对的时间点上出现的现象,而是一个相对的动态的变化趋势。因此我们必须对倒 U 形曲线的理解作一个拓展。从 1978 年到 1985 年的改革开放初期,随着人均地区生产总值和农业贷款比重提高,城乡收入差距逐步缩小,改革的积极效应体现得非常充分;但是在 1986 年到 2004 年,城乡收入差距反而上升,也就是我们在图 3 中所看到的情况。因此,以 1985 年左右为谷底,从 1978 年到 2004 年左右呈现一个典型的 U 形曲线。但是最近几年,尤其是 2006—2007 年之后,城乡收入差距呈现略微下降的趋势,可以预计在未来 20 年,

---

① 章奇、刘明兴、陶然:《中国的金融中介增长与城乡收入差距》,《中国金融学》,2003 年第 11 期。

② 张立军、湛泳:《金融发展影响城乡收入差距的三大效应分析及其检验》,《数量经济技术经济研究》,2006 年第 12 期,第 73—81 页。

表 1　变量的描述统计

变量名	观测值	均值	标准差	最小值	最大值	东部	中部	西部
gap	875	2.4852	0.7077	0.98	4.76	2.0497	2.3535	2.9843
rgrp	899	2 142.187	2 793.784	175	27 189.46	3 721.51	1 421.048	1 230.904
rbdg	892	0.1435	0.0641	0.0492	0.4489	0.1054	0.1253	0.1925
rgarbdg	826	0.0859	0.0393	0.0119	0.2374	0.0638	0.0827	0.1087
openness	877	0.2457	0.4482	0.0012	3.8237	0.5663	0.0736	0.0755
fd	899	0.8157	0.3064	0.0001	2.2522	0.7531	0.8090	0.8775
agrfd	879	0.0689	0.0439	0.0005	0.4322	0.0605	0.0705	0.0756

表2　因变量为城乡收入差距的双向固定效应检验

自变量	全国	东部	中部	西部
rgrp	-0.0001 (0.00001) ***			
rgrp^2	3.14E-09 $(5.49$E-10$)$ ****			
fd	0.7634 (0.1731) ***	0.2741 (0.1185) **	-1.0351 (0.5324) *	3.1593 (0.6414) ***
fd^2	-0.2702 (0.0832) ***	-0.1375 (0.0529) **	0.4397 (0.2588) *	-1.5847 (0.3261) ***
agrfd	-1.4325 (0.2744) ***	-1.0239 (0.2153) ***	-1.4383 (0.6657) **	0.5759 (0.8744)
rbdg	1.4057 (0.3584) ***	3.9474 (0.5417) ***	2.2144 (1.2830) *	2.6201 (0.6255) ***
ragrbdg	-0.9605 (0.5189) *	-1.5617 (0.7991) *	1.1114 (0.6279)	-0.1524 (1.0178)
openness	-0.1689 (0.0491) ***	-0.1470 (0.0287) ***	-0.5688 (0.5083)	-1.3751 (0.5801) **
cons	2.1799 (0.1256) ****	1.8426 (0.1217) ***	2.6992 (0.3293) ***	-0.5184 (0.3073) *
R-squared	0.7964	0.8682	0.8907	0.8697
Hausman	125.08	746.48	54.07	573.27
P(H)	0.0000	0.0000	0.0270	0.0000
模型	FE	FE	FE	FE
组数	29	10	8	11
观测值	768	285	193	290

随着新农村建设的推进和二元结构的改善,这种下降的趋势将更加明显。因此,假如从 1986 年作为起点来看的话,城乡收入差距在此后的 30 年间将呈现典型的倒 U 形曲线,时间起点的选择将对库兹涅茨效应的判断至关重要。同时,数据还显示,财政支出比重与城乡收入差距成正相关,可见财政体系并没有起到缩小城乡收入差距的作用,财政系统导致的农村资金净流出加剧了城乡收入差距;同时数据显示农业财政支出比重有减少城乡收入差距的效应,地区开放程度与城乡收入差距负相关。

为了分析不同地区金融发展对收入差距的效应是否不同,接下来分东、中、西三个地区进行检验,回归结果见表 2 后三栏。检验结果显示,东部地区和西部地区金融发展与城乡收入差距呈倒 U 形库兹涅茨曲线,城乡收入差距随金融发展先上升后下降。但是中部地区呈 U 形曲线,城乡收入差距随金融发展先下降后上升,出现这一现象的原因可能与中部地区所处的相对经济发展阶段(并非绝对经济发展水平)有关系,在东部先行发展和西部大开发的同时,中部地区的发展受到某种程度的忽视,使得城乡收入差距仍在扩张阶段而未进入收敛阶段。检验结果还显示,农业贷款比重对城乡收入差距的减少效应只在东部和中部地区显著,而在西部地区不显著。财政支出比重在东、中、西三个地区都对城乡收入差距有扩大影响。农业财政支出比重对西部地区收入差距影响不显著,对东部地区收入差距影响为负,对中部地区为正。地区开放程度在东部和西部地区与城乡收入差距负相关,开放程度提高有利于减小城乡收入差距,但是这一效应在中部地区不显著。

四、贫困陷阱与信贷约束:基于 10 省田野调查的数据分析

(一)田野调查的样本分布与描述性统计

为了解当前农村地区资金需求情况,北京大学经济学院组织学生于 2010 年 7—9 月在全国 10 个省份开展了关于农村金融的调研。调研内容包括农户家庭基本情况(人口、职业、收入、财产)、农户资金需求情况(从农信社、亲戚朋友及其他渠道等借款情况),以及当前农村资金互助社发展情况。调查覆盖全国 10 个省份 17 个县市、33 个乡镇、79 个村庄,调查收回农户问卷 621 份,其中有效样本 589 个,基本均匀覆盖东、中、西部地区(样本分布情况见附表 2)。

589 户农户中,过去三年中有过借贷行为的农户 315 户,占样本总数的 53.5%,其中申请过农信社贷款的农户 195 户,占到调查样本总数的 33.1%,最终获得农信社贷款的农户 129 户,占到调查样本总数的 21.9%。样本贷款总额和均值分布见表 3。调查样本中共有 315 户农户在过去三年中发生过借贷行为,总借贷金额为 2 690 万元,借贷均值约为 85 530 元,最大值为 200 万元,最小值为 1 000 元。其中来自农信社的借款占到借贷总额的 34.5%,来自资金互助社的借款占到借款总额的 42.75%,来自亲戚朋友的借款占到借款总额的 19.10%,来自其他贷款占贷款总额的 2.60%。

表 3　不同贷款渠道借贷情况　　　　　　　　(单位:元)

	贷款户数	总额	借贷均值	标准差	最大	最小
总借贷	315	26 900 000	85 529.52	166 534.6	2 000 000	1 000
农信社	129	9 280 800	71 944.19	185 360.5	2 000 000	1 000
资金互助社	120	11 500 000	95 691.67	166 310.7	900 000	1 000
亲戚朋友	130	5 138 000	39 523.08	54 247.1	400 000	2 000
其他贷款	9	700 000	77 777.78	105 062.8	300 000	5 000

不同地区按贷款来源渠道分的贷款总额见表4。东部地区样本农户过去三年中共借贷 19 600 000 元,远高于中部和西部地区。借款均值为 126 348.40 元,分别为中部地区的 2 倍、西部地区的 4 倍。

表4 2008—2010 年东中西部样本农户贷款金额 (单位:元)

		贷款户数	总额	借贷均值	标准差	最大	最小
总借贷	东部	155	19 600 000	126 348.40	218 242.50	2 000 000	3 000
	中部	108	5 829 500	53 976.85	82 459.63	500 000	2 000
	西部	52	1 528 300	29 390.38	47 734.02	300 000	1 000
农信社借贷	东部	57	6 615 000	116 052.50	262 958.3	2 000 000	5 000
	中部	48	1 978 000	41 208.33	71 895.89	400 000	4 000
	西部	24	687 800	28 658.33	58 526.41	300 000	1 000
资金互助社借贷	东部	100	11 200 000	112 430.00	177 528.40	900 000	1 000
	中部	20	240 000	12 000.00	13 038.40	50 000	1 000
亲戚朋友借贷	东部	27	1 121 000	41 518.52	32 634.77	150 000	3 000
	中部	66	3 191 500	48 356.06	68 153.21	400 000	2 000
	西部	37	825 500	22 310.81	30 636.61	150 000	2 000

通过对未申请农信社贷款的原因统计,得到结果见表5。48.39% 的农户认为不需要/没必要在农信社贷款,15.27% 的人认为农信社贷款太麻烦,12.04% 的人是因为没有社会关系不能在农信社贷款,另外还有 2.37% 的人认为因没有担保或抵押而在信用社贷不到款,有 0.86% 的人是因为当地没有信用社而不能向信用社贷款。

表5 未申请农信社贷款原因统计

原因	频次	占比(%)
不需要/没必要在农信社贷款(倾向于自我融资)	225	48.39
太麻烦(正规金融机构借贷程序繁琐)	71	15.27
没有社会关系(借贷的隐性成本高昂)	56	12.04
借了担心还不了(农户还款能力较弱)	43	9.25
利息太高(借贷的显性成本高昂)	39	8.39
已从其他机构获得贷款(替代性非正规融资渠道)	14	3.01
没有担保贷不到/难借到干脆不贷(担保抵押缺陷)	11	2.37
当地没有信用社(农村金融服务真空地区)	4	0.86
家庭条件太差/年纪大(农户还款能力约束)	2	0.43
合计	465	100.00

（二）农户信贷约束的识别与影响分析

本文的问卷设计通过两个层面来识别农户是否面临正规信贷约束,首先询问农户是否曾经申请过农信社贷款,如果申请过贷款但是没有获得农信社贷款可以认为是有信贷需求但是受到信贷约束;对于那些未申请的农户继续询问其不申请的原因,以识别那些是因为农信社本身的产品设计不适合而受到信贷约束的农户,从而进一步将未申请原因是太麻烦、没有社会关系、没有担保贷不到以及当地没有信用社的农户判定为受到信贷约束。共有 176 人受到信贷约束,占到调查样本总数的 29.88%,将近占总农户数的三分之一。

进一步考察信贷约束与农户家庭人均收入的关系,利用 OLS 进行回归。回归方程如下:

$$\ln Y = C + \sum_i \alpha_i D + \sum_j \beta_j X + \sum_k \gamma_k F + \mu$$

其中因变量是农户人均年收入的自然对数,自变量包括以下三组变量,自变量的描述性统计如表 6 所示:

D 代表地区变量:以东部地区为参照,比较西部和中部地区相对于东部地区的差距。

X 代表农户家庭特征变量:包括人口、劳动力、受初中以上教育人数、农户家庭劳动力的平均年龄。本文认为劳动力年龄对于收入的影响呈二次曲线型,即随着劳动力平均年龄的提高,人均收入先上升后下降,因此加入劳动力年龄的平方项。

F 代表信贷约束变量:主要包括信贷约束变量(受到信贷约束 = 1,未收到信贷约束 = 0)、总借贷规模和是否加入资金互助社变量。同时考虑信贷约束与地区的交叉作用,因此加入地区与信贷约束的相乘项。

表 6　自变量的描述性统计

变量		不受信贷约束农户		受信贷约束农户	
		样本数	均值	样本数	均值
人口	东部	186	4.03	92	4.06
	中部	179	3.99	58	4.91
	西部	46	5.85	24	5.42
劳动力数量	东部	188	2.53	94	2.53
	中部	179	2.45	58	2.91
	西部	46	2.15	24	2.04
受初中以上教育人数	东部	188	1.92	94	1.63
	中部	179	1.56	58	1.55
	西部	46	0.48	24	0.38

（续表）

变量		不受信贷约束农户		受信贷约束农户	
		样本数	均值	样本数	均值
劳动力平均年龄	东部	187	40.59	93	40.53
	中部	178	42.99	58	43.19
	西部	45	37.16	24	37
家庭人均收入	东部	186	28 083	92	44 164.56
	中部	179	9 149.84	58	6 997.61
	西部	46	3 522.71	24	2 123.11
总借贷	东部	188	52 399	94	103 542.6
	中部	179	17 698.32	58	45 887.93
	西部	46	27 484.78	24	11 000
加入资金互助社	东部	188	0.53	94	0.86
	中部	179	0.2	58	0.33
	西部	46	0	46	0

估计结果如表 7 第二栏所示,在 10% 显著水平下,自变量全部显著,调整后的 R^2 达到 0.52,F 统计量为 53.99,说明回归方程整体显著性很好。

表 7　人均收入的影响因素

自变量	系数		
	全部样本	东部地区	中西部地区
人口	- 0.2439 ***	- 0.2930 ***	- 0.2655 ***
	（0.0278）	（0.0485）	（0.0310）
劳动力	0.0884 *	0.1360 *	0.1403 **
	（0.0455）	（0.0741）	（0.0562）
受初中以上教育人数	0.1212 ***	0.0025	0.2595 ***
	（0.0403）	（0.0647）	（0.0476）
劳动力平均年龄	0.0434 *	0.0817 **	0.0295
	（0.0243）	（0.0409）	（0.0476）
劳动力平均年龄平方	- 0.0006 **	- 0.0010 **	- 0.0004
	（0.0003）	（0.0005）	（0.0003）
信贷约束	0.219 *	0.1130	- 0.2902 ***
	（0.1121）	（0.1216）	（0.1046）
总借贷	1.34E-06 ***	1.18E-06 ***	1.60E-06 **
	（2.84E-07）	（3.20E-07）	（7.99E-07）

（续表）

自变量	系数		
	全部样本	东部地区	中西部地区
是否加入资金互助社	0.5665*** （0.0864）	0.7922*** （0.1224）	0.3402*** （0.1248）
西部	−0.9621*** （0.1678）		
中部	−0.5077*** （0.0927）		
中部地区×信贷约束	−0.5031*** （0.1676）		
西部地区×信贷约束	−0.5137* （0.2389）		
常数项	9.1132*** （0.5382）	8.4861*** （0.8694）	8.5025*** （0.6602）
观测值	581	276	305
R^2	0.5329	0.3348	0.3688
调整后 R^2	0.5230	0.3149	0.3518
F 统计量	53.99	16.80	21.62
Prob	0.0000	0.0000	0.0000

注：“ * ”、“ * * ”、“ * * * ”分别表示 10%、5%、1% 水平下显著；括号中为标准差。

　　回归结果表明，家庭人口数量在 1% 的显著性水平下对人均收入有负面影响，家庭劳动力数量、受教育人数分别在 10% 和 1% 的显著性水平下对于人均收入有正影响，劳动力平均年龄对于人均收入的影响呈二次曲线型，人均收入首先随劳动力平均年龄的上升而上升，之后逐渐下降。对于东部地区来说，受到信贷约束的农户比不受信贷约束的农户收入高出 21.9%。这是一个很有意思的结果，这可能是因为对于东部地区来说，收入高的农户有着更强烈的信贷需求，从而可能面临着更大的信贷约束，从而提示我们对于东部地区来说信贷约束可能由需求和供给两方面因素决定。对于中部地区来说，受到信贷约束的农户人均收入比不受信贷约束的农户的人均收入少 28.41%，而对于西部地区，受到信贷约束的农户比不受信贷约束的农户人均收入少 29.47%。加入资金互助社的农户人均收入比未加入资金互助社的农户高出 56.65%，总借贷规模对收入水平有正的影响。同时，结果还发现地区变量的系数绝对值很大，这说明农户人均收入存在明显的地区差异。在不受信贷约束时，在保持其他条件不变的情况下，西部地区的农户比东部地区农户人均收入少 96%，中部地区农户比东部地区农户人均收入少 50%，这两个比例都在 1% 水平下显著。当受到信贷约束时，在保持其他条件不变的情况下，中西部地区农户的人均收入比东部地区的差距更大。回归结果表明,对于中西部地区农户来说,信贷约束与农户人均收入减少相关,受到信贷约束的农户人均收入要下降28%—29%。同时信贷约束对东中西部农户人均收入的影响是有差异的,在其他条件不变的情况下,受到信贷约束的中西部地区农户人均收入要远远低于受到信贷约束的东部地区农户。

同时,表中还给出了分别以东部地区和中西部地区回归所得的结果,见表7第三、第四栏。结果显示,人口对于东部地区和中西部地区农户收入的影响为负,劳动力的影响为正。受教育人数对于中西部地区农户人均收入影响为正,劳动力年龄对于东部地区农户人均收入影响呈二次曲线形,随着劳动力平均年龄的增大,东部地区农户人均收入水平先上升后下降。总借贷和加入资金互助社两个变量对东部和中西部地区农户人均收入的影响都为正。信贷约束变量对于中西部地区的农户人均收入影响为负,在1%的显著水平下,受到信贷约束的农户比不受信贷约束的农户收入减少29.02%。但是信贷约束变量对于东部地区农户人均收入的影响不显著。结合第二栏的估计结果,我们可以得出以下结论:信贷约束对于中西部地区的农户收入有减少作用,但对于东部地区农户的收入影响不显著。

五、结论与政策框架:金融体系
如何有助于摆脱贫困陷阱

本文从理论和实证角度对信贷约束与城乡收入差异的关系进行了较为系统的研究,从全国统计数据、分地区数据和田野调查数据的检验结果来看,信贷约束对农民收入水平和城乡收入差距有显著的影响,但地区之间呈一定的差异性;信贷供给不足已经成为制约农村经济发展、固化城乡二元结构、扩大城乡收入差距的主要因素之一。农户面临严重的信贷约束从而陷入贫困陷阱,其原因可以从农村信贷需求和供给两个角度来探讨:

一是农村信贷需求者的要素禀赋缺陷。农户的大部分要素资产或者没有任何抵押价值(如牲畜等流动性资产和生产资料),或者资产因流动性差而难以成为合格抵押品(如农户的土地、房屋在现有法律框架下都很难作为抵押品被正规银行接受)。农户在要素禀赋上的这种缺陷成为农户信贷约束的核心根源之一。因而,提高信贷需求者的要素流动性,对现有法律框架进行适时的调整成为农村金融体系变革的前提条件之一。二是农村信贷需求者的融资差序格局。由于农户在传统上很少与正规金融机构进行交易,因此天然地与正规金融机构保持较远的心理距离,

而是求助于非正式制度安排,这就形成农户特有的借贷差序格局。① 三是农村信贷供给的制度约束。我国农村金融市场的竞争存在严格约束,市场准入门槛较高,市场准入的制度约束非常紧,民间资本难以进入正规农村金融市场进行竞争,导致市场竞争不充分。同时农村外生性的正规金融制度安排的官方化倾向严重,存在服务效率低下和经营机制僵硬等弊端,难以满足农民的信贷需求。政府对农村内生性的非正规金融制度安排普遍持排斥态度,20 世纪末期农村合作基金会被取缔,民间融资的制度空间狭仄,导致农村信贷供给严重不足。四是农村信贷供给的市场约束。我国农业的规模化和产业化程度低,预期收益不稳定,农业信贷的自然地理成本和自然风险较高,加之我国农业保险机制尚未完善,导致金融机构不愿意到农村投资。

综上所述,农户面临较紧信贷约束的根本原因在于农村信贷需求者的要素禀赋缺陷和融资差序格局以及农村信贷供给的制度约束和市场约束。因此,未来的农村金融体系变革和普惠金融体系构建也应该循着以上的思路对症下药:

从农村信贷需求的角度,主要是要通过金融创新和法律制度创新扩大农户抵押品的范围,加大农户生产要素和资产的流动性,使房屋、土地、生产资料、应收账款等都可以成为合格的抵押品;应通过制度创新,创建互助担保协会、农户联保等多种担保方式,解决农户担保问题,从而有效提升农户的信贷可及性;应加快建立商业性和政策性农业风险保障体系,降低农户生产的系统性风险,提高农户的还款能力。

从农村信贷供给的角度,可以有三种改革思路:一是绿地模式,即大力发展适合于农户借贷行为特点的微型金融机构(如农民资金互助组织、小额贷款公司、NGO 小额信贷组织、村镇银行等),微型金融机构在服务农户方面具备成本优势和信息优势,农户与微型金融机构的心理距离与地理距离也较近,因此发展和微型金融是未来农村金融变革的主导性方向。二是降低门槛模式,即搭建大型正规金融机构和微型金融机构之间的对接机制,以使得大型金融机构的资金可以经由微型机构进入农村领域,改善农村负投资现象。大型金融机构(如农业银行、农业发展银行以及其他商业银行)不可能主要为大量小农户提供微型金融服务,而是应发挥比较优势,通过向微型金融机构进行批发贷款和委托贷款而把业务半径辐射到农户,通过这样的对接机制,大型金融机构能够致力于帮助那些根植乡土的微型金融机构,为这些更了解农村社会、具有信息优势而无资金优势的微型机构提供资金支持。三是升级模式,鉴于我国农村非正规金融发展的现状和农户对非正规金融体

---

① 传统农户在解决资金困境时遵循一种特殊的差序格局和圈层结构,农户会首先通过增加非农收入进行自我融资和内源融资,其次利用亲缘地缘关系进行低成本的友情借贷,再次会利用本社区的其他非正规的信贷形式,最后才会寻求官方信贷机构和商业性信贷。参见王曙光、乔郁等:《农村金融学》,北京大学出版社,2008 年,第 86—87 页。

系的心理依赖性,应加紧进行法律制度框架的调整,实现农村非正规金融体系的合法化、正规化和升级,将其纳入正规监管体系,如此则可以起到充分利用民间资本、提升农户信贷可及性和降低局部金融风险的三重政策效应。通过绿地模式、降低门槛模式和升级模式,农村金融供给的各相关主体将形成大中小结合、既有分工又有合作的农村金融生态体系,可以极大地改善农村信贷供给状况,改变目前的金融非均衡格局,构建一个多层次、低成本、广覆盖、可持续的普惠金融体系。

附表 1　城乡收入差距与农村金融相关指标

年份	城乡收入差距	农村贷款（亿元）	全国金融机构贷款（亿元）	农村贷款占全国金融机构贷款比重
1978	2.570937	155.90	1 890.42	0.082468
1979	2.528563	179.58	2 082.47	0.086234
1980	2.496211	249.67	2 478.08	0.100751
1981	2.239527	280.99	2 853.29	0.098479
1982	1.981785	322.88	3 162.70	0.102090
1983	1.822643	378.68	3 566.56	0.106175
1984	1.835195	691.29	4 746.80	0.145633
1985	1.858903	782.90	6 198.38	0.126307
1986	2.125968	1 096.10	8 142.72	0.134611
1987	2.166468	1 419.60	9 814.09	0.144649
1988	2.165743	1 687.90	11 964.25	0.141079
1989	2.284138	1 955.20	14 248.81	0.137218
1990	2.200463	2 412.80	17 511.02	0.137788
1991	2.400113	2 976.00	21 116.40	0.140933
1992	2.584982	3 871.30	25 742.81	0.150384
1993	2.796597	4 835.00	32 955.83	0.146712
1994	2.863438	4 641.90	39 975.99	0.116117
1995	2.714642	5 795.50	50 544.09	0.114662
1996	2.512318	7 119.10	61 156.55	0.116408
1997	2.468889	8 350.40	74 914.07	0.111466
1998	2.509320	10 024.20	86 524.13	0.115854
1999	2.648461	10 953.70	93 734.28	0.116859

（续表）

年份	城乡收入差距	农村贷款（亿元）	全国金融机构贷款（亿元）	农村贷款占全国金融机构贷款比重
2000	2.786875	10 949.80	99 371.07	0.110191
2001	2.898749	12 124.50	112 314.70	0.107951
2002	3.111450	13 696.84	131 293.90	0.104322
2003	3.230902	16 072.90	158 996.20	0.101090
2004	3.208558	17 912.30	178 197.80	0.100519
2005	3.223725	19 431.69	194 690.40	0.099808
2006	3.278330	19 430.20	225 347.20	0.086223
2007	3.329614	22 541.95	261 690.90	0.086140
2008	3.314862	25 083.09	303 394.60	0.082675

附表 2　北京大学经济学院 2010 年调查样本分布情况

省	县市	乡	村	农户	资金互助社	合作社
江苏	4	13	28	207	3	1
甘肃	1	2	2	61	0	0
安徽	3	4	5	89	1	2
浙江	2	6	19	75	1	0
吉林	1	1	1	56	2	1
黑龙江	1	1	17	92	0	5
四川	1	1	2	5	0	0
新疆	1	1	1	24	0	0
青海	1	1	1	4	0	0
云南	2	3	3	8	0	0
合计	17	33	79	621	7	9

第四章 边际改革、制度创新与现代农村金融制度构建[*]

一、引言:农村金融改革的历史进程

作为农村经济体制改革中重要的组成部分,我国农村金融体系在十一届三中全会以来的 30 年中一直处于探索和改革之中,从 1979 年中国农业银行恢复从而揭开农村金融改革序幕,到 2008 年 10 月十七届三中全会提出"构建现代农村金融制度",农村金融改革经历了曲折的历史进程并最终确立了正确的战略目标。

我国是典型的二元金融结构,农村金融体系长期处于最严格的金融抑制之下,导致我国农村金融体系并未发挥应有的有效配置农村资金的金融功能,从而极大地影响了农村金融效率的提升和农村经济的转型发展。政策性金融体系的低效运作和职能单一、农村商业性金融机构大规模撤并裁减乡村基层网点、农村合作金融体系长期以来机制僵化且目标模式混乱、民间金融长期遭受压抑,使得农村金融领域"系统性负投资"逐步加重(王曙光,2006,第 57—71 页),严重降低了农户信贷可及性。农村金融领域改革的滞后引起了中央政府的高度重视,随着 2003 年农信社产权制度改革和管理体制创新进入实质性阶段,农村金融领域的改革突飞猛进,中国人民银行和银监会连续出台了一系列重要决策,一批新的农村金融机构(中国邮政储蓄银行、村镇银行、农村商业银行、农村合作银行、农民资金互助组织、小额贷款机构等)如雨后春笋般出现在我国农村金融市场,而十七届三中全会对农村金融改革的科学定位将 30 年的农村金融改革推向了一个新的战略高度。应该说,改革开放 30 年特别是近 5 年以来,农村金融领域确实发生了若干重大变化,这些变化推动了农村金融产权主体的多元化,改善了农村金融市场的竞争生态,使得我国农村金融体系服务"三农"的能力有很大提升。

---

 * 本文发表于《财贸经济》2008 年第 12 期,与王丹莉博士合作。

本文拟从农村合作金融、农村民间金融和新型农村金融机构这三个最有代表性的领域来考察农村金融体系 30 年的变迁，并试图从这个历史变迁中系统总结农村金融改革的经验教训，并对中国未来农村金融的变革趋势作出分析。历史经验证明，农村金融改革的成功主要在于渐进扶持增量部分从而推进边际式变革，同时对微观经济主体的自发制度创新行为进行激励，并通过中央治国者的立法框架对这些制度创新进行规范化和合法化。从这个意义上来说，农村金融领域改革的真正成功之处在于继承发扬了我国农村改革的传统智慧，即边际增量改革、局部试验—推广模式与对微观主体制度创新的默许式激励。

二、从路径依赖到制度突破：农村合作金融体系改革

农村合作金融体系因其分支机构众多且地域覆盖广泛，一直是影响农户信贷行为和农村资金融通的最重要金融机构。农信社在 1980—1996 年一直处于中国农业银行的管理控制之下，缺乏独立的经营自主权。尽管 1984 年《关于改革信用合作社管理体制的报告》强调信用合作社在组织上的群众性、管理上的民主性、经营上的灵活性，实行独立经营、独立核算、自负盈亏（中共中央文献研究室、国务院发展研究中心，1992），但是实际上农信社的独立性仍旧缺乏制度保障。1996 年 8 月国务院《关于农村金融体制改革的决定》出台，农村信用合作社与中国农业银行脱钩，标志着中国农村信用合作社重新走上了独立发展之路。1996 年的改革启动了农信社以产权明晰为主旨的产权制度调整，初步形成了农村信用社自求发展、自我约束、自主决策的经营机制。农信社体系发生实质性改革的标志是 2003 年国务院出台的《深化农村信用社改革试点方案》，该方案提出要加快信用社管理体制和产权制度改革，把信用社逐步办成由农民、农村工商户和各类经济组织入股，为农民、农业和农村经济服务的社区性地方金融机构（王曙光、乔郁等，2007）。2003 年以来的试点改革取得了明显成效：资本充足率大幅提高，不良贷款率下降，资产质量明显改善，支农服务功能增强[①]；同时组建农村商业银行和农村合作银行等银行类机构和县统一法人社，产权制度改革稳步推进，农村合作金融的命运出现了转机。

可以说，农信社体系的改革从十一届三中全会以来到 2003 年的 25 年间持续徘徊不前的根本原因在于，农信社的自身定位、业务功能、经营模式、管理体制等方面一直处于严重的路径依赖状态，决策者始终把坚持合作制作为农信社改革的战

---

①　自 1994 年至 2003 年，全国农信社连续 10 年亏损。2004 年实现轧差盈余 105 亿元，盈利面达到 81.2%。2005 年上半年实现轧差盈余 93.36 亿元，同比增盈 80.7 亿元。2005 年年末，全国农信社存款 30 694 亿元，贷款 21 968 亿元，均比 2002 年有较大规模提高；贷款中农业贷款余额 10 299 亿元，占全部金融机构农业贷款的比重达到 87.5%（王曙光，2006，第 227—228 页）。

略目标,从而使农信社改革难以获得制度突破。历史事实表明,农信社从来没有成为真正意义上的合作制。农信社并没有遵循民主管理、互助合作、服务社员等基本合作制原则,其商业化倾向逐渐清晰,越来越演变为一个追求营利目标的股份制金融机构(谢平,2001)。学术界的主流意见认为,把合作制当作信用社的目标模式成本极高且基本无可操作性。同时,在管理体制上,2003年之后推行的省联社紧密型管理意味着权力的集中,而缺乏监督的集中意味着官僚主义、低行政效率和寻租行为。陈旧的农信社体制使得合作金融体系官办色彩仍较浓厚,产权结构分散,股东权益难以得到保障,内部治理结构扭曲,内部人控制现象较为严重(黄范章、贺力平,2001;刘恒保,2000),目前这些弊端在一定程度上仍旧普遍存在。

农村合作金融体系改革的制度突破关键在于目标模式的重新选择,这就意味着放弃回归合作制的原教旨主义理念,客观清晰地审视农信社当前的运营机制和内部治理特征,从而确定一条更具可操作性和更有益于农信社可持续发展的改革路径。2008年6月29日重庆继上海和北京之后组建了我国第三家省级农村商业银行,这标志着我国农信社新一轮改革正式拉开帷幕。我国改革开放30年的经验证明,存量改革成功的关键在于正确的定位和多元化的产权构建。未来的农村信用社改革的基本趋势,是鼓励各地区农信社寻找符合本地区发展特点的产权模式和组织形式,坚持产权制度改革模式的多元化和组织形式的多样性,同时,明确农信社的功能定位,承认我国农村信用社的商业化和股份化趋势,不再执着于"合作制"的原教旨主义观念。农信社应定位于建立真正的社区银行,吸引民间资本参与,扩大投资股的比重,改善内部治理结构,使农信社真正成为独立经营的市场主体。同时,未来的农信社还要加强跨区域的资源整合和竞争,打破地区垄断局面,进一步提升农信社的竞争实力。

三、市场准入与风险控制:农村民间金融规范发展

民间融资在我国有悠久的历史与广泛的地域分布,且具有明显的内生特征,与中国乡土社会特有的社会信任关系、经济组织结构和文化传统密切相关,而在当代民间金融演进和扩张的过程中,地方政府也扮演了非常重要的角色(王曙光、邓一婷,2007;王曙光,2007,2008)。20世纪80年代初期,在一些经济比较发达的地区(如浙江温州),出现了大量民间金融组织,合会、轮会、标会、排会、当铺、私人钱庄、挂户企业(非金融机构借贷)的融资活动非常活跃,并在20世纪80年代中期发生了影响广泛的浙江乐清"抬会"事件和苍南、平阳"排会"事件(姜旭朝,1995)。温州方兴钱庄在民间金融组织中颇具代表性。1984年9月25日,苍南钱库镇方兴钱庄成立,这是新中国成立后第一家由私人挂牌营业的金融机构。1986年11月7日中国人民银行总行发出明传电报指示按国务院《银行管理暂行条例》不能发给方兴钱庄《经营金融业务许可证》。温州市分行考虑到方兴钱庄在当地金融市场

的地位和影响,决定暂不采取强制性取缔措施,并决定在钱库镇的银行和信用社也实行利率浮动,从而使温州成为全国第一个率先进行利率改革试点的地区,以此形成银行和信用社与私人钱庄竞争的局面。因此,方兴钱庄的成立和成功的经营,对于促进当地金融市场的竞争、促进银行和信用社加快利率改革步伐并改善经营起到巨大的作用。

农村合作基金会也曾是民间金融中比较活跃且规模较大的一类。农村合作基金会于 1984 年在少数地方试办。截至 1998 年年底,全国共有农村合作基金会 29 187 个,其中乡(镇)农村合作基金会 21 840 个,占 74.8%(王曙光,2006)。1999 年 1 月国务院《清理整顿农村合作基金会工作方案的通知》下发,清理整顿农村合作基金会工作全面开始。到 2000 年年底,农村合作基金会或者并入当地农村信用社,或者由地方政府负责清盘关闭,农村合作基金会不再单独设立的目标基本实现,农村合作基金会自此退出了历史舞台。① 彻底取缔农村合作基金会这样一种重要的民间金融组织,在学术界引起了巨大争议。

我国当前民间金融有几个特点:第一,民间融资比重高,资金规模巨大,增长速度快。据调查,在农村地区通过非正规金融取得的借款占 56.78%;越是经济落后地区,非正规金融借贷比重越高(李建军,2006)。第二,民间金融的用途重点转向生产经营,特别是成为中小企业融资的主要渠道。浙江省宁波地区民间融资约 85% 用于生产经营,温州地区约为 93.3%,福建省约为 98.2%(中国人民银行,2005)。第三,民间金融的形式种类繁多,地域分布特征显著。目前,中国存在的民间金融形式主要包括民间借贷、民间合会、钱庄、典当行、集资、农村合作基金、农村互助储金会。民间金融的地域分布特征显著,其发展状况与当地民营经济发达程度密切相关。

随着我国金融改革的进一步推进,民间信用的重要作用以及民间信用合法化的重要意义已经被决策部门所认识。2005 年 4 月,央行副行长吴晓灵表示能为微小企业和小额贷款需求者提供最好服务的还是带有非正式金融性质的社区性的"草根金融",政府不应该对民间的合法的金融行为进行过度的干预。② 2005 年 5 月 25 日,中国人民银行发布《2004 年中国区域金融运行报告》,明确指出"要正确认识民间融资的补充作用",这被普遍看作央行首次对民间借贷的正面积极评价(中国人民银行货币政策分析小组,2005)。2007 年至今,银监会和中国人民银行在一系列政策框架中,均对民间金融的积极作用给予了肯定,同时也采取各种政策

---

① 截至 2001 年 1 月底,全国 29 个省份(海南、西藏没有农村合作基金会)共清理整顿农村合作基金会 28 588 个,总资产 1 841 亿元,总负债 1 807 亿元。其中并入当地农村信用合作社 6 337 个,资产 487 亿元,负债 481 亿元;由地方政府负责清盘关闭的 22 251 个,涉及资产 1 306 亿元,负债 1 289 亿元。参见农业部农村合作经济指导司、农村合作经济经营管理总站:《清理整顿农村合作基金会工作成效及下一步政策建议》,内部报告,2001 年。

② 程凯:《吴晓灵:适当放开民间金融》,《中华工商时报》,2005 年 4 月 18 日。

措施促进民间金融的规范化和阳光化,使其在一定政策引导下逐步成为正规金融体系的一部分。2008年的十七届三中全会也进一步明确肯定了民间金融组织在农村融资中的积极作用,并将采取立法手段促使其进一步规范发展。

民间信用组织的规范化和合法化应针对不同性质的民间信用组织而采取不同的措施。对于那些零散的、小规模的、范围极为狭窄的民间信用形式,可以继续使其维持较为松散的形式,实行非审慎监管;对于那些规模较大,而且一般由一定金融机构承担的民间信用形式,则需要制定正式的法律条文,明确其法律地位,采取明晰的监管框架,对其进行审慎性监管。民间信用作为一种"草根金融",具有强大的生命力,简单的取缔和抑制,只能引起地下金融活动的增加和金融风险的累积,而不利于金融监管的有效进行。民间融资规范化和民间资本市场准入的工作在2005年开始有所突破。2005年年底央行选择山西平遥、贵州江口、四川广汉和陕西进行民间小额信贷的试点工作,试图引导民间金融的融资活动走向正轨,并将民间融资纳入金融监管机构的正式监管之下。央行"只贷不存"小额贷款公司试点揭开了我国民间金融规范化的序幕,具有深远的意义(王曙光、邓一婷,2006)。

四、增量改革与资本整合:新型农村金融机构

银监会2006年12月20日发布《关于调整放宽农村地区银行业金融机构准入政策,更好支持社会主义新农村建设的若干意见》,提出农村金融市场开放的试点方案。其基本原则是:"按照商业可持续原则,适度调整和放宽农村地区银行业金融机构准入政策,降低准入门槛,强化监管约束,加大政策支持,促进农村地区形成投资多元、种类多样、覆盖全面、治理灵活、服务高效的银行业金融服务体系,以更好地改进和加强农村金融服务,支持社会主义新农村建设。"应该说,银监会的农村金融市场开放试点方案,是最近十几年以来农村金融领域力度最大的改革举措,对于改善农村金融领域信贷资金外流、解决农村经济主体融资困难、推动农村产业结构调整和农民增加收入必将产生深远的影响。更重要的是,农村金融市场将出现多元投资主体并存、多种形式金融机构良性竞争的局面,有利于有效动员区域内农民储蓄和民间资金,有序引导这些闲散资本流向农村生产性领域,对民间信用的合法化和规范化有着重要的意义(王曙光,2007)。

在银监会开放农村金融市场的方案中,村镇银行是新型农村金融机构中最重要的组成部分,是吸引民营资本进入银行业、支持农村金融发展的重要途径,同时也是促使农村民间金融阳光化的重要举措。村镇银行作为农村金融领域"增量改革"的重要成果,对我国农村金融结构的提升和农民信贷现状的改善有着极为重要的意义:首先,实现了农村金融机构产权主体的多元化,而这种股权结构的变化最终使得村镇银行的内部治理结构和激励约束机制与原来的农村信用社迥然不同。其次,村镇银行的成立还促进了区域之间的竞争,使得跨区域的资金整合成为可

能。2007 年 4 月 28 日,北京农村商业银行在湖北仙桃建立了北农商村镇银行,这是我国农村金融机构跨区域竞争的第一步。跨区域的竞争和资源整合对于提高资金使用效率、改善地方金融生态都具有极为重要的意义(王曙光,2008)。再次,村镇银行还引进外资银行加盟到中国农村金融市场,对于农村金融总体质量的提高有着深远意义。2007 年 12 月 13 日,香港上海汇丰银行在湖北随州建立了独资的曾都汇丰村镇银行,这是外资银行涉水中国农村金融的第一步。最后,村镇银行的建立还使得我国现有政策性金融机构、商业性金融机构和合作金融机构有了更丰富多元的投资选择。

五、结论:中国农村改革的传统智慧和现代农村金融制度构建

中国 30 年农村变革所积累的传统智慧可以概括为三点:第一,边际式增量改革。整体改革过程不是按照一个理想的模式和预定的时间表来进行的,新的资源配置方式和激励机制不是同时在所有经济领域发挥作用,而是在率先进行改革的部门和改革后新成长的部门首先发挥作用。农村乡镇企业的发展壮大是增量改革的一个典型案例(杜润生,2005)。第二,局部"试验—推广"。政府先在某些经济领域或某些地区进行尝试性的改革,然后将成熟的经验和运作方式向其他地区和经济领域进行推广。不论是农村联产承包责任制的推行和土地制度的变革,还是粮食体制与农业税收体制的变革,都是在某些局部区域先进行试验,然后再将这些试验的成功模式进行推广。① 这种"试验推广"的局部性改革方式在某种程度上降低了改革风险,保证了整个改革过程的可控制性和稳健性(林毅夫、蔡昉、李周,1993;林毅夫,1992)。第三,对微观主体创新行为采取默许式激励。农村的家庭联产承包责任制的推行并不是在全国"一刀切"式地进行推广的,在家庭联产承包责任制试验的初期,农民和地方政府是冒着巨大的政治风险的②,但是对于微观主体的创新,中央采取了务实的宽容态度,允许农民的自发试验。对微观主体创新行为的默许式激励容许在一定范围内的自发试验,为整个制度创新和制度变迁提供了

---

① 包产到户的尝试与推行实际上经历了较长的过程,1956 年就有浙江温州、四川江津等很多地区开始试验包产到户,但一直未获得中央的肯定。1978 年年底的十一届三中全会尽管提出发展农业生产的一系列主张,但仍明确规定"不许包产到户"(见《关于加快农业发展若干问题的决定》),直到 1982 年,《全国农村工作会议纲要》(即第一个"一号文件")才正式肯定了家庭联产承包制度的合法性(杜润生,2005,第 84、135页)。

② 在 20 世纪 70 年代末期和 80 年代初期,安徽、广东、内蒙古、河南等地的地方政府和农民都顶着巨大的政治压力尝试包产到户,中央虽有激烈的争议,但最终采取了宽容和鼓励的态度。1980 年 5 月 30 日邓小平明确指出:"农村政策放宽后,一些适宜包产到户的地方搞了包产到户,效果很好",对包产到户给予了明确的支持。参见《邓小平文选》第二卷,人民出版社,第 315—316 页;罗平汉,《农村人民公社史》,福建人民出版社,第 377—393 页。

必要的舆论前提和经验准备。

农村金融改革作为农村变革的组成部分,在某种程度上也体现了以上三条传统智慧。历史经验表明,改革农村金融体制关键在于扶持增量部分,在整个农村金融体系中引入有效的新型竞争主体,使农村金融机构的产权结构和市场竞争结构逐步多元化。村镇银行、农村资金互助组织、小额贷款公司等新型金融机构的组建,极大地丰富了我国农村金融机构的谱系,既增加了农村金融的供给,又改善了农村金融体系的竞争生态,对我国未来农村金融发展意义重大。增量改革既是中国整个经济转型的重要经验,也是农村金融改革未来必须坚持的方向。可以说,在1978—2005 年的长达 27 年中,我国农村金融改革举步维艰的一个重要原因即在于仅仅着眼于存量的改革,而忽视或延缓了扶持增量部分的成长。而 2005 年之后我国农村金融改革取得突破性进展的最大动力来自开始鼓励增量部分的发展,我们有理由相信,村镇银行和农村资金互助组织的迅猛发展必将极大优化我国农村金融结构,为我国农村经济转型提供更为全面和有效的信用支撑。政府应该对微观主体创新行为给予鼓励与宽容,那些基层的农村金融机构,尤其是村镇银行、农村资金互助组织以及基层的信用社,都属于草根性的金融组织,与农民有着密切的内在联系,其内部创新的动力和意识都非常强,在实践中创造了很多行之有效的组织形式、运作模式和治理模式,值得鼓励和推广(王曙光,2008)。

在扶持增量成长的同时,存量改革也应稳健推行,而我国改革开放 30 年的经验证明,存量改革成功的关键在于正确的目标模式定位和多元化的产权构建。未来农信社改革应该遵循八条基本原则,即增加农村金融供给原则、改革模式多元化原则、维护县域农信社独立性原则、股份制社区银行目标原则、管理体制中行业管理与经营权分离的原则、农信社产权结构多元化原则、促进市场竞争和防止垄断原则与内部治理有效性原则。

十七届三中全会提出了"构建现代农村金融制度"的战略目标,必将对我国未来农村金融改革产生深远的影响。我认为,现代农村金融制度的基本内涵应该包括:第一,完善的市场竞争结构,即在农村金融市场中,各类不同性质、不同规模、不同地域的农村金融机构应展开较为充分的竞争;第二,农村金融主体结构充分多元化,这些金融主体既包括银行类金融机构,也应该包括农业保险机构、农产品期货市场、农业信贷担保机构等其他农村金融主体,在银行类农村金融机构中,又包括农村政策性金融机构、农村商业性金融机构、农村合作金融机构、农村小额贷款机构以及农民资金互助组织等;第三,现代农村金融制度要求完善合理的产权结构,尤其要吸引民间资本加入正规农村金融体系;第四,完善的治理结构和有效的激励约束机制;第五,要拥有良好素质的有竞争力的人力资源结构;第六,提升农民信贷可及性,充分满足农村各类经济主体的融资需求;第七,农村金融机构在财务上必须具备可持续性。当前,我国农村金融体系距离这样的要求还有一定差距,据统计,我国现有"零金融机构乡镇"2 868 个,只有 1 家金融机构的乡镇有 8 901 个,其中西部地区的情况尤为严重,共有 2 645 个"零金融机构乡镇",占全国"零金融机构乡镇"数的 80%(中国人民银行,2008)。相信随着改革的进一步深化,一个产权多元、主体多元、竞争充分、内部治理完善、人力资源结构合理的现代农村金融制度必将在我国逐步建立起来,从而使得农村金融机构不仅能充分满足农民的资金需求,而且能够实现自身的可持续发展。

参考文献

《邓小平文选》,第二卷,人民出版社,1994 年。

杜润生:《杜润生自述:中国农村体制变革重大决策纪实》,人民出版社,2005 年。

黄范章、贺力平等:《关于农村信用合作社改革的思考》,《经济学家》,2001 年第 6 期。

姜旭朝:《中国民间金融研究》,山东人民出版社,1995 年。

李建军:《中国地下金融调查》,上海人民出版社,2006 年。

李元华:《温州民间融资及开放性资本市场研究》,中国经济出版社,2002 年。

林毅夫、蔡昉、李周:《论中国经济改革的渐进式道路》,《经济研究》,1993 年第 9 期。

林毅夫:《制度、技术与中国农业发展》,上海三联书店,1992 年。

刘恒保:《推进我国农村合作金融改革的思考和建议》,《经济研究参考》,2000 年第 56 期。

罗平汉:《农村人民公社史》,福建人民出版社,2006 年。

农业部农村合作经济指导司、农村合作经济经营管理总站:《清理整顿农村合作基金会工作成效及下一步政策建议》,内部报告,2001 年。

王曙光、邓一婷:《民间金融扩张的内在机理、演进路径与未来趋势研究》,《金融研究》,2007 年第 5 期。

王曙光:《村庄信任、关系共同体与农村民间金融演进》,《中国农村观察》,2007 年第 4 期。

王曙光、邓一婷:《农村金融领域系统性负投资与民间金融规范化模式》,《改革》,2006 年第 6 期。

王曙光、乔郁等:《农村金融学》,北京大学出版社,2007 年。

王曙光:《草根金融》,中国发展出版社,2008 年。

王曙光:《国家主导与地方租金激励:民间金融扩张的内在动力要素分析》,《财贸经济》,2008 年第 1 期。

王曙光:《农村金融市场开放和民间信用阳光化:央行和银监会模式比较》,《中共中央党校学报》,2007 年第 2 期。

王曙光:《新型农村金融机构运行绩效与机制创新》,《中共中央党校学报》,2008 年第 2 期。

王曙光:《农村金融与新农村建设》,华夏出版社,2006 年。

谢平:《中国农村信用合作社体制改革的争论》,《金融研究》,2001 年第 1 期。

中共中央文献研究室、国务院发展研究中心编:《新时期农业和农村工作重要文献选编》,中央文献出版社,1992 年。

中国人民银行货币政策分析小组:《2004 年中国区域金融运行报告》,《金融时报》,2005 年 5 月 25 日。

中国人民银行:《中国农村金融服务报告》,2008 年。

第五章 农村信贷机制设计与风险防范

——王安石青苗法的历史启示*

一、引言:争议千年而未决的王安石新法

王安石(1021—1086 年)是北宋著名政治家、思想家、文学家,在有宋一代,无疑是最出类拔萃、才华卓异而又对后世影响深远的人物之一,在中国改革史上亦占据一极高位置。然而,就是这样一个抱负极远、韬略极伟、胸襟极开阔、行事极敢担当的人物,在近千年中却引起极广泛的争议。不唯当时的著名人物如韩琦、司马光、苏轼、苏辙、欧阳修都激烈反对新法,直到南宋一代,朱熹、吕祖谦等仍旧沿袭北宋的定论,对王安石新法多有诋责,甚至清初著名思想家黄宗羲与王船山等,亦不免受前代成说的影响而对王安石新法多有贬抑之辞。从正史记载看,《宋史》中有关王安石新法的记述错谬遗漏之处甚多,就连《四库全书提要》也说:"其大旨以表章道学为宗,余事不堪措意,故舛谬不能殚数。"究其原因,在于所依据的《神宗实录》几经篡改,而王安石所著之《熙宁日录》则因被毁灭而无可稽考。因此,千年以来,一代改革家王安石就被淹没在这些诬蔑舛谬之辞中,其真正面目难以辨识。

梁启超于戊戌变法失败后撰写的《王荆公》一书中,以清代前期蔡上翔《王荆公年谱考略》为蓝本,对王安石之政术业绩颂赞有加:"以余所见宋太傅荆国王文公安石,其德量汪然若千顷之波,其气节岳然若万仞之壁,其学术集九流之粹,其文章起八代之衰,其所设施之事功,适应于时代之要求而救其弊。……悠悠千祀,间生伟人,此国史之光……距公之后,垂千年矣,此千年中,国民之视公何如? 吾每读

---

* 本文发表于《长白学刊》2009 年第 1 期。

《宋史》,未尝不废书而恸也。"①继梁启超之后,胡适、钱穆等对王安石新法屡有新论,而被誉为"海内外宋史第一人"的邓广铭在20世纪50年代到90年代为撰王安石传而四易其书,对历代加之于王安石的诬蔑不实之词悉加考订,其取材之精、考据之详、立论之严,均达到前所未有之学术高度。但是,直到现在,学术界关于王安石新法的争讼并未休止。

本文核心乃在于探讨王安石新法中"青苗法"的实施绩效及其失败根由,而在分析中,虽然自不能完全脱开关于熙宁元丰年间乃至于以后的北宋各政治派别之间的争议,但是其主旨却并不在于钩稽史实辨析阙谬,而在于用经济学的方法和思维,重新审视青苗法制度设计的利弊得失,从而对青苗法的实施绩效与失败原因作一理论上之客观剖析。在剖析青苗法之前,本文第二部分首先分析了我国古代常平仓和农村信贷的运作方法。第三部分述及在王安石新法之前在陕西和浙江所进行的类似青苗法的农村信贷措施,并着重分析青苗法的政策意图和政策构成,剖析青苗法的制度设计。第四部分试图从机制设计的角度,分析青苗法之利弊。第五部分用实证材料说明青苗法实施的效果,客观公正地对青苗法的绩效进行评判,并分析青苗法引起反对派反对的原因,尤其是对司马光等对青苗法的诘难进行条分缕析。第七部分略谈青苗法对当下农村信贷之启示。

王安石新法中的青苗法,实际上是一系列关于农村信贷的方法,而通过对青苗法具体机制设计的分析可以看出,虽然青苗法尚存诸多弊端和漏洞,但是作为一项农村信贷改革政策,诚不失为前无古人之创举;而梁启超虽然出于对王安石的崇敬而在传记中对王安石褒誉太过,然而深究青苗法之细则,不能不叹服在近千年前即有此农村信贷,实在是农村金融史中一大发明,不能不对王安石致以相当的敬意。而从青苗法中汲取若干历史教训,以完善当今农村信贷体系,也不失为以古鉴今古为今用之法。

二、我国古代"常平仓"运作原理与农村信贷机制

常平仓制度是封建时代国家利用季节差价买卖粮食以稳定粮食市场、控制物价的一种方法,其创行者是西汉宣帝时期的大司农中丞耿寿昌。史载耿寿昌创行常平仓制度乃是"令边郡皆筑仓,以谷贱时增其价而籴,以利农;谷贵时减价而粜"②。农业生产季节性较强,在粮食收获季节,会出现粮食市场供过于求的情况,投机商人乘机压价,会使谷贱伤农;而在春耕时节,市场上粮食供应紧张,往往出现

---

①　梁启超:《饮冰室合集》专集第七册《王荆公》,中华书局,1936年。此书对王安石新法研究及评价有开创之功,但在史料运用、研究方法上尚有若干可商榷之处,学者屡有批评,可参考邓广铭:《北宋改革家王安石》,生活·读书·新知三联书店,2007年,《序言》,第5页;漆侠:《王安石变法》,河北人民出版社,2001年,第8—12页。梁启超此书于2006年由百花文艺出版社再版,更名《王安石传》。

②　《前汉书·食货志》。

供不应求的局面,投机商人又可能哄抬粮价,导致农民耕作和城市居民生活造成影响。耿寿昌为这种制度取名"常平仓",即是表明封建国家干预粮食市场以保持稳定市场价格的基本机制。

实际上,常平仓制度的原理在我国春秋时期和战国时期都有应用。春秋末期越国就实行了"平粜",范蠡在辅佐越王勾践时所用的《计然之策》谈到"平粜"。① 在战国时期的魏国也实行过"平籴",据传是魏文侯的名臣李悝《尽地力之教》里的内容。② 在《管子》轻重诸篇中论及国家利用货币和粮食两个工具对经济运行和市场物价进行干预的政策主张,也包含了若干常平的思想。③ 汉武帝时期桑弘羊创立了平准制度,拓展了"平粜"、"平籴"制度,由国家控制粮食价格拓展到国家控制天下万物的价格,使"万物不得腾涌"。④

我国古代出了常平仓之外,还有运用信贷方法调节粮食市场价格的制度。《周礼》⑤中就出现了有关借贷的记载:泉府⑥负责向农民发放贷款,其贷款分为两种:一称"赊",是对贫民生活困难的贷款,由于贫民要求借款不是为了经营求利,所以"赊"是一种无息贷款,"凡赊者,祭祀无过旬日,丧纪无过三月"⑦,只规定还本期限而不取利息。另一种称为"贷",是对生产经营者的贷款,"凡民之贷者,与其有司辨而授之,以国服为之息"⑧。从《周礼》的论述来看,战国时期就存在国家通过信贷来赈济农民生活或支持农民生产经营的做法,而信贷这种做法比简单的常平仓更能够有利于人民生活生产,也能够在一定意义上遏制高利贷,是一种更深层意义上的常平仓。在汉代,"轻重论"者也提出了运用借贷这个经济杠杆来控制粮食价格的做法,即《管子》中所说的"布币于国"⑨。封建国家统治者从民间高利贷活动中受到启发,仿效高利贷者的做法,由国家事先调查清楚全国每个乡的土地数量和粮食纺织品产量以及不同时期的价格变化情况,在每个乡准备好一定数量的货币作为放贷的基金,通过春借秋还,国家不仅获得一定的利润,平抑了物价,而且抑制了商人和高利贷者利用粮食差价操纵市场和掠夺农民的行为。⑩

---

① 《史记·货殖列传》。

② 《文献通考·市籴考二》。

③ 散见于《管子》中《轻重甲》、《国蓄》、《山至数》等篇。

④ 《史记·平准书》、《盐铁论·本议》。

⑤ 《周礼》原名《周官》,是一部谈论国家政权的组织、机构、人员设置和职能的专书。近代学者多认为《周礼》是战国时代作品。

⑥ 泉府是一个调解和控制物价的国家机构,"泉府以市之征布,敛市之不售。货之滞于民用者,以其价买之物楬而示之,以待不时而买者"(《周礼》卷十五),即通过收购滞货的方法调剂市场供求,防止投机商人趁人民用品滞销而压价。

⑦ 《周礼》卷十五。

⑧ 《周礼》卷十五。生产经营者可获盈利,故要按照"国服"即按借款者的行业应纳税率取息,例如漆林之征"二十而五",即税率为25%,那么向泉府借款经营漆林的人,其借款利率就是25%。

⑨ 《管子·山至数》。

⑩ 赵靖主编:《中国经济思想通史(第一卷)》,北京大学出版社,1989年,第570页。

三、青苗法的实施基础、政策意图和制度构成

宋太宗淳化三年（992年），宋始置常平仓于京畿。景德三年（1006年）后，除沿边州郡外，全国先后普遍设置。景德以后，由于常平积有余而三司兵食不足，常平钱谷经常被挪移助充军费。宋代的常平仓大多有名无实，有的地方官把有限的籴本的大部分移作营私之用，有的地方官则"厌籴粜之烦"，不肯顺应年景丰凶而进行籴粜，有的地方官与豪商富贾或囤积居奇的大户人家互相勾结共同渔利。①在常平仓名存实亡的情况下，有些地方官为解决灾荒或青黄不接时农民的粮食问题或军食不足问题，也采取了类似古代信贷的方法，其中比较有名的例子是陕西路转运使李参和时任鄞县县令的王安石。

李参在陕西路转运使任上时，由于陕西"多成兵，苦食少，参审订其缺，令民自隐度麦粟之赢，先贷以钱，俟谷熟还之官，号青苗钱。经数年，廪有羡粮"②。李参所用的方法是，在农民青黄不接的时候（春耕时节）根据自己预期的产量而向政府借贷一定数量的货币，等到秋收的时候再还款，这种信贷机制被实践证明是有效的。但是《宋史·李参传》并没有说明青苗钱贷放的具体利率水平。

王安石曾在鄞县（今宁波）做县令四年，1050年才调离鄞县。在鄞县的四年王安石积累了丰富的执政经验并对民生状况有了较为全面的了解。王安石在鄞县除了大力兴修水利发展农业生产外，还进行了一项后来对其青苗法实施有直接影响的农村信贷活动。王安石发现鄞县的贫苦农民在饥寒交迫之时不得不以田地作为抵押，向豪强借贷从而遭高利贷盘剥。王安石为缓解这一状况，将官仓的粟米，以较低的利率水平贷给贫民，约定秋收归还。邵伯温曾经记述："王荆公知明州鄞县，读书为文章，三日一治县事。起堤堰，决陂塘，为水陆之利；贷谷于民，立息以偿，俾新陈相易；兴学校，严保伍，邑人便之。故熙宁初为执政，所行之法，皆本于此。"③毫无疑问，王安石在鄞县"贷谷于民，立息以偿"的成功经验，使他坚定了改革常平仓而实行青苗法的信心。

以鄞县试验为基础，参酌李参在陕西推行的青苗钱例，王安石于熙宁二年（1069年）九月四日推出了青苗法。④青苗法从内容上分两部分，第一部分解释立法意图，第二部分阐述青苗法具体实施办法。关于立法用意，青苗法作了如此解释：

---

① 邓广铭：《北宋改革家王安石》，生活·读书·新知三联书店，2007年，第145页。
② 《宋史》卷三三零《李参传》。
③ 邵伯温：《邵氏闻见录》卷一一。李日华《六砚斋笔记》中则称王安石"贷民以钱"，稍异。《宋史·王安石传》也有类似记载，也称"贷谷与民"，因此本文取《宋史》说。
④ 青苗法最初由李惠卿草成初稿，后经王安石委托张端、苏辙会同吕惠卿复加审核才公布。参见苏辙《龙川略志·与王介甫论青苗盐法铸钱利害》及《续资治通鉴长编》卷二六八熙宁八年九月辛未吕惠卿奏疏。

人之困乏,常在新陈不接之际,兼并之家乘其急以邀倍息,而贷者常苦于不得。常平、广惠①之物,收藏积滞,必待年歉物贵然后出粜,而所及者大抵城市游手之人而已。今通一路之有无,贵发贱敛,以广蓄积,平物价,使农人有以赴时趋事,而兼并不得乘其急。凡此皆以为民,而公家无所利其入,亦先王散惠兴利以为耕敛补助、哀多补寡而抑民豪夺之意也。②

青苗法的立法意图主要可以概括为以下几点:第一,弥补以往常平仓和广惠仓制度之缺陷,运用货币借贷,可以解决谷物粜籴不当的问题;第二,缓解农民在青黄不接时的资金困境,使需要资金的农民可以较小成本获得国家贷款;第三,可以抑制豪强趁贫民饥寒之时以事兼并的状况,打击投机商和高利贷者;第四,可以借此平抑粮食价格,使国家可以控制粮食市场走势。

关于借贷具体操作方法,青苗法作了如下规定:

其给常平广惠仓钱,依陕西青苗钱法,于夏秋未熟以前,约逐处收成时酌中物价,立定预支每斗价例,出晓示,召民愿请,仍常以半为夏料,半为秋料。……请领五户以上为一保,约钱数多少,量人户物力,令、佐躬亲勒者户长识认,每户须俵及一贯以上。不愿请者,不得抑配。其愿请斛斗者,即以时价估作钱数支给,即不得亏损官本,却依现钱例纽斛斗送纳。客户愿请者,即与主户合保,量所保主户物力多少支借。如支与乡村人户有剩,即亦准上法,支俵与坊郭有抵当人户。如纳时斛斗价贵,愿纳现钱者亦听,仍相度量减时价送纳。夏料于正月三十日以前、秋料于五月三十日以前支俵。③

除了青苗法通行法令中的这些条款外,各地方所加的补充条款也包含若干不可忽视的重要内容:

结保请领青苗钱,每保须第三等以上有物力人充甲头;第五等户并客户,每户贷钱不得过一贯五百文,第四等每户不得过三贯文,第三等每户不得过六贯文,第二等每户不得过十贯文,第一等每户不得过十五贯文;……在夏秋两次收成之后,随两税偿还所借青苗钱时,须在原借数外加纳二分或两分息钱。④

概括以来,青苗法中的信贷机制可以归结为以下几条:第一,农村信贷分两次

---

① 广惠即广惠仓,是把各地的"户绝田"由政府招募人佃种,以其租课存入仓中,用以救济老幼贫疾不能自给之人。广惠仓据《忠献韩魏王家传》记载,是在宋仁宗嘉祐二年(1057 年)经韩琦的建议而普遍设立的。转引自漆侠:《王安石变法》,河北人民出版社,2001 年,第 123 页脚注。

② 《宋会要辑稿·食货》四之十六至十七。

③ 该部分乃漆侠参照《宋会要辑稿·食货》四之一六至一七、《宋史·食货志·常平仓》、《续资治通鉴长编·纪事本末》卷六六《三司条例司》、《文献通考·市籴考·常平义仓租税》等重新校订而成,与《宋会要辑稿》中的记录略有文字出入。参见漆侠:《王安石新法校正》,收于《王安石变法》,河北人民出版社,2001年,第 262 页。

④ 《宋会要辑稿·食货》四之二三、二四。

发放,夏料在正月三十日以前发放,秋料在五月三十日以前发放,解决夏秋两季粮食未收获之前的资金短缺问题;第二,政府根据以往年份粮食价格,制定每斗粮食的价格,然后借款者根据自己的收成决定借贷谷物的规模,再折合为款项,借贷一般以现款发放;第三,根据贷款申请人的家庭财产情况分为五等(没有土地的"客户"算作第五等),来决定贷款规模;第四,贷款实行多户联保的方法,一般五户为一保(也有的地方是十户),每保需要第三等以上的有家产的农户作为第一担保人;第五,夏秋两季收成之后进行还款,还款时的利息为三分或两分,即年利率40%—60%(一年两次贷款,年利率为六分或四分,然而在实际执行过程中,利率多为四分);第六,农户提出贷款申请须出于自愿,政府不能强行农户进行借贷(即抑配);第七,在执行贷款的过程中,县令和县佐以及基层官员耆、户长需要对贷款申请人以及担保人进行详细的审查,对借款人家庭财产情况和个人信用品质(主要是要"检防浮浪之人"冒借)以及担保人情况进行考察,以确定借款人的资格与贷款额度;第八,农户还款既可以用现款,也可以用折合为粮食还款,贷款一定要按期收回,不得损失政府的本钱,但遇到灾荒年份,允许展期。

四、青苗法的利弊:从农村信贷机制设计的理论视角

从以上所引述的青苗法的政策意图和政策构成,尤其是青苗法的一些核心制度设计来看,应该客观地说,青苗法对于农户信贷的规定,与当今全球农户小额信贷奉行的一些基本原则非常类似,其制度设计有相当大的科学成分,其贷款审查程序的设计、风险控制手段的设计、贷款规模的选择等,均堪称严密规范,值得当今农村金融从业者借鉴,千载而下,亦令人叹服。兹一一详述之。

(1)联保机制:用现代金融学的术语来说,王安石青苗法中实行的实际上是农户联保小额信用贷款。所谓信用贷款,即无抵押贷款,这是与农户尤其是贫困农户缺乏足够的抵押品相关的,而信用贷款也成为今日全球农户信贷的主流模式。而王安石青苗法的机制设计中,核心的一条是联保机制,即五户或十户为一保,并选择有一定家庭财产和土地的农户为第一担保人。农户联保也是当今农户小额信贷比较通行的一种方法,在我国农村信用社实施的农户小额贷款中,有很大一部分即为农户联保贷款。而孟加拉乡村银行(即格莱珉银行)所实施的农户信贷,其所采用的小组制度,也具有联保的功能。因此,青苗法能够在一千年前就实施农户联保小额信用放款,这种贷款模式的创新是极有历史意义的。

(2)市场化利率水平:王安石已非常清晰地意识到政府在实施农户小额信用贷款中实行市场化利率的重要性和必要性。实行市场化利率水平(年利率40%应该是不算低的利率水平)与以往常平仓制度已经有明显区别,是一大制度突破。赈济贫民、调节农村经济、扶持农户生产,必须对原有的常平仓制度弊端进行变革。王安石认为:

伏自庆历(公元 1041 年)以来,南北饥馑相继。朝廷大臣、中外智谋之士……思所以存活之,其术不过发常平、敛富民为饘粥,出糟糠之余,以有限之食,给无数之民,某原其活者百未有一,而死者白骨已蔽野矣。此有惠人之名,而无救患之实者也。①

改革常平仓制度的核心在于确定信贷的方法,而信贷的核心在于确定一定的利率水平。王安石明确论证了实行市场化的利率水平而不是简单地实行无偿赈济或免息贷款的经济原因,有一段论述非常精彩:

政事所以理财,理财乃所谓义也。一部《周礼》,理财居其半,周公岂为利哉?奸人者,缘名实之近而欲乱之以眩上下,其如民心之愿何?始以为不请,而请者不可遏;终以为不纳,而纳者不可却,盖因民之所利而利之,不得不然也。然二分不及一分,一分不及不利而贷之,贷之不若与之,然不与之,而必至于二分者,何也?为其来日之不可继。不可继则是惠而不知为政,非惠而不费之道也,故必贷。然而有官吏之俸、輦运之费、水旱之逋、鼠雀之耗,而必欲广之以待其饥不足而直与之也,则无二分之息可乎?则二分者,亦常平之中正也,岂可易哉?②

这段话清楚地表述了几个观点:第一,政事就是理财,理财才是真正的义,因此,批驳了反对者认为王安石关注理财而失于先圣之道。第二,指出农民对青苗法的普遍认可,原来以为没有人过来申请贷款,没有想到申请贷款者非常踊跃,原来没有想到农民会过来偿还贷款,没有想到还者络绎不绝,其根本原因在于青苗法是“因民所利而利之”,是真正的利民之法。第三,深刻分析了无偿赈济和无息贷款的弊端。对于贷款申请者而言,当然是缴纳二分利息不如缴纳一分,缴纳一分利息不如不缴利息而实行免息贷款,但免息贷款当然不如白拿(直接发放款项而不需偿还),然而免息或白拿的方法的最大弊端在于使政府的扶持资金不具有可持续性(所谓“来日之不可继”)。因此必须执行相当于市场的利率水平,才能使之可持续。第四,王安石坚持用信贷的方法来扶持农村发展,并深刻分析了要收息二分的经济原因,实际上,王安石在此信中初步提出了根据贷款成本来确定利率水平的思想,这是非常超前和深刻的。凡是信贷必然遇到贷款成本问题,王安石提出贷款成本包括负责信贷的官员的行政管理成本、粮食运输成本、遭遇水旱灾害所造成的贷款风险成本、由于各种原因而而造成的消耗成本等。王安石提出,之所以必须要有较高的利息,原因在于这些成本很高昂,没有相当高的利率,就难以覆盖这些成本。运用市场化的利率水平而不是远低于市场均衡水平的利率来覆盖贷款成本和风险,这种思想产生于近千年之前,是非常难能可贵的。

---

① 《王文公文集·再上龚舍人书》。
② 《王文公文集·答曾公立书》。

（3）贷款审核机制和贷款风险防范机制。青苗法中关于贷款审核机制和贷款风险防范机制的设计也是值得肯定的。从贷款审核机制来说，青苗法中规定在贷款发放之前，必须对贷款人的资格进行严格的考核，这些考核的指标体系涉及贷款申请人信用水平和道德品格、贷款人家庭财产和收入情况、担保人的家庭财产情况等信息，在当时的经济发展水平下，这个指标体系可谓相当全面。从贷款风险防范机制来说，实际上包含多户联保机制、根据贷款申请人家庭财产规模来确定贷款规模的机制、运用市场化利率水平覆盖贷款风险的机制等，这些机制从广义上来说都是为了降低贷款风险。

但是，从农村信贷的机制设计和实施信贷的具体实践步骤来说，青苗法也存在若干漏洞和缺失，撮其要者如下：

（1）青苗法实施过程中"委托—代理链条"太长，导致行政执行体系行为紊乱，监管不力。常平广惠仓原来隶属诸路提刑司，青苗法实施之后贷款事宜仍由提刑司管辖；同时因需要将粮米兑换现钱，并令各路转运司一同办理。为推行青苗法，各路设常平官专司其事，全国共四十一员；各州置常平案，由通判一类官员负责转移出纳事宜；而在各县，则由县令、县佐直接督率耆、户长，管理借贷。从这个制度设计中可以看出，为了实施推行和具体管理青苗贷款事宜，王安石等改革派设计了一个较为复杂的行政管理体系，从中央到州县，再到基层负责贷款的官员，其"委托—代理链条"较长。根据"委托—代理理论"，"委托—代理链条"越长，其实施过程中的信息沟通成本越高，信息失真的概率就越高，也就导致一项政策的实施绩效越差，实施成本也就越高。由于实施青苗法的行政体系紊乱，也就导致各级各部门的官员的行为无法进行有效的监督和规范，使负责发放贷款的官员的行为与原来的制度设计相违背从而出现行为扭曲。苏轼与司马光等反对青苗法者，都列举了这方面的弊端，当然苏轼和司马光的描述中都有一定的夸张成分，但多少可以反映一些政府各级官员在推行贷款过程中的一些扭曲行为：

> 官吏无状，于给散之际，必令酒务设鼓乐倡优或关扑卖酒牌，农民至有徒手而归者。但每散青苗，即酒课暴增。……因欠青苗，已卖田宅、质妻女、溺水自缢者，不可胜数。[1]

> 先朝散青苗钱，本为利民，并取情愿。后提举官速要见功，务求多散。或举县追呼，或排门抄搭。[2]

> 所遣使者，或年少位卑，倚势作威，陵铄州县，骚扰百姓。[3]

---

① 《东坡续集》卷十一。一些宋人笔记中也有类似的记述，如王林《燕翼诒谋录》、陈士隆《北轩笔记》等。虽则笔记小说家言不能作为信史，但是可以反映出青苗法实施过程中出现的局部行政紊乱和官员行为扭曲的状况。

② 《温国文正公文集》卷四十五。

③ 《温国文正公文集》卷四十一。

客观地说,由中央政府下令推行的官方农户小额信贷,由于其实施者均为各级政府官员,政府官员为了扩大贷款额而必然采取各种与原有制度设计相违背的方法,从而导致官员行为扭曲紊乱,经年累月,积弊尤深,这是不可避免的一个结局。

(2)实施范围过广,在未经从容试点的情况下,仓促在全国迅速推行,导致其实施中的摩擦成本太高,而由于范围过广而引起的信息严重不对称,导致青苗法推行过程中出现各种偏差。在青苗法的原有制度设计中,本来有这样的规定:

> 兼事初措置非一,欲量诸路钱谷多寡,分遣官提举,仍先行于河北、京东、淮南三路,俟成次第,即推之诸路。①

但是事实上,在河北、京东和淮南三路试行并没有多久,尚未"成次第",也就是说尚未获得多少实际成效和积累多少经验,就匆匆忙忙在全国诸路派去了提举官而将青苗法加以普遍推行。而且,更为重要的是,在一国推行的难度、复杂程度、实施成本的高昂程度都远远大于王安石和李参等在鄞县和陕西一地所做的试验。未经从容试点而仓促在全国推行青苗法,导致三个后果:

第一,从制度变迁的视角来看,一项改革的成功推行,需要经过较长时间的学习过程和经验累积过程,而从容试点的好处在于,可以通过试点而产生示范效应,从而使别的地区可以按照其经验教训,从而使制度变迁过程中自然产生一种纠错机制和自我完善机制。但是,青苗法在没有取得充分经验的情况下就急于在全国推行,其纠错机制和自我完善机制尚未建立,使新法推行充满不确定性。

第二,在仓促推之全国的过程中,各级管理者和执行者缺乏充分的经验和实践准备,因此在执行过程中出现混乱和扭曲势在必然;同时,由于仓促推行,青苗法实施的舆论准备亦不足,导致士大夫阶层大规模的反对,使制度变迁的摩擦成本过高,致使新法在一定程度上难以长时间维系。

第三,自上而下的纵向管理体系一旦形成,难以像王安石在一个局部地区所做的试验那样对执行者进行严格的筛选,也不能对实施的步骤、节奏和进程等进行较为自主和从容的把握与调节,因此,在一邑一乡行之有效的制度却难以在全国成功推行。南宋朱熹曾经在《婺州金华县社仓记》中约略谈到了这一思想:

> 青苗者,其立法之本意,固未为不善也。但其给之以钱而不以谷;其处之以县而不以乡;其职之者以官吏而不以乡人士君子;其行之者以聚敛亟疾之意,而不以惨怛忠利之心,是以王氏能行于一邑,而不能行于天下也。②

(3)信贷必须出于农民自愿,青苗法实施过程中出现的"抑配"使自愿的农村信贷行为转变为强迫性的借贷,造成信贷行为的扭曲,容易滋生很多弊端。硬性的"散俵"或"抑配",即执行贷款的人"以多散为功",硬性逼迫豪强富户请领青苗钱,

---

① 《宋会要辑稿·食货》四之一六至一七。
② 《朱子大全·婺州金华县社仓记》卷七九。

因此使得豪强富户不得不支付年利率为 40% 的利息,因此导致他们极"不愿请领"①。梁启超也说:"是故当时抑配有禁矣,而有司以尽数俵散为功,虽欲不抑配焉而不可得也。"②虽然青苗法规定"不愿请者,不得抑配",但是在实践中抑配的现象非常普遍,后来虽明令禁止,也难以根绝。司马光论及抑配时说:

> 今出钱贷民而敛其息,富者不愿取,使者以多散为功,一切抑配。恐其逋负,必令贫富相保。贫者无可偿,则散而之四方;富者不能去,必责使代偿数家之负。春算秋计,辗转日滋,贫者既尽,富者亦贫。十年之外,百姓无复存者矣。③

王安石对抑配的做法向宋神宗做了如下的解释:

> 臣以为此事(按指抑配青苗钱)至小,利害亦易明。直使州郡抑配上户俵十五贯钱,又必令出二分息,则一户所陪止三贯钱,因以广常平仓储蓄以待百姓凶荒,则比之前代科百姓出米为义仓,亦未为不善!④

王安石为抑配所做的辩护,其理由是认为假使政府对富户豪强进行抑配,可以征收一部分利息(王安石认为这个利息对于大户是可以接受的),而政府可以将这部分利息储蓄在常平仓中,在灾荒之年可以赈济百姓。王安石认为这个制度,与前代那种强令大户出米为义仓相比,也并不见得更不好。虽然利用抑配之法可以从豪强大户那里获得一定收入以用于国家的宏观调控,但是王安石忽略了强行抑配对青苗法的信贷制度所造成的致命危害。而一旦自愿的信贷制度成为逼迫性和强制性的信贷制度,则这种信贷制度必然归于失败。

(4)青苗法具体的贷款实施层面存在若干漏洞,使其原有的较为科学的贷款风险防范机制极易扭曲。其表现大略有四:

其一,利率限制不够严格,执行青苗法的政府官员因行为不规范导致实际执行的利率在某些地区达到"倍息"的水平(即年利率80%),实质上已经成为官方发放的"高利贷",这对贫苦农户而言成为不小的负担,流弊甚多。政府从这种较高利率的贷款中获得不菲的收入,以 1073 年(即青苗法执行第 5 年)为例,该年青苗利息即达到 292 万贯,为数颇为可观。⑤

其二,贷款的监督机制不够健全,借款人一旦获得贷款,或使用混乱,或故意逾期不还,长此以往则容易形成不良贷款。在青苗法实施之前,王安石曾向苏辙咨询其对该法的看法,苏辙的分析实际上就涉及贷款监督机制的问题,而一旦监督机制

① 《忠献韩魏王家传》卷九中韩琦曾议及此事,欧阳修在《言青苗第一札子》中也谈及抑配之弊,见《欧阳文忠公文集》卷一一五。
② 梁启超:《王安石传》,百花文艺出版社,2006 年,第 109 页。
③ 《宋史·司马光传》。
④ 《续资治通鉴长编·纪事本末》卷六八《青苗法》上。
⑤ 《续资治通鉴长编·纪事本末》卷六九《青苗法》下。

有问题,单靠行政惩罚体系是不能解决问题的:

> 以钱贷民,使出息二分,本以救民,非为利也。然出纳之际,吏缘为奸,虽有法不能禁;钱出民手,虽良民不免妄用;及其纳钱,虽富民不免逾限。如此,则恐鞭棰必用,州县之事不胜烦矣……①

其三,联保机制有可能难以奏效,在实践中,富户对贫户的担保有可能根本难以实行,五户或十户之间的联保往往成为"联而不保"。不过这种五户或十户为一保、保内牵头的甲头称为"甲"的联保制度所形成的保甲这种农村行政组织倒是一直延续至近代。

其四,青苗法中并没有设计比较好的贷款偿还激励制度。成功的小额信贷模式必须有相应的还贷激励制度,运用贷款额度累积的方式对于信用好的借款人进行相应的激励,并对还款信用低的客户进行相应的"负激励"。但是青苗法中没有此类制度设计,导致贷款逾期的概率增加。

五、青苗法的实施绩效、历史贡献及其对当下农村信贷的启示

作为中国历史上最著名的政治经济改革之一,包括青苗法在内的王安石新法从推行之初就受到阵容强大的反对者的责难,但是就青苗法实际的实施绩效而言,应该客观地说,它对当时的财政经济状况还是起到了一定的改善作用,对当时不尽合理的经济结构还是起到了一定的变革作用。首先,除方田均税法和免役法等法之外,青苗法也为国家积累了规模较大的财政收入。据统计,元丰六年散青苗钱11 307 772贯石匹两,收回本息13 965 459贯石匹两,其中利息收入为2 657 687贯石匹两,其数目占到元丰年间财政总收入的3%以上,为数颇为可观。② 其次,青苗法在一定程度上对当时盛行的高利贷起到某种抑制作用。虽然在局部地区由于政府官员行为的紊乱而导致利息畸高,但是总体来说,利率水平比民间高利贷要低得多。从总体而言,青苗法实现了当初王安石所说的"昔之贫者举息之于豪民,今之贫者举息之于官,官薄其息而民救其乏"③的目的。当然,对青苗法抑制高利贷的作用,也不可评价过高,高利贷在青苗法实施之后,仍有巨大的生存空间,仅试图依靠官方信贷来完全抑制高利贷是不现实的。最后,青苗贷款的发放,有利于农民生产经营,满足其资金需求,使其在丰凶之年调节余缺,缓解了豪强的兼并,在一定程度上避免了农民大面积破产。

本文之主旨并不在搜剔若干史实以论证青苗法之实效,而在于从制度设计的

---

① 《宋史·苏辙传》。
② 漆侠:《再论王安石变法》,《河北大学学报》,1986年第3期。
③ 《临川文集》卷四一。

视角考察青苗法的利弊得失。从总体上说,青苗法继承了我国历史上常平仓制度和农村信贷实践的精华并加以革新,形成了超越此前任何一个时代的一套完整而统一的农户联保无抵押小额贷款制度,在我国农村金融史上具有开创性的意义,放诸世界金融史,亦有其历史贡献。从制度设计的层面看,其农户联保制度、市场化利率机制、贷款审核制度、信贷风险防范机制等,均为彪炳千古的开创性制度框架,对当今农村信贷制度亦具有重要的借鉴价值。但是官办农村金融必然面临激励约束机制不足、"委托—代理"链条过长、信息严重不对称和监督执行成本过高带来的诸多弊端。正如梁启超所说,青苗法作为一项金融事业,"其性质乃宜于民办而不宜于官办"①。由于农村信贷具有风险高和不确定性强等诸多特点,因此适宜的制度框架应该以民办为主而辅之以政府扶持,而这样做的理由在于,农村信贷必须依托乡土化的组织结构并适应乡土性的文化结构,才能使农村信贷的运行机制和风险控制机制适合于农村社会的实际情况。朱熹在青苗法推行约一百年后于建宁府崇安县创办"社仓"②,即是民办官助的农村小额信贷的成功实践,而在朱熹模式中,除借鉴王安石青苗法模式中市场化利率机制和贷款审核机制之外,其核心制度设计却在于乡民主导与尊重民俗,以使农村信贷制度与乡土文化体系对接契合。

参考文献

《管子》,《轻重甲》、《国蓄》、《山至数》。

《临川文集》卷四一。

《欧阳文忠公文集》卷一一五。

《前汉书·食货志》。

《史记·货殖列传》。

《史记·平准书》。

《宋会要辑稿·食货》四。

《宋史》卷三三零《李参传》。

《宋史·食货志·常平义仓》。

《宋史·司马光传》。

《宋史·苏辙传》。

《温国文正公文集》卷四十一、四十五。

《文献通考·市籴考》。

《续资治通鉴长编》卷六六、六八、六九、二六八。

《盐铁论·本议》。

《忠献韩魏王家传》卷九中。

《周礼》卷十五。

---

① 　梁启超:《王安石传》,百花文艺出版社,2006 年,第 112 页。
② 　朱熹创办社仓的机制设计见《朱子大全·崇安社仓奏议》。

《朱子大全·婺州金华县社仓记》卷七九。

邓广铭:《北宋改革家王安石》,生活·读书·新知三联书店,2007年。

李日华:《六砚斋笔记》。

梁启超:《王安石传》,百花文艺出版社,2006年。

梁启超:《饮冰室合集》专集第七册《王荆公》,中华书局,1936年。

漆侠:《王安石变法》,河北人民出版社,2001年。

漆侠:《再论王安石变法》,《河北大学学报》,1986年第3期。

邵伯温:《邵氏闻见录》卷一一。

苏辙:《龙川略志·与王介甫论青苗盐法铸钱利害》。

王安石:《王文公文集》。

赵靖主编:《中国经济思想通史(第一卷)》,北京大学出版社,1989年。

第二篇　民间信用演进

第六章 民间金融扩张的内在机理、 演进路径与未来趋势研究[*]

一、引言:民间金融的国内外研究和本文框架

民间金融与正规金融同为金融市场的组成部分,而由于其内在的非正规性,民间金融不仅具有与正规金融不同的特性,在扩张和演进方面也有着与正规金融不同的特点,这种特殊性对政府的政策取向选择有很大的影响。

民间金融扩张的相关文献主要可以分为两大类:一类是对于某些具体民间金融形态的演化过程做出的个案的研究,如 Dekle and Hamada(2000)对日本的 ROSCA(Rotating Savings and Credit Association)的发展路径的研究,Tenenbaum(1989)对美国的"希伯来免息贷款组织"(Hebrew Free Loan Society)的演化路径的研究,Steel 等(1997)对非洲四个国家(加纳、马拉维、尼日利亚、坦桑尼亚)的非正规金融市场在自由化背景下的演化路径的研究,史晋川等在一系列著作中对我国浙江等地区的民间金融发展情况的分析,王曙光等(2006)对温州的会的演变以及农村合作基金会的演变路径做了比较深入的理论分析。另一类是对于民间金融演化路径做出的一般性理论分析,例如江曙霞等(2003)从社会学与文化学视角探讨了我国民间金融的发展历程与路径选择,江曙霞、丁昌锋(2004)从边际贷款成本角度对于民间金融安防展演进做了深入分析,王曙光、邓一婷(2006)对民间金融的规范化趋势以及央行试点模式做了初步的探讨。

本章试图在这些工作的基础上,结合我国民间金融扩张的历史进程,对民间金融扩张的内在机理、演进路径以及未来的发展趋势进行系统的理论分析。本章第二部分结合我国民间金融扩张的历史进程,分析民间金融的演进原因;第三部分通过一个理论模型,探讨民间金融的演进路径;第四部分结合第二、第三部分,针对我

---

* 本文发表于《金融研究》2007 年第 5 期,与邓一婷博士合作。

国民间金融未来发展的路径选择做出评论。

二、民间金融演进的内在机理

（一）我国民间金融扩张进程

我国自公元前 2000 多年的夏商时期就开始有民间金融存在,在此之后的 4 000 余年中,民间金融历经变革和演进,显示了强大的生命力。自民间金融产生到唐朝之前,民间金融基本一直以简单的民间自由借贷形式存在,尚未出现金融机构。在唐朝,随着社会经济的繁荣,民间金融大大发展,正是在这一时期出现了东亚地区最早的合会（姜旭朝等,2004）,还产生了当铺的前身"质库"。钱庄产生于明朝,它不仅从事金、银、钱之间的兑换,还办理放款、存款和汇兑业务。账局和票号则是产生于清朝的重要民间金融机构,其中,账局的主要业务是经营存放款,而票号的产生则标志着近代金融业三大基本业务（存款、贷款、汇兑）已为中国金融机构全部具备（黄鉴晖,2002）。当铺、钱庄、账局和票号成为近代几种最主要的民间金融机构。它们在业务上既有一定的重叠,也保留了各自的侧重——它们都经营信用放款和存款业务,但当铺的业务以抵押放款为重,钱庄在货币兑换方面更为专业,账局的存贷款功能更为重要,而票号则更加侧重于汇兑业务。

新中国成立之后,由于计划经济体制的推行,私营经济受到禁止,民间金融不仅由此失去了市场,也经受着国家政策打压,逐渐退出信贷市场。农村信用合作社是仅存的民间金融形式,但由于产权关系的模糊和政府的过度参与,并不能将其视作真正的民间金融组织。1978 年改革开放之后,民营经济逐渐在我国成长,民间资本积累加剧,民间金融重新浮出水面。现代民间金融的初始形态仍然是亲戚朋友之间的自由借贷,随着市场开放程度的提高,逐渐出现了民间金融组织,甚至出现机构化程度很高的民间金融形式,如"银背"、私人钱庄、基金会等。民间金融的形式逐渐多样化。

由于民间金融组织的风险性高于正规金融机构,在 20 世纪 90 年代,国家推行了一系列政策对其加以治理整顿,民间金融受到严厉打击,并完全转入"地下"状态。但是这种"地下"状态并没有阻碍其规模及影响力的持续扩大。中国人民银行（2005）的抽样调查表明,2004 年浙江、福建、河北省民间融资规模分别为 550 亿、450 亿和 350 亿元,相当于各省当年贷款增量的 15%—25%。

（二）民间金融演进路径的理论分析

通过民间金融扩张的历史历程可以看出,我国民间金融在漫长的发展过程中,经历了制度化水平逐渐提高的过程,如图 1 所示。

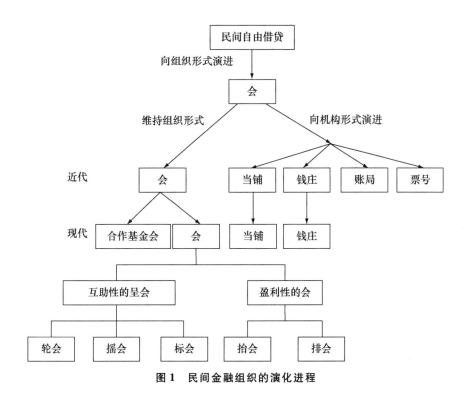

图1　民间金融组织的演化进程

从图1可以看出,"会"在我国是一种经久不衰的民间金融形式,它不仅是最早出现的组织形态的民间金融,而且也是生命力最强的民间金融形式。会仅为"会主"凭借自身在当地的威信和地位组织建立,缺乏正式的经营场所和相关规章制度,尚属于民间金融中较为低级的组织形式,经济的发展必然要求更为高级的民间金融机构的出现。当铺、钱庄、账局和票号顺应这一要求逐渐发展起来,不仅具有固定的经营场所和营业时间,而且也有规范的组织规章,在一定程度上类似于现代的银行。不仅民间金融的组织形式不断发生演进,各种组织在自身的发展中,也经历着由简单向复杂的转变。一方面,组织的业务范围扩大,例如,当铺和票号最初只分别开展抵押贷款和汇兑业务,后来也均兼营存款和信用贷款,钱庄最初主要开展货币兑换业务,后来也兼营存贷款业务和汇兑业务;另一方面,组织的参与者范围扩大,在古代和近代,民间金融组织参与者多为个人,而在现代社会,企业已经成为民间金融的主要参与者。

民间金融在自身的演进过程中主要会受到以下因素的影响:

1. 社会经济状况

社会经济状况是民间金融演化中最根本的影响因素。

在古代,简单地以"会"的形式存在的民间金融之所以会相继部分演化为当铺、钱庄、账局和票号,很大程度上是经济因素使然。以账局和票号的产生为例:在中国出现资本主义萌芽的时候,工商业的发展客观要求解决自由资本与经营所需资本不平衡的矛盾,而当铺和钱庄未能承担起向银行转化的使命,从而迫使产业资本和商业资本分离出一部分资本创造出自己的银行——账局。乾隆后半期到嘉庆年间,随着商品经济的发展,国内国际贸易大量开展,埠际货币流通量增大,传统的起镖运现方式耗时费资、风险较大,逐渐成为商品经济发展的障碍,客观上要求改变以运现为主的汇兑方式,这是票号产生的前提;同时,产生于"嘉道年间"的民信局结束了中国民间书信不通的局面,也为票号经营埠际汇兑提供了可能(黄鉴晖,2002)。因此,起初为了简单的货币借贷而生成的民间组织,在这种情况下就会向兼营汇兑业务的组织发展,并最终建立起票号这种具有相当正规性的民间金融机构。

近代,民间金融机构出现了一定程度的衰落,这在很大程度上源于新式银行的竞争,因为新式银行在组织与规模上都胜民间金融一筹。但即使在这种情况下,民间金融也依然能够维持生存,主要是因为民族工商业的发展为其提供了一定的生存和发展空间。

从新中国成立到改革开放的近三十年中,原先蓬勃发展的民间金融近乎绝迹。一方面,重工业优先发展战略客观上造成价格体系的扭曲,原材料价格、工资、物价都被大大压低,过高的积累率和收入分配上的平均主义致使人们很少有积蓄,无法为民间金融供给资金;另一方面,在传统的计划经济体制下,私营经济完全没有生存空间,而国有企业的资金完全由政府提供或安排,因而不存在对于民间金融的需求。资金的供给链和需求链均断裂,自然也就不会有联结资金供求的民间金融机构。[①] 改革开放后,随着民间资金供求的再现,钱庄、当铺等民间金融机构又逐渐兴起,在政策的夹缝中生存并发展起来,正体现了社会经济状况在民间金融演进过程中的决定性作用。

2. 社会网络变革

生活在同一个地区的人由于具有共同的文化传承,容易通过彼此间的联系结成社会网络(即由个体间的社会关系所构成的相对稳定的体系)。中国存在于民间的乡土社会网络正为民间金融提供了生存和发展的土壤。我国的乡土社会网络主要围绕血缘、地缘等关系而形成,具有高紧密性、高趋同性、低异质性的特征,成员间具有较为紧密的关系,核心人物同其他社会网络的成员在很多社会特征方面具有相近性。但由于同质的、强关系的人群之间难以提供更多的、更大范围的实际或潜在资源的集合,随着经济的发展,乡土社会网络发生了较大的变化,逐渐出现由血缘、地缘关系向外推扩之势,商缘关系、业缘关系、友谊关系等非亲缘、地缘关系开始在社会网络中占据越来越重要的地位(王卉彤,2005),乡土社会逐渐由熟人

---

① 事实上,由于计划经济体制下,国家采取以财政替代金融的政策,即使正规金融机构也没有存在的必要。

社会向陌生人社会转化。

这种社会网络的变革自然会导致民间金融在组织形式上的变化。尽管我国的民间金融在近代已经演化到较为完善的机构形式,但是农村的民间金融形态在很长的时间内依然以建立在地缘和血缘基础上的民间自由借贷与呈会为主。改革开放之后,随着社会网络的变革,农村逐渐出现了合作基金会、民间集资、银背等民间金融形式。在民间金融的各种形式中,自由借贷更多是人们之间的相互帮助,其经济性融资功能只是附属与次要的;呈会兼具经济功能和社会功能;而农村合作基金会、民间集资、银背等的经济功能通常远远大于社会功能;多存在于城市中的私人钱庄、当铺等则已基本没有社会功能,成为完全意义上的经济组织。可见,随着乡土社会网络的变迁,民间金融组织的社会性功能逐渐减弱,而经济功能逐渐增强。

3. 社会体制变革

民间金融组织作为社会经济生活中一类特殊的组织形式,同其他组织一样,自身的演化会受到客观社会体制变革的影响。票号的发展就是很好的例证。票号产生后,努力适应当时的社会文化环境,与清政府拉近距离,依靠官府的势力,大力拓展业务,这有力地促进了其规模的迅速扩大,但也为日后的衰落埋下了隐患。票号的兴起主要是靠汇兑和存放款,而这些业务的发展,凭借的主要是在当时特定的军事政治环境下对清朝各级政府大批军政费用的汇兑[①],以及朝廷各级官员存放的大量公私款项。而19世纪80年代以来,特别是甲午战争后,几个新式银行建立后,大部分公款的汇兑存放相继转移到这些金融机构(董继斌、景占魁,2002),而票号在其经营中固守着官本位思想,没有在社会形势发生变动的情况下抓住对外贸易日益扩大、本国产业迅速发展的大好时机把存放款重点放在诸多商品经营者和产业开发者身上,致使自身业务大大减少,很快转向衰落,最后全行业被淘汰。对比票号与钱庄、当铺等民间金融机构的发展历程和背景可知,对于清政府的依赖是其所具有的独特性质,因而,清政府的倒台这一社会体制变革对其演进造成的影响至关重要。

4. 政府政策因素

政府政策的强制性作用也是民间金融演进的一大动因。

我国的钱庄在20世纪30年代最终走向衰落的重要原因之一就是国民政府对于金融的控制和垄断。我国民间金融在20世纪50年代到70年代末的缺失,也与政府政策有着密切的关系。发布于1950年3月的《关于统一国家财政经济工作的决定》指出:“一切军政机关和公营企业的现金,除留若干近期使用者外,一律存入国家银行,不得对私人放款,不得存入私人行庄,违者处罚。”而在当时,公营经济比

[①]　1851年后,由于太平天国运动,中国的南北交通阻塞,清政府被迫放弃历来奉行的将京饷(各地方政府解交朝廷的赋税收入)交商人汇兑的规定,票号获得了此项业务,后来还获得了一部分协饷(清政府从一地拨调到另一地的财政款项)汇兑业务,从而在业务上获得了长足发展。

重不断上升,私营行庄赖以生存的基础不断被削弱。1955 年,政府通过公私合办的形式将所有的金融企业国营化,用储蓄所替代民间金融,使得后者在我国彻底绝迹。

然而,政府的强制性政策因素若没有经济因素协助,也不会发生作用。同新中国成立后我国民间金融的消失形成鲜明对比的是,在 20 世纪 90 年代,政府对于民间金融的打压并没有造成其消亡。这正应当归结于前文所指出的经济因素。正如中国人民银行温州分行的一位前行长指出的:"人民银行的高层领导要我们清理民间金融机构,但是我们很清楚地知道当地需要(民间金融)……清理民间金融只能是失败的,如果我们成功地关闭了一个民间金融机构,另外会有 5 个建立起来。"(王晓毅等,2004)因此,应当看到政府政策对于民间金融演化的重要影响,同时还要认识到,单纯凭借国家的意志难以从根本上影响民间金融的发展路径,这也说明,国家对于民间金融的政策应当同客观经济情况相适应。

三、民间金融的演进路径

(一) 理论模型:边际贷款成本和政府金融效用函数

由上文可知,经济因素和政府政策是影响民间金融演进的两个重要因素,因此,本部分在分析民间信用未来发展的路径选择时,主要依据这两方面影响设定理论模型,引入民间金融和正规金融的边际贷款成本以及政府的金融效用函数,据此分析民间金融在自身成本压力以及政府政策干预的共同作用下的扩张限度。

1. 边际贷款成本

经济因素是影响民间金融演进的最根本因素。正如前文所言,民间金融存在和发展的重要原因是其对于信息不对称问题的处理能力,以及与之相关的较低的融资成本。但是,随着经济的发展和民间金融组织规模的不断扩大,民间金融在这两方面的优势会逐渐减弱乃至丧失,致使民间金融的边际贷款成本发生变化。

在日益激烈的民间金融组织之间以及民间金融组织和正规金融机构的竞争中,民间金融组织的规模和成员范围都会不断扩大,组织的活动范围也会由熟人的社会扩展到陌生人的社会,管理者对于贷款人的资信状况、偿债能力、资金投向、经营状况、项目前景等方面的了解程度都会降低,到某一时点会降低到正规金融机构的水平,从而失去在克服逆向选择方面相对于正规金融机构的优势;而随着组织范围由熟人社会向陌生人社会的扩展以及人员流动速度的加快,乡土社会网络对于失信行为的惩罚能力和力度相应降低,从而使民间金融机构丧失在克服道德风险方面相对于正规金融机构的优势。同时,随着民间金融组织规模的扩大,其资本总量增加,客观上需要具备更高的资产管理水平,但由于民间金融组织管理体制的正规性低于正规金融机构,不具备规模经济的优势,因而在资产总量超过一定范围的时候,经营管理成本会高于正规金融机构。因而,可以说,民间金融的边际贷款成本先下降后上升,呈"U"形(见图2)。

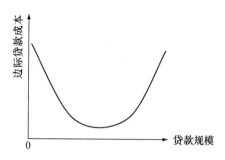

图 2 民间金融的边际贷款成本

与之相对,规模经济在正规金融中得到了很好的体现,随着客户数量的增加,正规金融机构存在着边际贷款成本下降的趋势(姜旭朝、丁昌锋,2004)(见图3)。

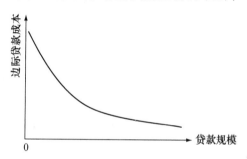

图 3 正规金融的边际贷款成本

2. 政府金融效用函数①

由于民间金融的发展会受到政府政策的影响,因而在模型的设立中不能忽视政府的金融效用函数,这反映的是政府从金融发展中所获得的效用。由于地方政府出于发展地方经济的考虑,同民间金融组织的利益往往较为一致,因而,在本部分中,"政府"主要指代中央政府。② 考虑到模型的简化和分析逻辑与中国实际的贴近,做出如下假设:

假设1:国家提供服务的最终目的是租金的最大化和社会产出的最大化。

假设2:一国政府掌握的金融资源规模不随时间和经济发展水平的变化而变化。

---

① 在政府效用函数的设定中参考江曙霞、张小博(2004)。

② 事实上,地方政府存在着与中央政府以及金融监管当局的隐含博弈。为了租金最大化,地方政府往往会尽力扶持民间金融的成长,甚至有可能在地方租金的激励下,采取明显不同于中央政府及最高监管者的金融政策,并在地方分权的前提下承担由此带来的法律和政治后果。可参见王曙光、杜浩然:《民间金融规范发展与地方政府创新》,《农村金融研究》,2012年第7期。该文对温州的案例做了详尽的历史分析。

假设 3：在金融领域，只存在国有金融机构与民间金融机构两类利益集团，政府掌控的金融资源只能在这两个部门间进行分配。

假设 4：在两类金融部门中，国家更加偏好于国有金融部门，并认为其对于国家经济的贡献更大。

根据以上假定，政府的金融效用函数可以表示为：

$$U(x) = w_i f_i(x) + w_g f_g(1 - x) \qquad (1)$$

其中，x 代表民间金融机构所占有的金融资源比率，$1 - x$ 代表国有金融机构所占有的金融资源比率；$f_i(x)$ 代表民间金融机构对于社会总产出的贡献度，$f_g(1 - x)$ 代表国有金融机构对于社会总产出的贡献度；w_i、w_g 分别代表政府分配给民间金融和国有金融机构的金融资源权重，即表示政府对于两种金融机构的偏好程度。根据假设 4 可知，$0 < w_i < w_g$，简单起见，我们假设 $w_g = 1$，则 $0 < w_i < 1$，那么（1）式可以简化为：

$$U(x) = w_i f_i(x) + f_g(1 - x) \qquad (2)$$

假设民间金融在 t 时点占有的金融资源比率为 x_i，则政府在 t 时点的金融效用为：

$$U_t(x) = w_i f_i(x_t) + f_g(1 - x_t) \qquad (3)$$

戴维斯、诺斯（1994）的制度变迁理论认为："如果预期的净收益超过预期的成本，一项制度安排就会被创新。只有当这一条件满足时，我们才有可能发现在一个社会内改变现有制度和产权结构的企图。"因而，要判断国家是否会采取措施改变民间金融在金融资源中所占比例，需要考虑民间金融所占金融资源的比率的变动对于政府金融效用的影响。

由式（3）不难推知，当民间金融占有的金融资源比率变动 $\Delta x(\Delta x > 0)$ 时，政府的金融效用变化为：

$$\begin{aligned} \Delta U_t(x) &= U(x_t + \Delta x) - U(x_t) \\ &= \left[w_i f_i(x_t + \Delta x) + f_g(1 - x_t - \Delta x) \right] - \left[w_i f_i(x_t) + f_g(1 - x_t) \right] \\ &= \left[w_i f_i(x_t + \Delta x) - w_i f_i(x_t) \right] - \left[f_g(1 - x_t) - f_g(1 - x_t - \Delta x) \right] \end{aligned} \qquad (4)$$

要使得这一变动有利于产出，即 $\Delta U_t(x) > 0$，则应当有：

$$w_i\left[f_i(x_t + \Delta x) - f_i(x_t) \right] > f_g(1 - x_t) - f_g(1 - x_t - \Delta x) \qquad (5)$$

在 Δx 的值较小的时候，式（5）近似等价于：

$$w_i f_i'(x_t)\Delta x > f_g'(1 - x_t)\Delta x \qquad (6)$$

即

$$w_i f_i'(x_t) > f_g'(1 - x_t) \qquad (7)$$

这就是说，民间金融所占金融资源比率的提高能够提高政府金融效用的条件是，用政府分配给民间金融的权重调整过的民间金融的边际产出贡献率高于国有金融的边际产出贡献率。这在直观上也是很容易理解的。由于 $w_i < 1$，因此，在一定范围内可能会出现这种情况：$f_i'(x_t) > f_g'(1 - x_t)$，而 $w_i f_i'(x_t) < f_g'(1 - x_t)$，这样，

即使政府知道民间金融的实际边际产出贡献率和效率高于正规金融,仍有激励去抑制民间金融,这与政府作为理性经济人、努力扩张自我控制力的愿望不可分割。正是国有产权边界的扩展使国家获取了支配金融资源与金融剩余的巨大收益,而且,只要国家从金融产权垄断形式的扩展中所获收益大于所付成本,这种金融产权形式就不会停止扩展,国家就会千方百计地设法维护其垄断性(张杰,2001)。

3. 民间金融的扩张限度分析

借助于民间金融机构和正规金融机构的边际贷款成本以及政府金融效用函数,我们可以进一步分析民间金融的演进路径。

根据假设2,一国政府掌握的金融资源规模不随时间和经济发展水平的变化而变化。因而,民间金融占有金融资源的绝对数量,可以用民间金融所占金融资源的比率来代表,也就是我们在上文所使用的 x。

从上文的分析可知,民间金融所占金融资源的比率的提高能够增加社会总产出的条件是,用政府分配给民间金融的权重调整过的民间金融的边际产出贡献率高于国有金融的边际产出贡献率。假定在不考虑贷款成本的情况下,民间金融机构贷款与正规金融机构贷款的边际产出贡献率相等,因此,二者边际产出贡献率的差异取决于边际贷款成本的差异,边际贷款成本越低,金融机构贷款的边际产出贡献率越高,所以在此只需考虑二者的边际贷款成本差异。将正规金融的边际贷款成本曲线左右转置,得到图4。需要说明的是,由于政府对于民间金融的偏好程度 w_i 的大小处于0和1之间,对于政府而言,民间金融的边际贷款成本高于其实际成本,因此需要将民间金融的边际贷款成本曲线(图中虚线)向上平移,再同正规金融的边际贷款成本曲线进行比较。

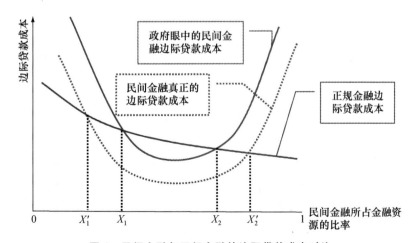

图4 民间金融与正规金融的边际贷款成本对比

在图 4 中,当民间金融占有的金融资源比率处于 X_1 和 X_2 之间时,$w f_i'(w_t) > f_g'(1-x_t)$,从前文分析可知,在这一范围内提高民间金融所占金融资源的比率,可以提高政府的金融效用,而在其他范围内提高民间金融所占金融资源的比率,则会降低政府的金融效用。因而,从政府的金融效用角度来看,民间金融的扩张是有一定限度的,其扩张机遇主要存在于 X_1 和 X_2 之间,当其所占金融资源的比率达到 X_2 的时候,政府会出面干预其进一步的扩张。

事实上,政府对于正规金融的偏好,在一定程度上导致了民间金融发展空间的缩小,因为如果政府给予民间金融和正规金融同等的待遇,则民间金融的发展空间应当达到 $X_1' X_2'$。在民间金融所占金融资源的比率提高到 X_2' 之后,如果没有政府的干预,民间金融组织也会在成本压力下主动采纳正规金融机构的管理方式。并且,随着民间金融组织规模的扩大,来自各个成员的金融资产数量急剧增加,其客户层次必然发生转移,而不再是原来的金融弱势群体。因而,民间金融组织的规模发展到一定阶段后,其性质将会发生变化,向正规金融机构演进。

(二) 现实情况:融入正规金融体系是民间金融发展的基本趋势

从世界上不同国家和地区的经验来看,非正规金融的发展趋势往往正是融入正规金融系统(姜旭朝等,2004)。Kohn(1999)在研究英国工业革命前的金融制度时发现,正规金融都是从非正规金融的行列中逐渐演化形成的。日本的"无尽会社"[①]于 1951 年转化为相互银行[②],进而于 1968 年升级为普通银行。中国台湾地区的合会公司(tontine company)在 1976 年开始向中小企业银行转化,并最终于 1995 年完成这一转化。韩国在 1972 年将其民间金融机构"契"转化为共同信贷机构。尼泊尔的传统民间金融组织"dhikuti"最终于 1992 年转化为"喜马拉雅金融存款公司"(Himalaya Finance & Saving Company, Ltd., HSFC),并有进一步升级为普通银行的趋势。

从我国民间金融的发展历程来看,民间金融与正规金融都具有各自的比较优势和相对稳定的服务对象,当铺、钱庄、账局、票号等民间金融组织在我国历史上显示出了强大的生命力,各种"会"在我国现代化进程中发挥了重要的作用。然而,非正规金融的内在缺陷(如其相对落后的风险管理机制和相对较小的借贷额度)致使其难以胜任市场进一步深入发展的需要,无法在经济中永久立足,在某种意义上属于过渡性的制度安排,随着经济的发展必然会逐渐融入正规金融体系。在我国部分地区,民间金融已经呈现出这一发展态势。温州就是一个很好的例子。据中国人民银行温州市中心支行(2005)发布的报告,改革开放初期,温州民间融资约

---

① 日本的一种传统民间信用互助组织,加入者按期存款,经过一段时期,用抽签办法轮流借款。是 ROSCA 的一种形式。

② 根据《相互银行法》,从传统的无尽会社转化而成的股份公司性质的金融机构。

占全市银行贷款的65%,1991年上升至80%,但这一比例在2001年下降至45%,并且仍在继续下降。2004年年末,民间金融与现代正规金融的比例为20:80。同时,民间金融的形式也有所减少,集中于直接借贷和一些投资项目的集资,活跃度有所下降。此外,随着金融监管机构对于民营资本参与金融领域的鼓励[①],更多民间资本投入到民营银行的组建中,也推动了民间金融同正规金融的接轨。例如,2005年,央行选择山西、贵州、四川、陕西和内蒙古进行民间小额信贷的试点工作,试图引导民间金融的融资活动走向正轨,并将民间融资纳入到金融监管机构的正式监管之下。2005年年底,我国第一批民间贷款公司在"只贷不存"的大原则下成立,是农村民间金融同正规金融体系接轨的重要一步。但不能否认的是,政府在小额信贷的试点中起着绝对性的主导作用,这种主导作用可能会在一定程度上抑制民间资本的自主性(王曙光、邓一婷,2006)。

四、结论:我国民间金融未来发展的路径选择

本部分从经验事实和理论模型两方面系统分析了民间金融扩张的内在机理和演进路径,指出民间金融组织在自身规模达到一定阶段后,即使在没有政府干预的情况下,也会逐渐向正规金融机构演进。不过,尽管我国的部分民间金融在目前已经自发或被迫地表现出融入正规金融的态势,并不意味着民间金融在我国已经失去了存在和发展的空间。经验表明,即使在城乡经济一体化程度很高、金融体制及金融组织结构十分健全和完善的国家和地区,民间融资也具有可观的规模。例如,在美国2.5亿人口中,大约有2500万个家庭,即7500万人没有银行账户。这些人中有相当一部分通过小额贷款公司、信用协会和民间借贷渠道解决融资需求。同样,在我国台湾地区,对作为经济主体的中小企业来说,制度外金融是一个无法替代的信用筹措来源,是企业赖以建立的动力来源之一。这种状况并没有因为台湾地区已经跻身新兴工业化经济体而消失(林毅夫,2003)。目前,我国的金融发展程度同发达国家和地区还存在较大的差距,要使民间金融在较短时间内完全融入正规金融体系是不现实的。一方面,从制度的需求来看,尽管在现阶段,部分民间金融已经纳入正规金融,但其政府主导的特性决定了其无法完全替代民间金融在经济中的地位,金融抑制等阻碍城乡居民和中小企业融资的现象依然存在并将继续存在一段时间,客观上需要通过民间金融为相关资金需求者提供融资服务。另一方面,从制度的供给来看,我国民间金融在目前的发展程度可能已经达到图4中X_2

---

① 2003年下半年,在银监会主席刘明康的讲话中,首次出现了鼓励民营资本参与金融领域的详细表述。2005年4月,央行副行长吴晓灵在银监会、中国人民银行与世界银行组织的"微小企业融资国际研讨会"上进行了总结发言,认为能为微小企业和小额贷款需求者提供最好服务的还是"草根金融"(即带有非正式金融性质的社区性融资),政府不应该对民间的合法的金融行为进行过度的干预(程凯,2005)。

点附近,尽管从政府利益角度来看,民间金融的发展已经达到了极限,并开始对其进行改造和规制,但是从民间金融自身的发展来看,还有 X_2X_2' 的发展空间。这一发展空间来自民间金融的成本优势,所以是难以被强制力所压制的。因而,从供给和需求两方面的因素来看,在一段时期内,我国的民间金融还将同正规金融并存,并为民间经济主体提供有效的金融支持。

在一部分民间金融保持现有性质的同时,也应当有部分民间金融逐渐融入到正规金融体系中,这正是金融深化的需要。自 1970 年以来,世界各国民营银行的比重上升、国有银行的比重下降,发达国家国有银行的平均比重从大约 40% 下降到 20%,发展中国家则从 60% 下降到 40%。世界银行金融市场发展局对 107 个国家的金融和银行体系的调查表明,截至 2000 年年底,民营银行在全球银行资产中所占比例已经接近 70%(张新、王一文,2002)。而在目前,我国国有银行的比重还在 60% 以上,可见,提高我国民营银行比重是经济发展的必然要求。而由于现有民间金融组织与民营银行在资本性质方面的相似性,依据市场化原则对民间金融组织进行改造、使其演化为民营银行,具有可能性与现实性。因而,民营银行的组建要求将会使一部分民间金融,特别是江浙一带发展较为规范的民间金融组织率先融入正规金融体系。在这一转化过程中,政府应当鼓励民间金融主体发挥自身的能动性,而不要给予过多的政策干预,以免使得转轨后的民间金融失去活力、成为附庸于政府和政策的"盆景金融"。

参考文献

Meir Kohn, "Finance Before the Industrial Revolution: An Introduction, Department of Economics", Dartmouth College, Working Paper 99—01,1999.

Michael Aliber, "Informal Finance in the Informal Economy: Promoting Decent Work among the Working Poor", International Labour Office working paper on the informal economy,2002.

Robert Dekle, Koichi Hamada, "On the Development of Rotating Credit Association in Japan", *Economic Development and Cultural Change*, Vol. 49, No. 1 (Oct.,2000), pp.77—90.

程凯:《吴晓灵:适当放开民间金融》,《中华工商时报》,2005 年 4 月 18 日。

道格拉斯·C.诺思:《经济史中的结构与变迁》(中译本),上海人民出版社,1994 年。

董继斌、景占魁:《晋商与中国近代金融》,山西经济出版社,2002 年。

胡必亮、刘强、李晖:《农村金融与村庄发展——基本理论、国际经验与实证分析》,商务印书馆,2006 年。

黄鉴晖:《山西票号史(修订本)》,山西经济出版社,2002 年。

江曙霞、马理、张纯威:《中国民间信用——社会、文化背景探析》,中国财政经济出版社,2003 年。

姜旭朝、丁昌锋:《民间金融理论分析:范畴、比较与制度变迁》,《金融研究》,2004 年第 8 期。

林毅夫:《金融改革和农村经济发展》,北京大学中国经济研究中心工作论文,2003 年,No. C2003026。

史晋川、叶敏:《制度扭曲环境中的金融安排:温州案例》,《经济理论与经济管理》,2001 年第 1 期。

王卉彤:《民间金融呈现社会网络化 发挥再生性要素作用》,《证券日报》,2005 年 6 月 15 日。

王曙光:《农村金融与新农村建设》,华夏出版社,2006 年。

王曙光:《勿将"草根金融"变成"盆景金融"》,《中国农村信用合作》,2006 年第 2 期。

王曙光、邓一婷:《农村金融领域"系统性负投资"与民间金融规范化试点》,《改革》,2006 年第 6 期。

张杰:《制度、渐进转轨与中国金融改革》,中国金融出版社,2001 年。

张新、王一文:《世界各国民营银行的基本状况和发展趋势如何?》,收于徐滇庆《金融改革路在何方——民营银行 200 问》,北京大学出版社,2002 年。

张震宇:《温州模式下的金融发展研究》,中国金融出版社,2004 年。

中国人民银行:《2004 年中国区域金融运行报告》,中国人民银行网站(http://www. pbc. gov. cn/)。

中国人民银行温州市中心支行:《区域金融结构与金融发展的比较研究——以温州、苏州为例》,《温州学刊》,2005 年第 11 期。

第七章　国家主导与地方租金激励
——民间信用扩张的内在动力要素分析[*]

一、引言:文献综述与本文框架

民间信用指由民间资本支撑的信用体系,这种信用体系一般以非正规金融的形态存在并处于政府监管的范围之外,由于其私有产权性质和法律地位的缺乏,因此在很长时间内与正规金融体系形成对峙或互补的关系。近年来,随着民间资本的扩张,民间信用组织呈现快速发展的趋势,民间信用在国家信用体系中的地位日渐凸显,国内有关民间信用和民间金融的文献也逐渐增多。其中姜旭朝(1996)较早对我国民间金融的制度背景、运作模式及其同民营企业的融资关系进行了系统的理论研究;江曙霞等(2003)从社会学与文化学视角探讨了我国民间信用的发展历程与路径选择;史晋川等对浙江等民营经济和民间金融发达地区的民间金融组织进行了出色的案例分析。之后,江曙霞、张小博(2004)对于民间金融制度变迁进行了成本—收益分析,姜旭朝、丁昌锋(2004)从边际贷款成本角度对于民间金融的发展演进做出了深入研究,王曙光、邓一婷(2006,2007)对民间信用的内在扩张机理和规范化趋势与模式作了初步的探讨。但是这些文献,对于决定和推动民间信用扩张的内在动力要素并没有进行系统深入的分析,对各动力要素对民间信用的积极效应和消极效应也没有进行全面的考察。

本文试图在已有文献的基础上,对民间信用扩张的内在动力要素进行比较系统的考察,尤其是考察国家主导型的金融演进过程中地方租金激励对民间信用扩张的作用。本文第二部分从一般性的理论意义上探讨了国家主导型渐进式金融演进中国家信用和民间信用的关系及其消长过程;第三部分进一步详尽探讨了决定和推动民间信用扩张的四个动力要素,即民间资本积累(C)、民营部门融资需求

* 本文发表于《财贸经济》2008 年第 1 期。

(F)、地方分权和地方政府租金(L)以及国家稳定性租金(S);第四部分考察地方租金激励对民间信用扩张的积极效应以及隐含的风险,尤其是强调了地方政府的过度干预可能给民间金融的规范化带来的不良后果。最后一部分是结论和政策建议。

二、国家主导型渐进式金融演进中的民间信用扩张

国家信用与民间信用在制度变迁过程中的地位消长与结构变化取决于国家的目标函数。在经济改革和金融改革初期,为了维持体制内产出的稳定性和强制性储蓄的最大化,国家必须设计出一种以国家信用体系为主导的一系列金融制度安排,从而保证国家能够有效运用强制力支配资金的流动方向以及金融业改革的总体趋势。国家信用居于主导地位,有利于在改革初期民间信用缺位的情况下吸引更多的居民储蓄,而储蓄率的增加,依赖于国民对于国家信誉以及国家为国有银行提供的隐含的存款担保。依靠强大的国家信用体系,体制内的产出最大化目标、国家稳定性租金最大化目标以及强制性储蓄最大化目标得以实现,从而为渐进式金融制度演进乃至为整体的经济过渡提供稳定的资金来源。从这个意义上说,国家信用成为整个制度变迁成本的承担者,这也就是王曙光(2003,2004)所提出的"制度变迁成本分担假说"。民间信用被排除在国家经济发展的目标函数之外,一方面自然意味着民间信用体系自身的发育还处于幼稚阶段,不可能对整个国家的信用体系产生实质性影响;另一方面也意味着国家在改革初期的制度设计中故意将民间信用视为整个信用体系的一个"不和谐的异己者",对民间信用在经济增长和金融发展中的巨大作用还没有给予充分的认识。但是随着民营经济的快速发展,民间资本的数量呈几何级数上升,民间信用在很多区域已经成为不可忽视的金融力量,影响着区域性金融资源的配置和民营企业的融资效率,并进而影响到整个地区经济增长的速度和质量。在这种状况下,民间信用就有可能在某些区域首先成为国家信用的替代者,而地方政府试图积极引导资源配置和控制稀缺资源的动机也就理所当然成为民间信用成长的最好推动力量。

民间信用与国家信用在不同历史阶段表现出不同程度和不同形式的相互替代关系,这些关系与一定历史阶段的经济发展战略、经济发展水平和结构、要素市场发育状况、国家整体的市场化水平、国家意识形态和政府偏好等变量有密切的关系。民间信用在计划经济时代不仅是微不足道的,而且在某种意义上来说,民间信用的发展还会对计划经济的有效运作造成消极的影响。在计划经济时代,民间信用与国家信用争夺稀缺的资金与资源,影响国家作为计划经济运作的主导者的资源配置主导性功能,因此国家必然通过严格的管制甚至取缔的手段抑制民间信用的发展,并从道义上赋予民间信用一种非常恶劣的名声。出于这种理由,我们就可以理解,在计划经济时期,民间信用体系的发育必然缺乏有利的经济基础、社会舆

论基础和政治道义基础,甚至连民间的互助性的资金合作都成为不可能。但是在过渡阶段,民间信用却以其适宜的市场化的利率水平、对客户资金需求的全面了解、金融产品创新的灵活性、经营管理手段的多元化等优势,有效地克服了国家信用的诸多弊端,在一定程度上降低了困扰国家信用体系的信息不完全以及由此带来的客户甄别失效的概率,从而极大地提高了民间信用的效率和民间金融机构自身的可持续性。

民间信用组织有多种形式,而且随着民间资本规模的扩大,民间信用的形式也发生了有趣的变化。民间信用最初级的形式是一些无组织的私人借贷,而后发展成为一些有组织的钱会(如抬会、合会、摇会、标会),然后发展为规模较大的钱庄,再发展为较为规范的信用社和互助基金会等。其规模一般逐渐扩大,规范化逐渐增强,其金融产品也逐渐丰富,组织形式和契约形式也越来越复杂。从一般性的逻辑顺序来分析,民间金融扩张和嬗变的历史进程包括五个阶段,即局部隐性信用阶段、灰色契约型信用阶段、市场化显性信用阶段、规范化合法信用阶段和社会主导性信用阶段。

三、民间信用扩张的内在动力要素分析

应该进一步探讨推动民间信用扩张的内在动力要素。也就是说,到底有哪些因素或者主体在推动并支撑着民间信用的扩张进程? 在这些因素中,哪些因素是居于主导性的因素,而不同的行为主体在民间信用扩张中的功能和行为特征又有哪些不同? 其内在动机和激励机制如何? 这些问题都是非常值得研究的。本部分主要从四个不同方面来说明民间信用扩张的内在动力要素,并说明这些动力要素在民间信用扩张中的不同作用、作用形式和机制以及内在激励形式。如果把民间信用扩张作为因变量 I,则影响民间信用扩张 I 这个因变量的自变量有民间资本积累(C)、民营部门融资需求(F)、地方分权和地方政府租金(L),以及国家稳定性租金(S)。下面我们分别探讨这四个变量对民间信用扩张的影响路径及其内在激励。

民间资本积累(C)   在决定民间信用扩张的所有变量中,民间资本积累是最重要的基础变量。在从计划经济向市场经济过渡的近 30 年中,我国民营经济发展获得空前的发展。民营部门的发展为民间资本的积累提供了物质基础,同时也为民间信用的扩张提供了资金前提。在民营部门与国有经济部门的竞争过程中,尽管民营部门获得的来自国有银行的资金扶持很小,尽管国家在整体发展战略中给予国有部门以特殊的战略地位,但是民营部门仍然在体制的夹缝中顽强生长,并取得了经济总量中的主导性地位。我国民营经济在工业总产值中的比重已经占到80% 以上,民营经济对国民生产总值的贡献率已经达到 65% 以上(见图 1),这些数据都表明,尽管民营经济在国家信用体系中没有得到足够的信贷支持,但是民营经

济已经成为国家经济增长的主要支撑力量。

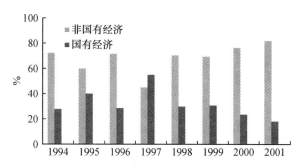

图1 国有经济和非国有经济占工业总产值的比重
资料来源:历年《中国统计年鉴》。

民营经济发展为民间信用的开展提供了足够的民间资本。从民间信用的供给者的角度来说,充裕的民间资本使得民间信用有可能在尚未获得合法性地位的情况下,仅仅依靠民间资本的强烈的逐利性动机而得以支撑。值得注意的是,我国经济发展水平很不均衡,民营部门的发展在区域间有很大差别。在一些民营部门发达的地区,民间资本的存量规模很大,比如浙江省,民间资本在2005年的保守统计量为8 300亿元,温州和台州两地的民间资本已达5 000亿元左右。而在一些民营经济不发达的省份,民间资本的存量低,从而影响到民间信用运作的规模与质量。因此,我国民营经济发展的不平衡性直接影响到我国民间信用分布的非均衡性。

民营部门融资需求(F) 民间资本积累(C)这个变量从资金供给者的角度决定民间信用的扩张,接下来我们从资金需求者的角度来分析。在民营部门迅猛发展的同时,民营部门所获得国家信用体系的支持却与民营部门对国民经济的贡献率很不相称。图2是民营企业贷款占所有金融机构贷款的比例以及国有商业银行对民营企业贷款的比例。第一个比例显示出正规金融体系对民营企业的支持,在1991—2000年这10年间,这个比例平均在13%左右;第二个比例显示出国家信用体系即国有银行对民营企业的支持力度,在1991—2000年,这个比例平均不足10%,最低年份仅为6%(1998年),最高年份也仅有12.6%(2000年)。国家信用体系对民营部门的忽视难以从纯粹市场的角度加以解释。从纯粹市场的角度来分析,则民营部门的盈利能力、平均还款率、成长潜力等指标均高于国有企业,民营部门的信用水平也没有明显低于国有部门的迹象。因此,从纯粹市场的角度来说,国家信用体系没有理由对民营部门进行贷款上的融资歧视。

国家信用体系对民营部门的融资歧视是一种基于国有银行内部激励机制的制度性歧视。当一个信贷员或者银行贷款部门的主管官员发放一笔贷款的时候,他首先需要考虑的因素有两个:一是借款者本身的盈利能力以及还款信用,二是借款者一旦不能偿还贷款从而可能给自己带来的政治成本。从第一个因素来看,民营

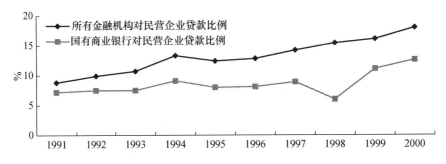

图2　我国民营企业贷款占金融机构贷款的比重
资料来源：历年《中国金融年鉴》。

部门的盈利能力与还款信用跟国有企业相比并没有明显的劣势，而且在大多数情况下，这些指标还要优于国有企业；但是从第二个因素来看，民营企业作为借款人一旦不能偿还贷款而给发放贷款负责人带来的政治成本则要大得多。一旦民营企业难以偿还贷款，发放贷款的项目负责人不仅会被认为没有甄选合适借款者和控制风险的能力，而且会被认为与接受贷款的民营企业产生非法的经济交易（如收受贿赂）。这种政治成本往往导致贷款负责人在升迁方面面临巨大困难。而假定这个贷款的接受者是国有企业，则在借款者本身的盈利能力和还款信用相同的情况下，国有企业不偿还贷款带来的政治成本要小得多。国家信用体系的贷款部门官员之间心照不宣的一种常识是：对国有企业进行融资是不需要发放贷款的负责人个人承担后果的，假如贷款得不到有效收回，则贷款负责人仅仅被认为支持了没有效率的国有企业，而不必对贷款的失败承担任何政治责任。这种心照不宣的默会的知识（tacit knowledge）一旦在国家信用体系形成一种共识，则所有贷款负责人都会自动减少对民营企业的贷款数量。

在遭受国家信用体系制度性歧视的情况下，民营经济要获得发展，就必须寻求民间信用体系的支撑。而民营经济由于其迅猛的增长速度，其对于贷款的需求是非常强烈的。应该说，民营部门强烈的贷款需求以及民营经济自身较高的投资回报率和盈利能力，为民间信用的迅速成长提供了前提和内在动力。

综合资金供给者和资金需求者两个方面的讨论，我们可以得出这样的结论：民营部门的发展既为民间信用的扩张准备了巨大的民间资本，也为民间信用的扩张提供了巨大的内在需求和动力。在那些民营部门比较发达的地区，比如浙江省，民营企业的发展更多地依赖非正规金融部门的融资，包括亲友间的无组织的私人借贷、通过地下钱庄和合作基金会的有组织的大规模借贷，或者通过典当行甚至一些高利贷组织的借贷。

地方分权和地方政府租金（L）　地方政府在民间信用扩张以及合法化和规范化改革中起到关键作用。在由计划经济向市场经济过渡的初期，地方分权尚不严重，中央政府对经济过渡的速度和规模进行严格的控制，因此民间信用的扩张在很大程度上受到国家的抑制。在市场化改革进展到一定阶段后,中央政府与地方政府的分权也越来越明显,中央政府更多地向地方政府放权,也就是说,中央政府有意识地将更多的经济过渡的控制权下放到地方政府,试图借助地方政府的局部的实验性的创新来推进整体改革的有效实施。我国的渐进式制度变迁带有边际改革的性质,而我国边际改革的最有意义的形式就是激励地方政府的局部创新,即所谓"局部试点 + 全局推广"的模式。地方政府的局部创新来自地方政府试图更多地控制地方性资源和地方政府官员租金最大化的激励。一旦地方政府被赋予了局部创新的权力和空间,就会以有利于控制资源和租金最大化的方式进行地方性的改革。

在民营经济发达的地区,地方政府出于控制资源和政府租金最大化的考虑,对民间信用的扩张采取默许甚至支持的态度。就笔者所掌握的关于温州民间金融的资料而言,就生动地说明地方政府在民间信用扩张中的主导性作用。早在 20 世纪 80 年代,温州在地方政府的支持下就进行了全国最早的利率市场化试点,同时地方政府积极支持引导民间信用体系,为民间金融组织的发展提供了宽松的成长环境。据温州市金融学会和中国人民银行温州分行提供的资料,在 1986 年,温州 13 万户家庭工厂和乡镇企业的资金需求约为 7 亿元,而国有银行和信用社贷款仅为 2.3 亿元;与此同时,温州农户手持货币迅速增加,农村社会集资达 1.35 亿元,在温州形成一个较大的以市场供求为基础的资金市场。据统计,1986 年,温州民间借贷约占 36%,集体和个体企业自有资金约占 30%,银行和信用社贷款约占 34%,形成民间资金、企业自有资金、国有银行和信用社资金三驾马车并行的局面。① 尽管中央政府和中国人民银行在 20 世纪 80 年代还对民间信用组织采取简单的抑制与歧视态度,但是温州地方政府和中国人民银行温州市分行却对民间金融组织的成长给予了开明的鼓励、扶持和引导。在一篇题为《私人钱庄弊多利少》的报道中,温州市人民银行副行长在强调了中央对私人钱庄明确的取缔政策后,阐述了温州对私人钱庄的态度:"私人钱庄是不合法的,但是我们没有采取措施加以取缔,那样做很简单,而是根据温州经济特点,采用经济手段加以疏导,帮助他们组织起来走股份制合作性质道路,人民银行在利率上加以控制,使其直接参与调节经济。目前,市区已经批准了四个民间信用社。"②在地方政府的支持下,温州市在全国第一个实行利率市场化浮动试点,批准注册全国第一家私人钱庄(即温州苍南钱库镇方兴钱庄),第一个批准成立民间信用合作社。这些具有标志性的金融创新,是由地方政府主导的局部创新,在整个国家金融抑制的大环境中,这种创新给地方经济带来更多活力,同时也提升了温州作为改革前沿的知名度。从温州民间信用发展的

① 陈振平:《温州的资金市场》,《解放日报》,1986 年 8 月 4 日。
② 林明耀、刘志坚:《私人钱庄弊多利少——访温州市人民银行副行长应健雄》,《生活周报》,1987 年 2 月 22 日。

历史进程可以看出,地方政府的支持在民间信用扩张中起到决定性的作用。

国家稳定性租金(S) 影响民间信用扩张的最后一个变量是国家稳定性租金。国家作为整个经济体系制度变迁的主导者,对于民间信用的警戒与谨慎的心理是不难解释的。民间信用对国家信用的冲击在经济过渡初期会极大地影响国家配置资源的效率,扰乱国家对经济过渡的总体战略规划,因此在经济过渡初期对民间信用实施较为严格的金融管制甚至取缔的政策,会增加国家稳定性租金。但是,随着经济体系中民营部门的比重逐渐增大,随着经济增长的主导力量逐步由国有企业转向民营企业,国家对民营部门的重视程度一直在增强,国家在其效用函数中必然增大民营部门的权重。在这种新的经济形势下,国家稳定性租金的最大化目标的实现在很大程度上由民营部门与国有部门共同承担,而且民营部门的重要性在不断上升,因此国家就必然调整国家信用和民间信用的比重,从而更加重视扶持对民间资本的引导和对民间信用的支持。中国人民银行自 2005 年起在五个试点地区(内蒙古、山西、陕西、四川、贵州)积极推动"只贷不存"小额贷款公司的试点,试图以此来动员民间资本,促使民间资本与民间融资"阳光化";中国银行业监督与管理委员会也于 2006 年 12 月 22 日积极推动在六个地区(内蒙古、四川、青海、吉林、湖北、甘肃)进行农村私人银行和民间信用社的试点。这些政府行为都表明,在经济过渡到一定阶段之后,国家对于民间信用的重视程度明显上升,成为民间信用扩张的积极推动者而不是阻挠者。

四、地方租金激励对民间信用成长的积极效应与风险

以上考察了决定和推动民间信用扩张的四大动力要素,在这四个动力要素中,地方租金激励由于涉及地方政府这个特殊的行为主体,成为对民间信用扩张最为关键也是最为能动的一个动力要素。一个经验事实是,在国家整体金融法律框架尚未发生根本性变化的情况下,不同地区民间金融发育的程度以及正规化的程度存在明显差别,而这种差异,除了可以用不同地区经济增长的阶段性差异以及区域文化传统的差异性来解释之外,地方政府的作用可能是导致这种差异的最为显著的原因。在民营经济比较发达的地区,地方政府执政的能力、政绩以及控制资源的能力主要取决于民营企业的快速发展以及区域内经济增长的稳定性。而在民营经济比较发达的地区,在国家信用体系整体上对民营部门存在歧视性融资策略的前提下,民营经济的成长在很大程度上需要依赖于民间信用的支持。因此,从逻辑上来说,要获得更多的政绩并促使区域经济稳定增长,就必须扶持民营经济的发展;而要扶持民营经济,就必须合乎逻辑地扶持民间信用组织的发展,鼓励其更多地向民营经济部门提供融资支持。

在这个过程中,地方政府实际上存在着与中央政府以及金融监管当局的隐含的博弈。中央政府为了获得国家稳定性租金,必然采取对民间信用体系的抑制政

策,尤其是在金融制度变迁的初期。而地方政府为了地方租金最大化,会尽力扶持民间金融的成长,甚至鼓励民间信用组织规范化和扩大化为正规的金融组织,积极组建以民营资本为主的民间金融机构。地方政府甚至有可能在地方租金激励的推动下,采取明显与中央政府及最高监管当局不同的金融政策,并在地方分权的前提下,承担由此带来的法律与政治后果。

在前面提到的温州第一个钱庄成立的过程中,我们就可以明显地发现这样一个事实:温州地区以及苍南县的地方政府公开在民间信用发展问题上与最高监管当局形成对峙,并勇于承担由此带来的政治后果。这种举动,在现有政治框架内是很难得到合乎逻辑的解释的,但是温州钱庄的案例表明,地方政府确实可以为区域经济的稳定增长以及获得更多的金融资源控制权而与中央政府进行成本高昂的博弈。回顾温州第一个钱庄的成立史,这个事实显而易见。温州第一个钱庄方兴钱庄由当时 33 岁的支边回城青年方培林于 1984 年 11 月 1 日挂牌创办,位于浙江省温州苍南县钱库镇。方兴钱庄的创办得到当地政府的支持。1985 年 8 月,方兴钱庄一度被中国人民银行总行勒令关闭。1986 年 11 月 6 日,中国人民银行温州市分行向中国人民银行总行发去电报,说明方兴钱庄情况,申请再办钱庄。1986 年 11 月 7 日,中国人民银行总行电报批示:"经与国家体改委研究,答复如下:对于私人钱庄,请按国务院银行管理暂行条例规定办,不能发给《经营金融业务许可证》。"(据中国人民银行明传电报复印件)1986 年 12 月 3 日,温州市苍南县委和县政府批示,苍南县工商行政管理局批准方兴钱庄重新开业,方培林于 1986 年 12 月 25 日重新挂牌"中国温州试验区方兴钱庄",正式营业(据 1986 年 12 月 31 日中国人民银行温州市分行《金融内参》第 18 期,总第 38 期)。温州市市委书记在方培林 1986 年 10 月 29 日来信申请重办钱庄后,于 1986 年 11 月 4 日在"温州市党政领导阅批来信登记卡"上批示:"温州市人民银行:根据试验方案,方培林应继续办下去,具体工作希你们联系。"(根据来信登记卡复印件)苍南县人民政府县长刘晓桦 1986 年 11 月 6 日对钱库镇方培林反映县有关部门不同意办钱庄的问题时批示:"请工商局抓紧办理。私人钱庄应允许试办,不必再请示有关部门,出问题由县委县府负责。"(根据温州市人民银行分行《有关方兴钱庄几个问题的补充》复印件)在这个过程中,地方政府对民间信用组织的支持是非常明显的。

在地方政府的积极介入下,中国很多地区成立了区域性的以私人资本为主的银行类机构,这些新的金融机构对整合区域内民间资本、规范现存的民间信用组织起到很大的作用。但是在组建这些金融机构的过程中,地方政府的合宜性应该得到特别的强调。出于控制地方金融资源的动机,地方政府往往在新金融机构的组建中扮演特殊的角色,存在过度介入的倾向。这种介入一般采取两种不同的形式:一种是比较显性的形式,即以国家股和地方政府的法人股入股新的金融机构,使新成立的所谓民间银行的股权结构形式带有明显的官方色彩,便于地方政府在未来的银行经营管理中进行合法的介入;另外一种是比较隐性的形式,即地方政府尽管没有以大规模股份的形式参与新的金融机构的成立,但是却在新的金融机构的治理结构中安排地方政府的官员,使地方政府仍有可能决定新建银行的经营管理。表1是我国除四大国有商业银行之外的主要商业银行的产权结构情况,在这些银行中,除少数三四家之外,无一例外地大量吸收国家股和国有法人股,使这些银行带有明显的官办银行的特征。而即使是在少数几家以私人资本入股的银行中,其内部治理结构也存在上述的不健全的情况,比如地方政府官员担任银行的重要职位。因此,民营银行组建中的内部治理结构扭曲和产权结构扭曲,将加大民营银行的风险,使这些银行在治理结构、产权结构、运行模式、管理机制上可能与国有银行迅速趋同,从而降低其运作效率并增大风险。

表 1　我国主要商业银行产权结构情况(不包括四大国有商业银行)

主要商业银行	产权结构状况与比例
中信银行	国有大型跨国企业集团公司全资子公司
光大银行	国有控股商业银行
兴业银行	国家股 30.2%,国有法人股 27.5%
招商银行	国家股 1.7%,国有法人股 55.98%
浦东发展银行	国家股 3.9%,国有法人股 48.25%
渤海银行	国有法人股占 50% 以上
广东发展银行	国有法人股占 50% 以上
华夏银行	国有法人股 46.36%
交通银行	国家股与国有法人股占 40.46%
深圳发展银行	国家持股 0.09%,外资法人持股 17.89%
民生银行	主要由非公有制企业入股
浙商银行	非国有股占 85.71%
台州商业银行	国有股 5%,非国有法人股 90.77%,自然人股 4.23%

资料来源:根据各大商业银行网站公开数据整理。

当然,以私人资本为主的民营银行,主动在其治理结构中纳入地方政府官员,也是一种基于其成本—收益计算的理性行为。民营银行由于其产权的私人特征,在国家主导型渐进金融演进的框架内,往往难以获得足够的政府支持和产权保护,也难以获得体制内的商业机会。在民营银行的内部治理结构中纳入地方政府官员,可以维持银行利益与地方政府利益的均衡,充分获得地方租金激励最大化的效果,使地方政府加大对于民营银行的产权保护,并在尽可能的条件下给予民营银行更多的体制内的商业机会。从这个角度来说,民营银行的内部治理结构的扭曲可以被视为一种主动的治理权让渡,从而以这种主动让渡换取地方政府更多的产权保护。自然,这种让渡的代价也是显而易见的,治理权的让渡所导致的治理结构缺陷,有可能成为民营银行效率损失的根源。

五、结论与政策含义

近年来,民营经济快速发展与民间资本的扩张,为民间信用的成长提供了良好的外部环境,民间信用极大地影响着区域性金融资源的配置和民营企业的融资效率,并进而影响到整个地区经济增长的速度和质量。在这个大的历史背景下,本文对民间信用成长的内在动力要素的考察具有极为明显的政策意义。通过长历史周期的考察,本文认为民间信用与国家信用在不同历史阶段表现出不同程度和不同形式的相互替代关系,这些关系与一定历史阶段的经济发展战略、经济发展水平和结构、要素市场发育状况、国家整体的市场化水平、国家意识形态和政府偏好等变量有密切的关系。本文详尽探讨了影响民间信用扩张的四个变量,即民间资本积累、民营部门融资需求、地方分权和地方政府租金以及国家稳定性租金。通过对这四个变量的考察,本文认为民间资本积累和民营部门融资需求分别从供给和需求两个层面奠定了民间信用扩张的经济根基,而地方分权和地方政府租金激励则为民间信用的扩张提供了最为关键最为能动的动力源泉。

本文尤其强调地方租金激励在民间信用扩张中的积极作用,并以温州民间金融的成长为例说明地方政府和中央政府以及最高监管当局的博弈对区域内民间信用的扩张带来的积极影响。但是,本文也指出一个不可忽视的事实,即地方政府出于地方租金最大化和控制区域金融资源的考虑,往往在民营银行组建过程中进行过度的政府介入,从而容易导致新建民营银行内部治理结构和产权结构的扭曲,这种扭曲有可能增大民营银行的效率损失。因此,地方政府如何尽量减少对民营银行的介入,从而使民营银行保持较为规范的内部治理结构和合理的产权结构,是摆在地方政府面前的重要课题。

参考文献

姜旭朝:《中国民间金融研究》,山东人民出版社,1996 年。

江曙霞、马理、张纯威:《中国民间信用——社会、文化背景探析》,中国财政经济出版社,2003 年。

史晋川、叶敏:《制度扭曲环境中的金融安排:温州案例》,《经济理论与经济管理》,2001 年第 1 期。

江曙霞、张小博:《双重准则规制下民间信用制度变迁的成本—收益分析》,《金融研究》,2004 年第 11 期。

姜旭朝、丁昌锋:《民间金融理论分析:范畴、比较与制度变迁》,《金融研究》,2004 年第 8 期。

王曙光、邓一婷:《农村金融领域"系统性负投资"与民间金融规范化模式》,《改革》,2006 年第 6 期。

王曙光:《农村金融与新农村建设》,华夏出版社,2006 年。

王曙光:《金融自由化与经济发展(第二版)》,北京大学出版社,2004 年。

王曙光、邓一婷:《民间金融扩张的内在机理、演进路经与未来趋势研究》,《金融研究》,2007 年第 6 期。

第八章　民间金融内生成长机制与政府规制研究[*]

一、引言:《放贷人条例》与民间金融领域的已有研究

民间金融作为我国信贷体系一个特殊组成,在小企业融资和农户融资中占有重要地位,而民间融资的不规范性也容易引发各种金融风险从而对区域经济造成消极影响。2008 年 11 月央行起草了《放贷人条例》并提交国务院法制办,这将是民间金融阳光化和规范化历程中一个里程碑事件,必将对民间借贷的规范发展和动员民间资本从而纾解小企业和农户融资瓶颈约束起到积极作用。

我国学术界针对民间金融的研究也已经积累了若干有价值的研究成果,内容涵盖民间金融产生的体制动因、市场特征、发展障碍和监管制度等,研究方法涵盖经济学、社会学与人类学等。其中姜旭朝(1996)较早对我国民间金融的制度背景、运作模式及其同民营企业的融资关系进行了系统的理论研究。江曙霞等(2003)从社会学与文化学视角探讨了我国民间金融的发展历程与路径选择。张杰(2003)对我国的民间金融发展状况、制度特点及其在我国金融结构中的地位进行了比较深入的探讨;王晓毅(2004)、夏小军(2002)对浙江台州、温州和福建泉州等地民间金融的观察研究证实了文化因素对于民间金融生成的意义。王曙光、邓一婷(2006,2007)对民间金融对农村"负投资"现象的矫正效应进行了实证分析,并对民间金融演进的路径做了初步分析。在已有文献中,对于民间金融的内生机制所作的规范研究尚待深入,而这样的研究对于系统探讨民间金融的发展趋势与政策取向等问题至关重要。因而,本文试图在已有成果的基础上,从经济学以及社会—文化人类学的视角,系统深入地探讨民间金融的内生机制问题。同时,本文基于民间金融内生机制的研究,针对即将出台的《放贷人条例》,对民间金融的规范化和政府规制模式进行了比较深入的讨论,以期对政策出台提供学术视角的某种参照。

---

[*] 本文发表于《农业经济问题》2009 年第 1 期,与邓一婷博士合作。

二、民间金融的内生机制分析:经济学和社会学视角

(一)经济学视角:民间金融的制度供求给与制度优势

在存在金融抑制的国家,微观经济主体尤其是微型企业和农户有着旺盛的资金需求,但非正规金融体系由于信息成本和所有制关系等因素的制约,导致其对微型企业和农户的贷款意愿降低,而非正规金融体系则有效填补了这一融资结构中的空白地带,满足微型企业和农户的资金需求。从制度供给角度而言,我国存在着巨额民间资本,这些民间资本具有一种转化为金融资本的强大内在冲动,但是当前的金融制度安排阻碍了民间资本向金融资本的转化,使其不得不以各种非正规金融的形式存在于制度夹缝之间。而民间金融在为民间经济主体提供融资服务时,具备正规金融所没有的制度优势,这些制度优势是内生于民间金融自身的:

一是信息优势。这是民间金融最为重要的优势。在民间金融的融资安排中,借贷双方往往在地域或血缘上较为接近,并在日常生活中保持相对频繁的接触,从而降低了信息不对称问题的严重性。此外,由于所有制关系的对称,民间金融机构能够与民营中小企业达成较为长期的合作关系,从而得以加深对企业经营状况的了解,也有助于解决信息不对称问题、降低风险成本。

二是有效的偿付促进机制。在民间金融中,存在一种非正式的偿付促进机制,即合约各方关系的约束。例如,借款人若不能按时还款,则将付出高昂的成本。从某种意义上讲,这种非正规约束要比正规金融中的法律约束更具震慑力,这一方面能够有效地限制没有还款能力的人进入信贷市场,另一方面,民间借贷契约一经成立,就会对借款人形成动态的预算硬约束,从而有效避免恶意欠款的道德风险的产生。

三是较为灵活的利率。由于我国的正规金融机构承担着宏观调控的任务,因而其贷款行为在很大程度上会受到行政干预,其贷款利率或许并不能完全代表资金的稀缺程度,而在某种意义上是政府宏观调控意愿的表现。与此不同,民间金融的利率能够真正实现市场化,充分反映资金的稀缺程度,从而有助于提高资金配置效率。

四是较为灵活的贷款期限。正规金融机构的贷款都设有固定的期限,而很多民间金融组织并不规定特别的贷款期限。例如,有些民间金融机构会提供 1 到 2 天的短期贷款,有助于满足个人和企业临时、突然的贷款需求。

五是较快的融资速度。同正规金融繁琐的交易手续相对照,民间金融的交易过程更为快捷、融资效率更高,从而使得民间金融能更好地满足民营企业、乡镇企业和农户的季节性融资需求。

六是较低的运营成本。由于民间金融未被纳入到金融监管体系中,在经营机

构、组织形式、网点、固定资产等方面都不会面临硬性规定,因而在运营过程中只存在很少的固定成本,而由于交易过程的简化,其可变成本在一定范围内也较正规金融机构低。此外,民间金融还在一定程度上避免了正规金融难以避免的寻租成本等隐性成本。

七是较高的服务水平。因为自身生存和发展在很大程度上依赖于客户的支持,民间金融机构的营业时间通常长于正规金融机构,服务态度也较好。这对于解决个人和企业临时、小额的贷款需求很有帮助。

(二) 社会网络、社会资本与民间金融的生成:基于博弈论的分析

生活在同一个地区的人由于具有共同的文化传承,其经济生活深深"嵌入"长期形成的共同社会网络之中,人们在社会网络的基础上建立包括信用关系在内的各种联系,并通过社会网络实现实际或潜在资源的集合,获取社会资本①、物质资本和人力资本。其中,社会资本是一种无形的资本,能够惩罚破坏信任关系的人或行为,促使人们为共同的利益而采取合作态度,因而是维持社会网络稳定的重要因子。同西方社会相比,中国社会的网络化特点十分明显,而"乡土社会"正是我国民间金融赖以生存与发展的社会网络。费孝通(2001)指出:"乡土社会在地方性的限制下成了生于斯、死于斯的社会。……乡土社会的信用并不是对契约的重视,而是发生于对一种行为的规矩熟悉到不加思索时的可靠性。"可见,乡土社会的社会秩序主要靠民间的非正规制度来保证,笔者称这种为民间金融发展提供土壤的社会网络为"乡土社会网络"(Indigenous Social Network)。乡土社会网络的作用主要体现在以下两个方面:

1. 乡土社会网络有助于民间金融克服信息不对称

在民间金融市场,贷款申请者的信用状况缺乏法律担保,民间金融组织只能通过贷款申请者的朋友、亲戚、邻居、商业伙伴等获取有关其信用状况的信息。由于民间金融市场的信用状况通常表现为道德品质的形式,民间金融组织只能通过由熟人构成的乡土社会网络获得这一信息。② 基于此,设定如下模型:

假设民间金融组织对于贷款申请者的考察通过对其熟人的调查进行,并在调查结果的基础上加入自己的判断,以此确定贷款申请者是否有还款能力,并由此决定是否为其提供贷款。贷款者如果决定贷款,则对被认为有还款能力的申请者收

---

① 在这里,我们采用 Putnam(1993)对"社会资本"的定义,即能够通过推动协调的行动来提高社会效率的信任、规范和网络。

② 王晓毅等(2004,第158页)在温州的调查表明,在从事小规模专职民间借贷活动的人当中,许多人是老年人和妇女,其中很重要的一个原因就是,他们有更多的时间和机会了解到借款人的真实信息。

取 r_1 的利息,对于被认为没有还款能力的申请者收取 r_2 的利息①,且 $r_2 > r_1$。被调查者在大多数情况下是诚实的,但也有少数人例外(出于私利,他们可能会说有还款能力的人没有还款能力,或者没有还款能力的人有还款能力),但是他们在接到贿赂的情况下都会做出有利于贿赂者的评价。因此,贷款申请者可以通过贿赂被调查者而得到正面评价。对于有还款能力的贷款申请者而言,其只需要贿赂那些少数不诚实的人,使之诚实,成本为 C_1,而其余的贷款申请者为了得到正面评价,则需要贿赂大多数人,使之不诚实,成本为 C_2,C_1 与 C_2 不随借款额度的变化而变化,且 $C_1 < C_2$。并假设贷款金额为 M,借款者能够通过借款获得的效用率为 b(也即其能够通过借款获得 Mb 的效用)。进一步假设,如果贷款者向真正没有还款能力的人提供贷款,则款项将无法收回。在民间金融中,组织对于贷款申请者的甄别可以用信号博弈来表示。根据上述假设,得到如图 1 所示的信号博弈模型,其中,博弈双方的收益是双方在贷款期结束时分别通过借贷行为获得的净收益。

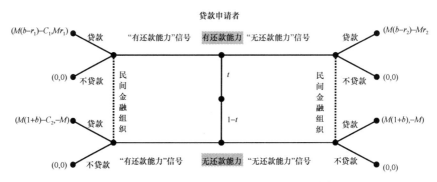

图 1　贷款申请者与民间金融组织的信号博弈

通过求解可知,若要求信号与实际情况相符(即被调查者能够向民间金融组织提供真实信息),则需满足:

$$C_1 \leqslant M(r_2 - r_1) \tag{1}$$

$$M(1 + b) < C_2 \tag{2}$$

式(1)、式(2)在直观上的含义就是:有还款能力的人需要付出的贿赂成本小于其能因自身的还款优势而获得的利息优惠;而无还款能力的人付出的贿赂成本则要高于其能通过贷款获得的总收益。要使式(1)、式(2)成立,必须满足以下条件:r_2 比 r_1 大很多,C_1 很小,C_2 很大。也就是说,如果民间金融组织能够对自身认为还款能力较弱的贷款申请者收取比普通贷款者高得多的利率,并且被调查者的

---

① 之所以会向被认为没有还款能力的人提供贷款,是因为对于"是否有还款能力"这一问题的判断不可能做到完全准确,为了防止业务流失,在一定的条件下,民间金融组织也会考虑满足这些申请者的贷款要求。

诚实度较高,基本能够反映实际情况,那么,民间金融组织就能够对贷款申请者做出良好的筛选。

由于民间金融组织的利率较为灵活,第一个条件很容易满足,而乡土社会的网络性质则有助于第二个条件的满足。在乡土社会网络中,人与人之间的关系具有稳定性和持续性,因而人与人之间的博弈是一种重复博弈。在这种重复博弈中,若一方的不合作并不宣告彼此间关系的结束,那么其不合作行为将引起另一方的报复,结果有可能两败俱伤,这就要求双方为了各自的利益寻求合作解。事实上,在这样的社会网络中,被调查者通常不仅与贷款申请者,也与民间金融组织者有着较为密切的关系,其自身可能也会需要通过民间金融贷款,声誉对于他们而言具有重要的意义。因而,出于维持声誉的考虑,他们多会体现出诚实的态度。由此可见,乡土社会网络使民间金融组织在克服逆向选择问题方面具备比较优势(王曙光,2006a)。

2. 乡土社会网络有助于民间金融建立有效的偿付促进机制

乡土社会的规范是乡土社会网络运作的基础之一,而信誉又是乡土社会规范的重要组成部分。如果一个人不讲信用,那么这种信息很快会通过乡土社会网络传播开来,使得他甚至其家人都无法再得到社区内人们的信任,在人员组成相对固定的乡土社会网络中,这种信任的丧失将会是致命的。因而,乡土社会网络有助于防范民间金融中的失信行为(王曙光,2006b)。

由上文知,民间金融组织在发放贷款前通常已经对贷款申请人做出了很好的甄别,贷款人通常不存在没有还款能力的可能。因此,即使某些贷款者将贷款行为视作一次性博弈、不看重自己的声誉,民间金融组织也能够通过正式或非正式手段(民间金融组织可能会根据借款数额,剥夺借款者的土地、收成、劳动力、社会地位甚至生命)挽回损失。而非正式手段的存在基础正是建立在地缘与血缘关系上的乡土社会网络,因为在这样的社会网络中,不守信用的人将成为众矢之的,即使受到的惩罚的严重度超出了其所应得的程度,人们也会认为他是罪有应得,在道义上支持制裁者。[①] 以下通过模型说明非正式手段在民间金融偿付机制建立中的作用。

假设在采取法律手段的时候,民间金融组织能够挽回贷款本金及利息,且诉讼费率为 s;在采取非正式手段的时候,民间金融机构剥夺的借款者财产所能折合的数额要大于贷款本金与利息之和,贷款总收益率为 $r+p$。由此得到如图2所示的完全信息动态博弈模型,模型中其余字母含义同上一模型。

求解得到此博弈的子博弈精炼纳什均衡:民间金融组织贷款给申请者,申请者还钱。如果民间金融组织只有法律手段一种挽回损失的途径,从理论上看,均衡解

---

① 张其仔(2001)指出:"地缘网络中的制裁通常使制裁者所付代价少,而被制裁者所付代价大,从而使被制裁者更多地考虑他的行动对制裁者的影响。"

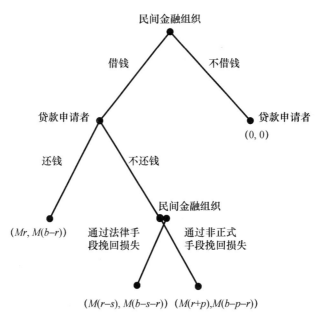

图2 贷款申请者与民间金融组织的完全信息动态博弈

不会发生变化。但是,在实际情况中,民间金融组织很少依靠法律手段来解决问题:一方面,在社会资本存量丰富的乡土社会网络中,协议的制定常常基于口头承诺而非书面合同,在出现纠纷时,当事人可能会选择私下了结而非对簿公堂(张其仔,2001);另一方面,民间金融的贷款数额往往较小,采取法律手段解决纠纷客观上需要较多的时间和人力投入,机会成本很高。由此可见,如果没有基于乡土社会网络存在的非正式手段,民间金融组织可能不会贷款给申请者,其自身也就失去了存在的意义。正是基于乡土社会网络的偿付机制的建立,促进了民间金融的产生和发展。

三、基于民间金融内生性的政府规制模式: 《放贷人条例》及其政策框架

以上从经济学以及社会学和文化人类学的视角分析了民间金融的内生性成长机制。对民间金融的制度供求和制度优势的经济学分析表明,民间金融的成长是我国现存金融体系下一种必然的融资矫正与补偿机制,民间金融自身的制度性优势有助于其在一定程度上解决正规金融难以处理的信息不对称和贷款偿付机制不完善等问题。而社会—文化人类学视角的分析表明,传统的乡土社会网络以及传统文化是民间金融赖以生存的社会基础。这也同时意味着,随着社会网络、经济结构和社会文化等因素的变化,民间金融在组织形式和交易模式上也必然发生演化。

　　而民间金融赖以生成的社会网络的构建基础是共同的文化传承。学术界对中国和其他国家民间金融的分析表明,文化传统以及在此基础上形成的共同的价值观和宗教信仰,会在一定程度上强化民间金融组织的生成机制,并使民间金融具有强大的超越地域的可复制性。如温州现代民间金融的兴起就很好地证实了这一点。温州民间在历史上有一种"认盟兄弟盟姐妹"的民俗,这种民俗活动与通过血缘和婚姻建立起来的家庭姻亲关系一起构成了一种稳固的微观社会结构,当这个结构中的成员在企业经营过程中需要增加投入时,首先选择这种以血亲、姻亲和盟兄弟姐妹关系为基础的"会"或民间直接借贷方式来筹集资金。西方学者的研究也证实了文化传统与宗教信仰在民间金融内生机制形成中的重要影响(Putnam,1993;Tenenbaum,1989)。

　　正是基于民间金融的内生性特征及其与社会网络和社会信任的依存关系,对民间金融的政府规制模式必须与民间金融的这些特征相适应。从世界经验来看,逐步走向规范化是民间金融发展的最终趋势,我国的部分民间金融也已经在政府的主导力量下向着这一方向发展(如发展规范的商业性小额贷款组织)。民间金融的规范化和合法化一方面有利于民间金融组织提升信誉度和规范经营,降低交易成本和违约风险;另一方面也有利于政府进行风险预警和风险甄别,适当控制民间金融可能引发的金融动荡。政府对待民间金融的态度,既不应是进行过于严格的金融抑制,也不应是揠苗助长式的急于使其规范化,而是顺应民间金融的内生性特征,鼓励民间金融主体在自身发展和演进过程中更多地发挥自身能动性。对于一些绩效良好、运作规范且具备一定经营规模的民间金融组织,应视情况给予政策上和法律上的扶持,使其成长为比较正规的社区性的中小民营银行,从而优化我国金融体系的市场结构、产权结构和竞争结构。

　　央行在2008年11月起草并向国务院提交《放贷人条例草案》,表明监管当局对民间金融在金融体系中的积极和消极作用已经有相当全面的认识,并试图用立法手段对其信贷行为进行适当规制。《放贷人条例草案》立法意图的核心是使那些运用自有资金而不是通过吸收存款进行信贷活动的民间金融组织以合法的运作空间,同时对那些非法的集资活动予以法律裁制。我国民间金融阳光化的基本立法框架主要参照我国香港特别行政区的《放债人条例》和南非《高利贷豁免法》。香港《放债人条例》规定:任何人经注册都可以从事放债业务,放贷的利率、金额、期限和偿还方式由借放款双方自行约定,但利率不得超过规定的年息上限6厘以上。南非《高利贷豁免法》则规定:机构或个人只要是发放5 000美元以下的贷款,不管其利率高低,只要到管理机构登记就算合法。香港地区和南非的实践表明,政府对民间金融机构的信贷行为及其利率水平给出了最大的宽容空间,但是如果信贷市场能够实现多元融资主体的充分竞争,高利贷就会丧失自身的生存空间,而民间融资需求就可以获得最大限度的满足。在央行起草的《放贷人条例草案》中,除运用自有资金严禁吸收存款的要求外,对利率的规定仍是不能超过基准利率的4

倍,这些利率上限在绝大部分地区是适合民间金融发展的实际情况的。

在《放贷人条例》中,应着重对合法的民间借贷与非法集资进行清晰的法律区分。我国非法集资行为的界定仍沿用 1998 年 7 月国务院第 247 号令颁布的《非法金融机构和非法金融业务取缔办法》,其中规定"非法吸收公众存款"是指"未经中国人民银行批准,向社会不特定对象吸收资金,出具凭证,承诺在一定期限内还本付息的活动"。在《放贷人条例》中应进一步对"不特定对象"等含混的法律条文进行界定,以保护合法的民间借贷。同时,《放贷人条例》应该对民间借贷的合同形式和抵押担保机制等进行较为清晰的规定,合同形式的相对规范有利于按照《合同法》裁决借贷纠纷以保护放贷人权益,而抵押担保物的规定也有利于降低贷款风险,应给予借款人和放贷人比较灵活的选择空间,使动产、不动产和应收账款等个人财产在借贷双方的自愿约定下都可以进入抵押担保的范围。《放贷人条例》中还应对民间借贷的监管机构、注册机构进行明确的规定,对申报程序和注册程序进行灵活的处理,以最大限度降低民间放贷人的成本。政府对民间金融的非审慎性监管框架的核心在于使民间放贷人更多地依赖乡土社会特有的内生控制机制去解决贷款风险问题,使民间金融组织成为自律的信贷主体。

参考文献

R. D. Putnam, *Making Democracy Work*: *Civic Tradition in Modern Italy*, Princeton University Press, 1993.

Shelly Tenenbaum, "Culture and Context: The Emergence of Hebrew Free Loan Societies in the United States", *Social Science History*, Vol. 13, No. 3, 1989 Autumn, pp. 211—236.

费孝通:《乡土中国·生育制度》,北京大学出版社,1998 年。

姜旭朝:《中国民间金融研究》,山东人民出版社,1996 年。

江曙霞、马理、张纯威:《中国民间信用——社会、文化背景探析》,中国财政经济出版社,2003 年。

王曙光:《农村金融与新农村建设》,华夏出版社,2006 年。

王曙光:《市场经济的伦理奠基与信任拓展——超越主流经济学分析框架》,《北京大学学报》,2006 年第 3 期。

王曙光、邓一婷:《农村金融领域"系统性负投资"与民间金融规范化试点》,《改革》,2006 年第 6 期。

王曙光:《国家主导与地方租金激励:民间金融扩张的内在动力要素分析》,《财贸经济》,2008 年第 1 期。

王曙光、邓一婷:《民间金融扩张内在机理、演进路径与未来趋势研究》,《金融研究》,2007 年第 5 期。

王晓毅、蔡欣怡、李人庆:《农村工业化与民间金融——温州的经验》,山西经济出版社,2004 年。

夏小军:《温州民间"会"的功过》,《经济学消息报》,2002 年 5 月 14 日。

第九章　民间金融演进与地方政府创新
——以温州钱庄兴衰史为例[*]

一、引言:温州钱庄的发展史:从清代到 20 世纪 80 年代

　　2011 年,温州民间金融风暴及当地政府的民间金融治理政策引发全国震动。本文以 20 世纪 80 年代的温州钱庄为例研究民间金融的规范发展问题,对当前民间金融治理有重要借鉴意义。温州的钱庄历史悠久。[①] 温州钱庄的产生,可推溯到清朝以前的银钱兑换业。至清朝,温州的银钱业已经相当发达,在《永嘉县志·庶政志》(光绪版)中记载,清乾隆年间就有"存典生息"的记载,同治十二年有"存状元桥各行生息"的记载,咸丰同治年间,温州城已出现钱业同业组织。光绪六年(1880 年)在温州城区开设的春升官银号,收存地方官署的钱财赋税款,颇具地方国库的作用。此外,还有祥记、裕通、乾丰、茂生、万生、厚生、宝丰(宝通)、怡生、统源、厚康、德生、大升等钱庄,到光绪末年(1908 年),温州的钱庄已经发展到近17 家。

　　辛亥革命后,温州钱庄业进入大发展时期,1916 年温州成立了钱业公会,该组织是统一市场利率、资金拆借、申甬汇兑、信息交换的重要场所,对当时温州经济发展起到重要作用。到 20 世纪 20 年代中期,温州钱庄总数达 23 家,其中以洪元钱庄、鼎源钱庄、厚康钱庄和涵康钱庄实力最为雄厚。20 世纪 20 年代末期,温州钱庄发展到 104 家。30 年代初期,民族危机加深,温州钱庄进入停滞和衰落阶段。据统计,1931 年温州城内的大小钱庄仍有 70 余家,到 1934 年只有 32 家,1936 年减少到 17 家,1937 年只剩下厚康、洪元、鼎源、和昌等 13 家。1937 年"七七事变"爆发,沪、杭、甬一带先后沦陷,温州成为抗日大后方在东南沿海进出口物资的唯一口岸,

　　* 本文发表于《农村金融研究》2012 年第 7 期,与杜浩然博士合作。
　　① 关于温州钱庄从清代到中华人民共和国成立初期的发展史,参考《温州市志》。

这使钱庄业有了复苏条件。特别与敌占区沪甬等地的汇兑业务,由于官办银行无法汇兑,钱庄便独占鳌头,因此到1942年,温州钱庄又由战前的13家发展到33家。在此期间组建的钱庄,有不少已经扬弃了独资或合伙的形式,成为股份有限公司。但是这一转变,随着国难加深而中止,温州三次遭日寇轰炸,温州港口的进出口贸易几乎停顿,钱庄再度衰落。抗战胜利后,由于内战升级和物价飞涨,钱庄业的资金来源枯竭。1949年5月温州解放后,人民政府为稳定金融,扶植生产,恢复社会正常信用,对钱庄业进行整顿,到1949年7月底止,经整顿增资申请登记复业的钱庄计21家(见表1)。此后中国人民银行以金融行政管理力量打击市场金融投机,取缔地下资金拆放。到1950年年底,温州留存的钱庄仅有咸孚、益谦、永康、余丰、惠大等5家。1951年年初它们合并为永和钱庄,1952年8月又并入温州企业公司。至此,温州钱庄业宣告结束。

表1 1949年7月温州市城区私营钱庄

行庄名称	负责人	资本额	组织形式	地址
咸孚钱庄	叶志超	五百万元	股份有限公司	铁井栏街
厚康钱庄	汪雪怀	五百万元	股份无限公司	胜利路
德隆钱庄	彭叔眉	五百万元	股份有限公司	南大街后市街
永康钱庄	朱毓文	五百万元	股份无限公司	后市街1号
敦大钱庄	戴本耕	五百四十万元	股份无限公司	南大街铁井栏口
濂昌钱庄	周竺林	五百万元	股份无限公司	三官殿巷
永沣钱庄	翁来科	五百万元	股份有限公司	中山路打铁巷口
惠大钱庄	王慎夫	五百万元	股份无限公司	五马街口
益谦钱庄	金达溶	五百二十万元	股份无限公司	南大街
洪元钱庄	叶仲文	五百万元	股份有限公司	东门涨桥头
鼎源钱庄	戴剑夫	五百万元	股份无限公司	虞师里54号
慈康钱庄	陈筱韶	五百万元	股份无限公司	纱帽河44号
裕泰钱庄	周伯瑜	五百万元	股份无限公司	公园路92号
和昌钱庄	杨步瀛	五百万元	股份无限公司	虞师里
益大钱庄	周普光	五百万元	股份有限公司	曹仙巷21号
余丰钱庄	陈次真	五百五十万元	股份有限公司	东门上岸街91号
元大钱庄	蒋觉先	六百万元	股份无限公司	五马街
信瓯钱庄	郑伯言	五百万元	股份无限公司	墨池坊15号
顺源钱庄	叶汝舟	五百万元	股份有限公司	北大街打锣桥口
隆泰钱庄	陶正冶	五百万元	股份有限公司	东门行前街
钜康钱庄	夏叔翰	五百万元	股份无限公司	大筒巷37号

资料来源:温州市档案馆存档(金融部分)。

20 世纪 80 年代,温州个体私营经济迅猛发展,民间资本存量迅速增加,这为私人钱庄业的复苏提供了土壤。温州的私人钱庄有独资和合资两种形式。在 20 世纪 80 年代初期温州比较著名的钱庄有苍南县钱库镇方兴钱庄、乐清县城关镇乐成钱庄、巴曹信用钱庄和金乡镇金乡钱庄。① 下文将以 80 年代温州方兴钱庄兴衰史为例,探讨民间金融规范发展过程中"中央治国者—地方政府—民间金融部门"的互动博弈关系,从而提出系统的民间金融规范发展和防范民间借贷危机的政策框架。本文的资料来源大多为第一次公布的内部第一手资料和事件直接当事人的信件函电、政府内部调查文稿以及各级政府官员的批示,殊为珍贵。

二、温州方兴钱庄的兴衰史:基于"地方政府—民间金融部门"互动关系的梳理

改革开放后温州私人钱庄的兴起反映了当地民营经济发展对资金的强大需求。1984 年 9 月 25 日,温州苍南县钱库镇挂出了"方兴钱庄"的牌子,这是新中国成立后第一家由私人挂牌营业的金融机构。在改革开放初期,计划经济的思想意识还非常浓厚,政府对金融体系的管制十分严格,我国旨在降低国有金融体系垄断性的金融体制改革还刚刚拉开序幕。一个有趣的事实是,方兴钱庄的成立,尽管与当时的国家金融制度框架是完全不兼容的,但是却得到温州地方政府(从钱库镇到苍南县政府乃至温州市政府)的支持。因此,研究方兴钱庄的兴衰史以及在方兴钱庄兴衰过程中地方政府的行为,对于我们理解地方政府在制度变迁中的功能结构以及民间金融的规范发展模式有特殊的学术价值。

由于方兴钱庄的成立在当时确实属于爆炸性新闻,引起很多争议,因此温州当地的媒体对方兴钱庄并没有作任何公开的报道。当时温州日报社农村部记者撰写了《钱库方培林试办钱庄》一文,并作为"内参"保留下来②,这篇文章说:

> 党的十一届三中全会后,钱库经济繁荣起来,钱库镇上的商店发展到 134 家,全镇从事商业活动的就有 659 户,占总户数的 60%;企业也发展到 224 家。因此,社会上对流动资金的需求量很大。自由借贷利率达到 2%—4%(注:月息)。镇上的方培林和陈联华,从今年(注:1984 年)9 月 11 日《温州日报》刊登的《市区可办信用社融通资金》一文中受到启发,决心创办钱庄,解决社会资金融通问题。两人深入调查,了解到镇周围五个大队流动资金需要 1 000

---

① 关于 20 世纪 80 年代温州钱庄的基本情况,参见中国人民银行温州市支行:《温州农村资金市场汇报提纲》,内部打印稿,1986 年 4 月。

② 戈文:《新中国第一家私人钱庄诞生和消亡纪实》,《温州人》,总第 41 期,1998 年 6 月。文中提到的那篇被作为内参的报道,是对方兴钱庄最早的报道。其中大部分事实是准确的,但其中提到的"董事会制"和"股东集资"与事实有出入。

万元,现约缺 200 万元,而农民手头有大量闲散资金。他们确信办钱庄能够弥补信用社不足之处,起补充作用。9 月 12 日,他们拟出报告请示区领导,立即得到区委、区公所批复同意。……钱庄采取投股集资,每股金额 1 000 元,个人入股不限,总股为 100 股,计 10 万元。年终结算,由董事会研究作出合理分红。收贷采取浮动利率,目前暂定凡存满 6 个月者,月息 1%;存满一年者月息 1.2%—1.5%;零存整取者,参照人民银行利率。贷出利率,月息浮动为 1.5%—1.95%,每月收清利息……

钱库镇方兴钱庄的试办,是对传统农村信用社体系和农村商业银行体系低效率、高门槛、手续繁琐、服务能力低下的一种必然的补充与替代。在传统的带有官办性质的金融体系不能满足当地市场主体的需求的情况下,方兴钱庄作为民间部门,对市场中的潜在的获利机会迅速作出反应。而当时,在温州地区,民间的无序的资金循环格外活跃,各种抬会、排会、高利贷都不同程度地存在,有些民间融资活动投机性很强,给金融市场带来极大的风险。因此,方兴钱庄试办的初衷,是办一个公开性的金融服务机构,降低民间金融的经营性风险,补充农信社融资能力的不足,为当地的资金需求者提供方便快捷的金融服务。

方兴钱庄开办过程中,有四个最基本的要素或者条件:一是当地市场经济发展为方兴钱庄提供了充足的资金来源,也提供了大量有着强烈信贷需求的市场主体;二是当地传统的带有官办色彩的金融体系的无效率和竞争力低下,导致方兴钱庄具备竞争实力和在当地金融市场竞争中存在下去的必要性和可行性;三是钱庄开办者本身必须具有极高的信誉,能够获得当地资金借贷者的充分信任,这是降低信贷风险的重要保障;四是当地政府部门的鼓励和扶持,赋予其在区域内的合法性,保护新兴的民间融资部门。

从以上四个要素或条件来看,方兴钱庄的成立可以说正当其时。民间资金的丰裕和资金需求的旺盛,使方兴钱庄得以迅速捕捉到获利机会并有效利用当地的资金优势;而农信社的效率低下则使得方兴钱庄具备了市场竞争上的比较优势。第三个条件即钱庄创办人本身的信誉是方兴钱庄作为一个民间金融机构开展业务和有效控制风险的必要前提,创办者在当地有一定的信誉,因此存款户愿意把自己的资金存在钱庄。但是综观这四个条件,第四个条件是非常关键的。假如具备了前三个条件,但是地方政府对钱庄的设立持反对态度,那么钱庄的试办是不可能的。

1984 年 12 月 12—25 日,中国人民银行温州市支行派出四人调查组在行长带队下,遵照温州市人民政府 1984 年 9 月 26 日的传真电报的指示精神,对苍南县钱库镇曾被钱库区公所批复试办的方兴钱庄的基本情况进行了专题调查,并向市政府提交了调查报告。①　这个调查报告详尽分析了钱库镇的经济发展和资金需求情况。20 世纪 80 年代以来,钱库镇由于政策允许和提倡,发挥集镇优势,剩余劳动力纷纷从事第三产业,从中寻找就业和致富门路。全镇街道 1 098 户居民(包括农业户)中,有 1 250 多人从事百货、饮食、旅馆、照相、修理等行业,镇上开有各种商店 700 多家,形成了家家有人经商的繁荣局面。钱库镇已经成为江南三镇中的商业贸易中心,邻省的福建、江西,邻县的泰顺、文成、平阳、永嘉、乐清,还有温州市区和市郊的商人也到镇上进货。钱库镇商品吞吐量相当可观,资金需求量很大。整个钱库镇当时的流动资金需求总共为 900 多万元,银行和信用社贷款金额只有 200 万元,有时还不到 100 万元,所欠部分主要靠民间借贷来调剂,而民间地下钱庄的利率是极高的。钱库镇的资金供求矛盾十分突出,而方兴钱庄的创始人方培林出生在这个小镇上,在他多年的交易活动中深知这个潜伏的矛盾,于是就向钱库镇委提出了开办钱庄的要求。钱库镇委在一个会议上审议了试办钱庄的问题,一致的意见是"批一个试一试,如果失败了我们就挑担子"。批复之后一个星期,钱库镇接到温州市人民政府的传真电报,要求方兴钱庄停止试办,钱库镇委将这一精神转达了方培林。十天之后钱库镇委发现方培林已经在搞钱庄经营,在这种情况下,钱库镇委并没有制止方培林的经营活动,而是采取了宽容和观望的态度,给了方兴钱庄一定的发展空间。钱库镇委黄书记认为:"信用社的经营作风与贷款方法群众不适应,让地下钱庄放任自流也不是办法,地下钱庄应想个办法去疏导一下,把它引到地上来,批个试试看,如果说人民银行支持,地方政府又支持,办钱庄肯定有生命力,一定办得很好。"钱库镇委领导的这个思想实际上是非常深刻的,也是非常大胆的,他们扮演了地方局部创新尝试者的角色,同时了承担了制度创新中的巨大政治成本。应该说,在当时的经济发展水平、意识形态环境和体制框架下,能够提出这样的观点,是非常难能可贵的,从这里我们也可以看出温州的基层政府部门对民营金融机构的开明态度。

在中国人民银行温州市分行的这份极有文献价值的报告中,温州分行的结论是:

经过行务会议讨论,温州市人民银行对要不要试办钱庄统一了认识,基本的看法是同意试办,并建议加强管理监督。我们认为在钱库镇这个商品经济繁荣、资金需求量大、民间借贷频繁、银行和信用社难以满足需求的情况下,批准试办一个钱庄有利于理论探讨和金融改革,在实际工作中也有助于探索新路。从理论上讲金融形式取决于经济形式,经济上提倡和允许国营、集体、个体一齐上,金融形式上也应该适应经济发展。从实际上看,钱庄在经营作风、服务方式、服务态度上跟当前银行和信用社相比都有其独特之处。……不过,

① 中国人民银行温州市支行:《关于"钱库钱庄"情况的调查报告》,(85)温市银金管字第 1 号,内部资料,1984 年 12 月 31 日。

（对试办钱庄）必须持慎重态度，要加强管理：一要经过批准，发执照；二要有一定的自有资金；三要有一套账册；四要接受人民银行管理；五要上缴保证金；六要照章纳税；七要框定以业务范围；八要确定利率杠子，人行对钱庄资金不担风险。①

中国人民银行温州市分行的这个调研报告及其结论，显示出很高的政策水平和政治胆识，也反映出温州市支行对当地金融发展的严谨客观、开明求实的态度。从人民银行的角度来看，这样的态度是难能可贵的，因为钱庄的试办直接冲击体制内原有金融机构的经营和相关者利益，而温州市分行站在一个客观中立的立场，不仅没有对这个新兴事物进行抑制和打压，反而对其成长发展提供规范和扶助，这不能不说是一个极富创新意义的举动。

1986 年年初，国务院颁布《银行管理暂行条例》②，方兴钱庄自行停业，并作了一些清理，营业执照也被收回。1986 年 7 月 12 日，方培林草拟了《关于要求试办民间金融机构的报告》，提出向"社会公开招股 5 万—10 万元，建立民间金融机构，企业性质为股份合作经济，独立核算，自负盈亏；在股东中产生董事会，并选出董事长，由董事长委托经理主持日常工作，财会工作人员向社会招聘，业务上接受人民银行指导，账户接受人民银行检查，并照章纳税；年终利润分配由董事会据国家政策法规，做出再分配，照顾国家、集体、个人三者利益"③。1986 年 7 月 26 日，方培林再次向中国人民银行温州市分行提出重办方兴钱庄的申请：

"适当发展民间信用"是 1985 年中央 1 号文件明确提出的，"温州模式"的经济发展道路，是中央领导同志肯定的。那么商品经济的发展是要求金融机构和融资形式能相适应地发展。民间庞大的资金市场需要完善、管理、引导。为此，我要求中央人民银行（本文作者按：应为中国人民银行总行）及省市各级人民银行准予设立民间金融机构。该机构将以灵活的经营方法和一定的利率浮动幅度来引导民间信用，发展民间信用。一、宗旨：为了搞活农村金融，为商品生产服务。二、名称：钱库镇方兴钱庄。……六、利率浮动：幅度定在活期存款月息一分，定期在 1.2—2 之间，放款在 1.5—2.5 之间。七、资本金：5 万。……政策允许的话，请尽快做出决定。④

这份申请报告，以 1985 年中央 1 号文件为合法性依据，以"温州模式"得到中央领导同志的肯定为挡箭牌，简明而深刻地阐述了民间金融机构对商品经济的重

---

① 中国人民银行温州市支行：《关于"钱库钱庄"情况的调查报告》，(85)温市银金管字第 1 号，内部资料，1984 年 12 月 31 日。

② 1986 年 1 月，国务院颁布《银行管理暂行条例》，第 28 条规定："个人不得设立银行或其他金融机构，不得经营金融业务。"

③ 方培林：《关于要求试办民间金融机构的报告》，打印稿，1986 年 7 月 12 日。

④ 方培林：《关于试办钱库方兴钱庄的报告》，手写稿，复印件，1986 年 7 月 26 日。

要作用,而且提出建立钱庄的目的是"引导民间信用、发展民间信用、搞活农村金融,为商品生产服务"。可以说,作为一个生长于草根阶层的民间金融机构的创办人,方培林对经济发展形势的判断和商业机会的判断是准确的,对民间金融机构的定位也很到位。

1986年9月25日,中国人民银行温州市分行向中国人民银行浙江省分行提交了《关于试办苍南县钱库镇方兴钱庄的报告》。这份报告指出:"最近中央决定在温州建立商品经济试验区。温州市委、市府发(1986)98号《关于温州试验区有关问题的报告》提出:'允许试办股份性质的金融机构和少量的私人钱庄,但要付保证金,交纳税收,并适当限制其利率',以进一步完善市场体系。根据市委、市府领导指示,和方培林本人关于开办'方兴钱庄'的要求,现随文上报请审批。"①

1986年11月4日温州市委书记董朝才对方培林试办钱庄的申请②作了回应,在"温州市党政领导阅批来信登记卡"上批示:"温州市人民银行,根据试验方案,方培林应继续办下去,具体工作希你们联系。"③1986年11月6日,温州市苍南县县长刘晓桦对钱库镇方培林反映县有关部门不同意办钱庄的问题作出批示:"请工商局抓紧办理。私人钱庄应允许试办,不必再请示有关部门,出问题由县委县府负责。"(苍南县委办公室抄告单第一号)④苍南县委和温州市委主要领导人对方培林试办钱庄的态度是非常明确的,他们都坚定地认为试办钱庄是温州试验区进行市场化改革试验的必要组成部分,应该允许私人创办民间金融机构;而苍南县政府"出问题由县委县府负责"的批示更是令人印象深刻,表达了地方政府敢于承担政治风险和锐意改革的精神。而"温州模式"的核心和精髓,正是在于地方政府尊重和响应民间部门的创新性行为,并对这些创新性行为给予保护和鼓励,并由此承担一定的政治风险。

但是故事还没有结束。1986年11月7日中国人民银行总行一封明传电报发到中国人民银行温州市分行,这封电报中说:"中国人民银行温州市分行:十一月六日来电悉。经与国家体改委研究,答复如下:对于私人钱庄,请按国务院银行管理暂行条例规定办,不能发给《经营金融业务许可证》。"⑤在中国人民银行总行坚决不准发给方兴钱庄《经营金融业务许可证》的情况下,中国人民银行温州市分行考

---

① 中国人民银行温州市分行:《关于试办苍南县钱库镇方兴钱庄的报告》,内部资料,1986年9月25日。

② 1986年10月29日,方培林曾致信温州市委董朝才书记,其中说"我们私人金融业没有挂牌,没有纳税,无人过问,是'地下'钱庄。苍南座谈会之后,曾有报告给县委,要求方兴钱庄重新开业,县委书记、县长均已签字同意重新开业,但银行、工商局不给执照,至今还是地下。我们更没有办法。……只好在十字街口徘徊。写信给你的目的,没有其他要求,只想能让你知道,我们钱庄还在,仍在小规模地活动,等待着中央新的决策"。据方培林致温州市委董朝才书记信的手写稿复印件,1986年10月29日。

③ 据"温州市党政领导阅批来信登记卡"复印件,温州市委书记董朝才批示,1986年11月4日。

④ 据"苍南县委办公室抄告单,第一号",苍南县县长刘晓桦批示,1986年11月6日。

⑤ 据中国人民银行1986年11月7日明传电报复印件,部委号:银传字[1986]37号,机号:5113,签批人:刘鸿儒(签批时间:1986年11月8日)。

虑到方兴钱庄在当地的影响,认为如果予以强制的手段取缔,肯定会造成用户的损失而产生社会的混乱,所以温州分行决定在钱库镇的银行和信用社也实行利率浮动①,改变了以往的服务方式,成为人民银行总行批准的全国第一个率先进行利率改革试点地区,以此形成银行和信用社与私人钱庄竞争的局面。因此,方兴钱庄的成立和成功的经营,对于促进当地金融市场的竞争、促进银行和信用社加快利率改革步伐并改善经营起到巨大的作用。而银行和信用社改变服务方式和经营模式后,反过来给方兴钱庄的生存形成压力,1989 年,经营了 5 年的方兴钱庄自行关闭。由于钱庄的业务发生额不大,且都是短期存贷,加上方培林对客户认真负责,因此钱庄关闭后的扫尾工作做得非常出色而稳健,没有留下任何令客户和监管者不满意的纠纷。②

三、民间金融部门、地方政府与中央治国者之间的多阶段序贯博弈框架

通过梳理方兴钱庄从成立到自行关闭的全过程,我们可以非常清晰地勾画出地方政府行为、中央政府行为、民间金融部门之间的关系框架。下面我们构建一个简单的博弈模型,在转轨经济学的框架中对"地方政府—中央治国者—民间金融部门"之间的序贯博弈进行进一步分析。

假设博弈有四个主体(中央政府、地方政府、民间金融部门、传统金融部门),各自的目标函数以及变量说明详述如下:

1. 中央政府的效用函数

$$F(t) = g - (g_r - g)^2 - p(\vartheta_t - \vartheta_{t-1})^\beta - (T - B)^2$$

其中,g 为经济的自然增长率,g_r 为真实增长率,$(g_r - g)^2$ 衡量经济增长波动;ϑ_t 代表制度变量,p 为大于 0 的常数,$\beta \in [0,1]$ 常数,$p(\vartheta_t - \vartheta_{t-1})^\beta$ 衡量转型中的摩擦成本;T 代表央行对银行的转移支付,B 为坏账变量,$(T - B)^2$ 衡量的是宏观金融的稳定程度。综上,中央政府的目标是保证经济增长,控制经济增长波动、转型中的摩擦成本和金融不稳定。

---

① 1986 年,温州成为全国第一个实行浮动利率的改革试点城市,中国人民银行总行同意,温州有权按照市场需求,将基准利率上浮一倍。原中国人民银行温州市分行副行长应健雄回忆,1988 年资金最紧张时,温州银行月息曾高达 1 分 4 厘 4(即月息 1.44%),这一措施很快抑制了贷款,1989 年 1 月利率就下来了。由于坚持了多年的利率改革,到 1993 年 7 月,温州这个仅有 600 万人口的城市,储蓄存款高达 126 亿元,人均2 000 多元,存款多于贷款 57 亿元,而浙江省总的顺差(存款多于贷款)共总 67 亿元。参见贺宛男:《温州 50亿资金找不到出路引出的思考》,《新闻报》,1993 年 8 月 26 日。

② 在 1998 年接受记者采访时,方培林认为,中国人民银行不给当时的方兴钱庄签发"经营金融业务许可证"是可以理解的,他为自己当时能得到政府部门的支持,创造了这样一段历史而深感荣幸,至今,他仍然对支持过他的人深怀感激。参见戈文:《新中国第一家私人钱庄诞生和消亡纪实》,《温州人》,总第 41 期,1998 年 6 月。

2. 地方政府的效用函数

$$R(t) = y_1(C_1) + y_2(C_2) - r(C_2)$$

其中,C_1 代表传统金融部门的信贷余额,C_2 代表民间金融机构的信贷余额,y_1、y_2 代表传统金融部门、民间金融机构通过信贷方式助力地方经济发展的数量程度,r 代表民间金融机构的运行风险带来的成本。

3. 民间金融机构的效用函数(信贷函数)

$$C_2 = E(P_C | P_L) \cdot EP_L \cdot C_2(D - D_T)$$

我们用信贷余额来表征金融机构的效用水平。其中,D 代表地方对资金的总需求,D_T 代表对传统金融部门的资金需求。P_C 和 P_L 是两个政策变量,分别是中央和地方政府对民间金融机构合法性的承认情况:若允许其成立,则为1;若禁止其成立,则为0。

在现有经济体制、法律环境和意识形态环境还难以提供明确而有力的支持的条件下,未来中央和地方的有关政策会直接影响民间金融机构的信贷和效用水平,因此将民间金融机构对中央和地方的有关政策的期望加入函数形式中。

具体来说,假设如下条件期望成立:

$$E(P_C = 1 | P_L = 0) = E(P_C = 0 | P_L = 0) = 0$$
$$E(P_C = 1 | P_L = 1) = 1$$
$$E(P_C = 0 | P_L = 1) = \alpha, \quad 0 < \alpha < 1$$

前两个算式不难理解,需要特别说明的是第三个等式。为尽可能地符合现实,假设地方政府有空间坚持自己与中央不同的政策框架和策略行为,当地方承认民间金融机构合法性但中央禁止时,我们认为:$E(P_C = 0 | P_L = 1) = \alpha, 0 < \alpha < 1$,会直接进入民间金融机构的效用函数中,表示在地方的承认条件下中央的禁止不会完全使民间金融机构停止运营,但会减少其信贷的范围从而使其信贷余额(即效用水平)下降。

4. 传统金融部门的效用函数(信贷函数)

$$C_1 = C_1(D_T - B)$$

变量说明如上所示。

下面是对各主体之间不同博弈阶段的具体分析。

第一阶段:考虑一个地方封闭经济。在经济体系由计划经济向市场经济转型的初期,传统金融部门存在着严重的信贷配给(假设为 R),而市场经济的发展又导致了新兴的中小企业、个体工商业者以及居民对资金具有庞大的需求(假设为 D),由此 $D_T = B$,民间金融机构预期到可以拥有地方信贷市场比例的市场份额从而获得超常获利机会;同时,制度上的缺陷使得民间金融机构对中央和地方未来政策选择的不确定性进行预期加入其效用函数。综上看来,在转型经济中,"民间金融家"在强大的利润驱动力下理性地自发建立民间金融机构(如私人钱庄),获得较

大的效用水平,其效用水平为:

$$C_2 = E(P_C \mid P_L) \cdot EP_L \cdot C_2(D - R)$$

第二阶段:由于 $EP_L < 1$,同时 $E(P_C \mid P_L)$ 也和地方政府的决策有着直接的联系,因此民间金融机构便会有激励游说地方政府确认其合法地位使得 $EP_L = 1$,从而进一步增加其效用水平。

第三阶段:对于地方政府而言,假设在市场化初期,传统金融部门效率低下,金融产品单一,坏账数量大,难以促进地方经济的发展,而民间金融机构可以提供丰富的融资方式满足新兴的中小企业、个体工商业者以及居民的融资需求进而促进地方经济发展,使得地方政府收益增加;另一方面,在市场化初期,民间金融机构自身的规模很小,通过民间金融融资额有限,因此地方政府为控制其风险付出的成本不大,因此 $\partial R / \partial C_2 = \partial y_2 / \partial C_2 - \partial r / \partial C_2 > 0$。由此可见,地方政府为增加自身的效用会承认民间金融机构的合法地位,即令 $P_L = 1$。此时,地方政府的效用水平为:

$$R(t) = y_1(C_1) + y_2(E(P_C \mid P_L) \cdot C_2(D - R)) - r(E(P_C \mid P_L) \cdot C_2(D - R))$$
$$(C_2 = E(P_C \mid P_L) \cdot C_2(D - R))$$

同时,由于 C_2 的大小会受到 $E(P_C \mid P_L)$ 的影响,因此地方政府有激励游说中央政府承认民间金融机构的合法地位,使得 $E(P_C \mid P_L)$ 增大至 1,进而增加 $R(t)$ 使得地方政府进一步受益。

第四阶段:接下来考虑中央政府的行为。由于中央政府的目标函数为:

$$F(t) = g - (g_r - g)^2 - p(\vartheta_t - \vartheta_{t-1})^\beta - (T - B)^2$$

面对地方政府的游说,中央政府会从自身效用最大化出发考虑民间金融机构的政策取舍。市场化初期,地方民间金融机构对全国经济增长和波动影响不大,因此不会影响 g 和 $(g_r - g)^2$,同时其规模较小使得金融风险不易源起于此,因此也不易影响 $(T - B)^2$。但是,在转轨经济中,中央政府需要控制经济转型的摩擦成本,民间金融机构的出现是转型中的重要制度演进($\Delta \vartheta_t$ 增大),其影响很可能在转轨国家中产生多米诺骨牌效应,进而显著增大 $p(\vartheta_t - \vartheta_{t-1})^\beta$,使得中央政府效用下降。由此可见,中央政府出于自身效用最大化考虑,很可能为控制转型中的摩擦成本而禁止民间金融机构的合法化,使 $P_C = 0$。

但是,如前面的假设所言,地方政府仍有空间坚持自己的与中央不同的政策框架和策略行为,继续使得 $P_L = 1$,在这种情况下,

$$E(P_C = 0 \mid P_L = 1) = \alpha, \quad 0 < \alpha < 1$$

因此,地方政府和民间金融机构的效用水平为:

$$R(t) = y_1(C_1) + y_2(\alpha C_2(D - R)) - r(\alpha C_2(D - R))$$
$$C_2 = \alpha C_2(D - R)$$

第五阶段:这一阶段考虑的是传统金融机构的策略。传统金融部门与民间金融机构进行市场化竞争的过程中被迫进行市场化改革,进行改善经营机制等一系

列措施。此时,$D_T \neq R$,$B = 0$,二者将就信贷资源展开伯特兰竞争,地方总的资金需求将在传统金融机构和民间金融机构间进行分配,分配的结果取决于二者的经营成本、效率、服务等因素。

第六阶段:在上一阶段的情况下,竞争的结果可以有如下两种情况:

第一,传统金融部门通过规模经济的优势获得较低的经营成本,从而取得伯特兰竞争的胜利,进而获得全部的信贷需求($D_T = 0$)。在这种情况下,民间金融机构在正规金融部门的竞争压力下自行关闭。

第二,竞争不分伯仲(如成本相同或埃奇沃思模型的竞争结果)或民间金融机构具有竞争优势,则有可能在新的法律框架和政策环境下实现规范化和合法化,融入到正规金融体系中,此时,$E(P_C | P_L) = 1$,$C_2 = C_2(D_2)$(D_2 为竞争后民间金融机构的市场份额)。

由此可见,民间金融机构在正规金融部门逐步改善经营机制和国家政策环境不断发生变化的情况下,内部发生了分化。

根据以上模型的分析,我们可以把这个博弈过程进行理论分析如下:

第一阶段:在经济体系由计划经济向市场经济转型的时期,由于原有计划体制下某些市场机制的缺失,导致微观经济主体的市场需求难以得到有效满足,因而在经济体系中,潜藏着因市场空白而出现的超常获利机会。由于传统的计划经济中缺乏有效的融资部门,国有金融体系(银行)和合作金融体系(农村信用社)效率低下,金融产品单一,均难以满足新兴的中小企业、个体工商业者以及居民的融资需求,因此迫切要求出现新的金融机构来响应民间部门强烈的融资需求。此时一些具备市场竞争意识、善于捕捉市场获利机会的"民间金融家"敏锐地发现市场空白和存在的巨大营利空间,在现有经济体制、法律环境和意识形态环境还难以提供明确而有力的支持的条件下,这些"民间金融家"在强大的利润驱动力下开始自发建立民间金融部门(私人钱庄),引起整个社会以及决策者的高度关注。民间金融家的创新行为,对传统金融体系构成挑战和竞争性压力,从而引发制度层面的帕累托改进。

第二阶段:民间金融部门在成长过程中选择适合于自身发展的行为策略:一部分民间金融部门选择隐藏自己的经营行为,始终使自己的经营处于地下状态,努力不引起监管部门的关注,尽量不构成对传统金融部门的挑战和压力;另一部分民间金融部门选择公开性的经营行为,它们公开自己的身份,并以公开的方式向地方政府官员进行劝说和游说,试图使自身合法化和规范化。第二种模式可以视为一种积极的行为选择,民间金融部门试图被现行体制和意识形态所接受,并寻求政治上和法律上的合法身份,以求得经营上的稳定性。

第三阶段:地方政府官员出于自身租金最大化和发展地方经济的考虑,响应民间部门的创新行为,在自己的权限内给予民间金融部门以适当的道义支持和政策性鼓励。在温州方兴钱庄的案例中,从钱库镇政府,到苍南县政府,再到温州市人民政府,包括中国人民银行温州市分行,都在关键时刻给予方兴钱庄以巨大的支持,地方政府和监管者表现出强烈创新精神和宽容的执政理念,在承担一定政治风险的前提下支持民间部门的创新行为,是温州民间金融部门得以存在和发展的关键性因素之一。地方政府在民间部门的推动和激励下,向中央治国者和中央监管者进行游说,充当了地方民间部门创新行为的解释者和中间人,向中央治国者与中央监管者传递地方民间部门的创新经验。

第四阶段:中央治国者和中央监管者的目标函数包含着三个重要的变量:一是经济稳健发展,即任何经济行为都要保证经济增长,以增进国民总体的福利水平;二是控制转型中的摩擦成本,即在新旧体制交接的时期,要照顾到不同经济主体和利益集团的福利,使各个经济主体和利益集团的福利格局出现一种均衡的状态,并保证每一个改革策略都能使各个利益集团实现帕累托改进(在不损害一个利益集团的福利的前提下增进另一个利益集团的福利);三是控制金融风险,使金融风险达到最小化,因为金融风险的增大会明显损害前两个目标的实现。在这三个目标的约束下,中央治国者和中央监管者会权衡利弊,选择合适的行为框架和法律框架。在温州的方兴钱庄的案例中,中央治国者和中央监管者最终驳回了温州地方政府和地方金融监管部门的创新性诉求,从中央治国者和中央监管者的角度来看,这个行为选择是可以理解的,这是最高行政当局必然的策略选择。但即使在中央治国者和中央监管者驳回地方创新性诉求的情况下,地方政府仍有空间坚持自己的与中央不同的政策框架和策略行为。在温州方兴钱庄的案例中,温州市地方政府和地方金融监管部门并没有按照中央治国者和中央监管者的禁令禁止方兴钱庄的经营行为,而是采取了相反的策略,对其经营行为给予宽容和保护,使其自然发展。

第五阶段:传统金融体制在与民间金融机构进行市场化竞争的过程中被迫进行市场化改革,进行利率浮动改革并改善经营机制。温州地方政府和地方监管部门并没有取缔方兴钱庄,而是在允许其经营的前提下,努力改善传统金融机构的经营行为,并进行金融体制改革。温州是第一个进行利率市场化改革的地区,利率实现浮动之后,农村信用社和银行已经流失的资金逐步回流,运用利率水平调节资金供求的潜力和自由度增大,自身的市场竞争能力有所提升。而民间金融机构存在的理由和意义也正在于此。正是民间金融部门的存在,才使得传统的银行体系和农村信用社部门感受到竞争压力,从而逼迫其进行金融体制改革和经营机制革新。

第六阶段:民间金融部门在正规金融部门逐步改善经营机制和国家政策环境不断发生变化的情况下,内部发生分化:一部分民间金融机构由于经营规模和经营方式的原因而在竞争中失败,从而自行关闭;而另一部分则有可能在新的法律框架和政策环境下实现规范化和合法化,融入到正规金融体系中。

四、温州地方政府创新与民间金融发展的历史经验 对当前防范民间借贷危机的启示

本文基于大量第一手资料,包括在温州民间金融 20 世纪 80 年代发展进程中诸多直接当事人的书信、政府函件、地方规章制度草案等第一手资料,并运用规范的博弈分析方法,对以温州钱庄为代表的民间金融部门发展中的"地方政府—中央治国者—民间金融部门"的互动关系和博弈框架进行了深入研究。温州的典型案例对我们理解地方政府在民间金融演进中的作用、规范发展民间金融并有效防范区域性金融危机有重要意义。

在中国以国家为主导的渐进的强制性制度变迁中,地方政府扮演了极为重要的角色。[①] 地方政府在与中央政府的博弈过程中,并不总是充当命令的执行者,而是往往充当了地方利益的保护者。因此,当民间金融在民营经济发达的地区开始兴起的时候,地方政府官员出于自身租金最大化和发展地方经济的考虑,往往会响应民间部门的创新行为,在自己的权限内给予民间金融部门以适当的道义支持和政策性鼓励[②],地方政府创新性行为在民间部门和中央治国者之间充当了中介者角色,这是中国改革的重要传统智慧之一。[③] 在温州方兴钱庄的案例中,从钱库镇政府,到苍南县政府,再到温州市人民政府,包括中国人民银行温州市分行,都在承担一定政治风险的前提下支持民间部门的创新行为。但是,温州地方政府对民间金融的发展并不是简单的放任自流。在对钱庄的管理过程中,温州地方政府基于对民间金融性质的准确判断,采取分类引导、区别对待的策略,保护和鼓励合法的民间金融,而打击和抑制非法的投机性的民间金融,因此比较好地控制了地方的金融风险。

温州民间金融的发展也促进了国有金融体系的改革与创新。传统金融体制在与民间金融机构进行市场化竞争的过程中被迫进行市场化改革,进行利率浮动改革并改善经营机制。在方兴钱庄的案例中,温州地方政府和地方监管部门并没有取缔方兴钱庄,而是在允许其经营的前提下,努力改善传统金融机构的经营行为,

---

① Qian, Yingyi, and Gerard Roland, "Federalism and the Soft Budget Constraint", *American Economic Review*,1998(December), 88(5), pp. 1143—1162;Jin, Hehui, and Yingyi Qian, "Public vs. Private Ownership of Firms:Evidence from Rural China", *Quarterly Journal of Economics*, August 1998, 113(3), pp. 773—808;Lin, Justin Yifu and Zhiqiang Liu, "Fiscal Decentralization and Economic Growth in China", *Economic Development and Cultural Change*, 2000(October), 49, pp. 1—21.

② Blanchard, Olivier, Shleifer, Andrei, "Federalism With and Without Political Centralization:China Versus Russia", IMF Staff Papers, 2001, 48, pp. 171—179;Parris. Kristen, "Local Initiative and Reform:The Wenzhou Model of Development", *The China Quarterly*, 1993 (June), 134, pp. 242—263;史晋川、金祥荣、赵伟、罗卫东等:《制度变迁与经济发展:温州模式研究》,浙江大学出版社,2002 年。

③ 王曙光:《国家主导与地方租金激励:民间金融扩张的内在动力要素分析》,《财贸经济》,2008 年第 1 期;王曙光:《转型经济学框架变迁与中国范式的全球价值》,《财经研究》,2009 年第 5 期。

并进行金融体制改革。温州是第一个进行利率市场化改革的地区,利率实现浮动之后,农村信用社和银行已经流失的资金逐步回流,运用利率水平调节资金供求的潜力和自由度增大,自身的市场竞争能力有所提升。而民间金融机构存在的理由和意义也正在于此。正是民间金融部门的存在,才使得传统的银行体系和农村信用社感受到竞争压力,从而逼迫其进行金融体制改革和经营机制革新。

民间金融的规范化和合法化一方面有利于民间金融组织提升信誉度和规范经营,降低交易成本和违约风险;另一方面也有利于政府进行风险预警和风险甄别,适当控制民间金融可能引发的金融动荡。政府对待民间金融的态度,既不应是进行过于严格的金融抑制,也不应是揠苗助长式的急于使其规范化,而是顺应民间金融的内生性特征,鼓励民间金融主体在自身发展和演进过程中更多地发挥自身能动性。[①] 对于一些绩效良好、运作规范且具备一定经营规模的民间金融组织,应视情况给予政策上和法律上的扶持,使其成长为比较正规的社区性的中小民营银行,从而优化我国金融体系的市场结构、产权结构和竞争结构。

温州地方政府在扶植和鼓励民间金融的过程中,着力改善区域金融的竞争结构,营造了一个区域金融充分竞争的局面,既有利于民间金融的健康成长,也有利于传统国有金融体系的存量改革,达到了地方政府改善区域金融生态的终极目的,这些举措对处置当前的区域金融危机有重要借鉴意义。2011 年温州爆发民间借贷危机以来,温州最近对民间借贷实施疏堵结合的政策,深化小额贷款公司试点,力争在融资比例、融资渠道等方面有所创新突破,同时启动农村合作金融机构股份制改造;此外,温州将开展民间资本管理服务公司试点,其资金主要用于对县辖范围内的企业法人、自然人或其他经济组织及其项目进行投资。为了促使民间借贷行为阳光化、合法化,温州将组建民间借贷登记服务中心,为民间借贷双方提供供求信息汇集与发布、借贷合约公证和登记、交易款项结算、资产评估登记和法律咨询等综合服务。在监管方面,将组建温州市地方金融监管中心,创新地方金融组织监管。这些措施,延续了 20 世纪 80 年代以来温州治理民间金融时采取的增量规范与存量改革相结合的策略,对于我国二元金融体系的变革有着重要意义。[②]

参考文献

Qian, Yingyi, and Gerard Roland, "Federalism and the Soft Budget Constraint", *American Economic Review*, 1998(December), 88(5), pp. 1143—1162.

---

① 关于民间金融的演进路径及其规制,可参阅王曙光、邓一婷:《民间金融扩张的内在机理、演进路径与未来趋势研究》,《金融研究》,2007 年第 6 期;王曙光、邓一婷:《农村金融领域系统性负投资与民间金融规范化模式》,《改革》,2006 年第 6 期;王曙光、邓一婷:《民间金融内生成长机制与政府规制研究》,《农业经济问题》,2009 年第 3 期。

② 孙祁祥、王曙光:《区域金融危机与民间借贷风险防范——基于中国温州的实践》,《中国金融》,2011 年第 12 期。

Jin, Hehui, and Yingyi Qian, "Public vs. Private Ownership of Firms: Evidence from Rural China"; *Quarterly Journal of Economics*, August 1998, 113(3), pp.773—808.

Lin, Justin Yifu and Zhiqiang Liu, "Fiscal Decentralization and Economic Growth in China", *Economic Development and Cultural Change*, 2000(October), 49, pp.1—21.

Blanchard, Olivier, Shleifer, Andrei, "Federalism With and Without Political Centralization: China versus Russia", IMF Staff Papers, 2001, 48, pp.171—179.

Parris Kristen, "Local Initiative and Reform: The Wenzhou Model of Development", *The China Quarterly*, 1993 (June), 134, pp.242—263.

史晋川、金祥荣、赵伟、罗卫东等:《制度变迁与经济发展:温州模式研究》,浙江大学出版社,2002 年。

王曙光:《国家主导与地方租金激励:民间金融扩张的内在动力要素分析》,《财贸经济》,2008 年第 1 期。

王曙光:《转型经济学框架变迁与中国范式的全球价值》,《财经研究》,2009 年第 5 期。

王曙光、邓一婷:《民间金融扩张的内在机理、演进路径与未来趋势研究》,《金融研究》,2007 年第 6 期。

王曙光、邓一婷:《农村金融领域系统性负投资与民间金融规范化模式》,《改革》,2006 年第 6 期。

王曙光、邓一婷:《民间金融内生成长机制与政府规制研究》,《农业经济问题》,2009 年第 3 期。

中国人民银行温州市支行:《关于"钱库钱庄"情况的调查报告》,(85)温市银金管字第 1 号,内部资料,1984 年 12 月 31 日。

中国人民银行温州市支行:《温州农村资金市场汇报提纲》,内部打印稿,1986 年 4 月。

方培林:《关于要求试办民间金融机构的报告》,打印稿,1986 年 7 月 12 日。

方培林:《关于试办钱库方兴钱庄的报告》,手写稿复印件,1986 年 7 月 26 日。

中国人民银行温州市分行:《关于试办苍南县钱库镇方兴钱庄的报告》,内部资料,1986 年 9 月 25 日。

贺宛男:《温州 50 亿资金找不到出路引出的思考》,《新闻报》,1993 年 8 月 26 日。

戈文:《新中国第一家私人钱庄诞生和消亡纪实》,《温州人》,总第 41 期,1998 年 6 月。

第十章　村庄信任、关系共同体 与农村民间金融演进[*]

一、引言：作为共同体的村庄：已有成果及其意义

在中国农村，农户历来被研究者视为各种经济和社会行为的主体，无论是生产和消费决策，还是投资以及其他决策，都是以一个农村家庭（农户）为单位做出的，因此农户经常被研究农村经济和农村社会的学者视为研究的逻辑起点。然而，从更为广阔的文化人类学的视角来看，农户虽然可以被视作农村个体决策的单位，然而从一个接受和认同共同价值传统和行为准则的文化共同体而言，村庄更适宜作为分析的起点。村庄代表着中国悠久乡土传统的承载者，也代表着一种根深蒂固的组织制度形式和人际交往形式。所以选取村庄作为一个中国农村的分析单元，更能准确地把握中国乡土文化的特征，也更能从比较深的层面揭示农村经济活动和社会体系的运转规律。

把村庄作为一个共同体来研究，似乎历史并不悠久。尽管村庄在很多地区（包括亚洲和欧洲在内）长期内扮演着重要的社会和经济角色，但是注意到村庄这种显著的重要作用并将其纳入学术研究的范畴则是很近的事情。著名的法国经济史学家马克·布洛赫在其经济史经典名著《法国农村史》（1931 年初版）中，曾经谈到"乡村共同体"或"农村共同体"，他这样界定"乡村共同体"："许多个人，或者许多在同一块土地上耕作、在同一个村庄里建造房屋的家庭，在一起生活。通过经济的、感情的联系而形成的这些'邻居'，组成了一个小社会：'乡村共同体'。"[①]这里的乡村共同体，就是我们所说的"村庄共同体"。在布洛赫看来，"村庄共同体"是一个"通过土地的界限确定"的，带有治安保卫、生产生活、宗教信仰等多元化功能

　＊　本文发表于《中国农村观察》2007 年第 4 期。
　①　〔法〕马克·布洛赫：《法国农村史》，中译本，商务印书馆，1991 年，第 189—190 页。

的集团。可以说，布洛赫是较早关注到"村庄共同体"这个概念并对其基本含义进行界定的学者之一。

在 20 世纪 30 年代末期，中国社会学者费孝通以英文发表的 *Peasant Life in China* 一书(中译本为《江村经济——中国农民的生活》，英文版 1939 年初版)，以太湖边的开弦弓村为对象进行了缜密的基于田野调查的研究，开创了村庄研究的先河，著名人类学者马林诺斯基对费孝通的创造性的研究工作给予了高度评价。在《江村经济》这本经典名著中，费孝通详尽描绘了一个典型的中国江南村落的经济和社会生活、信仰体系、村庄治理结构以及人际关系网络与产业发展，更值得关注的是，费孝通在这本著作中还开创性地谈到了开弦弓村的带有民间非正规金融性质的互助会。这种互助会是在一个村庄中的亲戚和朋友中形成的带有储蓄、借贷、投资和保险多种功能的一种资金融通方式，而随着互助会的会员的拓展，借贷关系和信任关系也逐步拓展，形成村庄中资金供给的一种特殊渠道。[①] 虽然在《江村经济》中并没有提出"乡村共同体"或者"村庄共同体"的概念，但是费孝通的著作对于开启把村庄作为分析单元的研究范式起到重要的示范作用。[②]

此后的几十年，国内外有关传统村庄的研究层出不穷，尤其是 20 世纪七八十年代以来，关于村庄的研究出现了一个高潮。日本学者较早关注"村庄共同体"或"村落共同体"在日本乡村文化传统沿革乃至民族性格形成中的作用。尾高帮雄在《日本式经营》一书中，曾经概括了村落共同体的基本原则与精神：(1)自然村落是村民终身的归属，村民被终身保持作为村落成员的资格与义务；(2)村民个人利益服从村落集体利益；(3)规范的教育并按年功决定村民的地位顺序；(4)通过人的合作而在村落建立共同的社会秩序，低层次共同体的利益必须服从高层次共同体的利益；(5)村民集体参与村庄事务决定过程，但最终决策由村长和其他长老做出；(6)全方位满足村民的所有需要，包括其私人生活需要。[③] 应该说，日本学者所概括的日本传统的"村庄共同体"的一些基本原则与特征，在中国的乡村社会中也不同程度地存在，尽管有一些特征并不完全适合中国的情况。

西方学术界关于"道义小农假说"和"理性小农假说"的争议由来已久，这些争议涉及村庄共同体中农民的个人利益与集体利益的权衡问题以及建立在这种权衡之上的农民决策行为的性质。[④] "理性小农派"的代表人物是舒尔茨和波普金，而

---

① 费孝通：《江村经济——中国农民的生活》，中译本，商务印书馆，2002 年，第 221—235 页。

② 在费孝通的影响下，形成了一批以村庄研究为核心而形成的学术成果，其中包括杨庆堃著《山东的集市系统》、徐雍舜著《河北农村社区的诉讼》、黄石著《河北农民的风俗》、林耀华著《福建的一个氏族村》、廖泰初著《变动中的中国农村教育》、费孝通和王同惠著《花篮瑶社会组织》等。稍后的 20 世纪 40 年代，有代表性的成果是《云南三村》。参见费孝通：《江村经济——中国农民的生活》，第 17 页，马林诺斯基序言。

③ 尾高帮雄：《日本式经营》，中央公论社，1984 年。参见李国庆：《日本社会：结构特征与变迁轨迹》，高等教育出版社，2001 年。胡必亮在其《关系共同体》一书中也引用了这一界定。

④ 关于理性小农假说和道义小农假说的综述，参见王曙光等：《农村金融与新农村建设》，华夏出版社，2006 年，第 29—37 页。

"道义小农派"的代表人物是蔡亚诺夫、波拉尼和斯科特。① 实际上,"道义小农派"强调的是在村庄共同体中农民的集体行为特征,阐明农民的集体行为和生存伦理受到作为共同体的村庄的影响,村庄具有为农民提供最基本的生存保障的功能;而"理性小农派"则强调农户个体决策的理性计算的特征。无可否认的是,当一个农户进行微观的个体决策时,确实更多地遵循个体收益最大化的原则,但是同样不可否认的是,农户的经济和社会行为在很大程度上受到"村庄共同体"所通行的价值观、文化传统、交往原则以及运作方式的影响。此后,著名学者黄宗智和汉学专家杜赞奇的著作也证明了村庄作为一个自足的紧密的共同体的重要性,杜赞奇还运用"权力的文化网络"这一范畴分析了村庄作为一个共同体与外界发生的网络关系。②

20 世纪八九十年代,中国的乡村面临着前所未有的巨大变迁,因而完整而生动地反映这些变迁就成为学者们的使命,社会学者和经济学者都敏锐地感受到了这种变化。一批关于村庄研究的具有经典意义的学术著作应运而生。在这些著作里面,于建嵘的《岳村政治:转型期中国乡村政治结构的变迁》以一个村落为基本参照,在深入的田野调查的基础上,详尽剖析了"岳村"一个世纪以来的政治治理结构的变迁,从政治社会学和政治人类学视角对中国乡村的政治发展做出了全面的探讨,堪称乡村政治学的代表作品。③ 而 20 世纪 90 年代学术界最值得一提的一系列学术成果是由胡必亮及其研究团队作出的,这些成果同样以大量的村庄调查为基础,广泛研究了乡村社会在转型期所面临的文化变迁、组织演进和乡村治理结构的变化,构成了我国 20 世纪 90 年代中期农村改革与发展的一幅全景式的色彩斑斓的画卷。④ 可以毫不夸张地说,这些研究既具有较高的学术价值,又具有较高的史料价值,而且随着时间的推移,这批研究成果的历史意义会更加凸显。胡必亮及其研究团队在研究对象的地域选择上别具匠心,这种选择既考虑到地域的代表性,也考虑到文化和经济发展水平的代表性,从而使得这些基于村庄的研究,带有

---

① 这些学者的代表性著作有:〔美〕T. W. 舒尔茨:《改造传统农业》,中译本,商务印书馆,1987 年;S. Popkin, *The Rational Peasant: the Political Economy of Rural Society in Vietnam*, Berkeley: University of California Press, 1979;A. V. Chayanov, *The Theory of Peasant Economy*, Madison: University of Wisconsin Press, 1986;K. Polanyi et al. (eds.), *Trade and Market in the Early Empires: Economies in History and Theory*, Glencoe, Ill: Free Press, 1957;J. 斯科特:《农民的道义经济学:东南亚的反叛与生存》,译林出版社,2001 年。

② 黄宗智:《华北的小农经济与社会变迁》,中华书局,2000 年;黄宗智:《长江三角洲小农经济与乡村发展》,中华书局,2000 年;杜赞奇:《文化、权力与国家:1900—1942 年的华北农村》,中译本,江苏人民出版社,1994 年。

③ 于建嵘:《岳村政治:转型期中国乡村政治结构的变迁》,商务印书馆,2001 年。

④ 这些成果构成"当代中国的村庄经济与村落文化丛书",包括:胡必亮著《中国村落的制度变迁与权力分配——陕西省商州市王墹村调查》,李静著《中国村落的商业传统与企业发展——山西省原平市屯瓦村调查》,胡必亮、胡顺延著《中国乡村的企业组织与社区发展——湖北省汉川县段夹村调查》,王晓毅、张军、姚梅著《中国村庄的经济增长与社会转型——广东省东莞市雁田村调查》,王晓毅、朱成堡著《中国乡村的民营企业与家族经济——浙江省苍南县项东村调查》,胡必亮、郑红亮著《中国的乡镇企业与乡村发展》,陈吉元、胡必亮主编《当代中国的村庄经济与村落文化》等,这些著作均于 1996 年由山西经济出版社出版。

一种社会学意义上的典型性,基本包含了不同文化传统和经济发展水平下的各类中国乡村。这些著作所涉及问题的广泛性和分析的深入性令人惊叹。在这些研究成果的基础上,胡必亮对中国乡村的经济社会运作和文化传统进行了更为深入的研究,将田野调查的各种材料作了进一步提炼和概括,2005 年形成了《关系共同体》一书①;2006 年,胡必亮等出版了《农村金融与村庄发展》②,可以说,这两本著作是作者村庄研究系列的一个必然的符合逻辑的延伸。前者对村庄研究作了理论上的升华与抽象,而后者将村庄共同体的理论应用到农村金融尤其是农村民间金融领域,用以解释民间金融的拓展与变迁。

二、共同体、村庄共同体和关系共同体

在研究乡村的治理结构、文化传统、行为模式、运作机制等问题的时候,我们常常被一个问题所困扰,即究竟是什么因素影响了居于其中的每个人的行为和决策?即以农村的民间金融为例,我们发现,在农村中,非正式金融占据着极为重要的地位,即使是在正规金融已经逐步渗入的区域,非正规的借贷形式仍旧有着旺盛的生命力。而民间的非正规金融之所以具有较强的生命力和较高的效率,也许正在于民间金融的组织形式和运作机制暗合了乡村的治理结构和行为模式的传统,从而使得民间金融极容易被农民所理解和接受。因而,要解释民间金融的运作机制及其有效性,就必须首先阐明乡村社会的行为准则与文化传统。

村庄一直是中国乡土社会中一个非常特殊的群落。从地理上来说,村庄具有比较清晰的地域界限。在历史久远的人类生活变迁过程中,尽管每一个村庄的地理范围并不是固定的,但是大体来说,村庄在较长的历史时期内一般较好地保持了地理上的稳定性,这一点是毋庸置疑的。由于每个村庄都具有地理上的清晰的界限,在不同的村庄中,经济活动和社会交往都是在相互隔绝的情况下独立进行的,因此中国的村庄具有独立的文化单元和社会单元的性质。在中国传统的乡土社会中,村庄具有某种程度上封闭的特性,村庄与村庄之间尽管在地理上是相互邻近的,但是在村庄的治理和村民的交往方面,却有着非常清晰的界限。在很多地方,不同的村庄尽管地理距离并不遥远,但是所使用的语言竟然有很大的差别,这种现象令很多语言学家和人类学家大为惊叹。这也就说明了村庄作为一个群落在一定程度上具有独立性和封闭性。

由于村庄的独立性和封闭性特征,因而使用"共同体"这个概念对中国村庄进行研究就具备了逻辑基础。"共同体"或"社区"是一个英文单词"community"的不

---

① 胡必亮:《关系共同体》,人民出版社,2005 年。
② 胡必亮、刘强、李晖:《农村金融与村庄发展——基本理论、国际经验与实证分析》,商务印书馆,2006 年。

同翻译,不过"社区"这个译法比较着重于其原始意义①,而"共同体"这个译法则着重于其本质含义。从地域上来说,共同体中的成员虽然一般是在一个地域内活动的,但是这种地域上的规定性并不是必然的。比如说,在世界各地生活的华人虽然居住的地方不同,却有着大致相同的文化传统和行为准则,因此属于同一个比较抽象的共同体。因此,我认为,共同体的更为本质的特征是具有共同的交往规则、价值体系和文化传统,也就是说,构成共同体的要素是共同的价值观,而不仅仅是地域上的封闭性和清晰界限。

《韦伯斯特大辞典》对"共同体"这一概念有四个方面的界定:第一,共同体是由不同的个体组成的团体;第二,共同体的成员通常具有共同的利益,并享受共同的权利,因此具有共同特征和共同抱负的人更容易组成共同体;第三,同处于共同体中的不同个体之间一般具有互动关系,而不是孤立存在的,相应地,共同体中的每一个人都必须遵守共同的规则或法律;第四,共同体中的成员一般都是居住在同一个地方,但是这不是必要条件。② 第二个和第三个界定具有比较重要的意义,在第二个界定中,共同的利益关系成为构成一个共同体的最基本的动力和根源,而第三个界定中,共同体赖以维持的先决条件是共同遵守和认同一整套价值观念和游戏规则。

在我看来,村庄作为一个共同体也必须遵守这两条基本的界定原则。首先,村庄作为一个共同体之所以形成,其根本动力和根源在于,在很长的历史发展中,每一个农民都是以村庄为基本单元生活其中的,村庄承载和满足了村民的多方面的需求,既满足了其经济需求(在村庄范围内进行土地的分配、资源的分配以及其他生活需求),也承载着村民的其他需求,比如村庄是一个农民及其家族社会活动的主要区域,也是其社会声望得以确立的重要依托,在村庄这个共同体中形成的声誉、社会交往资源以及网络成为一个农民及其家族延续的最基本的条件。其次,村庄之所以作为一个独立的共同体,是因为居于其中的人们都在历史久远的共同交往中形成了共同的价值观念和行为准则,大家都承认这套规则,如果谁违背和践踏了这套价值体系,必将遭到共同体内所有成员的唾弃和鄙视。正是这套看来无形的价值体系和交往准则,世世代代维系着村庄的完整性和稳定性,使得村庄作为一个基本的治理单元而保持相对的延续性。当我们反省为什么中华民族几千年来保持相对的稳定性的时候,我们应该看到,村庄作为一个治理单元的稳定性是整个中华文明稳定性的一个有力的支撑。正是因为有了村庄在价值观念和治理模式上的

---

① 把"community"翻译为"社区",据费孝通先生说开始于 20 世纪 30 年代。1933 年燕京大学社会学系的毕业班为了纪念派克教授来华讲学要出一本纪念文集,其中派克教授自己写的文章中有"Community is not Society"一句话,原来这个词都翻译为"社会",为了准确反映派克教授的原意,费孝通等翻译为"社区"。社区指在一个地区形成的具体的群体,而社会是指这个群体中人与人相互配合的行为关系。参见费孝通:《乡土中国·生育制度》,北京大学出版社,1998 年,第 325 页。

② 胡必亮:《关系共同体》,人民出版社,2005 年,第 6 页。

稳定性,整个中华文明才在几千年的发展中奇迹般地保持了稳定性。

胡必亮非常清晰地意识到村庄共同体所承载的"非正式制度"和民间秩序对于中华文明延续性的影响,他说:

> 中华文明之所以得以不间断地持续了几千年,中国社会秩序之所以在几千年间比较平稳地得以维持下来,重要原因之一就在于中国比较成功地实现了正式制度与非正式制度、人为秩序与自发秩序之间的平衡发展,并且非正式制度在相当长时期是起主导作用的。也就是说,在相当长的历史时期,法制与伦理道德相比,伦理道德的力量远大于法制的力量……即使以儒家思想为主体的非正式制度后来被日益正式制度化为国家的"大传统"了,但现实生活中普遍存在的、丰富多彩的、没有被正式制度化的"小传统"也每时每刻地发挥着重要作用。

然而,作为"大传统"的儒家文化和作为"小传统"的民间文化之间共同的精神纽带又是什么呢?胡必亮进一步把村庄共同体进行抽象,提出了"关系共同体"的概念。关系共同体当然不是一个中国所特有的现象,在任何一个国家和文化传统中,都具有一种特殊的人群之间形成的交往模式和组织模式,这些交往模式和组织模式都可以被称为"关系"。但是在中国这个以伦理为本位的社会文明体中,"关系"显然具有特别的内涵。很多学者认为,中国与西方相比较,其社会秩序不是建立在团体本位的基础上,也不是建立在个人本位的基础上,而是建立在充满人情成分的人际关系本位基础之上。[1] 假如我们把"关系共同体"作为分析中国乡土文化的一个切入点,则对传统乡村中的很多现象都会有比较透彻的崭新的理解。

关系共同体带有极强的中国文化的特征。"关系"在中国传统文化中具有一定的不确定性,它依赖于很多条件而存在,但同时又可以打破很多条件而存在。比如关系一般依赖于一定的地缘、血缘、族缘和业缘条件,一些有着共同血缘、地缘、族缘和业缘关系的人更容易形成一个共同体。但是,在中国的一些关系共同体中,有时可以不必依赖这些条件而存在。关系共同体很有可能打破原有的血缘、地缘、族缘和业缘关系而拓展出新的关系网络。因此之故,关系共同体有很强的可延展性。关系可以根据一定的秩序进行拓展,把一些本来不属于关系共同体的人纳入共同体范围,从而使得关系的外延不断延伸。但是,不论怎样,关系共同体总是有一定限度的,超出一定的限度,共同的价值观和交往规则就很难维系,因而其保持共同体的成本就会上升,关系共同体崩溃的可能性就会增大。因此,虽然胡必亮已经认识到"关系共同体是一个开放的而不是封闭的系统",但是不可否认,关系共同体虽然具有一定的延展性和开放性,但是也同样具有一定的边界特征,假如超出

---

[1]　梁漱溟:《中国文化要义》,收于《梁漱溟学术精华录》,北京师范大学出版社,1988 年;金耀基:《人际关系中人情之分析》,收于杨国枢主编:《中国人的心理》,台湾桂冠图书公司,1987 年。转引自胡必亮:《关系共同体》,人民出版社,2005 年,第 10 页。

了这个边界,在没有新的社会规则和价值体系支撑的情况下,关系共同体的过度延伸会带来灾难性的后果,下面我们所分析的互助会的崩溃事件就可以说明这一点。

三、村庄信任的制度基础与约束条件

村庄作为一个关系共同体,对于中国乡村的民间金融组织的形成和演进有着非常重要的影响。各种民间金融组织形式,从最简单的私人之间的借贷,到比较有组织的带有互助性质的合会,都带有非常强烈的个人关系的印记。在这些非正式的借贷形式中,人际关系的亲疏程度和相互信任的程度成为决定民间金融组织是否有效率的最重要因素。村庄信任,成为维系整个村庄稳定性与和谐运转的重要条件,也是民间的各种借贷关系和金融组织得以维持的内在力量。

胡必亮在其《农村金融与村庄发展》中这样界定"村庄信任"的内涵:

> 村庄信任是一个综合性的概念。它是指在村庄共同体框架下,村庄里的每一个个体通过一定的与当地文化紧密相联系的社会规范与社区规则嵌入(embedded)到村庄系统之中,并因此互相之间产生对于彼此的积极预期的一种社区秩序。很显然,这是一种具有自组织性质的民间秩序,是一种通过非正式制度的作用而形成的秩序。……在村庄信任这一概念体系中,村庄共同体的存在是前提条件,地方性习俗以及地方性的习惯法和社区规则、会意性知识(tacit knowledge)、地方传统以及信任等构成了村庄信任的重要内容。[①]

村庄信任是在传统村庄这样一个相对封闭的关系共同体中孕育和发展起来的。由于传统村庄的封闭性和治理结构的非正式性,使得村庄信任在较长的历史时期中很容易得到培育和维持。信任作为一种社会资本,其对于一个社会的有效运转和经济的稳健发展极为关键,一个没有信任的社会,会人为增大整个社会运转的成本,从而导致社会运转效率下降,社会成员的总体福利水平降低。在中国传统的村庄共同体中,由于共同体成员之间通过几代人的重复博弈已经形成较为稳定的和谐的合作关系,同时由于空间的封闭性和有限性,导致成员间的信息基本上是对称的和充分的,因此,在民间的合会与标会的组建过程和运转过程中,来自成员违约的道德风险是非常罕见的。而成员之所以珍惜自己的信誉,乃是因为在村庄共同体中已经形成了共同的价值观念和交往规则,这些规则千百年来一直发挥作用,如果谁违反了这些价值观念和交往规则,则会得到村庄共同体中所有成员的鄙弃,其代价可能不仅仅由犯规者自己承担,而且要殃及自己的后辈和亲戚。村庄共同体的成员通过日常的"闲言碎语"(gossip)来评价成员的行为,也给予那些违规者以舆论惩罚。可以说,在一个乡村共同体中,惩罚机制和监督机制都是非常有效

① 胡必亮:《农村金融与村庄发展》,商务印书馆,2006年,第181页。

的。正因如此,才保证了合会和标会违约率被控制在一定水平。

基于"村庄"这个较为封闭的关系共同体而建立起来的信任关系,由于其信息的基本对称性与完备性、惩罚机制与监督机制的有效性,使得村庄信任的维系成本极低。村庄信任被胡必亮称为"社会信任秩序的最高境界",其原因正在于村庄信任是一种不需要任何正式契约安排来维系的"认同型信任"。[①] 但是同时我们必须认识到,村庄信任是需要较为严格的前提条件的:首先,村庄信任有比较严格的地域限制,村庄信任的范围一般局限于一个村庄,超越村庄的信任关系一般较为罕见,即使有,也比较脆弱。其次,村庄信任依赖于较低的社会流动性与较简单的社会网络,一旦人口流动性增加,超过一定临界点之后,就会使得村庄信任难以维持,最终归于崩溃。再次,村庄信任一般存在于市场化水平较低的区域,也就是说,村庄信任的有效性一般来说与该区域的市场化水平呈负相关关系,越是市场化水平低的地方,村庄信任所构成的关系共同体越牢固,村庄信任的维系成本越低,从而村庄信任也就越有效;而在市场化程度比较高的地区,一些正式的契约化信任关系越容易取代不需要契约的认同型信任关系。最后,村庄信任有赖于社会制度的稳定性与社会结构的稳定性。在一个社会制度与社会结构激烈变迁的时代,村庄信任会受到极大的扰动,信任关系的脆弱性也会相应增加。基于以上的限制因素和条件,尽管村庄信任属于维系成本极低的认同型信任,但是不可否认,村庄信任与市场条件下的契约型信任具有一定的替代性,一旦地域范围扩大,社会流动性增加,市场化水平提高,社会制度与社会结构的不稳定性增加,村庄信任的脆弱性就会显现出来,从而自然被更为市场化的契约型信任关系所取代。可以说,村庄信任是一定市场化水平下封闭的村庄共同体中所培育的特殊的认同型信任关系,本身必然随着传统乡土社会的解构与市场契约社会的发展而不断演进。村庄信任度与地域范围、社会流动性、市场化水平和社会结构稳定性这几个变量之间的关系可以用以下公式表示:

$$F(\text{VT}) = F(\text{LL}, \text{SL}, \text{ML}, \text{ST})$$

其中,VT 是村庄信任度,LL 是地域范围,SL 是社会流动性,ML 是市场化水平,ST 是社会结构稳定性。

$$d\text{VT}/d\text{LL} < 0, \quad d\text{VT}/d\text{SL} < 0, \quad d\text{VT}/d\text{ML} < 0, \quad d\text{VT}/d\text{ST} > 0$$

四、村庄信任与民间金融组织的演进和效率

民间金融组织在传统乡村之所以具有较高的效率与较低的违约水平,与以上分析的村庄信任有着极为密切的关系,而胡必亮所提出的"村庄信任"这个范畴对于解释乡村借贷关系和金融体系特征确实有着很强的解释能力。在"村庄信任"

---

① 胡必亮:《农村金融与村庄发展》,商务印书馆,2006 年,第 190 页。

这个概念的基础上,我们可以分析传统乡土社会的融资特征。我们发现,即使是在村庄信任的范围内,融资的差序格局也是非常明显的。费孝通先生用差序格局来描述中国传统乡土社会伦理秩序的特征,而用团体格局来描述西方市场社会的结构特征。① 而中国乡土社会中,民间金融组织的制度结构与社会成员的融资顺序跟差序格局正相吻合。在传统乡土社会中,尤其是在一个村庄信任所维系的关系共同体中,其成员会首先寻求基于最亲密的亲友关系的私人之间的借贷。其次是在村庄范围内组织的合会或标会等比较松散的非正式的民间金融组织,这些带有互助性质的"会"的社会基础仍然是极具人性色彩的村庄信任关系,传统上的"会"一般不超过村庄的范围(当然也有例外)。再次,在更高的层次上,一般在超越村庄的范围内,会形成一些更具组织性和制度性的金融组织,比如钱庄与典当铺。这些钱庄与典当铺不再依赖于封闭的村庄信任,而是依赖于比较完善的契约与非人格化的市场关系。最后,在钱庄与典当铺等较为正式的民间金融组织的基础上,在农村市场化水平逐渐提高的条件下,可能形成一些初具现代银行特征的乡村银行。②

一个农村居民,一般会遵循这样的融资顺序来安排其借贷行为,当然,我们很容易发现,这个融资顺序实际上同时也描述了农村金融体系(包括正式金融和非正式金融)发展与提升的一般逻辑顺序。当非正式金融组织的制度结构和融资规模发展到一定阶段,必然寻求组织形式的进一步演进,其契约形式逐渐市场化,内部治理结构也逐渐复杂化和正规化,最后将发展成为较为现代的乡村银行和较为正规的合作金融组织。但即使是到了出现较大规模现代乡村银行与正规合作金融组织的历史阶段,我们相信,民间的基于"村庄信任"的非正式金融组织也必将在很长时间内继续存在并发挥作用,"会"这种形式在中国上千年来一直持续存在并保持旺盛生命力就是一个极好的证明。③

以"标会"为代表的中国农村民间金融组织由于其融资制度安排较为合理、操作简捷科学并能有效利用"村庄信任"降低违约成本,因此在传统乡村中具备一定的制度优势。但是基于我们以上的讨论,"会"有一定的规模边界与地域边界,如果突破了其所能承受的规模边界与地域边界,则极易出现"崩会"事件。浙江乐清等地在 20 世纪 80 年代曾发生过严重的倒会或崩会事件,危机波及几个县,使得政

---

① 费孝通:《乡土中国·生育制度》,北京大学出版社,1998 年,第 24—31 页。关于"差序格局"这个范畴在现代的适用性及其学术意义,参见王曙光:《市场经济的伦理奠基与信任拓展》,《北京大学学报》,2006年第 3 期。

② 对农村融资顺序的详尽研究,参见王曙光等:《农村金融与新农村建设》,华夏出版社,2006 年,第 36—37 页。

③ 胡必亮在浙江苍南县钱库镇的调研表明,即使是在"文化大革命"时期,那里的钱会仍然存在并非常活跃,参见胡必亮:《农村金融与村庄发展》,商务印书馆,2006 年,第 196 页。

府对民间金融一直持非常谨慎甚至抑制的态度。[①] 可见,民间金融组织的风险和效率既依赖于民间金融组织内部治理的有效性和制度安排的科学合理性,也有赖于村庄信任及其拓展的程度。超越规模界限和地域边界的民间金融组织必然面临更大的违约风险,而解决的方案只能有两个:一是非正式金融本身组织形式与运行机制的演变与提升,向更加正规的金融形式过渡,从而使得非正式金融组织的契约形式逐渐严密化与复杂化;二是政府对某些具有高风险、高违约率、带有高度投机性质的民间金融组织给予密切的关注与监管,也可以运用适当法律手段予以制止,而保证那些风险较低的民间金融组织的正常运作。

五、结束语:政策框架与方法论意义

综上所述,基于高度的非契约化的村庄信任而形成的非正规金融组织,在中国很多传统的农村社会中长期存在,显示出持久的旺盛的生命力,“关系共同体”理论在解释民间金融组织尤其是规模和范围较小的民间钱会的效率与运作机制方面有着较强的解释力。当然本文也着重详尽探讨了村庄信任背后的一些重要的约束条件以及这些约束条件与村庄信任度之间的逻辑关系。同时,本文也从村庄信任和关系共同体理论出发,探讨了民间金融组织的规模边界和地域边界对民间金融组织绩效与风险的影响,从而揭示村庄信任的限制条件和脆弱性。对于政府而言,管理带有“自组织”性质的非契约型的民间金融组织,一般适用于非审慎性的监管,而不是采取比较严格甚至过度干预的途径,这就鼓励了民间金融组织在村庄信任的基础上进行自我约束和自我修复,在没有外部监督和控制的条件下实现融资秩序的自我维持。同时,政府的政策框架还应鼓励民间金融组织自身的转型与升级。当民间金融组织突破原有的较为封闭的地域界限和较小的规模边界之后,政府应该提供法律上和政策环境上的便利,允许这些民间金融组织转型和升级为更为高级的组织。在这方面,政府政策框架的灵活性有助于民间金融组织自身的逐步规范化,向着更有利于农村金融体系稳定的方向发展。中国台湾地区在合会升级方面的经验,值得大陆借鉴。台湾地区在法律上明确了合会的法律地位和债权债务关系,同时允许有条件的达到一定规模的合会组建更高级的合会公司,拓展其融资规模,使得非正规的民间金融组织通过自身的转型与演进自动成为较为正规的金融组织,其契约形式和运行机制逐渐规范化。

村庄信任与民间金融发展研究,其本身的方法论意义也是值得探讨的。胡必亮等关于村庄信任和农村金融的研究,建立在一种多元的丝毫不带学科偏见的方法论基础之上,其广阔的学术视野和在学术范式上海纳百川的风格,都是非常明显

---

① 王晓毅:《温州的农村金融体系:苍南县钱库镇及项东村调查》,打印稿,1998 年;Kellee S. Tsai, *Back Alley: Banking: Private Entrepreneurs in China*, Cornell University Press, 2002。

的。在其《关系共同体》《农村金融与村庄发展》以及 20 世纪 90 年代中期出版的村庄研究系列中,都显示出这种多学科交叉、融会贯通的研究路数。在他的村庄研究中,广泛涉猎社会学、文化人类学、经济学和历史学的相关领域,并将这些领域的精华融入其研究框架中,这种研究范式的多元化使得他的村庄研究与民间金融研究带有极高的思想含量,极大地拓展了该领域学术研究的思考维度。同时,在近二十年长期的富有激情的田野调查中,胡必亮对其选定的具有典型意义的五个中国村庄进行了持久的执着的调研,脚踏真实的乡村土地,深入草根阶层,获得了丰富的研究素材和不可多得的学术直觉与灵感。这对于当下学风浮躁的学术界尤其具有重要的借鉴意义。一个作乡村研究的人,是不能仅仅蜗居研究室构造模型的,他们的位置在乡村的田野里。

参考文献

A. V. Chayanov, *The Theory of Peasant Economy*, Madison：University of Wisconsin Press，1986.

J. 斯科特:《农民的道义经济学:东南亚的反叛与生存》,译林出版社,2001 年。

K. Polanyi et al.（eds.），*Trade and Market in the Early Empires：Economies in History and Theory*，Glencoe，I11：Free Press，1957.

Kellee S. Tsai, Back Alley, *Banking：Private Entrepreneurs in China*，Cornell University Press，2002.

S. Popkin, *The Rational Peasant：the Political Economy of Rural Society in Vietnam*，Berkeley：University of California Press，1979.

T. W. 舒尔茨:《改造传统农业》,中译本,商务印书馆,1987 年。

陈吉元、胡必亮主编:《当代中国的村庄经济与村落文化》,山西经济出版社,1996 年。

杜赞奇:《文化、权力与国家:1900—1942 年的华北农村》,中译本,江苏人民出版社,1994 年。

费孝通:《江村经济——中国农民的生活》,中译本,商务印书馆,2002 年。

费孝通:《乡土中国·生育制度》,北京大学出版社,1998 年。

胡必亮、胡顺延:《中国乡村的企业组织与社区发展——湖北省汉川县段夹村调查》,山西经济出版社,1996 年。

胡必亮、刘强、李晖:《农村金融与村庄发展——基本理论、国际经验与实证分析》,商务印书馆,2006 年。

胡必亮、郑红亮:《中国的乡镇企业与乡村发展》,山西经济出版社,1996 年。

胡必亮:《关系共同体》,人民出版社,2005 年。

胡必亮:《中国村落的制度变迁与权力分配——陕西省商州市王墹村调查》,山西经济出版社,1996 年。

黄宗智:《长江三角洲小农经济与乡村发展》,中华书局,2000 年。

黄宗智:《华北的小农经济与社会变迁》,中华书局,2000 年。

金耀基:《人际关系中人情之分析》,收于杨国枢主编:《中国人的心理》,台湾桂冠图书公司,1987年。

李国庆:《日本社会:结构特征与变迁轨迹》,高等教育出版社,2001年。

李静:《中国村落的商业传统与企业发展——山西省原平市屯瓦村调查》,山西经济出版社,1996年。

梁漱溟:《中国文化要义》,收于《梁漱溟学术精华录》,北京师范大学出版社,1988年。

马克·布洛赫:《法国农村史》,中译本,商务印书馆,1991年。

王曙光:《农村金融与新农村建设》,华夏出版社,2006年。

王曙光:《市场经济的伦理奠基与信任拓展》,《北京大学学报》,2006年第3期。

王晓毅、张军、姚梅:《中国村庄的经济增长与社会转型——广东省东莞市雁田村调查》,山西经济出版社,1996年。

王晓毅、朱成堡:《中国乡村的民营企业与家族经济——浙江省苍南县项东村调查》,山西经济出版社,1996年。

王晓毅:《温州的农村金融体系:苍南县钱库镇及项东村调查》,打印稿,1998年。

尾高帮雄:《日本式经营》,中央公论社,1984年。

于建嵘:《岳村政治:转型期中国乡村政治结构的变迁》,商务印书馆,2001年。

第三篇　乡村治理

第十一章　农民健康与民主参与
——来自 12 省 88 村的微观证据*

一、引言：文献回顾与本文框架

中国从 20 世纪 90 年代末期在全国范围内推行村庄选举之后，村庄民主逐渐成为学术界关注的热点（贺雪峰、仝志辉，2002；冯兴元等，2009）。村庄民主与村民福利之间的关系也日益引起经济学界的关注。许多学者认为民主可以改善农民收入与收入分配（沈艳、姚洋，2006），也有学者认为村庄民主可以缓解疾病冲击对农户收入的负面影响（高梦滔等，2006）。但中国农村民主与农民健康之间关系与影响机制的研究还有待进一步深化。

从国外相关研究来看，民主与健康关系的探讨并不鲜见。Besley and Ku-damatsu（2006）基于跨国面板数据考察了民主和期望寿命的密切关系。Baum and Lake（2003）认为在人均 GDP 小于 2 500 美元的穷国，民主对期望寿命有正向的促进作用。Laveist（1993）发现黑人政治权利越高的地区黑人儿童的死亡率越低。Nobleset et al.（2010）发现妇女民主权利的提高促进了挪威人口的期望寿命。一些学者还讨论了个体民主参与对其健康的影响。Kavanagh et al.（2006）研究发现村民参与村里的政治选举对其健康有很重要的促进作用。Kim and Kawachi（2006）发现政治参与度低的居民报告自评身体不健康的概率比一般人高 22%。

民主参与是通过什么路径来影响健康的？从现有研究来看，大致可以分为两大影响机制。第一种影响机制是基于民主参与作为"赋权"（empowerment），即通过心理作用直接影响健康（Morgan，2001）。其内在逻辑如下：由于社交对健康有

---

　　*　本文发表于《农业经济问题》2013 年第 12 期，与董香书博士合作。

积极的促进作用,民主参与是社交的一部分,可以提高人的社会性,并且赢得更多的社会尊重。具有较高民主参与水平的人可能更活跃,自尊程度更高,从而更为健康(Sanders,2001)。尽管很多文献指出民主参与通过"赋权"的心理作用影响居民健康,但对此提供实证检验的文献并不多。Wickrama and Wickrama(2010)通过对斯里兰卡南部受到自然灾害村庄的 325 名妇女的健康进行实证考察,发现村庄民主参与提高了农村妇女的心理健康。而 Sanders(2001)利用美国国家面板调查(NLS)数据发现,民主参与降低了个人心理压力。

民主参与对健康的第二种影响机制则强调民主参与的"工具性"。民主参与的"工具性"是指民主参与可以更有效地利用村庄社区资源(人力,财力,物力),提高公共物品和公共服务(Abbott,2010)。一方面,积极的民主参与能够反映出参与者本身的政治诉求。如果弱势群体积极参与民主活动,则能够更大程度地反映出占大多数中间阶层和穷人阶层的意愿,从而提高与健康相关的公共支出(Ross,2006)。另一方面,高水平的民主政治参与可以使得决策者更能考虑到弱势群体的需求,从而对弱势群休的健康更有益处(Hill and Leighley,1992)。Chattopadhyay and Duflo(2004)通过对印度数据的实证研究发现,有妇女参与决策村庄的清洁水投资数量要高于缺乏妇女参与决策的村庄。

中国村庄民主对公共品提供的影响也引起了学术界的关注。利用村庄是否进行选举作为村庄民主的衡量指标,Zhang et al.(2004)使用江苏的调查数据,发现民主使得村庄支出中公共投资的比例增加。Wang and Yao(2007)也以村庄是否展开选举作为村庄民主的衡量指标,利用 48 个村的 1986—2002 年的村级面板数据发现了类似的结论。与村庄是否进行选举相比,村民代表举行的代表大会的次数更能体现村民参与村级民主的程度,因而 Meng and Zhang(2011)进一步利用村民代表举行的代表大会的次数作为民主的衡量指标考察村级民主对公共品提供的影响,也证实了民主可以促进公共品的提供这一结论。这些文献研究主要集中于村庄民主对公共品的影响,但公共品与村民健康的关系并不是这些研究的重点;而且上述文献对于村庄民主的考察更多是从整体上来讨论,而如果考虑更微观的村民个体福利(如健康),民主的衡量指标的选取似乎应当更加能够反映村民参与村庄事务的程度。综合考察农村民主(包括个体民主参与与集体民主参与)、公共品和村民健康之间的关系还有较大研究空间。

已有文献研究为我们认识民主参与对健康的影响打下了基础。但中国农村民主是否可以提高村民的健康?如果农村民主对村民的健康有影响,那么又是通过什么样的机制来影响健康?这都需要进一步的研究。本文的主要贡献在于:第一,运用了微观数据对民主和健康的关系与渠道进行经验研究,以期从更微观的层面讨论村民民主参与与健康的关系。第二,本文就个体民主参与对村民健康的影响机制进行了讨论。与当前文献略有不同,本文认为个体民主参与并不显著通过公共品的提供来影响健康。结合实证结果和文献,我们推测农户民主参与可能更多通过"赋权"的心理作用来影响健康。第三,本文进一步分析了民主参与、公共品和健康的关系。本文采用村民集体民主参与作为村庄民主的重要衡量指标,发现村庄集体民主参与可以促进公共品提供,而公共品的改善可以改善村民的健康。这些研究推进了当前对中国农村民主参与和农民健康之间关系的认识。本文余下结构安排如下:第二部分对数据进行描述,并就民主参与对健康的影响进行了实证分析;第三部分讨论了民主参与对健康的影响机制;第四部分总结全文并提出了相应的政策启示。

二、数据来源与实证分析

(一) 数据来源

本文使用数据来自北京大学经济学院村庄治理研究课题组于 2011 年夏季进行的农村调查。该调查抽取全国包括北京、河北、河南、江苏、浙江、山东、山西、湖北、重庆、四川、宁夏、陕西 12 个省(直辖市)共 142 个村 1 460 家农户样本。经过对缺失和无效数据的剔除,最后选取 88 个村庄的 1 423 个农户户主样本。[①] 本小节就健康、民主参与、村级公共品提供等主要变量进行简要说明与统计描述。

1. 健康

研究表明,即使控制住其他客观健康指标,自评健康[②]与死亡率也具有很强的相关性,可以很好地预测健康状况(Deaton and Paxson, 1998)。此外,国外学者在研究民主参与和健康的关系时多采用自评健康作为健康的测量指标(Kawachi et al. ,1999;Islam et al. ,2008)。本文采用自评健康作为健康的测量,请户主根据自己的身体健康状况在五种类别(很健康、健康、一般、不太健康和不健康)中,选择一种最能描述其健康状况的类别。由于样本在健康分类上出现的偏斜较大,故将不太健康和不健康合并为不健康,从而将健康状况分为四类,即不健康、一般、健康和很健康。重新分类后,不健康占样本的 8% 、一般占 12.5% 、健康占 61.28% 、很健康占 18.13% (见图 1)。

---

① 本文选取被访者全部是被访家户的户主,考虑到家户户主对村庄公共事务管理及村庄民主选举等比其他家庭成员更为熟悉,且回答的数据质量更高,测量误差较小。清理后的数据,每个村平均有 16 个农户样本,这使得我们计算每个村的村庄集体民主参与成为可能。村庄集体民主参与衡量的是一个村庄整体上村民民主参与程度,是根据村庄所有农户民主参与的平均值计算出来的。具体见本节对民主参与部分的描述。

② 自评健康是个人基于自身健康特征所做出的主观评价。

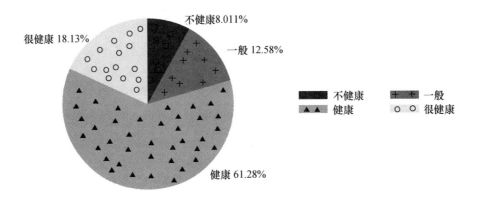

图1 健康的分布

2. 民主参与

民主参与主要衡量了户主参与村庄治理的程度。本文选取"参加村干部选举"、"是村民代表"、"了解村财务,政务"和"监督村事务"四个问题,来综合考察村民民主参与的程度。这四个问题分别对应村民自治框架下的民主选举、民主决策、民主管理、民主监督的四个方面。[①] 对于每个问题,若有参与赋值为1,否则为0,户主的村庄民主参与则是对这四项综合相加而得。这种计算方式对四个方面的参与意愿的所有可利用的信息进行了综合,整体上衡量了民主参与程度。[②] 很多文献采用此方法来将多维度、多方面的指标构建为单一的指标(Kavanagh et al.,2006)。从表1可以看出,户主村庄民主参与程度不高,均值为1.07。除村民个人微观民主参与之外,本文还考察了村庄水平上集体民主参与程度。具体取值如下:将同一村庄的个体民主参与加总之后取均值。村庄集体民主参与代表一个村庄公众整体民主参与水平。其余控制变量包括个人层面、家庭层面及村级层面上的信息,具体定义及统计描述参见表1。

[①] 根据现有村民自治制度的规定,这四个方面是村民进行村级事务民主参与,实行自我管理、自我教育和自我服务的方式和途径,体现为"四个民主",同时也是中国农村基层民主制度化的重要成果,它为村民的公共参与提供了制度保障。参见卢福营(2004)。

[②] 本文曾尝试利用主成分分析方法,提取主成分。但是主成分检验的KMO值为0.598,提取的因子的代表性太低,因而不适合做主成分分析。因此本文采用了以参与四个方面的多寡程度表示的综合变量。对于该指标的替代,我们也尝试将每一个指标进行标准化:减去其均值之后再除以其方差。之后,将这些标准化的指标再进行相加得到民主参与指标。发现结果并不影响本文主要结论。

表1 主要变量统计描述

	变量名称	变量含义	观测值	均值
健康变量	健康	户主自评健康:1 不健康;2 一般;3 健康;4 很健康	1 423	2.895
个人层面变量	个体民主参与	户主参与村庄四个民主的程度:0 任何都没有参与;1 只参与村庄治理的四项之一;2 参与村庄治理的两项;3 参与村庄治理的三项;4 村庄治理的四项全部参与	1 423	1.077
	年龄	单位:年	1 416	49.384
	性别	1 男性;0 女性	1 420	0.954
	教育	1 如果为小学及以下毕业;0 其他	1 423	0.242
	职业	1 如果主要工作从事农业、种植业劳动;0 其他	1 423	0.409
家庭层面变量	家庭收入的对数	2010 年全家年收入的对数	1 342	3.047
	医疗支出的对数	2010 年看病买药支出额的对数	1 035	−0.190
	家庭规模	家庭成员数	1 423	3.050
村级层面变量	公共品	村级与健康相关的公共品提供情况: 0 如果全村没有提供自来水、下水道、卫生厕所; 1 如果全村提供自来水、下水道、卫生厕所三者之一; 2 如果全村提供自来水、下水道、卫生厕所三者中两个; 3 如果全村提供自来水、下水道、卫生厕所全部	1 403	1.301
	集体民主参与	个体民主参与在村级水平上的平均值	1 460	1.061
	村庄总户数	2010 年村总户数	760	438.797
	距县城距离	千米	748	19.922
	贫困村	2010 年是否是贫困村:1 是;0 否	722	0.177
	少数民族	村庄是否是少数民族:1 是;0 否	358	0.106
	村人均收入的对数	2010 年村人均收入的对数	615	1.685

（二）实证分析

1. 民主参与对健康影响的实证分析

由于健康测量采用自评健康，是有序分类变量，因此本文采用有序 probit 模型分析民主参与对健康的影响。

表 2 是民主参与对健康影响的估计结果。结果显示民主参与对健康有显著的影响，即民主参与程度越高，村民的健康状况越好。进一步引入个人水平、家庭水平变量之后仍显示，农户的个体民主参与对健康有显著影响。这些发现与目前文献（Kavanagh,2006;Kawachi et al. ,1999）研究基本一致，民主参与确实对健康有促进作用。此外，其他变量如年龄、性别和教育等对健康的影响与预期结果一致，表明模型估计的稳健性。

我们根据表 2 的估计模型(3)的结果作出村民个体民主参与变化对健康概率影响的趋势图（见图 2）。从图 2 可以明显看出，随着民主参与程度的增加，"不健康"的概率显著降低，同时"一般"的概率也在降低；"健康"的概率始终保持在高位上，但"很健康"的概率则随着民主参与程度增加而显著提高。

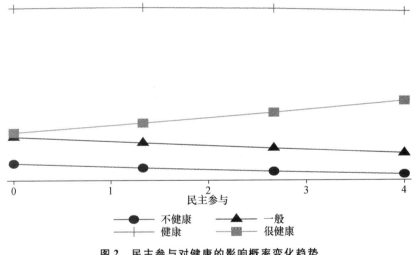

图 2　民主参与对健康的影响概率变化趋势

上述估计结果表明我国村民的民主参与对其健康有显著的影响，这与相关文献估计结果一致[1]，同时也佐证了中国推行的农村基层民主可以提高农民福利水平。但民主参与对健康的影响渠道是什么，仍需进一步研究。

---

① 本文尝试将自评健康视为连续性变量，利用村民所在村庄其他人民主参与的群效应（peer effect）作为工具变量，采用两阶段最小二乘法估计民主参与对健康的影响。对民主参与的内生性进行了检验，检验结果未能拒绝民主参与是外生变量的假设，由于篇幅限制，本文没有汇报该估计结果。感兴趣的读者可以向作者索取。

表 2 个体民主参与对健康的影响（被解释变量：自评健康）

	(1) 有序 probit	(2) 有序 probit	(3) 有序 probit	(4) 有序 probit	(5) 有序 probit	(6) 有序 probit	(7) 有序 probit
个体民主参与	0.0560** (0.0268)	0.0732** (0.0286)	0.0874** (0.0340)		0.0471* (0.0276)	0.0636** (0.0293)	0.0763** (0.0354)
公共品				0.176*** (0.0349)	0.172*** (0.0349)	0.189*** (0.0372)	0.181*** (0.0449)
年龄		-0.0320*** (0.00323)	-0.0318*** (0.00375)			-0.0333*** (0.00334)	-0.0317*** (0.00382)
性别		0.509*** (0.166)	0.373* (0.192)			0.498*** (0.169)	0.344* (0.194)
教育		-0.208*** (0.0796)	-0.168* (0.0966)			-0.180** (0.0809)	-0.163* (0.0976)
职业		0.0101 (0.0619)	0.103 (0.0740)			0.0712 (0.0638)	0.151** (0.0757)
家庭收入的对数			0.0969*** (0.0353)				0.0821** (0.0368)
家庭规模			-0.0226 (0.0374)				-0.000599 (0.0387)
医疗支出的对数			-0.114*** (0.0313)				-0.135*** (0.0319)
χ^2 p-value	0.0367	0.0000	0.0000	0.0000	0.0000	0.0000	0.0000
log pseudo likelihood	-1524.6396	-1425.0888	-1093.1374	-1481.541	-1480.2876	-1382.2714	-1067.0057
Pseudo R-squared	0.001	0.063	0.072	0.007	0.008	0.070	0.081
Observations	1423	1413	1009	1384	1384	1374	995

注：表中括号内报告的是稳健标准差（Robust Standard Error），*表示在 10% 水平下显著，**表示在 5% 水平下显著，***表示在 1% 水平下显著。由于篇幅原因，本表没有汇报村庄虚拟变量的估计系数及对应的标准差以及有序 probit 估计的截断点。以下相同。

2. 民主参与对健康的影响渠道的实证分析

前述实证研究表明,民主参与对健康具有显著影响。根据已有的文献研究,总体上民主对健康的作用机制分为两种:一种是通过"赋权"的心理作用;另一种是通过公共品提供来影响健康。尽管存在两种作用机制,但由于数据局限,民主参与通过"赋权"的心理作用而影响健康的机制难以进行直接的实证检验。[①] 因此,本文主要针对第二个影响渠道进行检验。

如果公共品是个人民主参与对健康的影响渠道之一,那么在健康方程中加入公共品之后,则村民的个人民主参与对健康的影响将有较大程度的下降。基于此,本文仍采用有序 probit 估计模型,与前节实证模型的差异体现在健康影响方程中加入村级公共品提供这一解释变量,以此考察村级公共品提供是否是民主参与对健康的重要作用渠道。表2后四列给出了加入村级水平上的公共品[②]之后的民主参与对健康影响的估计结果。从估计结果中可以看出,在控制住公共品的影响之后,民主参与对健康的影响依然显著。进一步,对加入公共品前后的估计结果进行对比,发现民主参与的估计系数在加入公共品之后,并没有较大程度的下降。这说明,在村民参与对健康的影响作用渠道上,村民个体民主参与通过公共品对健康的影响的途径并不显著。这与已有研究民主参与对健康影响的文献结论似乎略有差异:许多文献指出民主参与通过促进公共品提供而改善健康方面的重要性(Morgan,2001;Abbott,2010;Ross,2006)。同时,实证结果也证明公共品对健康有显著的影响(见表2)。那么民主是否能够通过改善公共品来提高健康水平,需要我们进一步的分析。

为了进一步考察民主参与和公共品之间的关系。我们对民主参与做出更细致的区分:即个体民主参与和集体民主参与。表3给出了村民个体民主参与及村庄集体民主参与对村级公共品提供的影响的估计结果。从估计结果可以看到,村民个体民主参与对村级公共品提供的影响较为微弱,而村庄集体民主参与水平则对村级公共品的影响非常显著。加入一系列控制变量之后,结论依然成立。进一步我们将集体民主和个体民主同时放入方程,我们发现个体民主参与对公共品的影响力度不显著,而村庄集体民主参与的影响力度依旧非常显著。综上,实证结果表明村民个体民主参与远小于村庄集体民主参与对公共品提供的影响。自此,结论更为明确,村庄集体民主参与而非个人村民民主参与可以通过改善公共品提供而促进村民健康。

---

① 正如正文中所说,由于数据所限不能对第二种影响因素进行实证分析,该遗憾有待于以后进一步研究进行弥补。

② 本文集中选取影响健康的村级水平上的3类公共品,分别是饮水来源为自来水,污水处理的下水道和卫生厕所。公共卫生学和环境健康学的文献研究均表明,这三类公共品对村庄社区的居民健康有着极为重要的影响(Galiani et al.,2005)。与民主参与的测量类似,每种公共品若提供则赋值为1否则为0,村级公共品提供是这三种公共品的综合。具体定义参见表1关于公共品的描述性统计。

表 3　民主参与对公共品的影响（被解释变量：村庄公共品提供）

	(1) OLS	(2) OLS	(3) OLS	(4) OLS	(5) OLS	(6) OLS
个体民主参与	0.0453* (0.0251)		-3.77e-10 (0.0271)	0.0413** (0.0171)		-0.000596 (0.0149)
集体民主参与		0.290*** (0.0629)	0.290*** (0.0685)		0.639*** (0.0556)	0.640*** (0.0576)
村庄总户数				-0.000466*** (0.0000630)	-0.0000961 (0.0000626)	-0.0000961 (0.0000627)
距县城距离				-0.0322*** (0.00153)	-0.0319*** (0.00129)	-0.0319*** (0.00129)
贫困村				-1.006*** (0.0735)	-1.072*** (0.0621)	-1.072*** (0.0623)
少数民族				-0.150 (0.0966)	0.258*** (0.0892)	0.258*** (0.0893)
村人均收入的对数				1.038*** (0.0491)	0.700*** (0.0512)	0.700*** (0.0514)
Constant	1.307*** (0.0355)	1.054*** (0.0694)	1.054*** (0.0695)	0.180* (0.105)	0.00485 (0.0895)	0.00513 (0.0899)
R-squared	0.003	0.022	0.022	0.884	0.918	0.918
Observations	957	957	957	308	308	308

注：表中括号内报告的是稳健标准差（Robust Standard Error），* 表示在 10% 水平下显著，** 表示在 5% 水平下显著，*** 表示在 1% 水平下显著。

三、民主参与对健康的影响机制分析

依据上述实证研究,我们可以对农村民主参与和健康的影响机制作出进一步的分析。实证结果证明村民个体民主参与可以促进其健康水平,但是村民个体的民主参与对公共品的提供影响甚微。个体民主参与并不是通过改善公共品的提供来提高村民的健康水平;我们推测个体民主参与更多是通过心理"赋权"来影响健康。结合相关文献与实地调研,我们认为个体民主通过心理"赋权"对健康的影响渠道主要表现在以下两个方面:

第一,积极的村庄(社区)民主参与,可以使个人获取更多与健康相关的知识(Haller and Hadler,2006)。因为村庄事务的民主参与可以提高居民之间的信息交流(包括对健康卫生的信息共享)。而这些非正式的信息传递渠道可以提高居民对于健康问题的关注,丰富居民对于健康的知识,有利于引导居民形成健康的生活方式。

第二,农民民主参与作为社会资本的一部分,可以提高个人融入村庄的能力,有利于村民的心理健康。因为积极的民主参与表达了个人内在的心理需求、正当的社会感知情绪,可以将压在心底的负面情绪释放出来,从而缓解心理压力(Renshon,1975)。这些都有助于心理的健康。同时,村庄民主参与作为一种积极的生活方式可以使得个人得到情感支持,增强社会和谐,提高个人的满足感,使个人免受孤独感以及不合群等负面情感影响,从而提高居民的心理健康水平。

从实证结果来看,虽然农户民主参与通过公共品对健康的影响较为微弱,但村民集体民主参与可以通过公共品的改善提高村民的健康水平。正如奥尔森所指出的,集体行动存在较强的个人"搭便车"行为(奥尔森,1995),即使是与个体福利密切相关的健康公共品的提供,农村民主参与也存在"搭便车"的行为。但是集体民主是建立在个体民主参与之上的,在良好的氛围和机制下,积极的个体参与会推动集体民主参与从而影响公共品的提供。结合文献与调研,我们认为集体民主参与通过公共品提供影响健康的途径主要体现在以下两个方面。

第一,由于公共品是由村民民主决定的,在农村社会经济发展水平尚待提高的背景下,与健康相关的公共品将得到更多的关注。因为在我国目前农村居民的收入分布中,中低收入的居民占大多数。与那些高收入农民不同[①],大多数农村居民由于收入水平的限制,难以选择更高级别的医疗机构先就诊,难以享受更好的医疗服务。与健康相关的公共品的建设与广大村民,尤其是中低收入村民的福利密切相关。所以当农村存在良好的民主氛围时,拥有更多信息的中低收入村民会倾向于将更多的公共资源向与健康相关的公共设施倾斜,从而提高村民的健康水平。

---

① 高收入群体可以考虑到更适宜的区域居住(迁移到城市),到更高级别的医院进行救治。

通过村民的民主参与选举出来的村民委员会由于受到"用手投票"的制约,也将会更为注重与村民福利(包括健康)相关的公共品的提供(高梦滔等,2006)。

第二,村民积极的参与,可以降低公共投资的低效率,提高公共服务的有效性。在中国农村,由于土地和户籍的天然联系,村民难以选择"用脚投票"(Tiebout,1956)的机制。在这个背景下,发挥基层组织民主,提高村民对公共事务的话语权更为重要。相关文献研究也证明,农民积极的民主参与,可以使村级事务具有更大的透明性,减少腐败和低效率从而提高与健康相关的基础设施及服务(Besley and Kudamatsu,2006)。所以良好的集体民主参与可以更为有效地提供与健康相关的公共品,从而提高村民健康水平。

通过上述实证研究和机制分析,我们认为民主参与对健康影响的背后机制如图3所示。

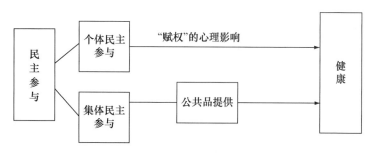

图3 民主参与对健康的影响路径

综上所述,从影响途径上来看,个人层面上的民主参与可能更多通过"赋权"的心理作用直接来影响健康。而村庄集体民主参与则通过村级公共品的提供,间接改善村民的健康水平。

四、政策启示:赋权、民主参与和新型乡村治理

本文利用微观调查数据研究了民主参与对农村居民健康的影响,实证研究结果表明民主参与可以促进村民的健康水平,即民主参与程度高的户主汇报身体健康的概率更高。本文进一步考察了民主参与对健康的影响渠道。本文认为,个体层面的民主参与对健康的影响渠道更多是通过"赋权"的心理作用。村庄集体民主参与可以改善公共品提供,而公共品提供对健康具有显著的改善作用。

根据本文的实证结果与影响机制分析,我们可以得出以下政策启示:

(1)我们的实证研究发现:农户的民主参与可以提高农民的健康水平,从而提高他们的福利。在当前我国社会主义新农村建设过程中,政府不仅要加大物质资本的投入,还应当注重民主参与在提高农民福利中的作用。我们应当将农民视为发展的主体,通过激活其民主参与的积极性与自主性,扩大农民在基层事务中的话

语权,提高其福利(包括健康)。

(2) 个体民主参与并不带来公共品的提高,但是我们推断可以通过心理"赋权"来提高健康水平。村民民主是农民自由的一部分,同时也是社会资本的一部分,农民的民主参与可以提高农民的社会融入度,从而提高自身福利。进一步我们认为,农民的民主参与不一定局限在村委会这种正式的形式上,还可以通过建立、引导、规范农村各种形式的协会和互助组织,提高农民的参与水平,以此来提高农民的心理"赋权",提高他们的福利水平。

(3) 从我们的实证结果来看,村民的集体民主参与可以改进公共品的提供,从而有利于村民健康。目前我国的农村公共品提供存在"政府失灵"与"市场失灵"的双重压力。相对于上级政府来说,村庄通过集体的层面提供公共物品更能符合村民的偏好,从而克服了公共品提供的"政府失灵";村级公共品的集体提供还可以将外部性内部化,从而克服"市场失灵"。我们认为,提高农民集体民主参与的积极性,可以改善与农民福利密切相关的公共品的提供,从而改进农民的健康水平。在未来公共品的提供中,应当更加注重集体的力量,完善农村公共品的多元化供给机制,以提高农民的福利。

(4) 个体民主参与和集体民主参与不是割裂的,而是紧密联系的。在一个良好的民主机制中,个体民主参与积极性越高,集体民主参与的水平也越高,可以促进农村社会资本的提升,改善公共品提供,从而分别从"赋权"和"公共品"两个角度提高农民的健康水平和福利。而一个不健全的民主机制,则会让农民没有民主参与的积极性,降低集体民主参与水平,不利于公共品的有效提供,从而不利于农民健康的改善。这进一步要求我国政府对农村民主提供更多的政策支持,孕育更完善的民主机制。

进入 21 世纪以来,我国政府提出"工业反哺农业,城市反哺农村"的战略,在反哺过程中,我国政府不但要加大对农村的物质投入,还应当加强相应的制度建设,尤其是加强基层民主的制度构建。通过村庄民主的进一步发展与完善,来提高农民的健康,凸显"以人为本"的人文关怀。

参考文献

Abbott, Stephen, "Social Capital and Health: The Role of Participation", *Social Theory & Health*, 2010, Vol. 8, pp. 51—65.

Besley, T. and Kudamatsu M, "Health and democracy", *American Economic Review*, 2006, Vol. 96, pp. 313—318.

Charles M. Tiebout, "A Pure Theory of Local Expenditures", *Journal of Political Economy*, 1956, Vol. 64, No. 5, pp. 416—424.

Chattopadhyay, R., Duflo, E., "Woman as Policy Makers: Evidence from a Randomized Policy Experiment in India", *Econometrica*, 2004, Vol. 72, pp. 1409—1443.

Daniel Kim and Ichiro Kawachi, "A Multilevel Analysis of Key Forms of Community—and Individual-Level Social Capital as Predictors of Self-Rated Health in the United States", *Journal of Urban Health: Bulletin of the New York Academy of Medicine*, 2006, Vol. 83, pp. 813—826.

Deaton A., Christina Paxson, "Aging and Inequality in Income and Health", *American Economic Review*, 1998, Vol. 88 (2), pp. 248—253.

Galiani S., Gertler P., Schargrodsky E., "Water for Life: The Impact of the Privatization of Water Services on Child Mortality", *Journal of Political Economics*, 2005, Vol. 113, pp. 83—120.

Haller, M. and Hadler, Markus, "How Social Relations and Structures Can Produce Happiness and Unhappiness: An International Comparative", *Social Indicators Research*, 2006, Vol. 75, pp. 169—216.

HillI, K. Q., J. E. Leighley, "The Policy Consequences of Class Bias in State Electorates", *American Journal of Political Science*, 1992, Vol. 36, pp. 351—363.

Islam, M. K., Gerdtham, U. G., Gullberg, B., Lindstrom, M., Merlo, J., "Social Capital Externality and Mortality in Sweden", *Human Biology and Economics*, 2008, Vol. 6, pp. 19—42.

Kavanagh, A. M., Bentley R., Turrell G., Broom, D. H., Subramanian, S. V., "Does Gender Modify Associations Between Self-rated Health and the Social and Economic Characteristics of Local Environments?", *Journal of Epidemiology and Community Health*, 2006, Vol. 60, pp. 490—495.

Kawachi, "Social Capital and Community Effects on Population and Individual Health", *Annals of the New York Academy of Sciences*, 1999, Vol. 896, pp. 120—130.

LaVeist, T., "Segregation, Poverty, and Empowerment: Health Consequences for African Americans", *The Milbank Quarterly*, 1993, Vol. 71(1), pp. 41—65.

Matthew, A. Baum and David A. Lake, "The Political Economy of Growth: Democracy and Human Capital", *American Journal of Political Science*, 2003, Vol. 47, pp. 333—347.

Meng, Xiangyi and Zhang, Li, "Democratic Participation, Fiscal Reform and Local Governance Empirical Evidence on Chinese Villages", *China Economic Review*, 2011, Vol. 22, pp. 88—97.

Morgan, L. M., "Community Participation in Health: Perpetual Allure, Persistent Challenge", *Health Policy and Planning*, 2001, Vol. 16(3), pp. 221—230.

Nobles J., Ryan Brownb, Ralph Catalano, "National Independence, Women's Political Participation, and Life Expectancy in Norway", *Social Science & Medicine*, 2010, Vol. 70, pp. 1350—1357.

Renshon, S. A., "Psychological Needs, Personal Control, and Political Participation", *Canadian Journal of Political Science*, 1975, Vol. 8, pp. 107—116.

Ross, Michael., "Is Democracy Good for the Poor?" *American Journal of Political Science*, 2006, Vol. 50, pp. 860—874.

Sanders, L. M., "The Psychological Benefits of Political Participation", Paper presented at the annual meeting of the American Political Science Association, San Francisco, 2001.

Wang, Shuna and Yao, Yang, "Grassroots Democracy and Local Governance: Evidence from Rural China", *World Development*, 2007, Vol. 35(10), pp. 1635—1649.

Wickrama, K. A. S. and T. Wickrama., "Perceived Community Participation in Tsunami Recovery Efforts and the Mental Health of Tsunami-affected Mothers: Findings from a Study in Rural Sri Lanka", *International Journal of Social Psychiatry*, 2010, Vol. 57（5）, pp. 518—527.

Zhang, Xiaobo, Shenggen Fan, Linxiu Zhang, and Jikun Huang. , "Local Governance and Public Goods Provision in Rural China", *Journal of Public Economics*, 2004, Vol. 88（12）, pp. 2857—2871.

〔美〕奥尔森:《集体行动的逻辑》,上海人民出版社,1995 年。

冯兴元、〔瑞典〕柯睿思、李人庆:《中国的村级组织与村庄治理》,中国社会科学出版社, 2009 年。

高梦滔、甘犁、徐立新、姚洋:《健康风险冲击下的农户收入能力与村级民主》,《中国人口科学》, 2006 年第 1 期。

贺雪峰、仝志辉:《论村庄社会关联——兼论村庄秩序的社会基础》,《中国社会科学》, 2002 年第 3 期。

卢福营:《论村民自治运转中的公共参与》,《政治学研究》2004 年第 1 期。

沈艳、姚洋:《村庄选举和收入分配——来自 8 省 48 村的证据》,《经济研究》, 2006 年第 4 期。

第十二章　社会资本、乡村公共品供给与乡村治理
——基于 10 省 17 村农户调查*

一、引言：社会资本与公共品的相关文献及本文框架

新古典经济学认为，公共品本身具有外部性特征，完全由私人提供会存在无效率和市场失灵的情况，因此强调政府在公共品提供中的作用。在集体行动中，每个社会成员都有不贡献的激励，从而形成"搭便车"困境。由于个人理性与集体理性的冲突，集团规模越大，社会成员达成协议的成本越高，形成集体行动的难度越大（Olson，1966）。在此基础上，哈丁对奥尔森的理论进行了博弈论构建，提出了公地悲剧理论。

如何解决公地悲剧问题，促进公共品的合作供给，成为被长期关注的问题。近年来兴起的社会资本理论为其提供了一种解决思路。社会资本理论是继物质资本、人力资本理论之后发展起来的重要理论，最先由 Coleman 和 Putnam 提出，目前已经产生相当多的研究（Fukuyama，1995；Putnam，1995；Woolcock and Narayan，2000；林南，2005）。然而，对于社会资本概念目前尚缺乏一致定义。这里援引Putnam（1995）的定义，社会资本指社会网络、社会规范和社会信任：社会网络是指社会成员之间密切的社会互动，包括相互之间的关联网络、对社团的参与等；社会规范是指一些非正式的却为社会成员普遍遵守的制度规则；社会信任指社会成员相互之间的信任程度。很多研究表明，社会资本对于人们行为具有重要的影响，社会资本在信贷中可以有效提高还款率（Besley，Coat and Loury，1993），有助于提升收入水平（Narayan and Pritchett，1999），有利于在村庄的民主选举（胡荣，2010），甚至会对居民健康产生影响（Lomas，1998）。

很多研究表明，社会资本在公共品提供中具有重要作用，社会资本的引入会改

---

　* 本文发表于《经济科学》2013 年第 3 期，与李冰冰博士合作。

变博弈的结果,改变公地悲剧。奥斯特罗姆(Ostrom,1990)发现,在传统社会滥用公共资源的现象并不普遍,这是因为传统社会中形成了大家都遵守的规则,社会成员自觉地按照规则行事,不遵守规则的成员会受到惩罚。蔡晓莉(2006)强调了连带团体在乡村公共品提供中的作用,由于非正式制度与规则的约束,即使在民主程度不高的地方,乡村公共品也可能会得到较好的提供。传统社会的规则以及连带团体都与社会资本相关。

从已有文献总结来看,社会资本影响公共品合作提供的渠道可能主要有以下几方面。

(1)社会偏好。社会网络、社会信任往往伴随着人们的社会偏好,两者相互影响。大量研究发现人们有社会偏好,这主要体现为互惠、不平等厌恶和纯粹利他(Fehr and Fischbacher,2002)。来自实验经济学的研究表明,社会偏好会引致公共品的自愿供给,中国被试的公共品自愿供给水平达到40%,并且自愿供给水平会稳定在一个水平上,禀赋不平等、个体供给公共品的边际收益不平等都不会对这一水平产生显著影响(宋紫峰、周业安、何其新,2011)。此外,这种公共品实验中对于合作的偏好,并不是混淆或者错误的结果(errors or confusion),一半的合作行为是出于仁慈、利他的观念而做出的选择(Andreoni,1995)。

(2)社会效应。这主要是指个人所处社会网络中其他人的行为会影响到其自身的行为(peer effect),人们会模仿所处社区中其他人的行为,例如如果邻居使用化肥,农户自己也会更愿意使用化肥(Foster and Rosenzweig,1995)。农村公共品提供中也会有相似的社会效应。合作中会存在条件合作者(conditional cooperators),即在公共品提供中,如果其他人贡献越多,那么人们自己也会贡献越多,Fischbacher, Gächter and Fehr(2001)在其实验中发现大约一半的主体表现出条件合作行为,自身的贡献付出会随着组内其他成员的平均付出水平提高而提高。

(3)社会惩罚。长期社会规范产生的声誉、惩罚机制会影响公共品提供中的合作行为。这也与费孝通的"乡土社会"理论相呼应,长期生活在同一社区的居民会更加重视自己的声誉,从而采取合作行为。从博弈论理论来看,由于看重长期的收益,无限期博弈中可能会存在合作解,阿克赛罗德(Axelrod,1984)通过实验证明了当博弈链加长时,参加博弈的人可能会采取合作策略。惩罚对于合作行为会产生重要作用,即使惩罚的成本很高并且这种惩罚并不能为施行惩罚者提供利益,合作者对搭便车者仍有较强的惩罚意愿,在这种惩罚机制下,潜在的搭便车者可能会选择合作来逃避惩罚(Fehr and Gächter, 2000)。

目前已经有一些对社会资本影响公共品合作提供的实证研究。Isham and Kähkönen(2002)利用印度和斯里兰卡的数据发现村庄社会资本水平对于村民对社区服务项目的参与和监督具有重要作用。同时来自肯尼亚的证据表明社会惩罚在公共品项目的筹资中具有重要作用(Miguel and Gugety,2005)。

然而国内这方面的实证研究仍然较少,已有的公共品调查研究侧重于公共品供给状况、农户满意度等方面的分析(张林秀等,2005),但是对于农户社会资本与农户公共品参与的分析则很少。一些关于村庄社区供给公共品的研究集中于村庄层面的分析,而对于农户异质性与农户参与的具体分析则较少。本文利用来自全国 10 省 17 村的微观调查数据,分析农户社会资本对于农户参与农村公共品提供的影响。本文认为农户的社会资本水平会对农户参与合作提供社区公共品产生积极的影响,进而从微观数据验证之前的理论。本文分析结果支持以上推论,为社会资本促进公共品合作供给提供了实证研究支持。

本文接下来安排如下:首先通过主成分分析提取农户参与程度和农户社会资本的影响因子,然后进行 OLS 回归估计。本文第二部分为数据描述及变量测度,第三部分为回归结果与理论分析,第四部分为结论。

二、数据来源及变量测度

本文所使用的数据是课题组于 2010 年 7—9 月收集的关于农村公共品调查问卷数据。[①] 本次调查为返乡调研,调研地点由返乡调研同学的家庭所在村决定。由于有些农户问卷没有收回农户所在村的村庄问卷,将这部分样本以及存在某些变量缺失的样本剔除,共得到有效农户样本 494 个,覆盖 10 个省,其中中西部地区农户样本 211 个,东部地区农户样本 283 个。调查样本村基本情况见表 1,国家统计局《中国统计摘要 2011》公布的全国人均收入和贫困发生率数据显示,2010 年农村居民家庭人均纯收入 5 919 元,农村贫困发生率为 2.8%。从农村家庭人均纯收入水平来看,东部地区调查样本所在村平均的人均收入水平略高于当年全国平均水平,但是中西部地区的人均纯收入远低于全国平均水平。同时从贫困发生率来看,调研的中西部地区村庄的贫困发生率远高于全国平均水平。

表 1　2010 年调查样本所在村的人均收入和贫困发生率情况

	中西部	东部	全部
人均收入(元)	3 245	9 828.13	6 342.94
贫困发生率(%)	31.09	3.11	17.92
村庄个数	9	8	17

本文着重分析农户的社会资本对于农户合作供给公共品的影响。社会资本变

① 调查覆盖 12 个省、直辖市、自治区,中西部地区包括山西、四川、宁夏、河南、湖北、陕西、重庆 7 个省、直辖市、自治区,东部地区包括江苏、浙江、北京、河北、山东 5 个省、直辖市。共收回 1 447 个农户样本,其中中西部地区 714 个样本,东部地区 733 个样本。调查内容分为农户问卷调查、村级问卷调查和乡镇问卷调查。其中农户问卷调查内容包括农户家庭基本情况、农户所在社区的环境及满意度、农户对乡村治理情况的态度、农户在公共品提供中的参与等几方面。

量和公共品合作供给变量主要由主成分分析方法确定,测定方法如下。

1. 社会资本变量

目前已有的研究对社会资本的定义比较宽泛、分散,已有关于社会资本度量的文献从不同的维度、不同的理论视角出发,界定不同的社会资本变量(Isham and Kähkönen,2002;Narayan and Pritchett,1999;胡荣,2010)。本文的社会资本概念采用 Putnam(1995)的定义,这一定义已经在第一部分引言中进行了阐述,Putnam(1995)认为,社会资本包含社会网络、社会规范和社会信任三方面内容。根据这一定义,提取以下社会资本变量:

(1)社会网络变量。社会网络变量通过两方面来衡量,一是村民社团参与情况,二是村民的村庄地位。首先,村庄社团参与是农户社会网络的重要组成部分(Isham and Kähkönen,2002;Narayan and Pritchett,1999),本文通过农户对"是否参加合作组织",包括专业经济合作组织、资金互助组织、其他社会服务组织等①的回答来衡量社团参与,通过这些社团参与,农户可以获得更多的人际交往和人际关系,扩大社会交际范围,增加社会网络。其次,村民在村庄的地位对于其自身的社会资本具有重要影响,村庄中地位较高的人往往具有更强的社会网络和广泛的人际关系,本文主要通过农户"家里是否有村干部或者村民代表"来衡量村庄身份,担任村庄领导需要较强的人际网络,同时担任村庄领导也会进一步加强和扩大个人社会网络,进而提升社会资本。从以上分析来看,参加社团和担任村干部或村民代表可以作为村民社会资本的代理变量,担任村庄领导、参加社团数量越多意味着拥有更强的社会网络,进而具有更高的社会资本。

(2)社会规范和信任变量。社会规范和信任属于 Putnam(1995)所定义的社会资本三大内容中的两个,然而很多时候社会规范和社会信任会有交叉重叠的部分,同时二者往往也是相互影响的,为此将这两部分内容合并考虑。对社会规范和信任的衡量通过两方面进行。首先,政治制度、民主是社会规范、社会资本的重要内容(Woolcock and Narayan,2000),良好的政府治理对于社会资本的形成具有重要作用,"政治参与、关系与信任"是个人社会资本在公民社会中的体现,社区人际的相互信任会影响到社员对政府的信任(Brehm and Rahn,1997)。村民对社区的信任水平和民主型社会规范程度主要通过"对村委会的满意度"、"是否参加选举"、"是否了解村庄事务"、"是否监督村庄事务"来衡量。对村委会满意度高反映了农户对村庄政府的信任,进而反映了社区规范的运作水平。村民参加选举和了解监督村庄事务是社区民主的体现,也是社区规范和社会资本的重要内容,村民在参加选举和监督政务的过程中会提升自己的认识水平、社会网络和社区地位,从而

---

① 其中专业合作经济组织包括专业协会或专业合作社(蔬菜、水果、养猪等),资金互助组织包括"资金互助社"、"信贷合作社"、"农民互助储金会"等合作金融组织(不包括信用社),其他社会服务组织包括扶贫协会、用水者协会等农民自发组织。

促进社会资本的积累。其次,一般情况下,村庄内部会形成一定的社会规范,在社会规范较好的地区,其村民违反社会规范以及犯罪的行为较少,社会治安较好,村民会有更高的安全感(胡荣,2010),本文通过"对当地社会治安的满意度"、"认为村庄公共品纠纷是否严重"来衡量这种社会规范,社会治安、社会纠纷一定程度上反映了当地社会规范的执行强度,对治安的满意度以及对村庄纠纷的认识反映了个人对于社区的信赖和认可,属于社会资本的组成部分。

关于社会资本变量的描述统计如表 2 所示。从表中可以看到,调查农户参加选举的比例较高,达到 61%,但是对村庄事务的监督和了解程度较低,分别仅为 11% 和 16%。农户参加合作组织的比例为 20% 左右。为了将社会资本变量减少为几个便于分析的变量,对这些社会资本变量进行主成分因子分析。

表 2　社会资本变量描述统计

变量	观察值	均值	方差
是否为村干部或村民代表?(是 =1,否 =0)	494	0.2429	0.1842
是否参加合作组织?(是 =1,否 =0)	494	0.1902	0.1543
认为村庄公共品纠纷严重程度?(1 = 严重,2 = 一般,3 = 不严重)	494	2.3340	0.5312
对村委会的满意度?(1 = 不满意,2 = 一般,3 = 满意)	494	2.1882	0.6439
是否参加选举?(是 =1,否 =0)	494	0.6194	0.2362
是否了解村庄事务?(是 =1,否 =0)	494	0.1619	0.1359
是否监督村庄事务?(是 =1,否 =0)	494	0.1174	0.1038
对社会治安是否满意?(1 = 不满意,2 = 一般,3 = 满意)	493	2.3042	0.5129

主成分因子分析的基本模型为:

$$X_i = \mu + a_{i1}F_1 + a_{i2}F_2 + \cdots + a_{im}F_m + \varepsilon_i \quad (i = 1,2,\cdots,p)$$

其中,X_i 为随机变量;F_j 为公共因子;$a_{ij}(j=1,2,\cdots,m)$ 为第 i 个变量 X_i 在第 j 个公共因子 F_j 上的载荷;ε_i 为特殊因子,是不能被前 m 个公共因子包含的部分。

首先对这几个变量进行 KMO 检验和 Bartlett 检验,KMO 检验值为 0.628,Bartlett 检验 p 值为 0.000,说明变量之间存在相关性,可以进行因子分析。结合变量的特征值和对方差的贡献共提取 5 个因子,5 个因子对方差的累计贡献达到 80.94%。运用方差最大正交旋转法得到因子旋转载荷阵(见表 3)。

从表 3 中可见,因子 1 包括"是否为村干部或村民代表"、"是否了解村庄事务"、"是否监督村庄事务"几项;因子 2 包括"对社会治安是否满意"、"对村委会是否满意"几个变量;因子 3 包括"是否参加合作组织"变量;因子 4 包括"是否参加选举"变量;因子 5 包括"认为村庄公共品纠纷严重程度"。根据不同变量在因子上的载荷,可以将因子 1 定义为"公共意识"因子,因子 2 定义为"社区认同"因子,

表3　社会资本因子旋转载荷矩阵

	公共意识	社区认同	社团互助	政治意识	社区信任	特殊方差
认为村庄公共品纠纷严重程度	0.055	0.163	−0.005	−0.024	0.952	0.062
是否参加选举	0.040	0.004	−0.10	0.966	−0.027	0.052
是否了解村庄事务	0.668	−0.085	0.412	0.343	0.205	0.214
是否监督村庄事务	0.837	0.002	0.054	0.071	0.078	0.285
是否参加合作组织	−0.001	0.096	0.913	−0.128	−0.019	0.138
对社会治安是否满意	−0.024	0.809	−0.027	0.049	0.351	0.217
是否为村干部或村民代表	0.814	0.222	−0.141	−0.108	−0.065	0.250
对村委会是否满意	0.279	0.683	0.378	−0.082	−0.023	0.303
特征值	1.894	1.216	1.1827	1.096	1.085	
方差贡献	0.236	0.1520	0.147	0.137	0.135	0.809

因子3定义为"社团互助"因子,因子4定义为"政治意识"因子,因子5定义为"社区信任"因子。

2. 参与程度变量

参与程度通过询问农户在当地最近一次公共品建设中是否参与讨论、筹资、出工、预算、监督和维护来得到,不同公共品建设中的参与程度统计见表4。由于调查村最近一次建设公共品的时间不一,有些村最近一次建设项目的时间远在1990年,考虑到分析的有效性,将年份较早的观测值剔除,仅保留2005年之后的项目建设情况。从表4可以看到最近一次建设项目大部分在2005年之后。

表4　农村公共品提供中农户参与程度的统计

	乡村道路				学校建设			
	全部项目		2005年之后项目		全部项目		2005年之后项目	
	人数	比例(%)	人数	比例(%)	人数	比例(%)	人数	比例(%)
参与讨论	105	24.53	99	25.19	34	14.91	34	16.92
参与筹资	133	31.07	133	33.84	19	8.33	18	8.95
参与出工	78	18.22	72	18.32	32	14.04	29	14.43
参与预算	55	12.85	54	13.74	15	6.58	15	7.46
参与监管	35	8.18	34	8.65	13	5.7	13	6.47
参与维护	39	9.11	36	9.16	23	10.09	23	11.44
观测值	428		393		228		201	
村庄个数	14		13		8		7	

从参与程度来看,道路项目参与程度最高的为筹资,参与筹资的农户比例达到33.84%,其次为参与讨论,占到25.19%,但是调查农户参与监管和参与维护的比例很低。有8个村报告了最近一次学校建设的情况,涉及228户,其中7个村委2005年之后的项目,共有201个农户样本,学校建设中参与讨论的比例最高,其次为参与出工,但是农户参与监管的比例很低。

对这个6个变量进行主成分因子分析,首先对6个变量进行KMO检验和Bartlett检验,发现道路建设项目中6个参与变量的KMO检验值为0.684,Bartlett检验p值为0.000,说明道路建设项目中6个参与变量之间存在相关性,可以进行主成分分析。同样对学校建设的6个参与变量的KMO检验值为0.750,Bartlett检验p值为0.000,说明学校建设项目中6个参与变量存在相关性,可以进行主成分分析。

结合因子的特征值和方差贡献提取出3个因子,其中道路建设项目3个因子对方差的贡献率达到73.60%,学校建设项目中3个因子对方差贡献率为85.53%。进一步运用方差最大正交旋转法得到因子载荷矩阵如表5所示。

表5　公共品建设参与程度的因子旋转载荷阵

	道路建设				学校建设			
	监管决策	资金筹集	施工管护	特殊方差	决策维护	预算监管	施工参与	特殊方差
参与讨论	0.603	0.594	0.172	0.252	0.76	0.321	0.157	0.294
参与筹资	0.087	0.908	−0.029	0.165	0.918	0.088	−0.033	0.146
参与出工	0.118	−0.194	0.794	0.317	0.065	0.159	0.982	0.005
参与预算	0.874	0.180	0.006	0.203	0.144	0.921	0.159	0.105
参与监管	0.802	−0.009	0.245	0.296	0.277	0.886	0.129	0.121
参与后续维护	0.132	0.315	0.730	0.349	0.817	0.333	0.160	0.194
方差	1.811	1.348	1.255		2.192	1.880	1.058	
方差贡献	0.302	0.224	0.209	0.736	0.365	0.313	0.176	0.855

可以看到道路建设项目中,第一个因子主要与讨论、预算和监管相关,命名为"监管决策"因子,第二个因子与筹资相关,命名为"资金筹集"因子,第三个因子与出工和后续维护相关,命名为"施工管护"因子。为了把道路建设中的参与程度综合为一个变量,将三个因子的值分别乘以其方差贡献率而后相加得到道路建设的参与程度指标,即道路建设中的参与程度 = 监管决策因子 × 30.20% + 资金筹集因子 × 22.48% + 施工管护因子 × 20.92%。

学校建设项目中,第一个因子包括讨论、筹资、后续维护几个变量,第二个因子包括预算、监管两个变量,第三个因子包括出工变量。根据不同变量在因子上的载荷,将第一个因子命名为"决策维护"因子,第二个因子命名为"预算监管"因子,第三个因子命名为"施工参与"因子。同样为了将这几个因子综合为一个关于参与程度的变量,将三个因子的值分别乘以其方差贡献率而后相加得到学校建设的参与程度指标,即学校建设参与程度 = 决策维护因子 × 36.54% + 预算监管 × 31.34% + 施工参与因子 × 17.65% 。

3. 控制变量

本文同时加入以下控制变量:

(1) 农户家庭特征。包括家庭人口、户主教育、户主年龄、家庭财产情况几个变量。

(2) 村庄控制变量。包括村庄距县城距离、是否为贫困村、村庄总人口、村庄外出务工比例、村庄拥有的合作社个数几项。

(3) 此外,考虑到项目建设时是否召开村民大会对于项目建设方式的重要性,将"项目建设时是否召开村民大会讨论"也作为控制变量。

控制变量的描述统计见表 6。约有 85.43% 的农户家庭人口为 2—4 人,户主年龄的均值为 51 岁,从户主受教育水平来看,28.72% 的农户学历为小学,47.86%的农户学历为初中。从项目建设情况来看,39.0% 的农户表示道路项目建设时召开过村民大会,42.8% 的农户表示学校建设时召开过村民大会。从村庄特征来看,调查村庄距县城的平均距离为 24.41 公里,村庄总人口的均值约为 1 518 人,村庄合作组织个数的均值为 1.13 个,外出务工比例均值为 24.74% 。27.33% 的被调查村庄为贫困村。

表 6　控制变量描述统计

	变量	个数	均值	方差	最小	最大
家庭特征	家庭人口	494	3.159	1.100	1	5
	家庭财产(元)	494	175 617.7	1.33E + 11	50	6 106 700
	户主年龄	494	51.287	125.458	24	87
	户主教育水平	491	2.865	0.700	1	5
项目	道路建设召开村民大会?(1 = 是,0 = 否)	392	0.390	0.238	0	1
	学校建设时召开村民大会?(1 = 是,0 = 否)	201	0.428	0.246	0	1
村庄变量	村庄距县城距离(公里)	494	24.414	178.742	2	50
	是否为贫困村(1 = 是,0 = 否)	494	0.273	0.199	0	1
	村庄总人口	494	1 517.561	902 188.7	180	3 800
	村庄合作组织个数	494	1.131	1.721	0	4
	外出务工比例(%)	494	24.738	195.840	5	55

注:1. 家庭人口衡量方法,1 = 1 人,2 = 2 人,3 = 3 人,4 = 4 人,5 = 5 人及以上。

2. 家庭财产的衡量方法为,在调查问卷中列出家庭财产的主要内容包括牲畜、农业机械、加工机械、运输机械、生产用房、自有住房、家用电器、通信交通工具、家具以及其他货币财产等,让农户自我评估其各项财产的价值,同时通过接受过培训的调查员进行观察,将重要的其他财产也进行统计,本文中衡量的家庭财产为以上各项财产的加总。本文认为这种方法可以对家庭财产进行较为全面的估计。

3. 教育水平衡量方法:1 = 未上学,2 = 小学,3 = 初中,4 = 中专或高中,5 = 大专及以上。

三、回归结果与理论分析

本部分对影响参与程度的因素进行 OLS 回归分析。回归的基本模型为：

$$Y_q = C + \beta_1 H_q + \beta_2 S_q + \beta_3 V_q + \beta_4 P_q + u_q\,(q = 1,2,\cdots)$$

其中，Y_q 表示农户在项目建设中的参与程度，由前面对参与程度的主成分因子分析得到的综合指标表示；H_q 表示农户的家庭特征，包括农户的家庭人口、家庭财产、户主年龄和受教育水平；V_q 表示村庄的特征，包括村庄的总人口、外出务工比例、距县城距离、合作组织个数、是否为贫困村几个变量；P_q 表示项目建设的是否召开村民大会，作为影响参与程度的控制变量；S_q 表示农户的社会资本变量，由前面主成分分析得到的"公共意识"、"社区认同"、"社团互助"、"政治意识"、"社区信任"5 个因子构成。

对方程进行 OLS 回归，由于在分析中发现"是否为贫困村"和"劳动力外出比例"两个变量之间相关性较大，因此将"是否为贫困村"变量剔除，得到的结果见表 7 列(1)和列(3)。OLS 回归结果表明模型的整体显著性较好，拟合度也较高，方程调整后的 R^2 分别达到 0.5046 和 0.4858。公共意识因子、政治意识因子、是否召开村民大会、距县城距离对两个项目的农户参与程度均有显著的正影响，村庄外出务工比例对于两个项目的农户参与程度均有显著的负影响。乡村合作组织个数对学校建设中的农户参与度具有显著的正影响。家庭人口特征对于农户的参与没有显著影响。

进一步地，通过使用迭代再加权最小二乘法(IRLS)来取得稳健回归估计，以减少异常点的干扰，基本思想是对不同的点施以不同的权重，对残差小的点给予较大的权重，对残差大的点给予较小的权重。稳健回归估计得到的结果见表 7 列(2)和列(4)。稳健回归后的模型拟合度提高，道路建设项目的调整后 R^2 达到 0.6214，学校建设项目的调整后 R^2 达到 0.9513。稳健回归表明农户的公共意识、村庄距县城距离、乡村合作组织个数对于项目中的农户参与程度具有正影响，外出务工比例对于农户的参与程度具有负影响，农户的政治意识对于农户道路建设中的参与程度具有正影响，农户的社区认同对于农户在学校建设中的参与程度具有正影响。

接下来，只提取中西部地区的样本，对模型进行分析，结果见表 7 列(5)和(6)。结果表明公共意识、政治意识、社区信任对于农户的参与程度具有正影响，此外，社团互助在道路建设中的影响也很显著。同样，与整体样本的回归结果一致，项目施工是否召开村民大会对于农户参与具有显著影响。村庄特征变量如外出务工比例、乡村合作组织个数对于农户参与程度具有显著影响。

结合以上回归分析，发现社会资本变量、项目施工召开村民大会、村庄的特征对于农户在公共品提供中的参与程度具有显著影响。

表 7 公共品提供中农户参与程度的影响因素

| | 全部样本 | | | | 中西部样本 | | |
| | 道路建设 | | 学校建设 | | 道路建设 | 学校建设 |
	(1) OLS 回归	(2) 稳健回归	(3) OLS 回归	(4) 稳健回归	(5) 稳健回归	(6) 稳健回归
公共意识	0.1640 *** (0.0156)	0.1444 *** (0.0112)	0.0652 ** (0.0272)	0.01 *** (0.0052)	0.1309 *** (0.0198)	0.0808 *** (0.0127)
社区认同	0.0013 (0.0177)	-0.0140 (0.0126)	0.0004 (0.0343)	0.0131 ** (0.0066)	-0.0153 (0.0263)	-0.0090 (0.0164)
社团互助	-0.0019 (0.0174)	0.0186 (0.0124)	0.0123 (0.046)	-0.0125 (0.0089)	0.1267 *** (0.0294)	-0.0106 (0.0192)
政治意识	0.0909 *** (0.0186)	0.0767 *** (0.0133)	0.1094 *** (0.0313)	0.0077 (0.0060)	0.0837 *** (0.0240)	0.0550 *** (0.0149)
社区信任	-0.0037 (0.01628)	-0.0038 (0.0116)	-0.0479 (0.0437)	0.0087 (0.0084)	0.0693 ** (0.0311)	0.0506 *** (0.0189)
人口	0.0090 (0.0171)	-0.0033 (0.0122)	-0.0215 (0.0285)	0.0098 * (5.53E-03)	0.0122 (0.0202)	-0.0016 (0.0125)
户主年龄	-0.0016 (0.0016)	-0.0004 (0.0011)	-0.0018 (0.0026)	-0.0005 (0.0005)	0.0015 (0.002)	-0.0006 (0.0012)
户主教育水平	0.0095 (0.0207)	-1.64E-02 (1.48E-02)	0.0481 (0.0418)	-0.0183 ** (8.10E-03)	0.0346 (0.0278)	-0.0457 ** (0.0187)
家庭财产	1.41E-09 (4.50E-08)	1.63E-08 (3.21E-08)	2.80E-07 (2.59E-07)	-6.62E-11 (5.01E-08)	1.09E-06 *** (2.20E-07)	-1.18E-07 (1.32E-07)
项目施工是否召开村民大会	0.3301 *** (0.0444)	0.2063 *** (0.0317)	0.3516 *** (0.0705)	0.0103 (0.0136)	0.1731 *** (0.0518)	0.1066 *** (0.0294)

（续表）

	全部样本				中西部样本	
	道路建设		学校建设		道路建设	学校建设
	(1) OLS 回归	(2) 稳健回归	(3) OLS 回归	(4) 稳健回归	(5) 稳健回归	(6) 稳健回归
距县城距离	0.0050***	0.0075***	0.0195***	0.0255***	0.0059	0.0017
	(0.0015)	(0.0011)	(0.0047)	(0.0009)	(0.0043)	(0.0034)
乡村总人口	-0.0034***	-0.0030***	-0.0226***	-0.0276***	-6.4E-05	-0.0001***
	(0.0013)	(0.0009)	(0.0032)	(6.21E-04)	(4.23E-05)	(2.85E-05)
外出劳动务工比例	-3.29E-06	-0.0001	-4.4E-05	-0.0001***	-0.0126***	-0.0182***
	(0.0001)	(0.0001)	(0.0001)	(0.0000)	(0.0022)	(0.0014)
乡村合作组织个数	0.0438	0.0646***	0.1739***	3.64E-01***	0.0846***	0.1676***
	(0.0317)	(0.0227)	(0.0609)	(0.0117)	(0.0411)	(0.0251)
常数项	-0.1968	-0.2347**	0.1313	0.2035***	-0.1098	0.6997***
	(0.1380)	(0.0986)	(0.2510)	(0.0485)	(0.1959)	(0.1339)
obs	388	388	200	200	160	154
F	29.16	46.38	14.43	278.86	22.41	48.79
Prob > F	0.000	0.000	0.000	0.000	0.000	0.000
R^2	0.5225	0.6351	0.522	0.9547	0.6839	0.8309
Adj R^2	0.5046	0.6214	0.4858	0.9513	0.6534	0.8138

注："*"、"**"、"***"分别表示在"10%"、"5%"、"1%"水平下显著。

　　农户的社区社团互助、社区信任、社区认同、政治参与因子表示了农户的社会网络和社会信任,这些都是经典社会资本理论(Putnam,1995)的重要构成部分,以上回归表明社会资本对于农户参与公共品提供具有重要作用。农户的公共意识、政治意识因子与农户参与程度显著正相关。农户了解监督村庄事务、参与选举的意识越强,表示农户对于村庄的责任心越强,对村庄公益事业的关注程度越高,在公共品提供中的参与程度也可能越高。社团互助因子在中西部地区道路建设项目的回归中对于农户参与程度的影响显著,很多研究表明个人参加社团的程度对于个人参与公共品提供具有积极影响(Isham and Kähkönen,2002),本文结果支持这一结论。农户社区信任因子对于农户的参与程度具有积极影响,这在中西部地区样本中作用显著。社区认同在全部样本的学校建设项目中表现出显著积极影响。

　　无论是全部样本的回归还是中西部地区的样本回归中,外出务工比例变量都对农户参与程度有显著的负影响,外出务工比例越高的村庄,农户的参与程度越低。这一方面可能是由于流动性高的村庄没有足够的人力来参与公共品提供,另一方面也与传统"熟人社会"的阶梯有关。传统的村庄呈现出费孝通先生所说的"熟人社会"的特征,村庄成员长期相互往来产生了基于信任、网络、惩罚和规范的社会资本,但是随着外出务工比例的提高,村庄的流动性加强,"熟人社会"对社会成员的特殊约束作用降低,成员在村庄公共品方面的参与程度可能会相对下降。

　　乡村合作组织个数与农户的参与程度有显著的正相关关系,乡村合作组织个数越多,村庄的合作化水平越高,形成集体行动的可能性越大,村民的参与程度也越高。

　　距县城距离在全部样本的回归中与村民的参与程度正相关。距县城距离一定程度上表示了村庄的封闭性,而这种封闭性有助于传统"熟人社会"的保持,从而传统的社会规范对村民行为产生约束的可能性也较高。

　　乡村总人口对于农户的参与程度的负面影响在学校建设项目中比较显著,总人口越多,农户参与程度越低。这符合奥尔森(Olson,1966)理论中认为的集体行动在组织规模较小的情况下更容易发生的观点,也与卫宝龙、凌玲、阮建青(2011)的研究结果一致。但是总人口变量在道路建设中并没有表现出显著的影响,因此不能明确认为总人口对于农户公共品参与程度有影响。很多理论也认为组织规模大对于集体行动的作用不一定是负面的(Isaac et al.,1994)。

　　项目施工是否召开村民大会对于农户参与程度具有重要影响。在召开村民大会的村庄,农户在该项目中的参与程度更高。这一定程度上表明有组织性的号召可以提高村民的参与程度。

四、结论:农村公共品供给与多元化乡村治理

　　奥尔森集体行动的逻辑指出公共品的私人合作供给会走向失败,社会资本的

引人有助于解决这一难题。目前国内对于社会资本对村民合作供给公共品的研究比较少,并且尚不系统,尤其缺乏基于微观数据的实证分析支持。本文通过全国10省17村494户农户的调查数据,分析农户社会资本对于公共品合作供给的作用,结果发现农户的社会资本对于农户在村庄公共品提供中的参与具有重要影响。农户的公共与政治意识、社团互助因子、社区认同因子、社区信任因子有助于提高农户在公共品提供中的参与程度。本文的结论从实证分析上验证了的社会资本有助于公共品合作供给的理论推论。

此外,本文研究还发现村庄的特征对于农户的参与产生了重要影响。村庄的流动性提高对于农户参与会产生负面影响,而村庄的封闭性和合作化水平提高对于农户参与具有积极作用。村庄的规模在不同公共品项目中对于农户的参与具有不同的影响。同时,项目施工时对于农户的号召会影响农户的参与,召开村民大会对于提高农户的参与程度具有积极影响。

目前很多地区村庄治理表现出低效率,本文的结论显示出乡村治理嬗变过程中社会资本对于乡村公共品供给效率的重要性,在很多地区乡村治理低效的情况下,社会资本对于乡村治理效率提升可能会产生积极的效果。未来的乡村治理可以着力于通过提升农户的政治参与、通过强化农村各类互助合作组织、通过农村社区公共活动空间的拓展,并通过乡村各类微观主体的良性互动从而增强社区信任,提升农民的社会资本,从而改善乡村治理,使乡村治理逐步多元化,并能够克服当下农村人口流动频率增大、农村社区开放性逐步增强、传统乡土信任逐步淡化带来的负面影响。

参考文献

Andreoni J. , "Cooperation in Public-Goods Experiments: Kindness or Confusion?" *The American Economic Review*, 1995,85(4), pp. 891—904.

Axelrod, Robert M. , *The Evolution of Cooperation*, New York: Basic Books,1984.

Besley T. and Coate S. , "Group Lending, Repayment Incentives and Social Collateral", *Journal of Development Economics*, 1995,46 (1), pp. 1—18.

Fehr E. & Gächter S. , "Cooperation and Punishment in Public Goods Experiments", *The American Economic Review*, 2000,90(4), pp. 980—994.

Fischbacher U. , Gächter S. , Fehr E. ,"Are People Conditionally Cooperative? Evidence From a Public Goods Experiment", *Economics Letters*, 2001,71, pp. 397—404.

Fukuyama, F. , *Trust: The Social Virtues and the Creation of Prosperity*, New York: The Free Press,1995.

Isaac R. M. , Walker J. M. , Williams A. W. , "Group Size and the Voluntary Provision of Public Goods", *Journal of Public Economics* 1994,54, pp. 1—36.

Isham J. & Kähkönen S. , "Institutional Determinants of the Impact of Community-Based Water Services: Evidence from Sri Lanka and India", *Middlebury College Working Paper Series* NO.

0220,2002.

Lomas, J., "Social Capital and Health: Implications for Public Health and Epidemiology", *Social Science and Medicine*, 1998,47(9), pp. 1181—1188.

Miguel E. Gugety M. K., "Ethnic Diversity, Social Sanctions and Public Goods in Kenya", *Journal of Public Economics*, 2005,89, pp. 2325—2368.

Narayan D. and Pritchett L., "Cents and Sociability: Household Income and Social Capital in Rural Tanzania", *Economic Development and Cultural Change*,1999,47(4), pp. 871—897.

Olson M., *The Logic of Collective Action*,Cambridge, Mass: Cambridge University Press,1966.

Ostrom E., *Governing the Commons: The Evolution of Institutions for Collective Action*,Cambridge: Cambridge University Press,1990.

Putnam, "Bowling Alone: America's Declining Social Capital", *Journal of Democracy*,1995, 6: 1, pp. 65—78.

Woolcock M., Narayan D., "Social Capital: Implications for Development Theory, Research, and Policy", *The World Bank Research Observer*,2000,15(2), pp. 225—249.

蔡晓莉:《中国乡村公共品的提供:连带团体的作用》,《经济社会体制比较(双月刊)》,2006年第2期。

胡荣:《社会资本与中国农村居民的地域性自主参与》,《社会学研究》,2002年第2期。

林南:《社会资本——关于社会结构与行动的理论》,上海人民出版社,2005年。

宋紫峰、周业安、何其新:《不平等厌恶和公共品自愿供给——基于实验经济学的初步研究》,《管理世界》,2011年第12期。

张林秀、李强、罗仁福、刘承芳、罗斯高:《中国农村公共物品投资情况及区域分布》,《中国农村经济》,2005年第11期。

第十三章　农村公共品供给、农户参与和乡村治理

——基于12省1447农户的调查[*]

一、引言：农村公共品与农户参与的
相关文献与本文框架

农村公共品对于农业生产和农民生活具有重要的作用,然而当前的农村公共品仍然存在供给不力等问题,农村公共品提供仍然是"十二五"时期的一个重点(马晓河、刘振中,2011)。当前农户对农村公共品的提供状况满意度较低。中国社会科学院农业政策研究中心于2005年进行的调研表明农民对于灌溉和道路的满意程度最低,农民对于基础设施的满意度与对基础设施的投资活动呈负相关关系,同时农民对道路和灌溉投资意愿很高(李强等,2006)。孔祥智等(2006)对江苏和福建两省的调查,绝大多数被调查农户认为道路、水利设施等应该重建或新建,农业技术推广、技术培训状况不容乐观。白南生等(2007)对于安徽凤阳县的调查发现,农户对基础设施的需求意愿生产型大于生活型,首要的需求是修路、排水灌溉。可见无论是大型调查还是小型调研都表明农户对生产性基础设施如道路、水利等的需求意愿很强。其他一些研究也基本认为农民对公共品的满意度较低(朱玉春等,2010)。

公共品由于其本身具有的外部性特征,完全由私人提供会存在无效率和市场失灵的情况。因此政府在公共品的提供上需要发挥重要作用,同时对于一些准公共品可以适当考虑引入私人资本投资。目前我国对农村公共品投资面临的问题包括:政府对农村公共品投入不足,县乡财政困难无力,对多元融资激励不足(贾康、孙洁,2006)。对于农村公共品投资的一些实证检验表明,农村村一级组织和农民自己负担了他们公共物品投资的很大一部分。上级政府投向贫困的内陆地区农村

---

* 本章与李冰冰博士合作,未刊稿。

的资金比发达地区多,富裕地区农村的公共物品更多地由自己来解决,工商业活动多的村公共投资活动相对较高(张林秀等,2005a,2005b)。此外,村主任直接选举能有效促进农村公共投资的增加(罗仁福等,2006)。在融资的来源方面,现有的调查结论表示大多数被调查农户自身对于农村基础设施的支付意愿不是很大,希望政府补贴的意愿较强(孔祥智等,2006;白南生,2007)。

可见农户对农村公共品满意度低,农村公共品尚未形成多元化供给,农民对政府依赖性较强是当前农村公共品提供中的重要问题,其中农户参与程度较低,参与水平不足是很重要的原因。但是已有的研究主要集中于对这些基本问题的描述,并没有详细探讨农户的参与在公共品提供中的作用。在关于农户公共品满意度的影响因素研究中,已有研究集中于考虑农户特征、村庄特征等(李燕凌、曾福生,2008),也有研究考虑了项目的公开程度对于农户公共品满意度的影响(马林靖、张林秀,2008)。本文在以上文献基础上着重分析农户参与对农户公共品满意度的影响。

农户参与对农村公共品满意度的影响在一些发展理论和 NGO 的实践探索中进行了讨论。"参与"这一概念是从 20 世纪五六十年代开始在西方国家发展援助的实践中逐渐发展起来的,参与式发展理论已经成为社会学、人类学以及发展学方面的重要理论,成为发展政策制定的重要依据(李小云等,2005)。很多研究表明,参与式发展可以使农户更有机会表达自身的利益诉求,从而制定有针对性的政策安排;可以发挥穷人的创造力,实现政策创新;培养穷人的自身能力和独立性,从而有利于实现可持续的脱贫;是穷人主体性的要求(刘民权、俞建拖,2007)。这种参与式发展理念通过提高农户的自身能力和赋予农户权利来提高农户的福利,体现了森的发展理论(Sen,1999)。在公共品的提供中,农户的参与主要表现在农户在公共品项目建设中的全面参与,乐施会在四川、广西等地做的参与式扶贫实践中,农户的参与主要体现在农户对项目选择的讨论决策、对项目建设中的筹资投劳、对项目施工中的预算管理和工程监督、对项目建成后的后续管理维护等几方面。本文将参与分为以上几个指标,利用 2011 年调研数据实证分析农户参与对农户公共品满意度的影响。

本文研究结果发现农户对于农田水利、道路建设、农技服务、农村文化活动、生活能源、农村家庭周围生活环境的满意度很低。农户自身的融资意愿不足,对政府依赖性较强。实证分析发现农户在公共品提供中的参与有利于提高农户的满意度。本文第二部分描述分析调查农户的公共品满意度和公共品提供中的参与程度,第三部分分析农户对未来公共品建设中的参与意愿,第四部分通过有序 Probit(Ordered Probit)模型分析农户参与对于农户公共品满意度的影响,第五部分为结论。

二、农村公共品农户满意度及参与度：
基于田野调查的研究

（一）数据来源及说明

本文所使用的数据是北京大学经济学院课题组于 2011 年 7—9 月获得的关于农村公共品调查问卷数据。本次调查为返乡调研，调研地点由返乡调研同学的家庭所在村决定。从调查结果来看，中西部地区包括山西、四川、宁夏、河南、湖北、陕西、重庆 7 个省、直辖市、自治区，东部地区包括江苏、浙江、北京、河北、山东 5 个省、直辖市。调查内容分为农户问卷调查、村级问卷调查和乡镇问卷调查。共收回 1 447 个农户样本，其中中西部地区 714 个样本，东部地区 733 个样本。具体地区分布见附表 1。

根据调查收回的村级问卷，对调查样本农户所在村的人均收入、贫困发生率①进行统计，结果见表 1。国家统计局《中国统计摘要 2011》公布的全国人均收入和贫困发生率数据显示，2010 年农村居民家庭人均纯收入 5 919 元，农村贫困发生率为 2.8%。因此从农村家庭人均纯收入水平来看，调查样本所在村的人均收入水平低于当年全国平均水平，尤其是中西部地区的人均纯收入远低于全国平均水平。同时贫困发生率远高于全国平均水平，即使在调研的东部地区农村，贫困发生率也高于全国平均水平。

表 1　2010 年调查样本所在村的人均收入和贫困发生率情况

	中西部	东部	全部
人均收入（元）	3 491.03	9 432.50	4 872.77
贫困发生率（%）	23.15	3.19	15.47

（二）调查农户对农田水利、农技服务、乡村路桥等满意程度低，需求意愿高

调查农户对当地农村公共品的满意度见表 2。从统计结果看，在生产性公共品方面，农户不满意程度较高的几项包括农田水利、农技服务、乡村路桥。这与李强等（2006）、白南生等（2007）、孔祥智等（2006）的调查结果基本一致。调查农户对农技服务的满意度尤其低，仅为 17.19%。此外，调查农户对于家庭周围生活环境、生活能源、文化活动等的不满意程度都相对较高，其中对文化活动不满意的农户比例占到 46.20%。东部地区对于家庭周围的生活环境、社会保障的不满意程度比中西部地区更高。

---

① 贫困发生率为本村贫困人口与本村总人口的比例。

表2 调研农户对当地农村公共品满意度

（单位：%）

	全部			东部			中西部		
	不满意	一般	满意	不满意	一般	满意	不满意	一般	满意
农田水利	33.36	43.03	23.61	37.01	41.51	21.48	29.19	44.78	26.04
农技服务	40.38	42.43	17.19	45.21	38.73	16.05	35.22	46.38	18.40
乡村路桥	29.02	31.85	39.13	39.06	31.58	29.36	17.92	33.69	48.39
看病方便	17.00	37.70	45.30	20.94	34.67	44.38	12.71	41.00	46.29
生活饮水质量	18.88	44.91	36.21	18.59	48.45	32.96	19.20	41.02	39.78
生活饮水价格	20.91	42.86	36.23	25.82	48.23	25.96	14.60	35.95	49.45
小学校舍	19.51	48.45	32.04	23.76	48.51	27.72	15.43	48.38	36.19
学校师资	21.95	49.45	28.60	23.16	49.30	27.54	20.64	49.62	29.73
义务教育收费	14.37	39.81	45.82	18.62	39.87	41.52	9.90	39.76	50.35
家庭周围生活环境	30.18	42.97	26.85	35.92	41.69	22.39	23.83	44.39	31.78
农村用电	13.31	43.46	43.23	17.40	42.51	40.09	8.81	44.50	46.70
生活能源	37.75	44.65	17.60	32.57	47.47	19.97	43.72	41.42	14.87
文化活动	46.20	30.08	23.72	40.92	32.74	26.34	51.94	27.18	20.87
社会治安	22.28	37.57	40.15	28.84	32.10	39.06	15.24	43.45	41.31
社会保障	25.72	39.06	35.22	31.97	34.08	33.94	18.86	44.51	36.63
空气水	21.84	37.13	41.03	28.11	39.83	32.06	15.03	34.20	50.77

从农户的需求意愿来看,农户对农技服务、农田水利和乡村路桥的需求意愿较为强烈(见表3)。84.34%的农户认为有必要提供农业技术培训,84.11%的农户认为有必要提供农产品信息服务,其中东部地区农户的这一比例略高于中西部地区。约70%的农户认为本村水利设施、乡村路桥需要再建,东部地区的这一比例也高于中西部地区。这一结果与孔祥智等(2006)的调研结果基本一致。

表3　对部分公共品的需求意愿　　　　　　　　　　(单位:%)

	全部		东部		中西部	
	否	是	否	是	否	是
农技培训必要	15.66	84.34	12.50	87.50	18.78	81.22
农产品信息服务必要	15.89	84.11	12.99	87.01	18.74	81.26
水利设施再建意愿	32.60	67.40	32.21	67.79	33.02	66.98
乡村路桥再建意愿	31.01	68.99	24.37	75.63	38.99	61.01

(三)已有项目建设中农户参与程度较低

在一个公共品项目的建设中,农户的参与主要体现在参加施工讨论、参与筹资、出工出力、对预算的了解、对项目的监督、对项目的后续维护几方面。以水利设施和道路建设为例,调查发现无论是水利设施还是道路建设项目,最近一次建设中农户的参与程度很低,除筹资、出工的比例略高外,农户在其他方面的参与程度都较低,对项目的预算了解、项目的监督和后续维护方面尤其缺乏参与(见表4)。

表4　公共品提供中农户参与度　　　　　　　　　　(单位:%)

		参加讨论	参与筹资	参与出工	了解预算	参与监督	参与后续维护
水利设施	全部	19.3	23.48	32.26	11.48	10.76	20.4
	东部	5.84	10.03	29.27	5.75	6.03	17.73
	西部	29.72	34.06	34.15	15.57	14.57	22.74
道路建设	全部	30.46	38.45	27.01	26.85	15.89	16.65
	东部	27.04	45.66	16.18	29.27	17.66	15.86
	西部	34.57	30.06	34.34	23.97	14.25	17.45

三、未来公共品建设中农户的参与意愿

本文问卷调查了农户对未来公共品建设的参与意愿,结果发现农户对于监督和了解预算的参与意愿较高,但是出资意愿并不高。

（一）融资方式上，超过一半的农户希望上级政府拨款

从农户购买意愿来看，大约一半的受调查农户愿意购买农业技术培训和农产品信息提供服务，中西部地区愿意购买农业技术服务和培训的农户比例远远低于东部地区。这可能是因为中西部地区的购买力不足所致。从水利建设和道路建设的出资意愿来看，中西部地区农户出资意愿略高于东部地区（见表5）。

表5　农村公共品出资意愿　　　　　　　　　　　（单位:%）

	全部		东部		中西部	
	否	是	否	是	否	是
农技培训购买意愿	49.67	50.33	39.55	60.44	60.27	39.73
农产品信息服务购买意愿	49.57	50.43	39.55	60.45	59.96	40.04
水利建设出资意愿	56.21	43.79	60.00	40.00	52.49	47.51
道路建设出资意愿	51.79	48.21	52.42	47.58	50.90	49.10

在公共品再建的融资方式上，超过一半的农户希望能够由上级政府拨款，三分之一的农户希望由政府和村集体共同出资，仅约10%的农户希望由上级政府、村集体和个人按比例分摊。东部地区和中西部地区农户在融资方式的选择上有所差异，中西部地区农户希望上级政府拨款的比例更大，而希望村集体出资的比例更小，这可能与中西部地区村庄财力不足有关系。同时，中西部地区农户对于上级政府、村集体和个人按比例分摊偏好的比例大于东部地区（见表6）。可见农户更多地希望由政府来出资，而自身支付意愿不是很强烈，这与孔祥智等（2006）的调查结果一致。

表6　水利设施和乡村路桥再建的融资方式　　　　（单位:%）

	乡村道路			水利建设		
	全部	东部	中西部	全部	东部	中西部
上级政府拨款	53.23	45.03	65.75	57.39	50.94	64.34
村集体出资	6.46	8.72	3.06	3.45	4.23	2.58
上级政府、村集体共同出资	28.38	34.48	18.96	27.09	32.39	21.19
上级政府、村集体、个人按比例分摊	10.11	8.92	11.62	10.34	10.33	10.34
完全由村民集资	1.22	2.03	0.31	0.99	1.88	0.26
受益村民集资	0.49	0.81	0.00	0.12	0.23	0.00
其他形式	0.12	0.00	0.31	0.62	0.00	1.29

（二）决策的参与意愿不高，但是出工意愿较高

关于公共品提供过程中的施工决策方式，将近80%的农户希望能够由村集体通过协议、竞标方式承包给个人或组织或者委托给单位或个人，希望能够由村民自己选举施工小组进行施工的农户的比例不到5%，可见在基础设施的建设施工决策上，村民参与的意愿不是很高（见表7）。

表7　公共品提供决策方式①　　　　　　　　　　　　（单位：%）

		协议承包	竞标承包	委托单位或个人	村集体组织规划	村民选举施工小组	其他
水利	全部	20.61	47.03	13.69	14.52	3.46	0.69
	东部	24.47	39.88	19.64	12.99	2.42	0.60
	中西部	17.99	55.03	8.99	16.40	0.79	0.79
道路	全部	20.66	38.01	18.06	17.77	4.34	1.16
	东部	21.73	38.44	22.28	13.37	3.34	0.84
	中西部	19.64	37.76	13.60	22.66	5.44	0.91

在出工意愿上，超过60%的农户愿意出工，中西部地区农户的愿意出工的比例达到70%以上，高于东部地区农户（见表8）。

表8　公共品提供出工意愿　　　　　　　　　　　　（单位：%）

	全部		东部		中西部	
	否	是	否	是	否	是
水利	30.48	69.52	38.25	61.75	23.92	76.08
道路	36.29	63.71	44.48	55.52	27.51	72.49

（三）农户对项目的预算管理和监督意愿较高

在项目的预算管理上，约40%的农户希望能够召开村民代表大会决定预算，约20%的农户希望通过选举村民理财小组决定预算。可见农户对项目预算管理的参与意愿很强，东部地区农户对预算管理的参与意愿高于中西部地区，希望召开村民代表大会决定和选举村民理财小组参与预算的农户超过70%（见表9）。

---

① 决策方式包括以下几种：(1)集体通过协议承包的方式承包给个人或组织；(2)集体通过竞标承包的方式承包给个人或组织；(3)村集体委托相应单位或个人建设；(4)村集体统一组织规划与建设施工；(5)村民选举施工小组规划施工；(6)其他。

表9　项目的预算管理　　　　　　　　　　　　（单位：%）

	水利建设			道路建设		
	全部	东部	中西部	全部	东部	中西部
乡镇或上级政府决定	29.14	12.8	43.00	25.43	13.37	38.24
村委会决定	9.67	10.67	8.91	15.86	10.31	21.76
召开村民代表大会决定	40.06	50.61	31.55	39.00	51.81	25.29
选举村民理财小组参与预算决策	19.06	25.00	13.49	18.29	23.68	12.65
其他	2.07	0.91	3.05	1.43	0.84	2.06

在项目的监督方式上，约60%的农户希望能够选举专门的村民监督小组进行监督，而希望由村委会或乡镇政府进行监督的比例很低。其中东部地区农户希望能够参与监督的比例高于中西部农户（见表10）。

表10　公共品提供监督方式　　　　　　　　　（单位：%）

	水利			道路		
	全部	东部	中西部	全部	东部	中西部
乡镇政府监督	18.79	12.99	23.62	18.13	11.63	25.00
村委会监督	12.07	7.25	16.08	17.71	11.91	23.55
选举专门的村民监督小组	63.79	72.21	56.78	57.79	70.91	44.48
不需监督	2.88	3.63	2.26	4.25	3.32	5.23
综合监督	1.37	2.72	0.25	0.71	1.11	0.29
其他	1.10	1.21	1.01	1.42	1.11	1.45

四、农户参与对公共品满意度的影响

本部分以道路建设项目为例来分析农户参与对公共品满意度的影响。

（一）相关性分析

对农户参与和农户对道路项目的满意度相关性分析结果发现，参与讨论、参与监督和参与后续维护的农户对道路的满意度更高，Pearson 卡方的显著性水平为1%。此外，参与筹资、了解项目预算与满意度也正相关，这一结果在5%水平下显著（见表11）。

表 11　最近一次道路建设参与度与满意度相关性

	不满意	一般	满意	合计	Pearson 卡方	P 值
未参与讨论	197	249	205	651		
参与讨论	43	107	129	279	28.5125	0.000
合计	240	356	334	930		
未参与筹资	143	221	236	600		
参与筹资	103	137	104	344	8.6749	0.013
合计	246	358	340	944		
未参与投工	179	264	234	677		
参与投工	50	91	101	242	4.9939	0.082
合计	229	355	335	919		
不了解预算	197	262	252	711		
了解预算	40	88	83	211	6.5364	0.038
合计	237	350	335	922		
未参与监督	195	305	262	762		
参与监督	30	39	73	142	15.2838	0.000
合计	225	344	335	904		
未参与后续维护	188	277	262	727		
参与后续维护	15	59	73	147	18.9538	0.000
合计	203	236	335	874		

（二）模型设定与变量定义

通过以上相关性分析,本文提出如下假设以供检验:农户对公共品的参与有助于提高农户对公共品的满意度。由于农户对公共品的参与主要体现在参与决策讨论、参与筹资、参与投工、了解项目预算、参与项目监督、参与后续维护几个方面,因此具体来说,农户参与对公共品满意度的影响机制表现在以下途径:一是农户参与项目选择的决策讨论有利于选出符合农户需求意愿的项目进行建设;二是农户参与筹资、参与投工投劳有利于增加项目建设的资金、促进项目建设的进度,同时农户亲自参与投工投劳也有利于保证项目的建设质量;三是对于项目预算的了解和对项目的监督有助于减少项目建设中的暗箱操作,提高项目的公开透明度,保证项目的资金利用效率和项目的质量;四是参与后续维护有助于保证后期的公共品的正常运行,提高所建工程的使用期限,从而提高满意度。从以上几方面的作用来看,我们假设农户参与公共品建设有助于提高农户对所建公共品的满意度。

接下来本文通过有序 Probit 模型对影响农户公共品满意度的因素进行分析,以检验以上假设是否成立。根据已有的对农户公共品满意度影响因素的研究,农户公共品满意度影响因素包括家庭特征、村庄特征等(李燕凌、曾福生,2008),本文将这些因素作为控制变量,并引入农户参与变量,着重考察农户参与对公共品满意度的影响(见表 12)。

表 12　相关变量描述统计

变量	变量定义	观测值	均值	标准差	最小	最大
道路满意度	1 = 不满意,2 = 一般,3 = 满意	852	2.14554	0.771064	1	3
参与讨论	是 = 1,否 = 0	877	0.278221	0.448379	0	1
参与筹资	是 = 1,否 = 0	877	0.326112	0.469056	0	1
参与投工	是 = 1,否 = 0	877	0.234892	0.424173	0	1
了解预算	是 = 1,否 = 0	877	0.194983	0.396414	0	1
参与监督	是 = 1,否 = 0	877	0.13455	0.341437	0	1
参与维护	是 = 1,否 = 0	877	0.164196	0.370665	0	1
建设年份		783	2007.936	3.13115	1986	2011
召开村民大会	是 = 1,否 = 0	871	0.378875	0.485386	0	1
家庭人口		877	3.168757	1.0108	1	5
户主年龄		877	50.49601	11.09173	24	94
户主教育水平	1 = 未上学,2 = 小学,3 = 初中,4 = 中专或高中,5 = 大专及以上	874	2.902746	0.785561	1	5
是否村民代表	是 = 1,否 = 0	785	0.248408	0.432365	0	1
2010 家庭总收入	单位:元	846	38 682.63	62 256.82	50	1 000 000
距县城距离	单位:千米	586	24.32765	13.92919	2	50
总人口	单位:人	589	1 720.285	1 058.697	110	3 800
外出务工比例	单位:%	526	24.60554	14.53528	5	67
合作组织个数		589	1.125637	1.237662	0	4

因变量为农户对最近一次道路建设的满意度,用 1、2、3 分别表示不满意、一般、满意。根据因变量的赋值,本文采取有序 Probit 模型进行分析。从统计结果来看,对最近一次道路建设的平均满意度为 2.14。

农户参与变量:由农户在最近一次道路建设中是否参加施工讨论、参加筹资、出工出力、对预算的了解、对项目的监督、对项目的后续维护六个变量组成。从参与程度来看,调查农户在最近一次道路建设中参与程度较高的有筹资、投工、讨论几项,参与监督的比例很低,仅为 13%。

其他控制变量包括项目建设情况、农户家庭特征、村庄特征。

项目建设情况变量包括项目建设的年份、项目建设时是否召开村民大会。调查村最近一次道路建设的年份在 1986—2011 年,均值为 2007 年左右。通过控制召开村民大会变量以控制政府对于农户参与的政治号召的影响,从而排除农户被动参与带来的消极作用。约 37% 的调查农户表示最近一次项目建设时召开过村民大会。

农户家庭特征变量包括农户家庭人口数、户主年龄、户主受教育水平、被访者是否为村民代表几个变量。调查农户平均家庭人口为 3 人,户主平均年龄为 50 岁,2010 年农户家庭总收入平均为 3.81 万元。

村庄特征变量包括村庄距县城距离、村庄总人口、外出务工比例、村合作组织个数几项。

(三) 回归结果

表 13 是控制村庄基本特征得到的回归结果,结果表明参与讨论、参与预算、参与监督、参与维护都会提高农户道路项目的满意度,这与马林靖、张林秀(2008)的研究结果一致,即项目的透明度提高、农户更多地了解项目预算、参加项目的监督维护会提高农户的公共品满意度。然而参与筹资、参与投工与项目的满意度负相关,即参与筹资、参与投工会降低农户对项目的满意度。将所有的参与变量同时纳入模型中,见表 13 第(7)列,结果发现各项参与对满意度的影响方向与分项回归结果一致,但是显著性水平出现差异。参与讨论和参与监督仍然对项目满意度具有正影响,并且在 5% 水平下显著。参与筹资仍然对项目满意度有负影响,并且在 1% 水平下显著。这一结果与第三部分得出的农户筹资意愿较低、监督意愿较强的结论相呼应。

但是以上模型中可能缺失某些不可观测的因素,这些不可观测的因素会同时影响农户的参与和项目的满意度,进而造成估计结果的不准确。已有关于对农户满意度影响因素的研究仅仅在模型中控制了村庄特征或者仅仅加入省份虚拟变量,但是这两种变量均无法克服村庄不可观测因素对模型估计系数的影响。本文进一步在模型中加入村庄虚拟变量以控制不可知因素的干扰。得到的结果见表 14。从回归结果来看,加入村庄虚拟变量后,模型的解释力得到提高,LR 统计量和拟 R 平方都显著增大。

从分项回归结果来看(见表 14 第(1)—(6)列),加入村庄虚拟变量后农户参与对满意度的影响与表 13 的回归模型有较大差别,除参与监督对项目满意度有显著影响外,其他参与形式对项目满意度的影响都不显著。同时分项回归结果中加入参与监督后的模型解释力也略高于其他参与形式。从影响方向来看,参与讨论、参与预算、参与监督、参与维护对项目满意度有正影响,而参与投工与项目满意度

表 13 农户参与对道路满意度的影响（一）

	(1)	(2)	(3)	(4)	(5)	(6)	(7)
参与讨论	0.814*** (0.211)						0.833*** (0.244)
参与筹资		-0.784*** (0.166)					-1.092*** (0.181)
参与投工			-0.0249 (0.160)				-0.182 (0.174)
了解预算				0.484** (0.200)			0.246 (0.233)
参与监督					0.669*** (0.233)		0.661** (0.273)
参与维护						0.389* (0.226)	0.103 (0.264)
修建年份	0.0777*** (0.0236)	0.0566** (0.0246)	0.0874*** (0.0233)	0.0840*** (0.0234)	0.0872*** (0.0234)	0.0934*** (0.0236)	0.0348 (0.0258)
是否召开大会	0.562*** (0.191)	1.038*** (0.188)	0.811*** (0.180)	0.747*** (0.181)	0.715*** (0.182)	0.761*** (0.181)	0.752*** (0.200)
是否村民代表	0.234 (0.158)	0.413*** (0.147)	0.451*** (0.147)	0.313** (0.157)	0.359** (0.151)	0.427*** (0.148)	0.0111 (0.168)
人口	0.0288 (0.0626)	0.0114 (0.0620)	0.0150 (0.0620)	0.0276 (0.0623)	0.0199 (0.0621)	0.00644 (0.0620)	0.0460 (0.0645)
户主年龄	0.00627 (0.00594)	0.00792 (0.00594)	0.00711 (0.00590)	0.00751 (0.00591)	0.00759 (0.00591)	0.00742 (0.00591)	0.00816 (0.00605)
户主教育	-0.0848 (0.0791)	-0.0499 (0.0801)	-0.0809 (0.0788)	-0.0818 (0.0791)	-0.0932 (0.0792)	-0.0889 (0.0791)	-0.0527 (0.0814)

（续表）

	(1)	(2)	(3)	(4)	(5)	(6)	(7)
家庭收入	1.90E-07	6.44E-07	2.87E-07	3.53E-08	2.72E-07	2.82E-07	5.13E-07
	(7.77E-07)	(7.80E-07)	(7.76E-07)	(7.85E-07)	(7.81E-07)	(7.76E-07)	(7.96E-07)
距县城距离	-0.00496	0.00547	0.000189	0.000629	0.00166	0.00142	0.00476
	(0.00522)	(0.00511)	(0.00500)	(0.00502)	(0.00504)	(0.00505)	(0.00550)
村总人口	0.000160	0.000187	0.000160	0.000184	0.000168	0.000181	0.000157
	(0.000124)	(0.000124)	(0.000123)	(0.000123)	(0.000123)	(0.000123)	(0.000126)
外出务工比例	0.00999**	0.00216	0.00907*	0.00784	0.00765	0.00766	-2.25E-05
	(0.00506)	(0.00517)	(0.00516)	(0.00502)	(0.00504)	(0.00504)	(0.00557)
村合作组织个数	-0.425***	-0.334***	-0.386***	-0.410***	-0.387***	-0.385***	-0.368***
	(0.110)	(0.109)	(0.108)	(0.109)	(0.108)	(0.108)	(0.111)
Cut1	155.8***	113.5**	175.2***	168.5***	174.9***	187.2***	69.63
	(47.39)	(49.29)	(46.73)	(46.84)	(46.84)	(47.26)	(51.81)
Cut2	156.7***	114.5**	176.2***	169.5***	175.9***	188.2***	70.69
	(47.39)	(49.29)	(46.73)	(46.84)	(46.85)	(47.26)	(51.81)
Observations	417	417	417	417	417	417	417
LR chi²	92.19	99.07	76.60	82.54	85.22	79.61	135.15
Prob > chi²	0.0000	0.0000	0.0000	0.0000	0.0000	0.0000	0.0000
Pseudo R^2	0.1043	0.1121	0.0866	0.0934	0.0964	0.0901	0.1529

注：括号中为标准差，*** 表示 $p < 0.01$，** 表示 $p < 0.05$，* 表示 $p < 0.1$。

表 14 农户参与对道路满意度的影响（二）

	（1）	（2）	（3）	（4）	（5）	（6）	（7）
参与讨论	0.0717 (0.142)						−0.0494 (0.172)
参与筹资		0.126 (0.157)					0.141 (0.174)
参与投工			−0.138 (0.137)				−0.246* (0.146)
了解预算				0.162 (0.164)			0.0619 (0.192)
参与监督					0.400** (0.175)		0.452** (0.193)
参与维护						0.0459 (0.173)	−0.000835 (0.182)
是否村民代表	0.174 (0.122)	0.186 (0.117)	0.196* (0.117)	0.153 (0.123)	0.137 (0.119)	0.189 (0.117)	0.126 (0.126)
人口	0.0592 (0.0557)	0.0577 (0.0558)	0.0605 (0.0557)	0.0625 (0.0558)	0.0628 (0.0559)	0.0595 (0.0557)	0.0630 (0.0562)
户主年龄	0.00873 (0.00542)	0.00881 (0.00541)	0.00895* (0.00541)	0.00894* (0.00541)	0.00856 (0.00542)	0.00891* (0.00541)	0.00862 (0.00544)
户主教育	−0.0506 (0.0733)	−0.0491 (0.0729)	−0.0393 (0.0732)	−0.0528 (0.0732)	−0.0706 (0.0738)	−0.0467 (0.0729)	−0.0643 (0.0742)
家庭收入	3.70E-07 (7.54E-07)	3.33E-07 (7.57E-07)	3.50E-07 (7.55E-07)	3.38E-07 (7.55E-07)	4.53E-07 (7.58E-07)	3.86E-07 (7.54E-07)	3.43E-07 (7.66E-07)
村庄虚拟	是	是	是	是	是	是	是

（续表）

	（1）	（2）	（3）	（4）	（5）	（6）	（7）
Cut1	-1.908***	-1.918***	-1.937***	-1.895***	-1.933***	-1.894***	-2.011***
	(0.689)	(0.689)	(0.687)	(0.689)	(0.692)	(0.689)	(0.693)
Cut2	-0.236	-0.244	-0.264	-0.221	-0.251	-0.224	-0.321
	(0.688)	(0.687)	(0.686)	(0.688)	(0.690)	(0.688)	(0.691)
Observations	733	733	733	733	733	733	733
LR chi^2	516.81	517.20	517.57	517.54	521.87	516.63	525.26
Prob > chi^2	0.0000	0.0000	0.0000	0.0000	0.0000	0.0000	0.0000
Pseudo R^2	0.3305	0.3308	0.3310	0.3310	0.3338	0.3304	0.3359

注：括号中为标准差，*** 表示 $p<0.01$，** 表示 $p<0.05$，* 表示 $p<0.1$。

负相关。

以上回归结果表明农户参与项目讨论、参与预算、参与监督、参与后续维护有助于提高农户对公共品的满意度,验证了本文前面提出的假设。农户参与项目讨论有助于通过提供表达的机会选出反映农户需求偏好的公共品,而在项目的施工建设中,农户参与了解预算和参与监督有助于减少施工过程中不符合农户长远利益的行为,阻止施工方由于自身短期利益而偷工减料或者挪用资金等行为,对于项目后续维护的参与有利于实现公共品的可持续运作,进而提高农户对公共品的满意度。但是回归结果中农户参与筹资和参与施工对农户的满意度的影响不稳健,甚至会出现负相关,这可能是因为虽然参与筹资和参与施工有利于扩大公共品资金来源和加快公共品建设进度,但是由于参与筹资带来的收入减少影响以及参与施工带来的机会成本和效用损失,农户满意度会有所降低。

综合以上回归结果来看,农户参与监督表现出稳健性的显著影响,因此可以认为农户参与监督可以显著提高农户对道路建设的满意度。已有研究认为,公共品提供中应该提高农户的参与程度(李小云等,2005;刘民权、俞建拖,2007),本文结果表明如果从农户对公共品满意度的角度出发,那么在鼓励农户参与中所采取的参与形式上,应该着重提高农户对项目监督方面的参与程度。

五、结论:提高农村公共品供给中的
农户参与度与乡村治理变革

农户参与对于农村公共品的提供、乡村治理模式的变革有重要作用,这在发展理论中得到强调,但是目前乡村公共品提供中,农户参与不足。本文调查发现在已有项目的建设过程中,农户的参与水平很低,对项目的预算了解、项目的监督和后续维护方面尤其缺乏参与。在融资方式上,农户对于公共品提供的融资意愿不足,希望由上级政府出资的比例很高。对于项目的决策的参与意愿较低,但是对于项目的预算管理和项目的监督具有很强的参与意愿。这说明农民对政府提供公共品有强烈依赖,目前在公共品提供上仍然是政府主导,没有形成多元化的公共品供给渠道。

农户在公共品提供上的参与有助于农户行使自主权利、表达自身诉求进而选择符合自身利益的公共品项目,从而提高农户的福利,提高农户满意度。本文对当前农村公共品的农户满意度调查发现农户对于农田水利、道路建设、农技服务、农村文化活动、生活能源、农村家庭周围生活环境的满意度很低,这可能与农户参与程度低有关。本文通过有序 Probit 模型回归验证了这一结论,农户参与监督可以显著提高农户对公共品的满意度。农户参与提高农户满意度的作用机制主要在于参与有助于表达农户对公共品的需求意愿,农户的监督有利于公共品项目质量的提高,从而提高农户对公共品的满意度。

　　当前农户对公共品提供参与度低的原因可能有以下几方面：一是目前乡村公共品提供方式比较传统，基层政府对于乡村公共品提供的观念比较保守，固守既有的成规，没有能够解放思想，下放权力，发挥农民自己的积极性；二是农民自身的思想观念比较落后，对于投工投劳、集资建设公共品的积极性不高，对政府的依赖性较强，没有足够的动力参与公共品建设；三是随着城市化进程的加快，乡村传统社会正在解体，农民流动性逐渐增强，形成集体行动的难度加大。

　　因此提高农户对公共品提供的参与度需要一系列制度设计，给政府和农户以一定的激励，使得政府愿意下放权力，同时农民也愿意参与到公共品建设中来，在这一过程中，开放讨论、给农民自主参与和自主决策权是极为关键的，在这一点上，很多 NGO 已经在四川、广西、云南等地的乡村进行了一定的实验，取得了很好的效果，可以借鉴。这也就意味着乡村治理模式必须发生深刻的转型，由农户被动介入型转向农户自主决策型和自愿参与型，以改善公共品供给的效率并提升农户满意度。

参考文献

Sen A., *Development as Freedom*, New York：Knopf 1999.

白南生、李靖、辛本胜：《村民对基础设施的需求强度和融资意愿》，《农业经济问题》，2007 年第 7 期，第 49—53 页。

贾康、孙洁：《社会主义新农村基础设施建设中应积极探索新管理模式——PPP》，《财政研究》，2006 年第 7 期，第 40—45 页。

孔祥智、李圣军、马九杰、王明利：《农村公共品供给现状及农户支付意愿研究》，《中州学刊》，2006 年第 4 期，第 54—58 页。

孔祥智、涂圣伟：《新农村建设中农户对公共物品的需求偏好及影响因素研究》，《农业经济问题》，2006 年第 10 期，第 10—16 页。

李强、罗仁福、刘承芳、张林秀：《新农村建设中农民最需要什么样的公共服务》，《农业经济问题》，2006 年第 10 期，第 15—20 页。

李锐：《农村公共基础设施投资效益的数量分析》，《农业技术经济》，2003 年第 2 期，第 5—9 页。

李小云主编：《普通发展学》，社会科学文献出版社，2005 年。

李燕凌、曾福生：《农村公共品供给农民满意度及其影响因素分析》，《数量经济技术经济研究》，2008 年第 8 期，第 3—18 页。

刘民权、俞建拖：《国际扶贫的理论与政策实践》，中国发展研究基金会研究项目，2007 年 10 月。

罗仁福、张林秀、黄季焜、罗斯高、刘承芳：《村民自治、农村税费改革与农村公共投资》，《经济学（季刊）》，2006 年第 4 期，第 1295—1310 页。

马林靖、张林秀：《农户对灌溉设施投资满意度的影响因素分析》，《农业技术经济》，2008 年第 1 期，第 34—39 页。

马晓河、刘振中：《"十二五"时期农业农村基础设施建设战略研究》，《农业经济问题》，2011

年第 7 期,第 4—9 页。

张林秀、罗仁福、刘承芳、Scott Rozelle:《中国农村社区公共物品投资的决定因素分析》,《经济研究》,2005 年第 11 期,第 76—86 页。

张林秀、李强、罗仁福、刘承芳、罗斯高:《中国农村公共物品投资情况及区域分布》,《中国农村经济》,2005 年第 11 期,第 18—25 页。

朱玉春、唐娟莉、郑英宁:《欠发达地区农村公共服务满意度及其影响因素分析》,《中国人口科学》,2010 年第 2 期,第 82—91 页。

附表 1　北京大学经济学院课题组调查样本地区分布

省　　份	农户数	县	乡	村
山西	296	4	13	36
江苏	86	2	3	3
浙江	50	1	1	1
北京	13	1	1	1
河北	50	2	1	3
四川	102	2	5	5
宁夏	64	5	14	17
山东	534	13	22	30
河南	48	1	9	1
湖北	97	2	7	20
陕西	57	3	4	2
重庆	50	1	1	2

第十四章 论新型农民合作组织与农村经济转型*

一、引言:"从合到分"和"从分到合": 中国农村转型的辩证法

1978 年以来的农村联产承包责任制改革是对传统计划经济下农村土地制度和管理制度的扬弃,由于务实的地方政府和中央决策者的激励从而逐渐取得了合法性,在一定程度上使各类农业生产要素的支配权重新回归到农民手中。这一次"从合到分"的变革,极大地释放了农村的生产力,农民有了土地、劳动力与生产资料的支配权,提高了农村资源配置的效率,使农业生产在短期内就超越了历史水平,从而奠定了中国改革开放 30 年的物质基础和体制基础。

联产承包责任制的推行使我国农业生产和农村改革取得了巨大的成就,同时也应该认识到,这个制度也使得农民的组织化程度回到小农经济时代,当联产承包责任制所带来的制度变迁的能量释放殆尽之后,小农经济内在的弊端就逐渐显现出来。从某种意义上来说,在农村改革 30 年后,农村又面临着一次新的"由分到合"的变革,这次变革的核心是提高农民的自组织能力,重新塑造农民合作的组织载体,以与农业产业化和农村现代化的内在要求相对接。这是一次新的农村微观组织形态和农村经济运行模式的重大变革。

近年以来,农民合作社出现了蓬勃发展的态势,2007 年 7 月《农民专业合作社法》的正式颁布实施,标志着我国农民合作经济组织进入了一个法制化、规范化的新阶段。据农业部统计,全国现有农民专业合作组织有 21 万多个,农民专业合作组织成员数为 3 878 万,其中,农民成员 3 486 万户,农民成员占全国农户总数13.8%,比 2002 年提高了 11 个百分点。[①] 农民合作组织的迅猛发展说明,从兼业"小农"到组织化"大农"是未来农村发展的基本趋势。合作社的发展,意味着农民

---

* 本文发表于《北京大学学报》(哲学社会科学版)2010 年第 3 期。

① 农业部中国农业信息网,http://www.agri.gov.cn/。

自组织能力的增强,也意味着农村微观经济主体发生了巨大而深刻的变迁。同时,组织化"大农"的出现也标志着我国乡村治理发生了深刻变化,对农村发展和制度变革必将产生深远的影响。本文第二部分将系统分析新型农民合作组织兴起的制度根源与制度特征,第三部分对新型农民合作组织中出现的最显著现象"公司领办型"合作社的兴起进行了经济学解释,第四部分探讨了新型农民合作组织中的全要素合作和政府行为问题。最后的结论部分提出了农民自组织能力的培育与制度补贴问题,对中国农民合作组织的发展趋势作出展望。

二、新型农民合作社兴起的制度根源及其制度特征

新型农民合作组织的发展是对传统农村经济运行模式和经营体制的"否定之否定"。分散的小农体制一方面使农民获得了农业生产要素的自由支配权,从而激发了农民的生产要素的投入;另一方面小农体制也使农民的组织化程度降低,农业生产及其要素配置的规模经济下降,农业部门的边际产出必然出现逐年递减的态势。农村经济发展的相对停滞、城乡差距的拉大、乡村治理结构的涣散等,显示出现有农民组织形式和农村微观经营模式必须发生新的变革。

而新型农民合作组织从以下几个方面改善了农民的处境:第一,农民合作组织提高了小农抗击农业风险的能力,提高了农民作为弱势群体的自助自救能力,避免了农民的破产危机;第二,新型农民合作组织增加了农业生产的边际收益,阻遏了农业部门边际收益递减效应;第三,新型农民合作组织提升了农业生产的规模效应和农产品的市场竞争力;第四,新型农民合作组织促进了农业的适度产业化发展,使农民更能适应农业开放之后农业产业化的发展趋势;第五,农民合作社加速了农村各种生产要素的流动与整合,提高了农业生产要素配置的效率。这几个方面的作用,已经被实践所充分证明。

1978 年之后 30 年间,由于土地制度和农村经营制度发生了根本的变化,再加上 21 世纪初期中国加入世界贸易组织后的农业开放和农业转型所引发的市场竞争格局的改变,导致新型农民合作组织的发展模式与制度结构也随之发生了深刻变迁。从契约—产权视角来看,新型农民合作组织与 20 世纪 50—70 年代的农民合作组织有了很大的差异。第一,从发起人结构和产权结构而言,政府主导或准政府部门兴办、公司领办型合作社与农村能人和种养殖大户发起的合作社同时得到发展,民间农业产业资本在合作社中的作用越来越凸显出来(见图 1)。第二,从契约视角来看,新型农民合作社重新回到合作社成员之间较为对等的契约关系中来,这为真正实施退出权提供了制度基础和保障。新型农民合作社成员之间存在明显的异质性,但是这并不能成为影响对等契约关系的因素。相反,异质性再强的合作社,也必须尊重成员的完全退出权(当然可以为退出权设置某些成本或对成员准入设置一定的门槛以保持成员的稳定性)。第三,从成员之间的所有权关系来看,新

型农民合作社是成员之间的要素合作,但是要素的所有权关系不变,特别是当土地作为一种要素进入合作社时,土地的所有权仍旧属于合作社成员所有。因此,新型的合作社并没有改变农民家庭承包经营制度等基本农村产权制度,而只是改变了其生产方式与要素组合形式,包括土地在内的所有要素仍旧有非常明晰的产权归属。第四,与农业产业转型相匹配的是,新型农民合作组织涉及的产业逐步多元化(产业结构见图2),能够为农业产业化提供全方位的服务,同时为适应农业产业化和集约化的趋势,新型合作社在自主品牌建设和专业化方面也有了迅速的发展。有相当数量的农民专业合作组织通过成员共同投资,兴建了一大批从事农产品加工的经济实体。越来越多的专业合作组织品牌意识不断增强,有的注册了自主产品商标,有的建立了无公害产品、绿色食品、有机食品生产基地并获得了相关认证,有的将成员产品组织起来出口国际市场。根据农业部统计,截至2008年,全国各类农民专业合作组织已自主拥有注册商标26 600多个,取得无公害、绿色和有机等"三品"认证3 267个。[①] 同时,新型农民合作组织逐步趋向一种"全要素合作"的发展模式,劳动力、技术、信息、土地、资金、企业家才能等要素均进入合作社,出现了生产合作、供销合作、消费合作、技术合作、土地合作、信用合作互相交融、多元综合的合作趋势。总之,近几年来,农民合作组织呈现出迅猛发展的局势,对农村经济转型产生了深远的影响。

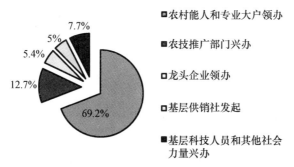

图1 农民合作社结构:按发起人

新型农民合作组织发展过程中,一个特别值得重视的突出现象是,在目前存在的约21万家合作社中,真正由农户自发创建的合作社比例非常低。笔者2007—2009年对北京、山东、安徽、浙江、四川等地的农民合作社进行的田野调查发现,在很多合法登记的合作社中,表面看起来是由农民发起登记的合作社,实际上背后起核心主导作用的发起者往往是涉农企业、供销社、农业技术推广人员或者政府相关部门,纯粹由农民创建的合作社极为罕见。如何解释这一现象?原因之一是,在农村地区企业家人力资本是普遍缺失的,这导致纯粹由农民组建的合作社难以内生

---

① 农业部中国农业信息网,http://www.agri.gov.cn/。

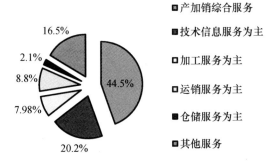

图 2　农民合作社结构:按服务领域
资料来源:农业部中国农业信息网,http://www.agri.gov.cn/。

出自己的企业家,使得合作社经常因为难以应对激烈的市场竞争而解散。在欧洲19世纪中期合作社萌芽发展的时期,农民自发组建合作社,从而在合作社中培养农民的企业家精神,这在市场竞争还不太激烈的时代,是可以做到的。但是当市场竞争非常激烈的时候,市场很难允许合作社长时期花费巨大成本培育农民的企业家精神,事实往往是这样的:当纯粹由农民举办的合作社还没有培育出自己的合格的企业家人力资本时,残酷的市场竞争已经将合作社淘汰出局。原因之二是,在改革开放之后很长时间里,国家对合作社的培育与扶持缺乏明确的政策法律框架,同时,农业产业资本在20世纪80年代之后迅速崛起,比合作社抢先占领了农业市场,形成竞争中的占优地位,这导致农业产业资本对合作社形成了某种挤出效应。而政府所一贯倡导的"公司加农户"的农业产业化模式,更是扶持助长了农业产业资本的力量而削弱了合作社的力量。农业产业资本对小农的挤压,使得小农自发组建合作社的可能性降低。在合作社自身禀赋和外部市场环境都变得非常不利的情况下,政府对合作社的扶持就显得极为重要。

三、农民合作组织弱内生性和公司
领办型合作社的经济学解释

新型农民合作组织中农民发起比例低这个事实,说明新型农民合作组织的内生性弱,农民的自组织能力有待增强。在新型农民合作组织中,公司领办型合作社占据明显重要的比重。从契约视角来看,公司领办型合作社实际上是兼业小农与农业产业资本之间缔结的一个不完全合约。公司领办型合作社的成立,实际上为兼业小农和农业产业资本双方均带来福利的"帕累托改进":作为交易的一方,农业产业资本获得政府的政策租金,而攫取政策租金是很多涉农产业资本愿意组建合作社的基本动因之一;农业产业资本还获得纵向一体化的好处,农业产业资本与农民之间本来是上下游的产业关系,按照市场原则进行交易,但一旦形成合作社之后,农业产业资本和农民之间的交易内部化了,从而可以更好地克服信息不对称和市场的不确定性,对农业产业资本增强在市场上的竞争力有积极意义。同时,作为交易的另一方,兼业小农也获得了自己的福利的帕累托改进,兼业小农获得了规模收益、降低了企业家的搜寻成本与培育成本、降低了信息成本和市场不确定性成本,还获得了大量与集约化经营相关的经营收益,规避了经营风险。

公司领办型合作社实际上是农业产业资本与兼业小农之间博弈的结果。他们之间形成一个共生的利益共同体,即奥尔森所说的相容性的共同体而不是排他性的共同体。尽管在公司领办型合作社中不可避免地会发生公司对农民利益的侵占问题,但是从总体上来说,这两个利益主体是相容性的,而根据奥尔森的集体行动理论(Olson,1965),相容性的集团有可能实现集体的共同利益。值得指出的是,之所以公司领办型合作社能够实现双方的共同利益,能够有效避免产业资本对农民利益的侵占,在很大程度上仍旧归因于对等契约关系和完整产权关系所决定的成员的完整退出权。农民所享有的完整退出权,对农业产业资本造成一种可信威胁,如果产业资本在定价和剩余分配等方面损害了农民的利益,使其福利出现净损失,则农民可以用脚投票,实施退出权,而转向市场交易。在这里,市场和合作社是农民相机抉择的一种交易形式,如果市场合适,农民就会选择市场;如果合作社合适,农民就会选择合作社,市场和合作社的边界由农民的边际收益而定。在这里,威廉姆森和张五常等对企业与市场的关系的结论完全可以移植到市场与合作社的关系中来(Williamson,1975;Cheung,1983)。

从某种意义上来说,公司领办型合作社的兴起是经典合作社的一种"异化",但这种"异化"必定有其社会经济根源。实际上,不论是国外还是国内,围绕着合作社的发展,一直存在着两种不同的思维模式或者学术流派:一种我们可以称之为"坚持经典模式的合作社流派",一种我们可以称之为"对经典模式进行调整的合作社流派"。坚持经典模式的合作社派强调合作社的发展应该遵循欧洲合作社的经典模式或曰古典模式(classical model)。这些模式可以用罗虚戴尔原则来概括,其中的核心原则是一人一票的民主决策制度、限制股金分红和按交易额分配的利润分配制度、为社员服务及社员身份的平等性与同质性。这些最经典的合作社原则在一个多世纪以来通行全世界,逐渐被全世界所广泛接受。这些原则也是国际合作社联盟(ICA)所倡导的主要原则(马忠富,2001;傅晨,2006)。但是随着世界经济的发展,各国的经济形态、市场竞争形态、社会阶层形态、外部环境等都发生了根本性的变化,坚持经典模式的合作社发展思路越来越不能适应市场竞争带来的挑战,也不能适应社员的新要求。在这种情况下,合作社的发展模式也必须与时俱进。于是就出现了对经典模式进行修正的合作社流派,对原有的经典合作社原则作了若干调整。其中包括:一人一票的民主决策制度逐渐转变为加权投票的民主决策制度;在按交易额分配之外加入股权分红制度;社员身份逐步出现异质性和多元化倾向,允许资本所有者更多进入合作社;合作社服务范围也逐步广化和泛化,不仅为社员服务,更为非社员服务,不仅为本国人服务,更为全球客户服务(Condon,1987;Robokta,1957;Torgerson et al., 1998)。

公司领办型合作社的兴起显示出我国当前农村市民社会基础的薄弱性。欧洲经典合作社的诞生与发展,是与欧洲的市民社会的兴起分不开的,市民社会的兴起,使得人们的民主意识、自我意识、合作意识等大为增强,这才有了经典合作社产生的基础。农村普遍缺乏市民社会基础,则农民的民主意识、自我意识较弱,在一个组织中很难通过民主管理和民主决策来实现自己的目标,也不懂得如何通过民主程序、通过讨价还价和妥协来维护自己的利益。同时,公司领办型合作社的兴起也反映了我国当前农村市场发育基础和农民市场意识、合作意识的薄弱性。经典合作社的出现是与一定的市场发育基础联系在一起的。我国当前的农村市场发育不完善,农民的市场意识比较薄弱,这就导致由农民自发产生组建合作社的想法的几率大大降低。农村竞争环境基础的恶化也是公司领办型合作社出现的重要原因。现在,随着农业产业化的逐步推进,资本对农业产业的渗透和控制逐步加深,这就导致农村中竞争环境的恶化,单纯由农民组建的合作社在资本规模、生产规模、技术层次、人才竞争力方面很难与大型资本相竞争。

从以上几个方面来看,我国现阶段单纯由农民发起和组建的合作社之所以很少,关键在于这类合作社的生存缺乏市民社会基础、市场发育基础、合作精神基础和竞争环境基础。所以,公司领办型的合作社在中国的普遍存在,是一个必然的现象。在公司领办型合作社的发展中,农民和公司形成了较好的利益对接,企业拥有品牌累积的声誉优势、企业家精神优势、市场敏感性优势、市场网络与营销优势、管理优势以及市场谈判能力和订约优势,农民可以利用龙头企业的这些优势,使合作社及其产品在市场中更具有竞争力,这样合作社的盈利能力就会增强,就可以为农民社员带来更多的实惠和福利增进;而为了这些福利的增进,农民社员在组建合作社的过程中和合作社运作的过程中,都愿意自动让渡一部分权利,来凸显龙头企业的作用,使资本在合作社治理中占据更多的话语权。但是公司领办型合作社也有其弊端,容易造成合作社内部治理的变形和无效、利润分配的不公平以及政府支农资金被龙头企业侵占的现象。因此,要完善公司领办型合作社的内部治理结构,实现公司领办型合作社的民主管理和民主决策,利润分配制度要完善,既要保护资本的利益,更要保护社员的利益,当然最重要的一点,农民必须有自由退出权。自由退出权是保证一个合作社内部治理和制衡结构有效的必要条件。

四、农民全要素合作与政府行为框架

新型农民合作组织要实现对传统农村经营模式的扬弃,必须实现全过程合作和全要素合作。全过程合作意味着农民在整个生产过程中实现全方位的合作,合作贯穿农业生产的全部程序。全过程合作包括:第一,农业生产上游环节的合作,即各种投入品和消费品的合作,包括化肥、种子、生产工具和机械、农药、信贷等合作。第二,农业生产中游环节的合作,包括生产过程、技术培训、灌溉、农作物管理等领域的合作。第三,农业生产下游环节的合作,即农产品加工、品牌建设、营销等领域的合作。新型农民合作组织的全要素合作,即使农民实现各种要素的共享与互助,这些要素包括劳动力、土地、资金、技术、管理、信息等各个方面。农民进行全要素合作意义重大。第一,只有实现全要素合作,才能实现各种农业生产要素的合理有效配置;第二,只有通过全要素合作,农民才能实现农业生产各个环节的有效配合;第三,只有通过全要素合作,农民才能实现更高程度的规模经济和范围经济;第四,只有通过全要素合作,才能使农民合作社成为真正具有市场竞争力的特殊企业,单一的合作会极大地限制农民合作社的竞争力。因此,我们可以说,全要素合作是农民合作社可持续发展的必要条件。

新型农民合作组织要实现全过程合作和全要素合作,政府在其中扮演着重要角色。目前,各级政府已经充分认识到发展农民合作社的必要性。比如,浙江省政府最早出台了地方性的法规,鼓励和规范农民合作社的发展;北京市政府,通过财政、税收、培训等多种手段,支持农民合作社发展壮大(王曙光,2009)。各地在支持合作社发展方面都出台了很多政策,也搞了很多创新性的手段。政府支持和规范合作社发展,应注意以下三点:其一,要尊重农民和农民合作社的意志。合作社是农民自愿组建的互助性的民间组织,合作社本着为合作社成员服务的精神组建,其精髓是"合作、自愿、互助、民主"。而很多地方政府往往把政府意志强加到合作社身上,这就违背了合作社的原则。其二,政府对合作社的支持手段应多元化,目前政府大部分采取直接拨款补助合作社的方法,导致很多资金支持效率较低。其三,在合作社的组建过程中,某些地方政府直接以政府的名义组建各种合作社,对合作社的组织形式和内部治理结构进行严格的控制,使合作社实际上成为政府的一个派出机构,对合作社发展十分不利。

政府支持合作社应该始终遵循四大原则。第一,民主性原则,就是政府在支持合作社发展过程中,一定要以一种平等的心态,来扶持合作社,而不是一种居高临下的心态,不是一种命令的心态。第二,市场性原则,是指政府在扶持合作社时,其方法应该是符合市场原则的,其手段应该是市场化的,应该使参与的各方都能从这个市场化的支持机制中获得好处,避免风险。第三,协调性原则,是指政府支持框架的核心应该是协调不同参与主体之间的关系,尤其是协调合作社与产业界、金融界的关系,使各主体之间的关系和谐起来,为合作社的发展营造一个比较宽松的外部环境。第四,制度性原则,是指政府应该在制度建设方面支持合作社,使合作社的支持框架更具有长期性、稳定性,应该把一些机制设计制度化、规范化。

五、结论:"第二次飞跃":从"分散化小农"
到"组织化大农"

本文基于对近 30 年新型农民合作组织的约束条件、禀赋特征的分析,深入探讨了新型农民合作组织的制度特征以及出现这些特征的经济社会根源,尤其是探讨了新型农民合作组织弱内生性和公司领办型合作社兴起的制度根源。由对政府行为框架的分析,本文强调政府在扶持农民合作社发展方面所扮演的核心角色。在改革开放后到 2007 年《农民专业合作社法》正式实施之间的近 30 年,农民合作组织的发展缺乏法律保障和规范性,农业产业资本在市场竞争中的占优地位又对农民合作组织形成了明显的挤出效应,因此农民合作组织的发展面临着较为严格的约束条件。政府应该通过各种制度性的补贴,使农民合作社在市场竞争中增强其比较优势。现在,农民合作组织面临着新的发展机遇,农民合作组织的崛起也意味着农村微观经营组织结构正在发生着"第二次飞跃"①,即由分散的小农模式转向集约化、规模化、产业化的合作社生产模式。但是,历史教训告诉我们,合作社必须在充分尊重农民的意愿、充分尊重农民的首创精神、充分尊重并严格保护农民的平等契约权利、充分尊重并完整保障农民的财产权利和退出权的情况下,才能获得健康的发展(Lin,1990,1993)。同时,政府应该加强对农民合作组织的制度补贴,加强农民的合作社教育、企业家才能培育和合作社内部治理规范化,同时为农民合作社创造一个公平而有效的市场环境。

参考文献

Andrew M. Condon, The Methodology and Requirements of a Theory of Cooperative Enterprise, in "Cooperative Theory: New Approaches" (Agricultural Cooperative Service Report 18), Jeffery S. Royer edited, Washington, D. C. : USDA, 1987.

Cheung, Steven, "The Contractual Nature of the Firm", *Journal of Law and Economics*, 1983, 26, pp. 1—21.

F. Robokta, A Theory of Cooperation, in "Agricultural Cooperation: Selected Readings", M. A. Abrahamsen and C. L. Scroggs edited, Minneapolis: University of Minnesota Press, 1957, pp. 121—142.

Lin, Justin Yifu, "Collectivization and China's Agricultural Crisis in 1959—1961", *Journal of Political Economy*, 98, No. 6(1990), pp. 1228—1252.

---

① 1990 年邓小平提出"两个飞跃"的思想,他指出,中国社会主义农业的改革和发展会有两个飞跃。第一个飞跃,是废除人民公社,实行家庭联产承包为主的责任制。第二个飞跃,是适应科学种田和生产社会化的需要,发展适度规模经营,发展集体经济。参见《邓小平文选》第三卷,人民出版社,1993 年,第 355 页。

Lin, Justin Yifu, "Exit Rights, Exit Costs, and Shirking in Agricultural Cooperatives: A Reply", *Journal of Comparative Economics*, June 1993, 17, 2, pp. 504—520.

Olson, Mancur, *The Logic of Collective Action*, Cambridge: Harvard University Press, 1965.

R. E. Torgerson, B. Reynolds, T. W. Gray, "Evolution of Cooperative Thought: Theory and Purpose", *Journal of Cooperatives*, 1998, 13, pp. 1—20.

Williamson, Oliver, *Markets and Hierarchies: Analysis and Antitrust Implication*, New York: The Free Press, 1975.

《邓小平文选(第三卷)》,人民出版社,1994 年。

傅晨:《中国农村合作经济:组织形式与制度变迁》,中国经济出版社,2006 年。

马忠富:《中国农村合作金融发展研究》,中国金融出版社,2001 年。

王曙光:《农民合作社的全要素合作、政府支持与可持续发展》,《农村经济》,2008 年第 11 期。

王曙光:《乡土重建:农村金融与农民合作》,北京大学出版社,2009 年。

苑鹏:《中国农村市场化进程中的农民合作组织研究》,《中国社会科学》,2001 年第 6 期。

第十五章 契约—产权假说与制度补贴
——新中国农民合作组织演进研究*

一、问题的提出:新中国农民合作组织的长期演进及其解释

  农民合作经济组织是农民提高生产的组织化和集约化程度、提升农业生产的规模效应和边际收益、联合抵御系统性农业风险的重要载体。新中国农民合作化运动在 20 世纪 50 年代初期开始启动,到 1956 年中国农村基本实现初级农业合作化,农业生产合作社数量达到 1 008 000 个,入社农户 10 668 万户,占全国农户总数的 90%。① 初级农业合作化的迅猛推进大大超过了政府的预期,促使其由谨慎和渐进式的态度转向采取更为大胆和激进的推动措施。1955 年年底,高级农业合作社仅有 500 个,1956 年年底达到 540 000 个,1957 年冬季这个数目猛增到 753 000,加入高级社的农户已经达到全国农户的 87.8%,而初级社的农户比例仅有 8.5%。② 1958 年的"大跃进"政策更是加速了农业集体化的进程,仅 1958 年 8 月末到 11 月,就有 74 万个农业生产合作社被合并为 26 000 个人民公社,囊括了 12 000 万户农户,占全国农户总量的 99% 以上。③ 然而,1959—1961 年中国遭遇严重农业危机,1959 年粮食产量猛降 15%,农业总产值猛降 14%,1960 年粮食产量再降

  * 本文发表于《农业经济问题》2010 年第 11 期。

① 《人民日报》,1956 年 4 月 30 日。

② 史敬棠等编:《中国农业合作化运动史料》(下册),三联书店,1959 年,第 990—991 页。

③ 据 1958 年 9 月 30 日中央农村工作部《人民公社化运动简报》第四期《全国基本实现了农村人民公社化》一文公布资料,人民公社化运动从 1958 年 7 月开始发展,8 月普遍规划试办,9 月进入高潮,截至 9 月 29 日,全国建起人民公社 23 384 个,加入农户 112 174 651 户,占总农户的 90.4%,每社平均 4 797 户,中央对外宣布全国基本实现农村人民公社化。1958 年 12 月 10 日中共八届六中全会在《关于人民公社若干问题的决议》中宣布,"政社合一"的人民公社体制在农村全面建立。参见国家农业委员会办公厅编:《农业集体化重要文献汇编(1958—1981)》,中共中央党校出版社,1981 年,第 84—87、110—126 页。

10%,农业产值再降 12%,致使中国出现历史上罕见的非正常人口锐减。①

从 20 世纪 50 年代初到 70 年代末的近 30 年间,新中国农业合作化运动所取得的伟大成就与所遭遇的空前困境,对于今日中国农村体制变迁与微观经营模式演进仍有巨大的参考意义,而从全球农业合作化运动的视角来看,中国合作化运动的独特历程也是一笔值得珍视的制度遗产。对 1952—1961 年中国农业合作化运动出现的变化进行解释的文献在国内外已经大量出现,其中有代表性的理论假说有政府政策失误和公社管理不良假说、激励不足假说和退出权假说。②

1978 年中共十一届三中全会开启了中国的改革开放进程,农村经营体制也开始发生根本性的变革,与人们通常的印象相反,这场变革是渐进性的,持续了很长时间之后才最终从中央政策和法律上确立了农村联产承包责任制的合法性。③ 农民家庭责任制的推行并没有否定农民合作的合法性,在中国官方的文件中,一直称农村经营体制为"统分结合的双层经营体制"。改革开放以来的 30 年间,农民合作组织以迥异于合作化运动时期的全新型态得以渐进发展,出现了农民自办型合作组织、社区型合作组织、供销合作社主导型合作组织、政府主导型合作组织、公司领办型合作组织等多种合作社多元并举的局面。④ 2007 年 7 月 1 日颁布实施的《农民专业合作社法》是农民合作组织发展历史上一个里程碑式的事件,标志着农民合作组织的发展真正进入了一个法制化和规范化的轨道。

本文试图提出一个可以对农民合作社长达 60 年的长期演进进行经济学解释的理论假说,即"契约—产权假说"。这个假说,既可以解释 1952—1958 年农业合作化早期农业绩效迅速提升的历史事实,也可以解释 1959—1961 年农业部门出现的危机以及在 1962 年直到改革开放前农业劳动生产率的持续徘徊;同时这个理论假说也可以用于描述改革开放之后兴起的新型农民合作组织的演进特征和结构特征。本文第二部分用"契约—产权假说"解释农业合作化运动的绩效,试图对"激

---

① 农业部:《中国农业年鉴》,中国农业出版社,1989 年。

② Lin, Justin Yifu, "Collectivization and China's Agricultural Crisis in 1959—1961" *Journal of Political Economy*, 98, No. 6(1990), pp. 1228—1252; Lin, Justin Yifu, "Exit Rights, Exit Costs, and Shirking in Agricultural Cooperatives: A Reply", *Journal of Comparative Economics*, June 1993, 17, 2, pp. 504—520.

③ 农村联产承包责任制即包产到户的尝试与推行实际上经历了较长的过程,1956 年就有浙江温州永嘉、四川江津等很多地区开始试验包产到户,但一直未获得中央的肯定。1978 年年底的十一届三中全会尽管提出发展农业生产的一系列主张,但仍明确规定"不许包产到户"(见《关于加快农业发展若干问题的决定》)。在 20 世纪 70 年代末期和 80 年代初期,安徽、广东、内蒙古、河南等地的地方政府和农民都冒着巨大的政治压力尝试包产到户,中央虽有激烈的争议,但最终采取了宽容和鼓励的态度。1980 年 5 月 30 日邓小平明确指出:"农村政策放宽后,一些适宜包产到户的地方搞了包产到户,效果很好",对包产到户给予了明确的支持(参见《邓小平文选》,第二卷,人民出版社,1994 年,第 315—316 页;罗平汉:《农村人民公社史》,福建人民出版社,2006 年,第 377—393 页)。直到 1982 年,《全国农村工作会议纲要》(即第一个"一号文件")才正式肯定了家庭联产承包制度的合法性(参见杜润生:《杜润生自述:中国农村体制变革重大决策纪实》,人民出版社,2005 年,第 84、135 页)。到 1983 年年末,中国有 94.4% 的农户采取了家庭责任制(农业部:《中国农业年鉴》,中国农业出版社,1984 年)。

④ 苑鹏:《中国农村市场化进程中的农民合作组织研究》,《中国社会科学》,2001 年第 6 期。

励不足假说"和"退出权假说"进行理论上的拓展与深化;第三部分从契约—产权视角探讨新型农民合作组织的制度特征和发展趋势,并以契约理论为基本研究范式,对公司领办型合作社的兴起与制度特征进行经济学解释;第四部分对新中国农民合作组织长期演进的经验教训进行了总结并提出"制度补贴"的概念,强调政府在扶持农民合作社发展中的重要作用和行为合宜性。

二、"契约—产权假说"与农业合作化绩效: 争议和经验(1949—1978)①

从 20 世纪 40 年代甚至更早的抗日战争时期开始,解放区农村就开始大范围开展农业生产合作和劳动互助,并取得了初步的进展和合作化经验。从新中国成立到 1956 年全面实现农业合作化,农业绩效基本呈现出渐进增长的态势,但 1958 年之后农业产出的急剧下降和随之而来的非正常人口锐减,迫使政府不得不调整人民公社的生产管理体制、收入分配核算体制并取消公共食堂。从图 1 可以看出,总要素生产率指数和农业产出(以 1952 年为 100)在 1952—1958 年是明显上升的,1959—1962 年这两个指标剧烈下降并达到谷底;1963—1978 年农业产出虽有增长但波动性明显,在 1979 年之后才出现快速增长;而总要素生产率指数这个指标在 1963—1978 年一直在很低的水平上徘徊,一直到 1984 年人民公社制度解体,总要素生产率指数才恢复到 1952 年的水平。对于这个历史时期的农民合作组织绩效骤变,最有影响的是林毅夫提出的退出权假说。林毅夫认为,农业生产中的有效监督成本过于高昂,这就使得农业集体组织的成功不可避免地要依靠集体成员建立的自律协议,但是只有当集体组织成员在其他成员不履行协议就有权退出集体组织时,自我实施的协议才会维持。在合作化运动的开始阶段,退出权一般是受到充分尊重的,相应地,自我实施的协议在绝大多数集体里得以维持,整个农业绩效得以改进。成员实施退出权导致部分集体组织解体,恰好扮演了集体化运动的安全阀的角色。但是农民合作化运动后期农民退出权被剥夺,导致集体化从自愿的运动变成强迫运动,安全阀的丧失使得合作化运动后期出现了农业绩效的大规模下

---

① 为了研究的方便,我们把新中国成立 60 年的农民合作组织发展历程分为两个阶段来描述,第一个阶段是 1949—1978 年的农业合作化运动和人民公社化时期,第二个阶段是 1979—2009 年改革开放后新型农民合作组织兴起时期。实际上,直到 1983 年 1 月 2 日,中共中央印发了《当前农村经济政策的若干问题》,才明确提出完善农村生产责任制和改革人民公社体制,实行政社分设,这是人民公社正式解体的标志性文件。1983 年 10 月 12 日,中共中央、国务院发出《关于实行政社分开建立乡政府的通知》,1984 年 1 月 1 日中共中央《关于 1984 年农村工作的通知》,提出完善统一经营和分散经营相结合的体制,到 1985 年 6 月 5 日,《人民日报》发表文章《全国农村建乡工作全部完成》,全国共建 9.2 万个乡镇政府,标志着人民公社体制在我国的彻底结束。可以说,到 1984—1985 年,以家庭承包经营为基础、统分结合的双层经营体制在全国农村得以全面确立。参见黄道霞等主编:《建国以来农业合作化史料汇编》,中共党史出版社,1992 年,第 996—1002、1094、1101—1107 页。

降和农业危机。

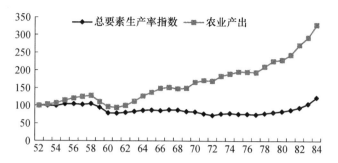

图1 中国总要素生产率指数和农业产出趋势图(1952—1984,1952=100)

资料来源:Wen, Guanzhong James, "Total Factor Productivity Change in China's Farming Sector:1952—1989", *Economic Development and Cultural Change*, October 1993, Vol. 42, No. 1, pp.1—41; Lin, Justin Yifu, "Collectivization and China's Agricultural Crisis in 1959—1961" *Journal of Political Economy*, 98, No. 6(1990),pp.1228—1252.

尽管林毅夫的退出权假说受到很多学者在理论和实证方面的质疑[①],但是退出权本身确实是理解农业合作化绩效及后期农业危机的重要视角;同时,正是由于退出权假说中可能存在的理论和实证困难,恰恰为拓展和深化这个假说提供了基础。本文提出的"契约—产权假说"并不是对"退出权假说"的简单否定,退出权对农业合作社的有效激励结构诚然是非常重要的,但是退出权的有效实施需要严格的制度条件。对于一个有效运作的集体组织,退出权和内部激励都是要件之一,但是成员之间平等自主的契约关系和受到严格保护的财产权利比退出权和内部激励更重要,更带有根本性。

本文提出的"契约—产权假说"的第一个命题是,从产权视角来说,退出权实施的前提是合作社成员受到完整保障的财产权利,在成员的合法产权得不到有效保障的情况下,法律文本意义上的退出权不可能得到有效实施。尽管在中央颁布的正式文件中都明确表明农民加入合作社应该遵循自愿的原则并享有自由退出权,但是在执行层面上并没有按照合作社有关法律与章程实施完全的退出权。在农民的完整产权得不到保障的条件下,即使农民都知道法律中规定了退出权,也难

[①] 林毅夫的退出权假说1990年在美国芝加哥大学出版的《政治经济学杂志》发表之后,在国内外学术界引起很多争议,《比较经济学杂志》在1993年6月出版的第17卷中刊登了一组包含6篇文章的专题讨论,董晓媛和 Gregory K. Dow 对其理论的内部逻辑一致性提出了质疑,而邝启圣则对其实证资料的可信度以及对实证资料的解释提出了质疑。参见 Xiaoyuan Dong & Gregory K. Dow, "Does Free Exit Reduce Shirking in Production Teams?" *Journal of Comparative Economics*, June 1993, 17, 2, pp. 472—484; James Kaising Kung, "Transaction Costs and Peasants' Choice of Institutions:Did the Right to Exit Really Solve Free Rider Problem in Chinese Collective Agriculture?" *Journal of Comparative Economics*, June 1993, 17, 2,pp.485—503。

以实施,因为实施退出权的代价极高。① 由于 1958 年之后农业集体化的急速推进,导致农民的产权完整性受到损害,产权缺失使得退出权的实施变得没有意义,因为一旦实施退出权,农民将很难带走自己的土地和其他生产要素,也很难将集体在土地上的投入及其收益扣除以实现对集体的补偿。② 这些都构成退出权执行的高昂成本。更为严重的是,一旦农民意识到加入合作社之后退出权难以保障且退出的成本极高,则有可能以快速扩大当期消费而不是增大积累作为预防性手段,避免在加入合作社之后产权缺失带来的损失,这导致农业积累和投资的降低以及农业生产资料的人为破坏。在合作化运动的早期,合作社社员的产权完整性在一定程度上尚可得到保障,因此农业绩效在最初的几年呈上升趋势;但是在合作化后期,社员的财产权利越来越难以保障,农民实施退出权的成本越来越高,农民在合作社中的激励不足导致农业产出和农业劳动生产率急剧下降。

"契约—产权假说"的第二个命题是,退出权实施的另一个制度前提是契约缔结过程中缔约双方平等自主的缔约关系,当缔约关系非平等自主的时候,表面上的退出权是不可能被实施的,一方实施退出权对另一个缔约方难以形成可信威胁。在合作化运动的前期,平均农户规模在 10—20 户的初级农业互助组织基本上是农户之间在自愿的基础上达成的平等契约关系(尽管局部区域在合作化早期即暴露出行政化强迫的苗头),因此在合作化运动最初的 5—7 年,农业生产绩效和粮食产量保持了较高的增长速度。正是由于早期合作社中成员之间较为平等自主的契约关系,使得合作社的规模可以保持在较合理的水平,从而保证了合作社内部信息对称的可能性较大、合作社监督和惩罚等管理成本较低、合作社内部核算和激励制度能够有效实施。而 1958 年"大跃进"之后,农户之间基本平等的有效契约关系被自上而下的强制性制度变迁中国家与农民之间的缔约关系所取代,这种缔约关系的核心是国家通过地方执政者强制推行国家意志,农民失去了自由缔约的可能性。同时,在农民与国家缔结的契约关系中,国家及其地方执政者在必要的情况下甚至

---

① 在 1951 年《中共中央关于农业生产互助合作的决议(草案)》中,对当时各地在农民互助合作运动中存在的违反农民自愿和互利的原则而进行强迫命令的做法提出了批评,当时在全国一些地区出现了"强迫编组"、"全面编组"、"搞大变工队"和盲目追求互助合作"高级形式"的倾向(见《农业集体化重要文献汇编》,第 37—44 页)。新中国成立初期在全国某些地区出现的急于向社会主义过渡的急躁情绪,导致一些地区在互助合作中急于求大求快,同时对不加入合作社的单干农户进行限制与歧视。在东北的辽西、辽东、吉林和松江地区,1950 年干部采取各种办法限制和排斥单干,松江省对单干户提出"三不贷"和"一不卖",即不贷款、不贷粮、不贷农具,供销社不卖给单干户任何东西,有些地方甚至提出"单干户没有公民权"。参见《东北日报》,1950 年 5 月 19 日;罗平汉:《农业合作化运动史》,福建人民出版社,2004 年,第 30—42 页。这些现象在合作化运动初期仅是局部的现象,随着合作化运动的快速推进而变得普遍化了,到 1958 年在短短几个月之内实现人民公社化,使得自愿的渐进的合作化完全走向行政化与意识形态化。

② Kung(1993)指出,在农户退出合作社的时候,其带出合作社的生产资料与补偿是不确定的,其数量大部分取决于干部的主观判断,干部完全可以通过某种计算方法使得退出的成本变得极其高昂,从而惩罚那些退出合作社的农户。在不存在要素市场的情况下,农民从合作社退出后需要付出的退出成本完全由干部单方面决定,或者对退社农民采取歧视性措施从而很容易将个体农民拖垮。另参见 Vivienne Shue, *Peasant China in Transition*, Berkeley: University of California Press, 1980。

可以任意剥夺农民的财产所有权。① 在国家与农户之间出现不平等缔约关系之后,农民加入合作社和退出合作社都受到中央政府和地方执政者的严格控制,而不是农户出于成本收益计算而做出的自主行为;在1955年左右中央决定紧缩合作社的时期,不仅农户退出合作社的权利难以保障,甚至农户加入合作社的权利也难以保障,导致很多愿意保持合作互助的农户被迫退出了合作社。② 所以尽管我们在统计资料中可以观察到退社农户的规模有时达到很高的数量,但这些实证数据绝不能被简单地理解为农户自由地实施了退出权,而要在数据背后考察农户退出的真正根源。

"契约—产权假说"对1952—1958年农业集体化过程中的农业绩效递增进行了内部逻辑一致的解释,但是本文并不否认这个时期的农业产出和劳动生产率提升还包含着其他重要的政策因素,这些因素包括成功的土地改革带来的土地制度大规模变迁、国家在农业上的投入尤其是农业科研方面的投资大量增加、农田水利设施建设和农田可灌溉面积的增加、长期战争的结束和国内统一市场的形成等。同时,尽管农业合作化运动后期农业绩效出现了下滑,但是对农业合作化运动整体的作用,应该有一个更客观更全面的判断。从更长的历史视角观察,农业合作化运动应该被视为中国赶超型工业化战略的有机组成部分,正是由于农业合作化和人民公社化所构造的高度计划的微观经营机制,使得粮食统购统销制度、工农业价格剪刀差机制才能够有效实施,从而才能为赶超型工业化战略提供必要的大规模农业剩余。③ 所以,农业合作化这一制度变迁不仅是建设农业社会主义的需要,而且是国家实现快速经济发展与赶超、实现超常速度城市化与工业化的必要条件。在整个合作化运动和人民公社化运动期间,灌溉水利设施的进步、现代耕作技术和农

---

① "一平二调"在合作化运动的后期非常普遍,"一平二调"就是无偿平调农民的劳动力和各种财产。例如湖北沔阳县海通公社,在"一平二调"和"共产风"中乱调劳动力349个,土地8 082亩,房屋1 512栋,资金53万元,粮食53万斤,农具35 040件,耕牛84头,木料84万斤,砖瓦147万块,家具24 906件。参见《农业集体化重要文献汇编》,下册,第275、620、690页。

② 1955年中央发起了整顿农业合作化工作,贯彻"停、缩、发"三字方针,各地出现很多强迫农民退社和转组的现象,浙江很多地方甚至强行将合作社全部解散,在1955年4—5月间,用行政方式解散了14 623个合作社,转退农户有335 918户,另外在13 260个农业生产合作社中有125 103个社员退社。罗平汉:《农业合作化运动史》,福建人民出版社,2004年,第177—181页。

③ 粮食统购统销体系在1953年开始确立,并一直持续到1985年左右才被正式取消,这一制度保证了工业部门和城市对粮食和其他农产品的需求。通过工农业产品的价格剪刀差,农业部门向工业部门贡献了大量农业剩余,使得大规模工业化所需要的原始积累部分地得到满足。同时,农业合作化之后形成的农村信用合作体系,也使得农民的储蓄通过金融渠道进入城市,推动了城市化和工业化的步伐,但同时也导致农村资金的净流出和"系统性负投资现象"。参见王曙光:《农村金融与新农村建设》,华夏出版社,2006年,第57—61页。

业机械化及其他农业技术的大面积推广、社队企业的大规模发展①、赤脚医生制度和农村合作医疗体系等成就,都与合作化运动有密切的关联,同时这些农业和农村领域的新要素,为改革开放之后农业绩效的快速提升和农村经济的全面发展提供了某些制度与物质前提。

三、从契约—产权视角看新型农民合作社的
兴起及制度特征(1979—2009)

从契约—产权视角来看,1978 年以来的新型农民合作组织与 20 世纪 50—70 年代的农民合作组织有了很大的差异。第一,从发起人结构和产权结构而言,政府主导或准政府部门兴办、公司领办型合作社与农村能人和种养殖大户发起的合作社同时得到发展,民间农业产业资本在合作社中的作用越来越凸显出来。第二,从契约视角来看,新型农民合作社重新回到合作社成员之间较为对等的契约关系中来,这为真正实施退出权提供了制度基础和保障。新型农民合作社成员之间存在明显的异质性,但是这并不能成为影响对等契约关系的因素。相反,异质性再强的合作社,也必须尊重成员的完全退出权(当然可以为退出权设置某些成本或对成员准入设置一定的门槛以保持成员的稳定性)。第三,从成员之间的所有权关系来看,新型农民合作社是成员之间的要素合作,但是要素的所有权关系不变,特别是当土地作为一种要素进入合作社时,土地的所有权仍旧属于合作社成员所有。因此,新型的合作社并没有改变农民家庭承包经营制度等基本农村产权制度,而只是改变了其生产方式与要素组合形式,包括土地在内的所有要素仍旧有非常明晰的产权归属。第四,与农业产业转型相匹配的是,新型农民合作组织涉及的产业和服务领域逐步多元化,能够为农业产业化提供全方位的服务,同时为适应农业产业化和集约化的趋势,新型合作社在自主品牌建设和专业化方面也有了迅速的发展。②第五,新型农民合作组织逐步趋向一种"全要素合作"的发展模式③,劳动力、技术、信息、土地、资金、企业家才能等要素均进入合作社,出现了生产合作、供销合作、消费合作、技术合作、土地合作、信用合作互相交融、多元综合的合作趋势。

---

① 社队企业为改革开放后我国乡镇企业崛起提供了物质与制度基础。早在 1958 年,中央就开始鼓励办社队企业,各地农村生产队和人民公社都举办了很多。1977 年,社队企业总产值比 1976 年增长 43.7%,1978 年又增长 25%,全国在社队企业就业农民达到 2 800 万人,占农村总劳力的 9.5%。在后来的 20 多年中,乡镇企业迅猛发展。杜润生:《杜润生自述:中国农村体制变革重大决策纪实》,人民出版社,2005 年,第 97—98 页。

② 有相当数量的农民专业合作组织通过成员共同投资,兴建了一大批从事农产品加工的经济实体。越来越多的专业合作组织品牌意识不断增强,有的注册了自主产品商标,有的建立了无公害产品、绿色食品、有机食品生产基地并获得了相关认证,有的将成员产品组织起来出口国际市场。根据农业部统计,截至 2008 年,全国各类农民专业合作组织已自主拥有注册商标 26 600 多个,取得无公害、绿色和有机等"三品"认证 3 267 个。农业部农村经营管理司专业合作处:《农民专业合作组织发展回顾》,2008 年 10 月 13 日。

③ 王曙光:《农民合作社的全要素合作、政府支持与可持续发展》,《农村经济》,2008 年第 11 期。

在 1978 年后农民合作组织发展的过程中,有两个值得重视的现象。第一个现象是真正由农户自发创建的合作社非常少。在很多合法登记的合作社中,表面看起来是由农民发起登记的合作社,实际上背后起核心主导作用的往往是涉农企业、供销社、农业技术推广人员或者政府相关部门,纯粹由农民创建的合作社极为罕见。如何解释这一现象?原因之一是,在农村地区企业家人力资本是普遍缺失的,这导致纯粹由农民组建的合作社难以内生出自己的企业家(经理人),这使得合作社经常因为难以应对激烈的市场竞争而解散。在欧洲 19 世纪中期合作社萌芽发展的时期,农民自发组建合作社,从而在合作社中培养农民的企业家精神,这在市场竞争还不太激烈的时代,是可以做到的。但是当市场竞争非常激烈的时候,市场很难允许合作社长时期花费巨大成本培育农民的企业家精神,事实往往是这样的:当纯粹由农民举办的合作社还没有培育出自己的合格的企业家人力资本时,残酷的市场竞争已经将合作社淘汰出局。原因之二是,在改革开放之后很长时间里,国家对合作社的培育与扶持缺乏明确的政策法律框架,同时,农业产业资本在 20 世纪 80 年代之后迅速崛起,比合作社抢先占领了农业市场,形成竞争中的占优地位,这导致农业产业资本对合作社形成了某种挤出效应。而政府所一贯倡导的"公司加农户"的农业产业化模式,更是扶持助长了农业产业资本的力量而削弱了合作社的力量。农业产业资本对小农的挤压,使得小农自发组建合作社的可能性降低。在合作社自身禀赋和外部市场环境都变得非常不利的情况下,政府的扶持就显得极为重要。

新型合作社中的另一个引人注目的现象是公司领办型合作社占据明显重要的比重。这个现象也可以用契约理论进行解释。从契约视角来看,公司领办型合作社实际上是兼业小农与农业产业资本之间缔结的一个不完全合约。公司领办型合作社的成立,实际上为兼业小农和农业产业资本双方均带来福利的"帕累托改进":作为交易的一方,农业产业资本获得政府的政策租金,而攫取政策租金是很多涉农产业资本愿意组建合作社的基本动因之一;农业产业资本还获得纵向一体化的好处,农业产业资本与农民之间本来是上下游的产业关系,按照市场原则进行交易,但一旦形成合作社之后,农业产业资本和农民之间的交易内部化了,从而可以更好地克服信息不对称和市场的不确定性,对农业产业资本增强在市场上的竞争力有积极意义。同时,作为交易的另一方,兼业小农也获得了自己的福利的帕累托改进,兼业小农获得了规模收益、降低了企业家的搜寻成本与培育成本、降低了信息成本和市场不确定性成本,还获得了大量与集约化经营相关的经营收益,规避了经营风险。

值得指出的是,之所以公司领办型合作社能够实现双方的共同利益,能够有效避免产业资本对农民利益的侵占,在很大程度上仍旧归因于对等契约关系和完整产权关系所决定的成员的完整退出权。农民所享有的完整退出权,对农业产业资本造成一种可信威胁,如果产业资本在定价和剩余分配等方面损害了农民的利益,使其福利出现净损失,则农民可以用脚投票,实施退出权,而转向市场交易。在这里,市场和合作社是农民相机抉择的一种交易形式,如果市场合适,农民就会选择市场;如果合作社合适,农民就会选择合作社,市场和合作社的边界由农民的边际收益而定。在这里,威廉姆森和张五常等对企业与市场的关系的结论完全可以移植到市场与合作社的关系中来。[①]

四、结论:农民合作社历史演进的经验教训: 契约—产权关系与制度补贴

本文试图以"契约—产权视角"对新中国成立后的 60 年农民合作组织的历史演进给出系统的内部逻辑一致的经济学解释。在 1949—1978 年的合作化和人民公社化时期,合作社绩效经历了一个先起后落的过程,退出权假说、政策失误假说、内部激励不足假说都提出了各自的解释,而本文提出的"契约—产权假说"的核心是,退出权实施的制度前提是合约缔结过程中缔约双方自主平等的缔约关系和社员受到完整保障的财产权利,当缔约关系不平等不自主和社员产权缺失的时候,表面上的退出权是不可能被实施的,退出权变成一个不可信威胁。

改革开放以来,随着农业产业转型和农业市场的开放化,农民合作社面临的困境将越来越明显。在这种情况下,由于外部约束条件和自身禀赋的缺失,农民合作组织要想实现可持续发展是非常困难的,政府必须对农民合作社进行制度补贴。所谓制度补贴,就是政府运用各种政策和法律手段,降低农民加入和运营合作社的成本,提升农民加入和运营合作社的收益,从而增强其自生能力,使合作社获得较为宽松的政策空间和市场空间;其中尤为重要的是降低农民合作社的准入成本(在合作社注册中予以免费并降低合作社准入门槛和简化注册手续)、降低农民合作社的企业家搜寻成本和培育成本(对合作社骨干成员进行系统培训以提升其企业家才能)、降低农民合作社的信息成本和市场准入成本(政府帮助农民合作社提供市场信息和建立信息网络,扶持农民合作社产品进入超市等市场网络)以及降低农民合作社的运营成本(严格按照法律规定进行税收减免和财政补贴),使农民合作社在市场竞争中增强其比较优势。

① Cheung, Steven, "The Contractual Nature of the Firm", *Journal of Law and Economics*, 1983, 26, pp. 1—21; Williamson, Oliver, *Markets and Hierarchies: Analysis and Antitrust Implication*, New York: The Free Press, 1975.

第四篇　贫困与反贫困

第十六章　中国的贫困与反贫困
——基于贫困发生学的研究[*]

一、引言:新中国前 30 年和后 30 年的反贫困成就

　　新中国成立 60 年来,特别是改革开放以来的 30 多年中,中国的反贫困取得了举世瞩目的伟大成就。中国在 1949—1978 年的 30 年中,在农村基础设施建设、农村合作医疗体系和社会保障、农业技术推广体系、农村人口教育和培训体系等方面的显著成就成为发展中国家的样板,大幅度改善了农村地区的生产生活条件和人力资本状况,为中国农村地区的反贫困奠定了良好的制度基础,具有奠基性的意义(李玲,2009;林毅夫,2008;王曙光,2010)。改革开放之后的 30 年中,尤其是 1999年提出"西部大开发"战略和 2005 年提出"建设社会主义新农村"以来,中国强劲的经济增长势头和逐步深入的农村市场化改革使反贫困步伐明显加快,在这 30 年中,反贫困被提高到国家战略的高度,反贫困战略实施的广度(人口和区域覆盖面)和深度(减贫绩效)也得到空前的拓展,为世界贫困人口的减少做出了决定性的贡献。按照官方贫困线和收入指标估计,中国的农村贫困人口从 1978 年的 2.5亿下降到 2007 年的 1478 万,总共减少了 2.35 亿,年均下降 9.3%。贫困发生率从1978 年的 30.7%下降到 2007 年的 1.6%(汪三贵,2008)。按照世界银行的贫困标准(按 2003 年农村价格计,平均每人每年 888 元人民币)计算,1981 年到 2004年,贫困人口所占的比例从 65%下降到 10%,贫困人口的绝对数量从 6.52 亿降至1.35 亿,5 亿多人摆脱了贫困,而全部发展中国家贫困人口的绝对数量从 15 亿减少到了 11 亿,没有中国的扶贫努力,在 20 世纪的最后 20 年,发展中国家贫困人口数量不会有所减少。按照国际上平均每人每天 1.25 美元的新贫困标准(按中国2005 年的购买力平价)计算,自 1981 年以来,中国贫困人口比例的下降幅度依然

　　* 本文发表于《农村经济》2011 年第 3 期。

显著(从 1981 年的 85%下降到 2004 年的 27%)(世界银行,2009)。中国的反贫困已经进入攻坚阶段,进入 21 世纪以来,中国贫困的发生形态与反贫困战略均发生了显著的变化,大规模减贫的时代已经结束,反贫困战略的总体思路和制度框架亟需调整。

本文试图从系统性制度设计的视角,基于贫困的性质与根源的深入分析,对中国的贫困重新作出类型划分,并在此基础上提出反贫困的系统性制度框架,文章结论部分提出了综合性反贫困战略的初步设想。

二、贫困的根源在哪里:贫困发生学的视角

对贫困的性质和类型的理论分析主要应该从贫困发生学入手,而不是从贫困所展现的表面现象出发。本文在以往贫困理论研究成果的基础上,将贫困的类型按照发生学的角度分为制度供给不足型贫困、区域发展障碍型贫困、可行能力不足型贫困(结构型贫困)、先天缺乏型贫困和族群型贫困。

(1)制度供给不足型贫困。即由宏观经济制度、社会制度或政治制度供给不足而引致的贫困。在贫困发生率比较高的国家和地区,合理的教育和培训制度、医疗卫生制度、收入分配制度、金融与信贷制度、公共财政制度、社会保障制度、土地制度以及与之相匹配的法律体系的缺失,是导致贫困的基础性原因。中国在改革开放以来的贫困问题,在很大程度上表现为制度供给不足,如农业集体化解体之后农村合作医疗体系和农村养老社会保障体系的崩溃,导致农村因病致贫现象和养老问题非常严重(王曙光,2008);国家对农村基础设施建设和其他公共品的投入明显不足,农村居民税费负担比较沉重,收入分配体系的不完善导致城乡收入差距增大,最近几年中国反贫困步伐的减缓也与收入分配制度及公共财政制度密切相关(胡鞍钢等,2006;汪三贵,2008)。在金融和信贷制度方面,由于农村金融体系建设的严重滞后,农村资金净流出所导致的农村系统性负投资现象非常严重,农民贷款难直接导致可支配收入的降低和贫困的发生(王曙光,2006,2009)。在所有贫困发生的根源中,制度供给不足是最值得重视的,因为在制度供给不足的情况下,贫困人口的权利被制度性地忽视乃至剥夺,使他们被排斥在制度之外,丧失自由选择的能力和权利,从而导致贫困人群可行能力的缺乏和贫困发生率的整体提升。从本质上来说,制度排斥与权利剥夺是造成贫困的最核心的原因之一(Sen,1999)。制度供给不足型贫困是一种整体性贫困,许多局部的贫困均与制度供给不足相关。

(2)区域发展障碍型贫困。即由一些具有区域特点的发展障碍因素而引致的贫困,如某些地区由于交通、通信、市场设施不完善而引发的贫困,或者由于当地恶劣的自然生态环境与不适宜人类生存的气候所引发的贫困。在中国大面积的西部地区,包括西藏、云南、贵州、甘肃、云南等地的沙漠化、石漠化、高寒、多山和缺水地区,贫困的发生率极高。如甘肃的定西地区、河西地区和宁夏的西海固等历来被称

为最贫困的"三西"地区,由于自然条件恶劣而导致整个区域发生普遍性的贫困。自然环境与生态方面的致贫原因有些是可以被局部改善的,如大规模的生态恢复和自然环境保护政策可使当地居民生存条件迅速改善,而交通、通信和市场设施的不足更容易改善。在中国现阶段的贫困中,区域发展障碍型贫困是最主要的贫困类型。

(3)可行能力不足型贫困(结构型贫困)。这种贫困是由贫困者个体的可行能力不足造成的贫困,其原因均表现为贫困者个体的某种能力的缺陷,而不是先天的身体或智力的缺陷。可行能力不足的最终根源有可能与制度设计和制度安排有关,但是大部分可行能力不足的原因却是个体性的,如由于受教育程度低而引致的人力资源不足,这是导致贫困的最重要的原因之一(Schultz,1965)。再如,由于农民的自组织能力不足,导致农民在市场竞争中难以获得较好的谈判地位,从而使得农民生产的规模收益和抗风险能力下降(王曙光,2009)。对于这些可行能力不足型贫困人群,有针对性地提升其可行能力是促使其脱贫的关键。现在,学术界对于可行能力的理解逐步深化,段世江、石春玲(2005)根据国际社会对贫困的认识及中国反贫困的实践,认为在现代社会,应对能力进行更加广泛和深刻的理解,能力包括基本生产能力、获取知识能力、参与决策能力、合理利用资源能力等诸多方面,这些能力最终都要体现为"自我发展能力"。

(4)先天缺乏型贫困。这类贫困是由贫困者个体在智力或体力上的先天缺陷导致的生产能力完全或部分缺失而引发的贫困。先天缺乏型贫困的原因一般是不可消除或不可逆转的,如先天的盲人、肢体残缺或精神病患者,其身体或精神上的残缺在现有的医疗条件下是不可能被修复的,这些人群的贫困也很难通过提升其可行能力来解决,因此一般意义上的提升人力资源或者进行微型信贷扶持等方法,对于先天缺乏型贫困人群的扶贫效果微乎其微。

(5)族群型贫困。即在某些少数民族社区(尤其是边疆民族地区),由于整个族群在生产方式、文化、宗教信仰、习俗、生活方式等方面的历史原因而造成的贫困。在中国很多边远地区这类贫困大量存在,容易引发宗教和族群之间的冲突,从而变得复杂而难以处理。族群型贫困的部分原因与区域发展障碍型贫困、可行能力不足型贫困重合,但是其最鲜明的特征在于其民族特有的生活方式或文化习俗。这类贫困的特点是,其发生区域多集中于边境地区。据统计,新时期内陆边境国家级贫困县有 40 个,较"八七"扶贫攻坚时期增加 9 个,占全部内陆边境县的29.9%。云南省 25 个边境城市中有 17 个属于国家级贫困县,2003 年总人口为586.48 万人,少数民族人口 374.44 万人,占总人口数的 59%,与邻国的边境线长4 060 公里(赖景生,2008)。全省少数民族贫困人口绝大部分属于绝对贫困人口,大部分居住在云南省与缅甸、老挝、越南接壤的边境地区,有 5 个少数民族跨境而居,社会发育程度低,经济发展十分落后,群众生活十分困难。这类贫困也多发于少数民族聚居区,即使这些区域不属于边境。少数民族人口的贫困问题突出,在

8 000 多万农村贫困人口中,少数民族人口占了不恰当的比例,绝大部分贫困地区是少数民族居住的地区(王萍萍、闫芳,2010)。赖景生(2008)认为贫困问题很大程度上是少数民族的贫困问题,1994 年我国少数民族的贫困发生率高达 20.1%,少数民族占总人口的比重不足 10%,但却占绝对贫困人口的 40%—50%。全国 592 个国家级贫困县中,有 257 个是少数民族自治县。族群型贫困已经成为影响中国和谐社会建设和民族发展繁荣的重要障碍之一,必须提高到国家战略和民族和谐的角度去认识。

三、如何反贫困:减贫类型、战略选择与实施主体

中国政府的反贫困有以下几个阶段:(1) 1986 年之前主要是通过制度变革来扶贫,1978 年的农村家庭联产承包责任制改革极大地促进了经济的发展。(2) 1986—1993年:设立专门的扶贫机构,政府支出专项资金用于扶贫,划分重点扶持贫困县,通过区域瞄准来确定扶贫对象,确立开发式扶贫,主要有三种投资计划:一是贴息贷款计划,就是通过信贷资金来帮助贫困地区发展和脱贫;二是以工代赈的计划;三是财政发展资金。(3) 1994—2000 年实施《"八七"扶贫攻坚计划》时期,贫困地区的基础设施成为这一时期扶贫资源的主要投入。这个时期提出用 7 年时间解决 8 000 万人口的基本温饱问题,把贫困县调整为 592 个,把扶贫的重点转移到西部。(4) 2001—2010 年《中国农村扶贫开发纲要(2001—2010 年)》时期,扶贫工作的重点从县转移到村,主要措施包括"整村推进"、劳动力转移培训、农业产业化开发。经过近 30 年的大规模扶贫试验,中国逐步总结出了一套适合于各类贫困的综合性扶贫开发经验模式,最近几年来又特别注重在区域性扶贫模式中融入个体性扶贫模式,注重动员社会力量参与扶贫,注重在扶贫开发中激活市场机制的作用。

针对上文提出的五种贫困类型,我们可以把反贫困战略分成以下五种类型,这五种类型的反贫困有时可以互相交叉,其实施主体和实施对象都所有区别。

(1) 制度变革型扶贫:针对制度供给不足型贫困,要运用制度变革型扶贫模式来应对,即对现有制度进行系统性改革与创新,为贫困群体的脱贫创造基础上的制度条件。制度变革型扶贫的实施主体当然是政府,包括中央政府和地方政府,都有可能是制度变革和创新的主导者。改革开放以来,通过系统性制度变革来进行有效扶贫是中国反贫困的一个基本特征,制度变革型扶贫的特征是整体性强,对所有贫困群体都有覆盖,是一种普惠型的扶贫模式。近年来,通过教育制度改革和教育资源向农村贫困地区倾斜、新型农村合作医疗制度改革、农村金融制度创新和新型农村金融机构建设、农村新型养老保险和社会保障制度建设、公共财政向农村贫困地区的转移支付制度,等等,为农村地区的大面积扶贫提供了有力的制度支撑。几乎所有学者都承认,在中国的扶贫中,来自制度变革的力量是最重要的,尤其在改

革开放初期,由家庭联产承包责任制所激发的生产力的迅猛迸发使中国的贫困人口快速下降,其减贫效果也最佳。按国内标准计量的贫困人口由 1978 年的 2.5 亿减少到 1984 年的 1.28 亿,在 6 年内减少了将近 50%;按国际标准计量的贫困人口由 1981 年的 6.34 亿减少到 1987 年的 3.08 亿,在 6 年内减少了一半以上。之后,贫困人口和贫困发生率都进入下降速度相对平稳的阶段。由此看出,农村家庭联产承包责任制的普遍推行,为消除农村贫困做出了巨大贡献(李周,2007)。1984年这项改革完成之后,由于没有后继的制度变革和技术创新的支持,农业和农民收入增速减缓,贫困发生率的下降也明显减慢。在现阶段,中国仍必须大力进行制度变革,以此来推动大规模扶贫,为中国消除 2 900 万人的绝对贫困而创造制度基础。

(2) 基础性扶贫(或大推进型扶贫)和生态恢复型扶贫:对于区域发展障碍型贫困,其扶贫的核心使命是大规模改善基础设施条件(包括交通、通信、市场基础设施等硬件)和生态环境条件。一般而言,针对区域发展障碍型贫困,大推进战略是基本适用的,如果没有政府的大规模的投资,仅仅依靠贫困群体的个体力量,是很难改变基础设施不足或生态恶劣的状况的,从而这些贫困群体将终生陷入贫困陷阱而不能自拔,产生贫困的恶性循环。Nelson(1956) 提出了"低水平均衡陷阱理论",该理论认为只要人均收入保持在临界水平以下,超过收入增长率的人口增长率会使经济拉回到"低水平均衡陷阱"中不能自拔,因此必须进行大规模的资本投入,使投资和产出的增长超过人口增长,才能冲出"陷阱",实现人均收入的大幅度提高和经济增长。这一理论的核心是强调资本稀缺对经济增长的障碍,说明资本形成的重要性。贫困人口陷入"低水平均衡陷阱"的原因很大程度上来自基础设施不足以及恶劣的自然条件所带来的发展瓶颈,要摆脱这种"低水平均衡陷阱",必须使用大推动型的扶贫战略,在很短的时间中迅速改善基础设施条件和生态环境条件,为此政府必须在短时间内进行大规模的投资,这与罗斯托的理论非常吻合(罗斯托,1962)。学术界关于基础设施投资对农户收支的影响的计量研究表明,有基础设施投资的村庄,贫困农户的户均生活消费支出增长了 26%,而没有基础设施投资的村庄,贫困农户的户均生活消费支出仅仅增长 5%,基础设施投资的扶贫效果极为显著(李周,2007)。生态环境说到底也是一种基础设施,其改善必须依靠大规模的投资,这也包括迁移型扶贫在内。对于那些不适宜人类居住的地区,贫困人口的整体迁移和异地安置不仅有利于生态恢复,而且可以使贫困人口脱离"低水平均衡陷阱"从而实现整体脱贫,避免贫困的代际复制。

(3) 能力增进型扶贫(或结构型扶贫、造血式扶贫):这类扶贫模式的核心在于提高贫困人群的可行能力,尤其是人力资本投资。近年来针对农村贫困人群的融资能力不足问题,商业类小额信贷机构和非营利组织大力推广无抵押无担保的微型信贷产品,使贫困人群能够通过信贷增强自我扶贫的能力,孟加拉乡村银行等金融机构的行动表明,这种微型信贷不仅可以使贫困人口脱贫,也可以同时使金融机构具有财务可持续性(王曙光,2007)。小额信贷对农户微观个体获得信贷资金机会、家庭财产增加、就业机会增加、风险减少、妇女授权等方面具有积极的作用,小额信贷对中国的扶贫发展政策有重要影响,成为中国扶贫到户方式、金融政策、发展援助政策的重要内容,并为中国农村组织的发育成长提供了一条实现途径(吴国宝,2001)。再如,针对农民自组织能力不足的问题,政府和其他非营利组织应该加强对农民的合作社教育,增强农民对于合作社的认识和理解,使他们可以联合起来组建大规模的农民合作经济组织,从而提高自己的市场谈判能力和抗风险能力,近年来农民合作经济组织的迅猛发展对反贫困的意义极为重大(王曙光,2010)。与前两种扶贫模式不同,能力增进型扶贫(或结构型扶贫、造血式扶贫)一般倾向于针对贫困者个体进行扶持,而不是针对群体或区域,其实施主体既可以是政府,也可以是非政府组织或市场。

(4)救济型扶贫(或输血式扶贫):对于那些先天缺乏型的贫困群体,造血式扶贫(如小额信贷、人力资本投资)的作用是非常有限的(仅对部分还没有完全丧失生产能力的人群有作用),而只能适用于输血式扶贫,运用公共财政力量或社会公益力量对先天缺乏型贫困群体进行社会救助,民政部门和非营利组织在其中扮演最重要的角色。随着我国社会保障体系和社会救助体系的逐步完全,先天缺乏型贫困的比例将大为下降。

(5)族群系统型扶贫:族群型贫困的成因非常复杂,因此其应对策略应该是系统型的扶贫模式。对于那些生活方式和文化比较落后、生产方式原始的少数民族地区,系统性的文化建设、植入现代生活方式和生活理念、改进生产方式(尤其是摒弃那些对于自然生态环境有破坏性的生产方式)等措施,对于民族地区反贫困极为重要;对于那些生态环境极为恶劣的地区,应该进行系统性的环境保护政策、整体迁移和异地安置政策等;对于那些基础设施极为落后的少数民族社区,应采取大推进型扶贫战略,大规模改善其基础设施。族群系统性扶贫是个体型扶贫与普惠型扶贫的结合,应因地制宜整合各种扶贫模式。

表1将五种贫困类型、五种反贫困类型及其实施主体和对象综合如下。

四、结论:族群型贫困与综合性反贫困模式的运用

本文将中国的贫困分为制度供给不足型贫困、区域发展障碍型贫困、可行能力不足型贫困(结构型贫困)、先天缺乏型贫困和族群型贫困,这种划分基本概括了中国几乎所有的贫困类型,但是在现实中,所有这些类型的贫困往往交织在一起,在一个区域中,贫困人群的致贫根源往往是综合性的。中国的反贫困战略大致也划分为制度变革型扶贫、基础性扶贫(或大推进型扶贫)、能力增进型扶贫(或结构型扶贫、造血式扶贫)、救济型扶贫(或输血式扶贫)和族群系统型扶贫,但是在反贫困实践中,各类措施往往齐头并进形成合力。在中国当前的贫困问题中,民族地区贫困已经成为尤其尖锐的问题,区域性的族群贫困是未来影响地区经济发展和

表 1　贫困和反贫困类型

贫困类型	致贫根源	反贫困类型	反贫困具体战略	扶贫对象	扶贫主体
制度供给不足型贫困	由宏观经济制度、社会制度、收入分配制度、金融制度或政治供给不足而引致的贫困	制度变革型扶贫（对现有制度进行系统性制度改革与制度创新）	教育制度改革、医疗卫生制度改革、收入分配制度改革、金融制度改革、公共财政制度改革、土地制度改革，社会保障制度改革并完善相关法律体系	普惠型扶贫（普遍惠及社区内的所有贫困群体）	制度变革和创新大部分由中央政府或地方政府提供，基础设施建设和生态环境建设可以部分引入市场机制和非政府组织介入
区域发展障碍型贫困	具有区域特点的发展障碍因素而引致的贫困	基础性扶贫（或大推进型扶贫，大规模改善基础设施）	• 改善交通条件 • 改善通信与信息技术 • 市场基础设施建设		
	恶劣的生态环境与气候而引致的贫困	迁移型或生态恢复型扶贫	• 社区整体搬迁和异地安置 • 生态环境建设		
可行能力不足型贫困（结构型贫困）	由贫困者个体的可行能力不足造成的贫困 • 融资能力不足 • 人力资源不足 • 自组织能力不足	能力增进型扶贫（或结构型扶贫）	着重增进贫困人群个体的可行能力（包括针对贫困者的微型信贷、教育培训、自组织能力培育）	个体型扶贫（针对社区内的贫困者个体而进行的扶贫）	由政府或市场机制以及非政府组织来完成
先天缺乏型贫困	由贫困者个体在智力或体力上的先天缺陷或完全部分缺失而导致的生产能力不足型贫困	救济型扶贫（或输血式扶贫）	运用公共财政或社会慈善力量对先天缺乏型贫困个体进行社会救助	个体型扶贫与普惠型扶贫的结合，运用综合化的扶贫策略	由政府和非政府组织和市场机制来完成
族群型贫困	在某些民族社区（尤其是边疆民族地区），由于整个族群在生产方式、文化、宗教信仰、习俗、生活方式等方面的历史原因而造成的贫困，部分原因与区域发展障碍型贫困重合	族群系统型扶贫	• 族群的文化建设、文化再利用和现代理念植入 • 改善族群的对外信息沟通条件、改善交通条件 • 生活方式和生产方式的改进 • 改善民族社区的基础设施、生态环境等		由政府、非政府组织和市场机制和市政府来完成

社会稳定的重要因素。解决区域性的族群型贫困需要综合性的系统思路,需要扶贫主体的多元化和扶贫模式的多元化。在很多民族地区比较成功的扶贫实践中,往往将救济式扶贫、以金融扶贫为主的能力增进式扶贫以及以整村推进战略和异地迁移战略为主的普惠型大推进式扶贫等扶贫模式搭配使用。这些模式的综合使用,不仅可以使一个民族区域大面积地为整体脱贫奠定良好的基础,而且可以在很大程度上提高扶贫工作的瞄准程度与扶贫效率。在这些与民族地区反贫困有关的行动中,政府的角色是非常显著的,但这并不能排斥民间非营利组织和市场组织的重要性,尤其在能力增进型扶贫中,非营利组织和市场都扮演了重要角色,如在社区发展基金和商业性信贷中,非营利组织和市场化机构起到关键的作用。这些机构通过创新性的机制设计激发了潜藏在贫困人群中的内在创造力和自组织能力,从而把贫困人口自己也纳入到反贫困主体当中来,这是支撑当今扶贫工作的重要理念之一。

参考文献

R. Nelson, "A Theory of the Low-level Equilibrium Trap in Underdeveloped Economies", *American Economic Review*, Vol. 46 (1956), pp. 894—908.

Sen Amartya, *Development as Freedom*, New York: Knopf, 1999.

T. W. Schultz, "Investing in Poor People: An Economist's View", *American Economic Review*, 1965(40), pp. 510—520.

段世江、石春玲:《"能力贫困"与农村反贫困的视角选择》,《中国人口科学》,2005 年增刊。

高伟:《象图乡农村社区发展基金调研报告》,《经济研究参考》,2007 年第 63 期。

何广文:《农村社区发展基金的运作机制及其绩效诠释》,《经济与管理研究》,2007 年第 1 期。

胡鞍钢、胡琳琳、常志霄:《中国经济增长与减少贫困》,《清华大学学报》,2006 年第 5 期。

赖景生:《新时期西部农村贫困特征与反贫困对策》,《重庆工商大学学报》,2008 年第 3 期。

李昌平:《石门坎的社区发展基金》,《银行家》,2005 年第 9 期。

李玲:《新中国前 30 年留下的遗产是中国经济奇迹的重要原因》,《第一财经日报》,2009 年 9 月 28 日。

李周:《中国反贫困与可持续发展》,科学出版社,2007 年。

林毅夫:《制度、技术与中国农业发展》,格致出版社,2008 年。

罗斯托:《经济成长的阶段》,商务印书馆,1962 年。

濮宜平:《社区基金:新农村建设的有效载体》,《老区建设》,2007 年第 4 期。

世界银行:《从贫困地区到贫困人群:中国扶贫议程的演进》,2009 年 3 月。

滕昊、何广文:《社区发展基金与农村信用社联结机制研究》,《农业经济问题》,2009 年第 4 期。

汪三贵:《在发展中战胜贫困——对中国 30 年大规模减贫经验的总结与评价》,《管理世界》,2008 年第 11 期。

王萍萍、闫芳:《农村贫困的影响面、持续性和返贫情况》,《调研世界》,2010 年第 3 期。

王曙光:《论新型农民合作组织与农村经济转型》,《北京大学学报》,2010 年第 3 期。

王曙光:《农村金融与新农村建设》,华夏出版社,2006 年。

王曙光:《社会参与、农村合作医疗与反贫困》,人民出版社,2008 年。

王曙光:《守望田野:农村金融调研报告》,中国发展出版社,2010 年。

王曙光:《乡土重建——农村金融与农民合作》,中国发展出版社,2009 年。

王曙光:《小额信贷:来自孟加拉乡村银行的启示》,《中国金融》,2007 年第 4 期。

吴国宝:《中国小额信贷扶贫研究》,http://ygdz.ahpc.gov.cn/ygdznews/news/20040712103915. pdf,2001 年 9 月 15 日。

第十七章　民族金融与反贫困[*]

　　2010年7月5日至6日,正值西部大开发10周年之际,西部大开发工作会议在北京举行,胡锦涛在讲话中指出:"没有西部地区的稳定就没有全国的稳定,没有西部地区的小康就没有全国的小康,没有西部地区的现代化就不能说实现了全国的现代化。逐步缩小地区发展差距,实现全国经济社会协调发展,最终实现全体人民共同富裕,是社会主义的本质要求,也是关系我国发展全局的重大问题。"西北地区民族众多,经济、社会、民族、宗教状况错综复杂,西北民族地区的经济发展事关我国区域平衡发展与民族和谐大局,必须加以重视。北京大学农村金融调研组近年来对甘肃、青海、新疆、宁夏等西北民族地区农村金融发展状况进行持续的调查研究,本文将基于北京大学农村金融田野考察所获得的案例与数据分析西北民族地区农村金融发展滞后的表现和原因,总结某些西北民族地区在农村金融发展中的机制创新经验,并提出综合性的农村金融发展政策框架。

一、西北民族地区整体经济与农村
金融发展滞后及其表现

　　少数民族地区的发展是关系到中国经济可持续发展和社会长治久安的重要问题。近年来,中央提出"西部大开发"战略与"新农村建设"构想,使西北民族地区发展面临前所未有的大好机遇。西北地区近年来经济发展迅猛,但是在经济发展水平方面与中东部相比仍有较大差距。以居民可支配收入为例,西北诸省尚处于全国最低水平,这使得我国收入分配格局呈现严重不均衡局面。2009年上海城镇人均可支配收入最高,达到28 838元,而最低者甘肃省仅有11 929元,上海是甘肃的2.42倍;农村人均可支配收入最高的地区仍是上海,达到12 324元,而最低者甘肃仅有2 980元,上海是甘肃的4.14倍(见图1)。从2009年各省份经济增长速度

---

* 本文发表于《中国社会科学》(内部文稿)2010年第5期,与王东宾博士合作。

来看,宁夏、青海、甘肃、新疆也处于全国较低水平,这说明这些地区总体发展速度比较缓慢,这与其他地区突飞猛进的发展态势形成反差(见图2)。

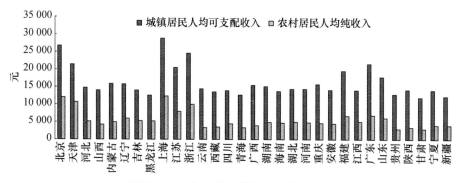

图1 2009年各省市城乡居民收入概况

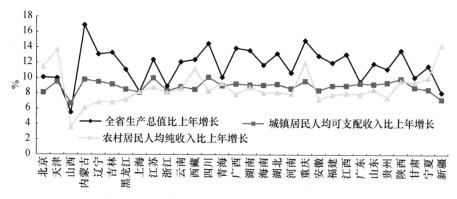

图2 2009年各省市经济增速及居民收入增速对比

根据最新统计数据,2010年第一季度农村居民家庭人均收入各地差距悬殊,上海为最高,达到5 671元,而西北诸省区(陕、甘、青、宁、新)均在1 000元左右,其中甘肃不足1 000元(见图3);城市人均收入也是上海最高,达到8 935元;甘肃、青海两者最低,均不足3 400元,宁夏和新疆也处于全国最低者之列(见图4)。

西北地区的贫困状况不容忽视。西北贫困的原因有很多,其中生态环境、教育水平、历史发展水平、基础设施水平等因素都值得关注。但是,西北地区金融发展滞后是学术界与决策层普遍忽视的问题,尤其西北民族地区,金融发展尤其落后,民族地区农牧民的信贷需求和其他金融服务需求长期得不到有效满足。北京大学农村金融调研团队近年来极其关注西北民族地区农村金融发展问题,对青海、新疆、甘肃、宁夏的农村金融发展滞后状况印象深刻,概括来说,其表现主要有以下几点:

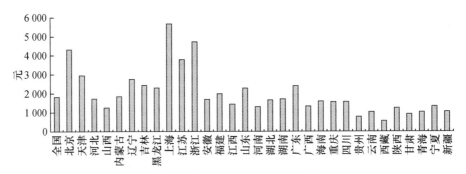

图3　2010年第一季度各省农村居民家庭人均现金收入

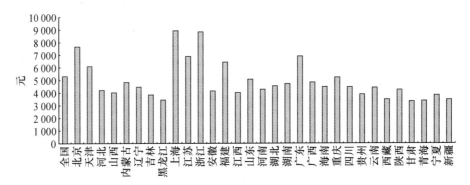

图4　2010年第一季度各省城镇居民家庭人均可支配收入

（一）西北地区农村金融空白乡镇大量存在

2008年中国人民银行公布了全国农村金融服务空白乡镇状况,其中,西北地区的农村金融真空比较严重,青海、新疆、陕西等的农村金融服务空白乡镇数目居全国前列,如新疆有金融服务空白乡镇222个,青海有153个,陕西有147个(见图5)。

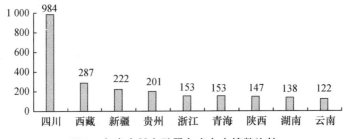

图5　各省农村金融服务空白乡镇数比较

而西北地区这些金融服务空白乡镇大部分存在于民族地区。如新疆地区,银监会2007年撤销了哈密市四家信用社,分别是哈密市农村信用合作社联合社(含17家分社)、哈密市城郊农村信用合作社和哈密市西山乡开发区农村信用合作社和哈密市大泉湾乡农村信用合作社及其所辖疙瘩井分社。这些信用社的撤销使当地出现大量农村金融服务空白。再如宁夏,近年来农村金融机构不断萎缩和农村金融服务总体缺位状况非常严重,农村金融服务供求反差强烈。以宁夏同心县为例,同心县农村信用联社共有12个网点,其中城里有7个,乡下只有5个,1个信用社服务三个乡镇,而这几个乡镇的地理跨度都非常大;西吉县有六个乡镇没有一家金融机构;中宁县、盐池县、固原县、吴忠市也存在大量金融服务空白区。

（二）由于正规农村金融机构服务能力不足和覆盖面低,导致西北民族地区农村非正规金融活动比较活跃,民间借贷普遍存在

如北京大学调研组2010年7月在甘肃临夏回族自治州调研发现,这里的回族、东乡族、藏族群众中普遍存在着亲友借贷和地下借贷问题,有些规模还相当可观。甘肃广河县三甲集乡宗家村毛兴林家每年向亲友借贷50 000元用于商贸活动,而当地农信社每年只能发放给他2 000—5 000元贷款,可谓杯水车薪。当地很多村民从来没有向农村信用社贷过款,仅仅依赖亲友借贷和其他地下信贷形式,而少数几个贷款户所贷数额都是在1 000元以下,如庄禾集镇对康村马永昌家,每年只能从信用社借到900元购买化肥种子。在宁夏很多地方,有组织的民间借贷也很普遍,据调查,盐池县民间借贷资金大部分(约占90%)用于生产经营,民间借贷总量在8 000万元左右。

（三）农村金融机构绩效差,财务可持续性差

西北民族地区现有农村金融机构服务能力普遍不足,农村金融机构从业人员素质亟待提高,从而出现了"农村金融机构服务能力不足—农村信贷质量差—农村金融机构不良贷款增多、坏账包袱重—农村金融机构大量撤并低效率农村网点—农村金融服务能力不足"的恶性循环(见图6)。

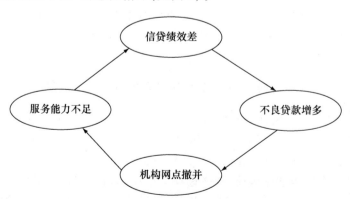

图6　西部民族地区农村金融领域的恶性循环

（四）农村金融改革相对滞后

在西北民族地区,农村金融存量改革与增量改革都落后于全国水平。在存量方面,西北地区农村信用社的产权改革与治理结构改革比较滞后,改制而成为农村合作银行和农村商业银行的数量极少,大部分农村信用社的产权结构与经营体制没有明显改观。在增量方面,西北民族地区的新型农村金融机构也相当少。村镇银行、小额贷款公司比较少见,农民资金互助在很多地区几乎不存在。在目前银监会批准的农民资金互助组织中,西北地区只有青海一家。在我们 2010 年夏访问甘肃临夏回族自治州时,几乎所有被访农户对农民资金互助组织都一无所知。

二、西北民族地区农村金融发展中的机制创新

尽管西北民族地区农村金融发展严重滞后,但是北京大学农村金融调研组还是发现了很多农村金融创新案例,值得其他民族地区借鉴。

（一）在农村金融的存量改革方面,宁夏模式值得重视

2007 年 11 月,宁夏回族自治区成立了宁夏黄河合作银行组建领导小组。领导小组将主要工作放在针对原有农信社经营机制的彻底改造上,即督促农信社彻底改革产权制度,吸引民间资本,促使农信社产权结构多样化和清晰化;完善农信社的法人治理结构,使股东大会、董事会、监事会、理事会各司其职;强化风险防范,完善内控机制,保证资产质量,严格压缩不良贷款规模。针对农信社由于政府干预过多而引起的不良资产比例过高的情况,黄河银行组建工作领导小组掀起对全区805 户拖欠贷款者的"清欠风暴",彻底解决党政机关、事业单位、乡村组织及其工作人员拖欠农信社贷款问题。2008 年 12 月 18 日中国银监会正式批复黄河银行开业。黄河银行的组建以产权结构多样化和清晰化为核心,以健全内部治理结构为重点,以清收不良贷款和完善信用机制为突破口,在全国农信社改革中具有样板意义。

（二）在增量改革方面,西北民族地区某些省份也有很多创新思路

在新疆地区,为了增加农村信贷,提高农村金融覆盖面,清除农村金融空白,积极引进外省资本,实现了资本的跨区域整合,同时也激活了当地的金融资本。在筹建新疆第一家村镇银行——五家渠国民村镇银行的过程中,筹建者与新疆区内外多家银行类法人机构进行沟通,最终选择了宁波鄞州农村合作银行。东部银行类金融机构在西部投资发起村镇银行,是东西部的"双赢"之举。在村镇银行的带动下,2009 年新疆当地农行和农信社也开始加大对农户的信贷力度,这不能不说是一个可喜现象。新疆的农村金融改革的创新意义在于它打破了传统农村金融制度

困境、重构了新疆农村金融体系、以产权结构的多样性和市场竞争结构的多元化思路来整合新疆农村金融机构，以便为新疆农村经济发展提供助力。

（三）积极发展内生性的农民资金互助组织，充分动员当地农民的资金，并培养农民的互助合作精神，使更多农村资金能够留在农村而不是流往城市

青海西宁地区的自然条件相对较好，农业产业尤其是蔬菜产业发展较快，农民合作组织也比较发达，农户收入水平也相对较高。由于西宁的高附加值农业投资较大，农户资金需求很大。早在 2007 年，我国农村金融新政刚刚破茧而出，青海省就率先成立兴乐农村资金互助社，这是全国第一家设在乡镇的农民资金互助社。兴乐农民资金互助社位于西宁市乐都县雨润镇，互助社股金已经达到 40.77 万元，社员 112 个，存款余额达 124.79 万元，贷款余额为 112 万元，累计贷款约 139 万元，贷款累计户数为 89 户，对解决当地农民信贷难问题起到很大作用。青海农民资金互助社发展如此迅猛的原因在于青海模式中农民的信用合作（资金互助）与专业合作结合度很高，农村金融与产业发展得以匹配起来。这种结合产生了很好的效果。第一，资金互助社为合作社成员提供了大量的借贷支持。小到帮助农民购买化肥、农药等，大到提供十几万贷款用于大蒜收购和储存，资金互助社都为合作社成员提供了便利的服务。第二，专业合作社为防范信用风险提供了保障，成员之间彼此了解，具有信息优势。同时，合作社成员的产品主要是通过合作社统一销售的，很多农业物资也是统一购买的，这使得合作社实际上成为一个共同体，是限制成员违约的强有力的机制。第三，资金互助社与专业合作社的合作，使得资金互助社在农民中迅速得到信任，农民敢于存款，敢于利用互助社作为结算平台。这对互助社的长远发展而言是至关重要的。总之，专业合作与信用合作的结合，使得农业产业的发展与农村金融的扩张产生了正强化效应，二者在实践中互为补充，协同发展。

（四）政府鼓励金融创新，结合当地实践，建立新的农村金融机构，以满足西北地区农民多方面的经济和金融需求

如宁夏回族自治区银川市掌政镇农村资金物流调剂中心就是一个典型案例，它成立的基础是 200 户农民的资金互助，但其中又吸收了几个民营企业的股份，且提供物流信息服务。所以掌政镇农村资金物流调剂中心是一个非常特殊的小额金融机构，它是以农民资金互助合作为基础，以社会民间资本为主导，以市场化运作机制为保障，以扶贫性金融为手段，将农民信用合作、商业性小额贷款、农资物流调剂三者密切结合而构建的一个三位一体的商业化可持续的微型信贷机构。宁夏自治区能够扶持这些创新型的农村金融机构发展，并提供资金、政策、税收等多方面的支持，其开明姿态值得肯定。在甘肃定西地区，政府鼓励担保机构的创新，并为金融机构与担保机构的合作提供各种税收、财政等政策支持。甘肃定西还为非政府组织小额信贷机构的发展与转型提供支持,促使致力于扶贫性小额信贷的非政府组织"定西农村可持续发展协会"转型为"定西民富鑫荣小额贷款服务中心",这对满足农村最贫困群体的微型金融需求有重要意义。

(五) 在农村金融发展和改革中注重系统性的机制建设

宁夏回族自治区政府在支持新型农村金融发展过程中,注重通过系统性的机制建设,降低新型农村金融机构的运行风险,增强新型农村金融机构的资金实力,为它们提供一个良好的金融运行外部环境。首先,通过宁夏回族自治区金融办的协调,整合区域内的担保机构,组建宁夏担保集团,为农村中小企业贷款提供担保,不仅解决了中小企业贷款难的问题,降低了小额贷款机构和银行的风险,也使区域内的金融资源得以有效整合。其次,建立大型商业银行与新型农村金融机构(尤其是小额贷款机构)之间的资金对接机制。2008 年 12 月,经过自治区金融办和交通银行银川分行的充分协商,提出了由交通银行向小额贷款公司进行批发贷款、小额贷款公司对全民创业者进行贷款支持、政府运用财政资金对贷款利息进行适当补贴的新思路,交通银行银川分行向宁夏 8 家小额贷款机构进行批发贷款 3 000 万元。再次,针对农村信贷受农业风险影响较大的问题,宁夏积极建立农业政策性保险机制,为农村金融机构化解信贷风险提供了机制保障。最后,宁夏回族自治区政府针对区域内信用体系缺失的弊端,积极完善信用体系,建立农户和中小企业的信用档案,打造和谐的金融生态环境。

三、民族金融、民生建设与生态建设:反贫困的系统工程

"三农"问题是一个系统性问题,包含了农村合作医疗、社会保障、社会救助、生态建设、民生建设等方面的全面推进,农村金融只是其中的一个组成部分。因此,从更广泛的意义上来说,农村金融服务既是一个经济发展问题,也是一个民生问题,需要一个综合性的框架加以统筹解决。

(一) 农村社会保障和其他民生政策的实施有利于为农民提供最基本的社会安全网,这同时也为西部民族地区农村金融的发展提供了良好的基础条件

伴随着新农村建设的展开,我国农村社会事业也逐步完善起来,社会政策与民生工程提供了农民防御各种风险的基本能力。我国 21 世纪初开始进行的新型农村合作医疗,时至今日,基本已经达到了百分之百的覆盖率,并且赔付比例和保险范围也正在逐步提高和扩大中。当然,大病致贫的情况还是难以避免的,如上文提到的甘肃广河县三甲集乡宗家村毛兴林本来家庭经济状况很好,但前两年因患重病而导致家庭落入贫困。但在普遍意义上,农民的医疗水平已经有了很大幅度的提高。当下,正在全面推进的农村居民养老保险,也力图应对农村日益严重的农民

养老问题。此外,还有农村的社会保障和社会救助体系,西部农村同样正在完善之中。这些政策组合逐步为农民提供基本的社会安全网,实际上对于农村的经济发展和社会稳定提供了重要支撑,具有非常重大的意义。

社会事业的发展不仅仅有利于社会稳定团结和人民的生活,同时对经济增长也会产生积极的促进作用,将整体提高农村社会应对风险的能力。2008年世界银行报告《以农业促发展》重点提出农村居民的社会安全网对于农业产业的保障作用,农村金融机构在实践中同样也面临这个问题。以农村保险和农业保险为例,根据北京大学农村金融调研组的调查,很多新型农村机构和组织如村镇银行、小额贷款公司、农民资金互助组织等在考察贷款农户的基本情况时,除了考察贷款用途和所属产业的风险状况外,对于该产业的保险状况以及农民是否参保同样非常敏感。如在宁夏银川掌政农村资金物流调剂中心调研时就发现,他们对于贷款户的合作医疗保险、养老保险、人身保险以及农业、牲畜等保险品种的参保状况均作了详细考察。当前,农业保险的实施仍然处于试点阶段,西部民族地区应在农村金融创新的同时,应注意探索与农业保险更好的结合机制。

（二）生态环境对农村地区的经济发展起到最基础的作用,近十年来西部大开发中的生态建设政策,对西部民族地区农村经济的发展意义重大

过去,生态环境对很多西部民族地区的经济发展是一个严酷的限制条件,在缺水以及水土流失情况下,农业是难以取得长足发展的。西北地区缺水,甘肃等地尤其如此,蔬菜等高附加值产业难以发展,蔬菜、水果等均需要从外地引进,特色农业的发展受到严重限制。甘肃中南部山区较多,地少人多,农业仍以粮食作物为主,还是处于糊口农业阶段。北京大学农村金融调研组在甘肃广河、夏河等少数民族较多的地区调查发现,当地农村信贷额度很低、供给不足的经济原因主要在于,农民只能在小块山地上种粮食,因为缺水也不能发展蔬菜产业,因此农户的信贷需求和还贷能力相对都比较低。经过多年的退耕还林政策,过去光秃秃的山地现在都有所恢复,林果业的发展初步具备了优势,当地特产的高原水果啤特果以及果汁酿造业正在慢慢形成一种产业。这表明,生态建设与西部农村地区的农业发展与产业调整政策存在一种内在的联系,也将成为未来西部民族地区农民增收的一个亮点。生态建设最成功的例子是甘肃定西。左宗棠所感叹的"陇中苦瘠甲于天下",所指即是定西地区。定西之所以"苦甲天下",最重要的就是严重缺水以及水土流失,然而今日定西的发展已经扭转了过去的形象。光秃秃的山开始绿起来,降雨量也多起来,为农业的发展提供了新的契机。多年来,定西逐步形成了马铃薯、中药材、畜草三大产业。2008年,定西市马铃薯种植面积351.7万亩,总产量530万吨,面积居全国地级市州第二、产量第一;中药材300多种,面积101.2万亩,面积居全国地级市州第一。三大产业总产值超过50亿元,促农增收1 375元,占农民人均纯收入的64.4%。

过去光秃秃的荒山加上停滞的农村经济,农村金融的发展根本无从谈起。现在,在农业产业的带动下,农民的信贷需求与金融服务需求大幅上升,"金融下乡"具有了现实可能性。以农业银行定西市支行为例,到 2010 年已经发放惠农卡 32.96 万张,占农户的 54.84%,授信 41 445 户农户,授信额 7.1 亿元,累计贷款 7.35 亿元,余额 4.52 亿元。农行支持农户的业务拓展迅速,一方面源于农民的巨大信贷需求,另一方面,农行定西支行在农村地区创新性地运作了多种金融手段与工具。例如,很多地区农民不太习惯使用 ATM 机,惠农卡的推广和使用率不高,定西支行将 POS 机引入到乡村超市,农民刷卡后由超市业主付款,农行与超市结算,变通实现了惠农卡的取现功能,方便了农户,从而大大提高了农民对惠农卡的接受程度。

西部大开发工作会议提出,今后 10 年,"西部地区综合经济实力要上一个大台阶","生态环境保护上一个大台阶"。将这一政策目标与西部的发展实践相结合,需要将西部大开发的政策配套措施进一步具体到农村中去,使农民真正受益。例如小额贷款担保政策,早在 10 年以前,中央已经为下岗职工的再就业和创业贷款提供担保财政贴息,在很多地区取得了非常好的效果。那么农民为西部大开发和生态环境保护做出了贡献,同样属于政策扶持对象,是否把农民扩大到这个群体?基层工作者指出,现在至少实现了一半,因从 2010 年开始,西部的政策性担保机构开始为妇女创业小额贷款提供担保贴息,那么至少女性农民已经被涵盖到了这个范围之中。

(三) 具体到西北民族地区农村金融领域,应建立促进民族金融发展的系统化政策框架

民族问题涉及很多不同的领域,客观来说,民族金融发展还未受到应有的重视。本文提出的"民族金融"概念,是指适应和尊重当地少数民族宗教信仰与生活习俗,主要为少数民族地区农户、微型企业和农牧民合作社提供信贷和其他金融服务的金融体系,民族金融以提高少数民族地区农村居民信贷可及性为主要目标,致力于少数民族地区最贫困阶层的减贫和脱贫。

西北少数民族宗教和社会状况比较复杂,因此民族金融发展要考虑到当地的宗教信仰和社会生活形态。例如在甘肃的民族地区,地少人多,农业不发达,剩余劳动力的转移主要靠外出务工或经商,而这些地区大多属于回族、东乡族聚居区,伊斯兰有从商的传统,小商业比较发达。当地的主要收入来源还是务工和经商,农民的商业性小额贷款需求很大。从民族地区的宗教信仰来看,古兰经教义不禁止借贷,但禁止取息,重视借贷信用。如果借款人实在无力偿还,需要向贷出方说明理由,并申请延期。如果故意不还款,在教义中是不允许的,因此实际上在当地的穆斯林社区内(包括回族和东乡族)是有着很好的信用基础的。

西北民族地区的农户信贷需求差异也很大,在糊口农业中,很多农民需要借贷购买化肥种子等投入品,贷款需求仅仅一两千元;而商业小额贷款和种植业贷款中,资金需求一般在数万元。在甘肃夏河县的藏民地区,农牧民的信贷活动相对活跃,据当地农信社介绍,低于10 000元的小额贷款对这里的农牧民来说没有什么吸引力,原因在于他们认为如此低的额度很难满足他们的信贷需求。此外,对于农村金融的另一特殊群体,即农业大户和农业龙头企业而言,他们的贷款需求额度,则是在数十万乃至数百万元。不同的需求主体以及需求层次,给多层次的金融支农体系提供了制度创新与机制创新的空间。

实际上,不论对于哪种类型的借贷需求,当前正规金融渠道都无法满足西北民族地区农民的需要,地下金融仍然在西北民族地区广泛存在。从一般意义上而言,当前农村金融面临两个基本难题,一是担保问题,农民缺少必要的担保品,宅基地、承包地等均不属于合格的抵押品,同时评估费用过高,加重农民负担;二是对农村金融中的小额贷款业务,小机构缺资金,农行等大机构从事农村微型金融服务成本太高,力不从心。为此,北京大学农村金融调研组根据实际调查,提出如下的政策框架(见图7)。

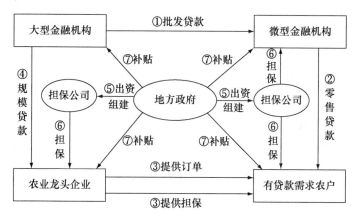

图7　西部地区农村金融政策框架图

图7的政策框架中包含了大型农村金融机构、微型农村金融机构、有贷款需求农户、农业龙头企业、担保公司和地方政府六个主体,它们之间的主要关系如下:

① 巨型金融机构与微型金融机构之间形成委托代理关系,进行批发贷款。巨型金融机构可节约大量经营成本,微型金融机构则可以解决资金瓶颈难题。

② 微型(草根)金融机构在向农户进行零售信贷业务时具有成本优势和信息优势。

③ 农业龙头企业向农户提供担保和订单,使得农户可以获得贷款,增强信贷可及性。

④ 巨型金融机构不直接针对农户,而是对农业龙头企业提供规模化贷款,从而提高农业贷款规模效应、辐射效应,符合其比较优势。

⑤ 针对农村金融中担保难问题,政府可出资(或者控股或非控股)组建担保公司。

⑥ 担保公司为龙头企业贷款与农户贷款提供担保服务。

⑦ 政府根据产业政策等宏观政策意图对相关各方进行补贴(包括担保公司)。

在这一框架中,涉农的大型金融机构,如农业银行、农业发展银行等,不再主要为大量的小农户提供微型金融服务,而是发挥比较优势,通过向微型金融机构(农民资金互助组织、小额贷款公司、NGO 小额信贷组织、村镇银行等)进行批发贷款而把业务半径辐射到农户,同时大型金融机构也可以直接向贷款需求几百万元以上的农业大户、农业龙头企业、农民专业合作组织等进行信贷服务。这样,大型金融机构能够致力于帮助那些植根乡土的微型金融机构和 NGO,为这些更了解农村社会、具有信息优势而无资金优势的微型机构提供资金支持。微型金融机构从大型金融机构中获得批发贷款后,专注于农户小额信贷,更加贴近农户,了解客户需求和实际状况。农业龙头企业、农业大户、农民专业合作社与农户之间形成产业合作关系,实现产业发展与农民增收。政策支持成立担保公司,根据宏观政策和产业政策的需要,为不同类型的机构、组织和农户提供政策性担保或商业性担保,同时进行不同类型的补贴。这样,农村金融的各相关主体将形成大中小结合、既有分工又有合作的农村金融生态体系,形成多层次、广覆盖、高效率、可持续的普惠型农村金融体系,更好地服务于民族地区的经济社会发展。

第十八章　城市低收入职工互助医疗保险研究

——基于云南田野调查[*]

我国城乡医疗保险体系正在发生深刻的变迁,随着新型农村合作医疗体系的逐步完善和覆盖面的增加,农村居民医疗保险水平有了质的提升,为农村地区的反贫困和防止因病致贫奠定了体制基础(王曙光等,2008;桑特勒等,2006)。与此同时,职工医疗保险体制改革也在推进之中,但是由于法律框架和运行体制等方面的原因,职工合作医疗保险体系的完善和推广尚遭遇很多障碍,从而极大地影响了职工医疗保障水平,导致部分地区职工因疾病而陷入贫困的概率增加,城市职工的贫困化问题已经成为影响经济可持续发展和社会和谐的重要问题(世界银行,2007;亨利,2001)。

实际上,我国各地都在尝试进行职工合作医疗保障体系的实践。云南省职工医疗互助活动是经云南省政府批准、云南省总工会为职工开展的一项互助合作活动,其主旨在于解决职工就医中个人负担比例过高的问题。2004 年 7 月 1 日在云南全省启动了这项互助活动,至今已经成功开展了 7 期,2011 年进入第 8 期。2010 年 12 月底,北京大学课题组与云南省职工医疗互助活动中心组成专项调研组,对云南省医改情况、职工医疗互助活动进行调研,针对困难企业退休人员参保、职工对医疗费用及医改的看法、职工医疗活动开展等情况,采取问卷调查、入户访谈与结构性访谈等形式进行田野调查,研究与总结云南职工合作医疗的模式及经验,对云南省职工医疗互助活动的绩效、制度设计、风险控制方式以及参与者评价进行了深入考察和理论分析。

一、调研及样本描述

本次调研采用了问卷调查和结构式访谈结合的方式,调研对象为三个层次的

 ＊ 本文发表于《中共中央党校学报》2012 年第 3 期,与王东宾博士合作。

不同职工:退休职工、农民工、灵活就业人员,研究其医疗情况、满意度以及对未来工作的建议。本次调查研究,依托云南省职工医疗互助活动中心各地下属及代理机构,以及各地工会系统,共发放问卷4719份,其中有效问卷4713份,样本来自云南省16个州/市/地区,覆盖云南全部州/市/地区。其中女性样本占总体样本的54.64%,男性样本占45.36%。年龄在29岁以下样本占总样本的10.59%,30—39岁占27.07%,40—49岁占32.15%,50—59岁占17.50%,60岁以上占12.68%,可见大部分样本年龄为30—50岁。从职业情况看,在职职工、退休人员、灵活就业人员、农民工和其他的比例分别为65.46%、19.75%、7.59%、4.06%和3.14%,大部分样本为在职职工,这也是云南职工医疗互助活动的主体。来自国有企业的样本占34.88%,来自机关事业单位的样本占30.48%,来自集体企业的样本占到9.79%,来自民营企业和外企的占到约15%,可见大部分样本来自国有企业和机关事业单位。从收入情况来看,年收入在1万元以下的样本占到39.27%,年收入在1万到3万元之间的样本占到48.60%,年收入在3万到5万元之间的占到9.16%,5万元以上的占到2.97%。样本中只有7.50%的样本没有参加过职工医疗互助,参加过职工医疗互助活动的占到92.50%,其中有54.22%的样本参加过7期职工医疗互助活动,参加过5期以上的样本占70.63%,有1655个样本,约占35.88%的职工得到过职工医疗补助。总体来看,样本的代表性较好,可以反映出云南省各类职工的总体情况,符合本次调研的目的。

此外,为配合问卷调查,从第一线了解职工的真实感受和想法,课题组还进行了昆明、楚雄、大理、临沧四个地区的田野调查,以座谈会和结构性访谈的方式进行,与州市工会、企业、政府部门、职工代表、医疗互助活动地方办事处工作人员等座谈,并到实地参观考察。

二、职工医疗互助保险的绩效与参与者评价

(一) 参与情况

如表1所示,职工医疗互助活动经过7期的成功举办后,大部分企业职工都比较认同互助活动,因此参与率非常高,在97%以上。农民工参加比例严重低于其他类型职工,这不仅有意愿的原因,也有制度的原因(见表2)。很多农民工并没有正式的职业身份,当然也没有参与到工会组织,只有在那些大型国有企业、效益好的民营企业中工作的农民工,经由企业工会的政策宣传和努力,方能进行办理。

表 1 职工参加医疗活动互助活动比例（分类型）

	参加过医疗互助		未参加过医疗互助	
	人数	占比	人数	占比
在职职工	2 950	97.04%	90	2.96%
退休人员	902	98.36%	15	1.64%
灵活就业	270	76.49%	83	23.51%
农民工	76	40.21%	113	59.79%
其他	99	69.72%	43	30.28%

表 2 不同类型职工参加医疗互助次数及占比

	1 次		2 次		3 次		4 次		5 次		6 次		7 次	
	人数	比例	人数	比例	人数	比例	人数	比例	人数	比例	人数	比例	人数	比例
在职职工	196	6.73%	186	6.39%	222	7.62%	181	6.21%	183	6.28%	257	8.82%	1 688	57.95%
退休人员	49	5.48%	33	3.69%	68	7.61%	46	5.15%	59	6.60%	123	13.76%	516	57.72%
灵活就业	56	20.82%	34	12.64%	27	10.04%	29	10.78%	39	14.50%	21	7.81%	63	23.42%
农民工	22	30.14%	22	30.14%	16	21.92%	4	5.48%	3	4.11%			6	8.22%
其他	22	22.68%	17	17.53%	7	7.22%	7	7.22%	9	9.28%	5	5.15%	30	30.93%

政策体系的完善和制度的改进，尤其是城乡一体化政策和城乡统筹发展的大力推进，将为农民工的权利保护提供更好的外部环境。工会在农民工的社会保障和权益保护方面，将发挥着越来越重要的作用。

从问卷调查的统计数据中可以清晰地看出，职工医疗互助活动在企业职工中得到越来越多的认可，实际上逐渐成为企业工会的正常工作内容之一（见表3）。在未来的工作中，除了保持现有职工的积极性外，农民工将成为一个重要的工作对象群体。

表 3 是否打算继续参加职工医疗互助活动

	参加		不参加		不确定	
	人数	比例	人数	比例	人数	比例
在职职工	2 788	91.95%	63	2.08%	181	5.97%
退休人员	865	94.74%	18	1.97%	30	3.29%
灵活就业	289	84.01%	10	2.91%	45	13.08%
农民工	99	58.24%	16	9.41%	55	32.35%
其他	110	78.57%	4	2.86%	26	18.57%

（二）参加情况

从表4中可以看出,在职职工的参与人数占总体的70%左右,是退休职工的2倍以上。

表4　第3至7期在职/退休职工参加活动情况

期数	参加人数				汇集互助金			
	在职职工参加人数	比例	退休职工参加人数	比例	在职职工缴纳金额	比例	退休职工缴纳金额	比例
第3期	1 568 832	70%	681 794	30%	82 497 356	70%	36 149 548	30%
第4期	1 671 019	69%	759 728	31%	87 240 328	69%	39 687 198	31%
第5期	1 765 047	69%	806 606	31%	91 831 156	69%	41 424 404	31%
第6期	1 830 266	68%	856 421	32%	94 796 932	68%	43 847 152	32%
第7期	1 844 733	67%	896 742	33%	150 231 800	67%	72 682 940	33%

（三）补助情况

参加活动的人数由第1期180万人增长到第7期274万人,反映了职工群众对医疗互助活动的需求。截至2010年12月31日,累计补助职工131万人次,补助金额达到8亿元(见表5)。

表5　补助人次、补助金支出情况

	补助人次	增长（%）	补助金（亿元）	增长（%）	资金盈余（万元）
第1期（2004）	70 980		0.49		8 000
第2期（2005）	128 650	80.8	1.02	108.6	800
第3期（2006）	174 311	35.8	1.34	31.1	-1 540
第4期（2007）	221 840	27.3	1.37	2.8	-1 080
第5期（2008）	262 056	18.1	1.35	-1.5	-256
第6期（2009）	299 437	14.26	1.57	16.30	-1 930
第7期（2010）					

此次调查结果显示,目前的在职职工受补助比例在30%以上,而退休人员的受补助比例在60%以上,是前者的两倍以上。但从系统的全样本汇总来看,参与医疗互助活动的人群中,在职职工人数比例基本上相当于退休职工人数的两倍。这体现了互助活动政策制定的初衷,即活动的互助合作性质,倡导年轻人帮助老年

人,"有病人帮我,无病我帮人"的理念。从受补助情况的年龄段分布来看,也体现了这一点,不论从人次还是金额来看,60 岁以上的老年职工都占了半数左右(见表6)。

表6 按年龄补助情况统计

年龄段	补助人次(人次)	比例	补助金额(元)	比例
合计	122 071		64 303 234	
<49 岁	31 599	27.35%	16 879 313	26.25%
50—59 岁	24 889	21.36%	13 803 624	21.47%
>60 岁	65 583	48.71%	33 620 297	52.28%

在职职工与退休人员人数及缴纳互助金的比例基本均为 2∶1 以上,但受补助人数和金额则倒置过来(见表7)。这既体现了互助活动"有病人帮我,无病我帮人"的政策初衷,也体现了互助活动已经形成实现医疗公平的一种调节机制。

因此,在活动初期,年轻职工因为身体较好,不愿意参与互助活动,经过工会和政府部门的政策宣传,企业行政机关的劝导,年轻职工理解到互助活动具有互助(带有慈善公益)和保险(防止意外发病)的双重性质,是一项互惠互利的活动,有利于全体工人的权益,提高了他们的思想认识,保证了全系统医疗互助活动的顺利开展。

表7 不同类型职工的情况医疗补助

	得到过医疗补助		未得到过医疗补助	
	人数	占比	人数	占比
在职职工	944	31.11%	2 090	68.89%
退休人员	548	60.35%	360	39.65%
灵活就业	95	27.38%	252	72.62%
农民工	31	16.85%	153	83.15%
其他	40	28.57%	100	71.43%

职工医疗互助活动对于提高职工医疗水平有直接的影响,通过样本数据的统计可以发现,参加互助活动的职工选择大医院治病的可能性更大(见表8)。这一方面与他们的经济能力有关,另一方面,互助活动也提高了他们选择高水平医疗服务的经济承受能力,这一点课题组在田野调查的访谈中也得到了验证。

表8 普通患病的就医选择（已参加医疗互助活动）

	大医院		中小医院		就近就诊,不分等级	
	个数	占比	个数	占比	个数	占比
在职职工	1 205	40.21%	715	23.86%	1 077	35.94%
退休人员	311	34.56%	246	27.33%	343	38.11%
灵活就业	116	34.02%	114	33.43%	111	32.55%
农民工	29	16.20%	58	32.40%	92	51.40%
其他	39	27.66%	55	39.01%	47	33.33%

从政策实施的总体效果来看,68%的人认为职工医疗互助减轻了住院医疗费用负担,20%的人认为职工医疗互助并没有减轻住院负担,超过90%的人将继续参加职工医疗互助活动。这表明大部分人认为职工医疗互助有利于减轻负担,人们对职工医疗互助的评价较高。

（四）对职工医疗互助活动的了解、缴费标准与评价

调查样本中,有约62%的人了解或比较了解职工医疗互助,约30%的人听说过职工医疗互助。这说明职工医疗互助在调查样本中的知晓度比较高。58%的样本通过单位宣传了解到职工医疗,36%的人通过电视、报纸、广播等媒体途径了解到职工医疗互助(见图1)。说明单位宣传是职工医疗互助传播的主要途径,同时媒体也是重要的传播载体。

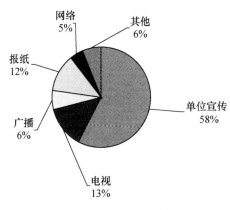

图1 职工了解医疗互助的途径

约40%的人对职工医疗互助活动补助审批工作的时效性比较满意,38%的人认为一般,13.3%的人不清楚。这表明要增加职工医疗互助活动补助审批工作的透明度。在缴费标准上,57.5%的人认为第7期活动互助金缴纳标准比较合适,31.7%的人认为缴纳标准过高。

第 7 期活动互助金进行的缴纳标准,继续参加的按 80 元缴纳,新参加的按 100 元缴纳,这一做法是基于前面尤其是开始几期中存在互助金结余的情况而采取的,是对原有职工的一种激励措施。显然,企业职工还是能够接受标准的调整,农民工群体例外,他们的接受需要有一个过程。

如果按第 7 期活动的补助标准,54% 的人意愿缴费额度为 80 元以下,40.29% 的人意愿缴费额度为 80—100 元,仅有约 5% 的人意愿缴费额度为 100 元以上。如果提高活动的补助标准,意愿缴费额度为 80 元以下、80—100 元、100 元以上的比例分别为 36% 、50% 和 14% 。可见如果补助标准提高,那么人们的意愿缴费额度也会提高,但是意愿缴费额度为 100 元以上的比例仍然很小。对于目前的补助标准,47% 的人认为补助标准基本合适,35% 的人认为补助标准偏低,仅有 4% 的人认为补助标准较高(见表 9)。补助标准是影响职工参与意愿与缴费承担意愿的重要因素,这表明在当前的经济发展水平下,职工已经具备了承担更高水平医疗互助缴费标准的经济能力,只是医疗互助的补助标准有进一步提升的要求。

表 9　分类型职工对于缴费标准调整的看法

	偏高		合适		偏低		无所谓	
	个数	占比	个数	占比	个数	占比	个数	占比
在职职工	935	30.85%	1 781	58.76%	85	2.80%	230	7.59%
退休人员	288	31.58%	544	59.65%	14	1.54%	66	7.24%
灵活就业	101	29.62%	193	56.60%	11	3.23%	36	10.56%
农民工	82	47.40%	58	33.53%	2	1.16%	31	17.92%
其他	50	35.71%	74	52.86%	4	2.86%	12	8.57%

通过表 10 和表 11 两表的比较可以发现,提高医疗互助活动的补助标准,将显著提高职工的意愿缴费数额,这同样验证了我们的结论,能够减轻医疗负担,尤其是个人负担的绝对数额,是职工参与意愿和缴费承受能力的最重要影响因素。

表 10　如果按第 7 期活动的补助标准,您的意愿缴费额度

	80 元以下		80—100 元		100—150 元		150—200 元	
	人数	比例	人数	比例	人数	比例	人数	比例
在职职工	1 555	51.59%	1 262	41.87%	139	4.61%	58	1.92%
退休人员	518	57.81%	348	38.84%	22	2.46%	8	0.89%
灵活就业	183	53.67%	133	39.00%	19	5.57%	6	1.76%
农民工	97	59.51%	52	31.90%	11	6.75%	3	1.84%
其他	97	68.79%	40	28.37%	3	2.13%	1	0.71%

表11　如果提高活动的补助标准,您的意愿缴费额度

	80 元以下		80—100 元		100—150 元		150—200 元	
	人数	比例	人数	比例	人数	比例	人数	比例
在职职工	971	32.35%	1525	50.80%	396	13.19%	110	3.66%
退休人员	365	40.60%	448	49.83%	69	7.68%	17	1.89%
灵活就业	138	40.83%	152	44.97%	39	11.54%	9	2.66%
农民工	80	48.19%	62	37.35%	18	10.84%	6	3.61%
其他	73	52.14%	53	37.86%	13	9.29%	1	0.71%

三、云南职工医疗互助保险的管理制度创新和风险控制

按照《云南省职工医疗互助活动实施办法》的规定,互助金主要来源有:职工缴纳的互助金,政府、行政和工会的补助,政府安排的风险准备金,社会各界的捐赠、赞助,其他收入。目前,以职工缴纳的互助金为主,除了云南省政府安排了1 000万元的风险准备金,尚无其他收入。基金全部存入银行,目前尚不允许进行其他方向的投资,以规避投资风险。

云南省职工医疗互助金实行省级统一筹措、统一管理,独立建账、独立核算。互助金的安全性是职工医疗互助活动的生命线,是保证医疗互助活动可持续健康发展的基石。自第1期开展活动起,云南医疗互助活动中心就进行了严密的制度设计,对互助金实施科学的管理、最严格的监管和严密的财务制度,以保证互助金的安全性,同时制度设计的合理性也是保障其制度运行和激励约束机制有效性的重要方面,因此任何合作金融和互助保险都要有设计合理的内部制度(奥斯特罗姆,2000;袁杰,2005)。

保证资金的安全和完整,要防范两个风险:一是系统风险,不能出现崩盘。这需要严格的保险精算制度来预测资金风险,职工医疗互助活动中心与云南财经大学建立了良好的合作关系,一直以来对医疗互助活动的测算工作有深度研究的云南财经大学李兴绪教授主持测算工作,保证互助金运行的科学性,防止出现系统风险。第6期职工医疗互助活动出现赤字1 600万元,就是一个危险的信号,再下去医疗互助就比较危险了。为此,职工医疗互助活动进行了详细的调查研究工作,查找原因,研究对策。加强测算分析研究,提高对系统风险的可控能力,对活动发展及资金风险控制等方面从科学专业的角度进行了全面准确的阐述,夯实了活动发展过程中的理论支撑。

二是管理风险,制定严格的管理制度和保护措施,保证资金不出现风险。云南省审计厅对互助金的管理制度和保护措施给予了充分的肯定。互助金的全部资金

均存放在银行,大额支出全部使用存单方式,安全性很高,并且全部工作经费和运行费用由工会、政府和重点企业承担,不从互助金中抽取一分钱,以此保证了互助金百分之百用之于职工。

在存单和资金的使用方面采用了分权制衡原则,由三个人分别管理钥匙、密码、取出存单,使用存单需要主任印章、财务章两个章。资金使用必须满足所有环节的条件,缺一不可,以此来保证不给人为干预提供可乘之机,防范人为失范因素带来的管理风险。在 2010 年 7 月投入使用的第二代网络信息管理系统中,重点加强补助审批痕迹管理,从而实现了追溯责任管理,强有力地约束了审批人员的行为,提高了互助活动的管理绩效。

四、结论:云南模式中关于医疗互助保险的认识问题

正在发展中的云南模式表明职工医疗互助活动有可能成为我国多层次、多形式的医疗社会保障体系的重要组成部分之一,对完善我国多层次、多形式的医疗社会保障体系有可能起到有益补充作用。当前的医疗保障体系以社会保险、商业保险、社会救助体系为主要支撑,其中医疗社会保险体系又包括城镇居民医疗保险、城镇职工医疗保险、新型农村合作保险三项基本制度,云南模式为职工医疗互助活动提供了实践经验,引导工会在新的医疗保障体系中查漏补缺,主动创新,寻找自己的角色定位。

然而,不论从那种角度来看,云南省职工医疗互助活动都是一种典型的互助合作保险,其制度化、规范化程度丝毫不亚于正常保险业务。而医疗互助概念从"保险"向"活动"的演化,一方面显示了云南省总工会的谨慎态度,另一方面实际上彰显了在市场化导向的医疗保障体系建设中对互助合作保险的认识误区。1993 年,全国总工会成立中国职工保险互助会,协调组织全国工会系统广泛开展了医疗、养老、住房、消费等方面的互助保险和合作活动。在全国总工会的政策文件中,如1996 年的《中国工会职工互助补充保险试行办法》、1999 年的《关于加强职工互助补充保险基金管理的紧急通知》等文件,均把互助合作活动作为补充保险来对待。但从 2007 年的《中华全国总工会办公厅关于职工互助互济保障活动有关问题的通知》等文件中,互助合作已经悄然从"保险"变迁为"活动"。2009 年 3 月 17 日中央政府发布的指导性文件《关于深化医药卫生体制改革的意见》中明确指出,"鼓励社会参与,鼓励工会等社会团体开展多种形式的医疗互助活动。鼓励和引导各类组织和个人发展社会慈善医疗救助",也同样将工会等社会团体组织的非营利性医疗互助视为"活动",从概念来看,是保险体系之外、与救助体系并列的补充体系。

事实上,互助保险发展的历史悠久并且在很多国家的保险体系中具有重要地位和作用。例如日本工会联盟中专营互助保险业务的"全劳济",其规模就非常大,在日本保险业务中占有一定的市场份额。在很多国家,如新加坡、日本、瑞典等

国,都有专门的互助保险立法。2007 年以来,我国农村合作医疗体系逐步完善且几乎覆盖全部农户,这就更加凸显出职工合作医疗的迫切性,亟须对于职工医疗互助合作的法律认可与政策支持。

参考文献

王曙光等:《社会参与、农村合作医疗与反贫困》,人民出版社,2008 年。

雷克斯福特·E.桑特勒、史蒂芬·P.纽恩:《卫生经济学——理论案例和产业研究》,北京医科大学出版社,2006 年。

尼古拉斯·亨利:《公共行政与公共事务(第 8 版)》,中国人民大学出版社,2001 年。

《2006 年世界发展报告——公平与发展》,清华大学出版社,2007 年。

奥斯特罗姆:《制度激励与可持续发展》,上海三联出版社,2000 年。

邱鸿钟、袁杰:《现代卫生经济学》,科学出版社,2005 年。

第五篇　制度创新与转型

第十九章　市场经济的伦理奠基与信任拓展
——超越主流经济学分析框架*

一、引言：新古典传统的"善意忽略"

本文研究的主题是转型过程中社会信用体系的拓展以及这种拓展对金融制度演进的影响。谈到信用和伦理问题，就必然涉及对新古典经济学研究范式的反思与变革。因此本节从新古典范式的贡献和局限性开始谈起，试图从方法论角度阐明新古典范式中忽略"伦理视角"的现状必须得到改变，才能使我们正确地认识伦理、道德、信用这些重要变量对社会转型的巨大影响。

当前，对占据现代经济学主流地位的新古典经济学的批判性反思似乎已经形成一种清晰可见的潮流，这种倾向不仅可以从哈佛大学和剑桥大学这些世界著名学府经济学学生公开信中感受到，更可以从我们身边的经济学学生不断发出的对新古典经济学言辞激烈的抱怨、嘲讽和批评中感受到。2001 年 8 月在密苏里-堪萨斯城大学（UMKC），来自 22 个国家的 75 名学生、研究者和教授发表了《给所有大学经济学系的国际公开信》，这份被称为"堪萨斯城建议"的公告响应了不久前剑桥大学经济学博士生公开信中要求改革经济学教育和方法论的呼吁："我们相信经济理论的发展受到了非历史的方法和抽象的形式主义方法论的阻碍，它对理解经济行为的复杂性只提供了有限的理解。这种狭隘的经济学方法论阻碍了经济学产生真正注重实际和现实性的政策方案，阻碍了与其他社会科学学科进行富有成果的对话。所有经济学系都应对经济学教育进行改革，使之包括对支撑我们这一学科的方法论假设的反思，一种负责任的和有效的经济学，应该在更宽广的背景环境中考察经济行为，应该鼓励在哲学基础层面的挑战和争论。"[1]

---

* 本文发表于《北京大学学报》2006 年第 5 期。

① 参见 post-autistic economics movement 网站（http://www.paecon.net/）中的相关内容。

新古典经济学在现代主流经济学中的"话语霸权"地位的形成与巩固自有其历史背景和学科背景,这里不作详细探讨。不可否认,新古典经济学框架确实为现代经济学发展出一整套研究经济行为和经济现象的分析方法,这个框架由三个主要部分组成:即视角(perspective)(如经济人偏好、生产技术和制度约束、可供使用的资源禀赋等经济学基本假定)、参照系(reference)或基准点(benchmark)(即为研究真实世界而提供的非真实的、高度抽象的经济学模型,如一般均衡理论中的阿罗-德布鲁定理),以及分析工具(analytical tools)(即用较为简明的图像和数学结构帮助我们深入分析纷繁错综的经济行为和现象)。① 但是同样不可否认的是,新古典经济学自身在方法论方面也存在着严重的缺陷,对新古典传统进行系统的(而非零碎和割裂的)、科学的(而非主观武断的)、历史的(而非僵化和静止的)、开放的(而非封闭的)、批判性的反思,是现代经济学发展的必要思想前提,而实际上,现代经济学发展的轨迹恰好印证了经济学研究中多元主义方法论和批判精神的重要作用。②

新古典经济学在人类行为假定方面的缺陷是导致经济学贫困化的重要原因之一,主流经济学把理性的人类行为等同于选择的内部一致性,并进一步将其等同于自利最大化。这种过于简单和抽象的假定诚然有利于经济学模型的构建,但却为理解我们所面对的复杂的真实世界设置了巨大的障碍。阿玛蒂亚·森(Amartya Sen)在其名著《伦理学和经济学》中,探讨了现代经济学在自利最大化行为假定方面的缺陷以及这种缺陷对现代经济学造成的消极后果。"作为个人,经济学家表现出得体的友善,但是在其经济学模型中,他们却假定人类的行为动机是单纯的、简单的和固执的,以保证其模型不会被友善或道德情操等因素所干扰。……综观经济学的发展进程,以如此狭隘的方式来描述人类行为却是非同寻常的。其不寻常之处首先在于,经济学所关注的应该是真实的人。很难相信,由苏格拉底问题(Socratic Question),即'一个人应该怎样活着'——这确实是一个问题——所引发的自我反省会对现实生活中的人没有任何影响。"③森从"伦理相关的动机观"和"伦理相关的社会成就观"出发,揭示了现代经济学由于其狭隘单一的人类行为假定和不自然的"无伦理"特征而给经济学观察真实世界带来的消极影响。尽管通过检视经济学发展历程,我们可以看到经济学的伦理学根源和工程学根源都有自己的合理成分,而且都对现代经济学的发展作出了重要贡献,但是无疑地,现代经济学中对伦理和道德问题的"善意忽略"已经使经济学偏离了自己的古典传统。如果说古典经济学专注于研究人类之间的分工与交易、组织和制度的生成与演进、道德

---

① 钱颖一:《理解现代经济学》,《经济社会体制比较》,2002 年第 2 期(总第 100 期)。

② 关于现代经济学方法论反思,参见王曙光:《理性与信仰——经济学反思札记》,新世界出版社,2002年。

③ 阿玛蒂亚·森:《伦理学和经济学》,中译本,商务印书馆,2000 年,第 7—13 页。

情操和价值观对经济体系的影响等重大主题,并进而关注人类自身的福利水平、关注人类在经济发展中的尊严和幸福的增进,从而对人类的全面发展给以终极的人文关怀的时候,现代经济学却以冷静的理性范例回避了丰富多彩的现实世界。

很显然,经济学逐渐放弃或者"善意地忽略"自己的伦理学传统而在工程学传统(以形式上的数理化为最明显的特征)突飞猛进一意孤行,与现代经济学长期以来追求成为一门如同物理学一样精密的"科学"的努力有关。19 世纪以来随着自然科学和生物科学的长足进展,学术界——不管是社会科学还是自然科学——对"科学"的崇拜也在与日俱增,"科学"的严密性和确定性使其他学术领域的研究者大为着迷,因而也就出现了其他学科对"科学"教义、术语以及研究范式的盲目模仿。"科学"理念(包括其话语形式和研究方法)对社会学科的研究者形成了哈耶克所说的某种"专制":"这些学科为证明自身有平等的地位,日益急切地想表明自己的方法跟它们那个成就辉煌的表亲相同,而不是更多地把自己的方法用在自己的特殊问题上。可是,在大约 120 年的时间里,模仿科学的方法而不是其精神实质的抱负虽然一直主宰着社会研究,它对我们理解社会现象却贡献甚微。它不断给社会科学的工作造成混乱,使其失去信誉,而朝着这个方向进一步努力的要求,仍然被当作最新的革命性创举向我们炫耀。如果采用这些创举,进步的梦想必将迅速破灭。"①

本文试图采用当下"非主流"经济学的话语方式和视角,对市场经济运行中的伦理问题进行初步研究,并以中国大规模政治、社会和经济制度变迁为背景,探讨转轨时期市场经济的秩序建构和人格奠基。本文第二部分将详细探讨制度生成以及作为一种非正式制度或合约的道德的演进过程,阐发作者对于市场经济的道德基础的"多元自发秩序观"。第三部分将着眼于中国由一个传统的乡土社会向一个市场化的契约社会演变的过程,分析这个过程中市场半径和交易范围的扩展,并探讨这个过程中诚信作为价值观念的变化以及可能出现的"道德失序"状态。第四部分试图指出在当下中国的道德现状中存在一个明显的悖论:即作为社群内部的行为主体,参与者一般体现出良好的道德水准和对游戏规则的尊重,但当这种交易扩展到市场交易的时候,跨社群的交易往往成为一种混乱的非道德的交易,这种在社群内部和跨社群交易之间的类似"精神分裂"的现象是长期困扰研究者的问题之一。本文分析了这种悖论的经济基础和伦理基础,并指出其中所包含的政策含义。第五部分进一步探讨道德演进中影响公众行为的几个重要社会因素,即贫困化、社会分层中二元结构的大量存在以及整个社会在社会选择机会分配中的严重不均衡状况,对这些要素的深入分析表明,我们不能仅仅将目前的诚信缺失和道德失序理解为社会道德水准的普遍下降和某些公众的寡廉鲜耻,而是要将视角深入到影响人们交易行为和伦理表现的深层社会经济根源。

---

① 　弗里德里希·A.哈耶克:《科学的反革命:理性滥用之研究》,中译本,译林出版社,2003 年,第3—6 页。

二、伦理演进的"多元自发秩序观"

新古典经济学研究既定的资源和技术约束以及既定的制度约束下的收益最大化问题,在新古典传统里面,制度是一个外生的既定变量,制度尤其是非正式制度(如道德伦理、社会习俗以及由社群的特定历史文化所形成的无形制度)的生成、演进和发生作用的路径被排除在主流经济学的研究范围之外。实际上,关于道德的起源的研究,尤其是道德的生成要素、维持要素和演进要素的研究,可以帮助我们理解非正式制度在社会经济中的作用方式,从而极大地拓宽传统主流经济学在经济运行方面的狭窄视角。

但是道德的起源问题的复杂性与人类本身起源的复杂性几乎可以相提并论。用某种武断的、简单化的理论模式来抽象出道德起源的一般理论,尽管在理论构建上似乎符合简洁性和可操作性的优点,但是肯定会由于遗漏掉若干重要的变量而显得缺乏解释力。因此,在道德起源问题上,运用系统科学的多元思维方法,运用伦理学、政治学和经济学等学科的综合知识,是非常必要的,而且是唯一正确的方法论。有些学者出于本学科的知识准备和视角的局限,或者是出于对于其他学科的强烈偏见,试图为道德起源问题提出排他性的解释方法,这些解释性的假说如果本身没有宽宏的理论包容性,它们受到质疑甚至被抛弃的命运是可以预料的。

道德是人类社会在漫长的演化过程中所形成的一系列行为规范的总称,这些行为规范一方面具有时间上的嬗变和演化的特征,即道德的具体内涵总是随着时代风气变化和社会经济发展而不断发生变化,没有一种道德规范具有时间上的永恒性;另一方面,这些行为规范同样也不具有空间上的一致性,不同文化区域的人类在这些行为规范上所表现出的多样性,是区分这些文化单位的重要标志之一。时间上的嬗变性和空间上的多元性,导致我们在评判和考察任何一种具体的道德规范时,都不能拘泥于我们自身的独特经验,因为这种经验总是带有时间上的局限性和空间上的狭隘性。我们不能活得足够长,同时我们也不能有足够的精力去体会其他区域的道德传统,所以我们在谈到某一具体的道德传统时,务必保持一种虔诚而谦逊的态度。对自己所陌生的时代或者地域的道德传统保持敬畏,是研究者在道德问题上必须保持的正确姿态,而那些对自己所不熟悉的道德文化传统持排斥、嘲讽和蔑视态度的研究者,不可能在道德研究中取得任何有意义的成果。

对于国内伦理学者所提出的"优良道德的制定"的命题,我是持深深的怀疑态度的。我还是坚持道德生成和演进中的"多元自发秩序观",也就是说,在道德的生成和演进中,一方面,该过程包含着多样化的因素(包括经济、政治、宗教、文化以及环境等),另一方面,该过程并不是人类运用自己的理性而人为设计的结果,而是一种自发秩序的生成过程。哈耶克在制度演进的研究中强调"自发秩序"的作用。《哈耶克传》这样说:"'自生秩序'的思想也许是哈耶克最伟大的理论贡献之一。

虽然自生秩序的术语不是他发明的,这一观念也不是他最早提出的,但对于自生秩序观念的传播,他的功劳高于任何人。"①"自发秩序"或者"自生秩序"概念的内涵极为繁复(这与哈耶克的哲学体系的总体风格非常相像),哈耶克曾经试图用一种比较形象的方法来解释他的自发秩序的概念。在《自由宪章》(《自由秩序原理》,邓正来译,生活·读书·新知三联书店,1997 年)中,他在《没有指令的秩序》一节中对晶体的描述,是对这个概念的最形象的比喻:

> 尽管那些比较熟悉由人来安排物质的人士通常会觉得难以理解自生秩序的形成,但在很多场合,我们必须依靠各个组成部分的自发协调,才能形成某种(哪怕是)物理学的秩序。如果我们必须靠自己将每个分子或原子放在恰当的位置上,跟其他分子或原子相匹配,我们将永远不可能造出一块晶体。我们只能指望,在某种特定条件下,这些分子或原子会在一个具有某种特性的结构中自己安排自己的位置。同样,我们能够为社会形成某种秩序创造条件。②

道德生成中"多元自发秩序观"承认在道德起源和嬗变过程中自发秩序的作用,也就是承认,在一个运转良好的社会群体内部,不管这个群体是原始部落的共同体,还是在国家形成之后的国家共同体,道德作为一种社会行为规范的生成与发展都主要是一种"自发秩序"的形成过程。在这个过程中,共同体中的个体活动总是受到共同体其他个体行为和共同体作为一个行为单位的目标的影响,个体需要在学习和模仿中体会什么是共同体内部的"合宜"的行为,什么行为最适宜于个体的生存概率的提高以及共同体作为一个行动单位的效率的提升。随着个体不断调节自己的行为,共同体就形成一种有利于个体和共同体的行为规范,这些行动规范既包含功利的成分,也包含对某些高尚行为的暗含的提倡与表彰,因为那些符合高尚规范的行为往往会给共同体和行动者本人带来更大的利益和名声。

经济学家从博弈的角度来理解道德的形成。道德作为一种制度的生成很大程度上是出于行动者对自己利益的计算,当交易双方出于自利的动机而在长期的动态的博弈中选择道德行为时,长远的功利主义计算就会抵挡住短期的机会主义的诱惑,从而道德行为得以延续,而不道德行为慢慢被摒弃。经济学的博弈分析乃是建立在个体的理性选择的基础之上,当委托人和代理人面临一项交易时,他可以选择按照道德原则交易,也可以选择不按照道德原则交易。只有当按照道德原则进行交易(比如按照诚信原则,谨守自己作为交易者的信誉)的长期收益大到足够超过短期机会主义行为带来的收益时,交易者才会选择道德行为。在道德生成的博弈模型中,自利的动机是交易者选择道德行为的基础。但道德一旦形成,则会形成

①　Alan Ebenstein, *Friedrich Hayek: A Biography*, St. Martin's Press, LLG, 2001. 中译本《哈耶克传》,秋风译,中国社会科学出版社,2003 年,第 273—275 页。
②　F. Hayek, *The Constitution of Liberty*, University of Chicago Press, 1960, pp. 160—161. 中译本《自由秩序原理》,邓正来译,生活·读书·新知三联书店,1997 年。

一种路径依赖的现象,即道德会形成一种外在的专制性的约束,逼使社会中的人遵守其中的规范。而社会中的人也会在重复的交易中感受到遵守交易道德所带来的收益,并体会到不遵守交易规则带来的惩罚和损失。

道德生成中"多元自发秩序观"并不否定环境、宗教、文化传统、政府在道德演进中的作用。环境对道德传统的形成有重要作用,已经有很多学者探讨了中国早期历史中的江河治理与中国集体主义道德观念的形成之间的关系,而古代希腊则由于其自然环境的原因而产生出一种尊重个体权利的道德观念。道德生成与文化传统的关系比较复杂,这种复杂性表现在:一方面,道德本来就是一种文化传统最重要的构成要素之一,也是一种文化传统中最重要的代表性标志之一,区分一种文化传统与另一种文化传统的根据之一就是不同文化传统的道德谱系;但是另一方面,道德的生成与演进又受到广义上的文化传统的深刻影响,东西方文化传统的不同,约束和规范着东西方道德谱系的形成路径。宗教在道德生成中的意义更是显而易见的,宗教中包含着内容丰富且稳定的道德价值观念,这些道德训育通过宗教经典的方式体现出来,因此具有一般伦理规范所不具备的"内在律令"的强制性特征,因而恪守这些道德训育也就等同于实践上帝的律条。一旦宗教进入道德谱系的塑造,道德就带有超世俗和超功利的特征,道德实践就与一个宗教修持者的内心反省和虔诚力量结合起来,从而实现道德在世俗世界所难以达到的强制性作用。①至于政府在道德生成和演进中的作用,许多事实证明,政府可以通过正式法律文件的制定、对道德典范的行政性鼓励措施、示范性道德行为等方式来实现对社会道德的影响。明治维新时期以天皇的名义颁布的一些带有道德训教式的法令,就体现出政府对于道德形成的有意识的影响。1882 年明治天皇颁布了《军人敕语》,其中着重强调了忠诚、礼仪、节俭、信义等儒家观念。1890 年明治天皇又颁布《教育敕语》,倡导尊奉儒学道德规范,其中规定"尔臣民应孝父母,友兄弟,夫妇相和,朋友相信,恭俭持己,博爱及众,修习学业……一旦有缓急,则义勇奉公,以辅佐天壤无穷之皇运"②。这个文件把政府命运的维系与民众道德谱系的制定结合起来,对明治时代的社会伦理产生巨大影响。政府对社会中道德典范的行政性鼓励是政府对道德生成施加影响的重要手段,在古代中国,一直存在着"举孝廉"的制度,周代任用官员的主要形式是对其道德水平的考察,所谓"考其德行,察其道艺"③,而汉代则普遍存在着推荐道德水平较高、在宗族和社区中享有崇高道德威信的人士出任政府官员,这种对道德典范的行政性鼓励,在一定程度上向社会成员公开宣示了政府的道德标准,并对实施这种标准的成员给予积极的激励。在古代社会以及现代

① 关于世界宗教的演变和宗教文化的比较问题,最翔实的资料来源是:〔英〕尼尼安·斯马特:《世界宗教》(第二版),高师宁等译,北京大学出版社,2004 年。
② 王曙光:《东亚企业精神的儒家资源及其现代性转化——韦伯理论的经验考察:以日本为核心》,收于王曙光:《理性与信仰——经济学反思札记》,新世界出版社,2002 年。
③ 参见《周礼·地官司徒》。

社会的很多时候,这种对道德典范的行政性鼓励,对社会风尚有着强大的渗透力和影响力。政府还可以通过示范性的道德行为来影响道德演进。

三、从乡土社会到契约社会的信用拓展

中国当下正面临着由计划经济向市场经济的转型,但这只是转型的一个方面而已。与计划经济向市场经济转型并存的,是中国由传统社会结构向契约社会的转型。把传统社会命名为"乡土社会",是从费孝通先生 20 世纪 40 年代末期的名著《乡土中国》中借用过来的。所谓乡土社会,是指以族缘、地缘、血缘关系为基础而形成的社会结构,而所谓契约社会,是指以社会经济活动主体之间的合约为基础而形成的社会结构;在乡土社会中,由熟人之间的相互信赖而构成经济交易和非经济活动的基础,而在契约社会中,在经济主体之间按照平等和公平的原则自愿达成合约,而这种合约可以使交易扩展到陌生人之间的交易。从经济学角度来说,中国当下从计划经济向市场经济的过渡固然是非常重要的一种社会转型;但是从社会学角度来看,中国从传统的乡土社会向现代的契约社会的转型可能更为重要,因为这种转型将对社会经济行为主体的经济行为产生重大的影响,因而也就决定着他们的伦理行为和道德谱系的演化。

费孝通先生在《乡土中国》中写道:"乡土社会的生活是富于地方性的。地方性是指他们活动范围有地域上的限制,在区域间接触少,生活隔离,各自保持着孤立的社会圈子。乡土社会在地方性的限制下成了生于斯、死于斯的社会。常态的生活是终老是乡。假如在一个村子里的人都是这样的话,在人和人的关系上也就发生了一种特色,每个孩子都是在人家眼中看着长大的,在孩子眼里周围的人也是从小就看惯的。这是一个'熟悉'的社会,没有陌生人的社会。"[①]费孝通先生正确地指出了传统社会与现代社会的重大区分,即传统社会是一个熟人社会,而现代社会是一个陌生人的社会;传统社会维系的基础是与生俱来的由熟悉带来的信任,而现代社会维系的基础是契约。所以费孝通先生说,"乡土社会的信用并不是对契约的重视,而是发生于对一种行为的规矩熟悉到不假思索时的可靠性",但是这种行为模式在以陌生人为主的现代社会中是难以应用的,"在我们社会的急速变迁中,从乡土社会进入现代社会的过程中,我们在乡土社会中所养成的生活方式处处产生了流弊。陌生人所组成的现代社会是无法用乡土社会的习俗来应付的"[②]。

但是费孝通先生更大的贡献来自他对乡土社会和契约社会的社会格局的精辟分析,他把西方的社会格局称为"团体格局",而把中国传统的乡土社会中的社会

---

①　费孝通:《乡土中国、生育制度》,北京大学出版社,2002 年,第 9 页。
②　同上书,第 10、11 页。

格局称为"差序格局"。他运用非常形象的比喻来说明这两种不同的社会格局的区分。他把西方的团体格局的社会构造比喻为"一捆一捆扎清楚的柴",团体界限非常清楚,而把中国传统的差序格局的社会构造比喻为"一块石头丢在水面上所发生的一圈圈推出去的波纹。每个人都是他社会影响所推出去的圈子的中心",这种格局具有很强的伸缩性。费孝通先生说:"以'己'为中心,像石子一般投入水中,和别人所联系成的社会关系,不像团体中的分子一般大家立在一个平面上的,而是像水的波纹一般,一圈圈推出去,愈推愈远,也愈推愈薄。"①费孝通先生认为,"在差序格局中并没有一个超乎私人关系的道德观念,这种超己的观念必须在团体格局中才能发生"。② 因此,在传统的乡土社会里,由"己"这个核心延伸开去,就像石子周围发生的涟漪一样,社会关系的展开和交易活动的进行,只是这个"己"的扩展而已。与自己最为亲近、最为密切、最为熟悉,因此也最值得信赖的关系,总是置于那些陌生之先;因此一个传统乡土社会中的交易是否达成,须赖于交易者自己对交易对方在这个差序格局中所占据的位置的考察。一旦交易扩展到陌生人的层次,交易双方的信任感就会大大降低,此时"涟漪"就会非常微弱以至于根本难以达成任何有效的交易行为。

差序格局的乡土社会与团体格局的市场社会,其达成交易的基础自然是不同的,前者赖于由熟悉带来的信任,而后者赖于由契约所保障的权利与义务的清晰界限。因此,两种社会格局的交易半径就大相径庭。我用"交易半径"这个术语表示达成有效交易的交易主体的广度,传统乡土社会的交易仅限于交易主体熟悉的范围,而契约社会的交易可以扩展到与交易主体完全陌生的他人,因此,契约社会中交易主体的广度就得到空前的扩展,甚至扩展到与自己根本没有任何接触的人群。现代社会中的绝大多数交易,都发生于陌生人之间;一些现代金融产品和衍生工具的交易,甚至不需要交易者有任何面对面的接触。这些交易方式,在传统的乡土社会是难以想象的。"我们怎么能够相信一个我们从来没有见过面的人呢?"这是一个习惯于乡土社会游戏规则的人自然而然发出的疑问。在乡土社会里,我们只能信任我们熟悉的人,我们对我们不熟悉的人抱着天然的拒斥和怀疑。由怀疑陌生人,乡土社会中的交易者很容易发展为"欺骗"陌生人:一方面,乡土社会中的人自以为与陌生人的交易概率极低,因此偶然的欺骗所造成的成本(包括收益成本和声誉成本)都很低;另一方面,乡土社会中的交易者对交易对方的诚信水平存在着质疑,因此"先下手为强"的欺骗有利于交易者避免更大的损失。

在乡土社会向契约社会过渡的过程中,道德的断裂和失序就不可避免。道德规范在乡土社会中是无形的,人和人之间有着天然的缘于地域、血缘和宗族关系的信任感,他们互相熟悉,因而互相欺骗的概率极低,而互相欺骗的成本极高。一旦

---

① 费孝通:《乡土中国、生育制度》,北京大学出版社,2002 年,第 25—27 页。
② 同上书,第 34 页。

在乡土社会中发生了欺骗的行为,欺骗者就会给整个家族带来恶名,从而整个家族世代积累起来的美誉就会面临毁于一旦的危险。互相熟悉的人们就会以"闲言碎语"(gossip)的方式来传播欺骗者的行为,从而使欺骗者未来的交易收益受损,交易达成的概率大大降低。但是向契约社会过渡的过程中,人们由于社会关系的扩展,而不得不将交易扩展到陌生人的范围;然而一个来自乡土社会并熟悉乡土社会游戏规则的人还没有学会如何适应这个陌生人的世界,还不知道如何以契约社会的方式来进行交易,也不知道在受到其他陌生人欺骗的时候如何以契约来维护自己的利益与尊严,而更严重的是整个社会还没有为契约社会的到来准备必要的法律环境和惩罚激励机制。这个时候,普遍的不信任感就产生了,欺骗成为交易者的最优选择。

市场商业行为的产生需要很多准则和美德来支撑,当市场社会良好运作的时候,谁也不会感受到这些准则和美德的存在,以为它们的存在和发挥作用是理所当然不足为奇的。然而当一个社会缺乏这些准则和美德的时候,经济和非经济交易就会变得异常困难,甚至一些最基本的交易都难以达成,商业的效率被严重地降低了。阿玛蒂亚·森对此有很精妙的譬喻:"良好的商业行为基本准则有点像氧气:只有当缺乏氧气时我们才对它感兴趣。亚当·斯密在他的《天文学史》中有一段有趣的评论,其中他提到这样一种普遍的现象:'一件事物,当我们很熟悉而且天天看到它时,虽然它是那么伟大而美丽,但它只给我们留下一个很不强烈的印象;因为它既无惊奇,亦无意外之处,来支撑我们对它的赞赏。'"①森的论述正确地指出了商业准则和市场伦理在交易中的作用。

但对于那些由一种经济社会结构过渡到另一种经济社会结构的国家而言,不管是从计划经济向市场经济的过渡,还是由乡土社会向契约社会的过渡,都直接面临着商业伦理资源匮乏而带来的巨大风险。森评价了苏联和东欧国家在转轨时期所面临的这种困境:

> 在苏联和东欧国家经历的经济困难中,缺少那些对资本主义的成功运行具有中心意义的体制结构和行为准则。需要发展出另外一套具有其自身逻辑和忠诚观念的新体制和规则系统,它们在发展成熟了的资本主义中可能是相当标准的事,但却很难作为"计划的资本主义"的一部分一下子设置起来。这些变化会花费相当一段时间才能实现并起作用——这是现在从苏联和部分东欧国家的经历中学到的一个相当惨痛的教训。在第一波热情拥抱所谓的自动的市场过程的奇迹时,制度和行为实践的重要性被忽视了……对体制性发展的需要,相当明确地与行为准则的作用有关,因为建立在人际安排与共享的理解之上的机构和制度,其运行是以共同的行为模式、相互信任以及对对方道德

①　阿玛蒂亚·森:《以自由看待发展》(*Development as Freedom*),中译本,中国人民大学出版社,2002年,第262页。

标准的信心为基础的。对行为准则的依赖通常是隐含的、不公开的——实际上是高度隐含的，以至于在这种信心不成问题的情况下，其重要性很容易被忽视。但是一旦这种信心确实有问题，忽视对它的需要就可以是灾难性的。①

森所指出的事实在中国正在发生着。商业交易中的混乱和交易者之间严重的不信任导致中国当下的经济效率受到严重影响，而发生于食品、日用品、电器以及不动产交易中的欺骗行为和不遵守商业准则的行为不但使交易规模和交易概率降低，而且直接影响到消费者的生命安全与身心健康。这是中国在双重转轨（由计划经济向市场经济的转轨以及由传统乡土社会向契约社会的转轨）的进程中所必然经历的阵痛——要分娩出自由而有秩序的新的经济体制，要在传统乡土社会中分娩出具有现代商业准则和陌生人之间相互信任的新的伦理环境，必然需要付出这样的成本。问题在于，如何最大限度地约束这种成本。

四、信用拓展中的伦理悖论

作为一个在复杂社会关系中行动的人，面临着多元的社会网络，在这些不同网络所形成的社会群体中，其行为模式和道德标准是不同的，这与中国特殊的"涟漪式差序格局"有着密切的相关性。我把由相互熟悉的个体所组成的、有着较强的信任程度、彼此有着亲密合作关系的人群所组成的团体，称为"共同体"（community）。这种共同体可以是一个家庭、一个家族、一个宗族、一个村落，等等。我们观察当下的中国社会中的道德问题，会发现许多有悖于一个成熟市场社会或者契约社会的非道德行为，比如商业交易中履约率相当低下，交易者普遍缺乏对合约的尊重，也缺乏严格恪守和执行合约的意识，同时制造业者和服务业者欺骗消费者和顾客的现象非常普遍。这些现象引起我们对现今道德状况的深刻忧虑。但是我们的观察实际上是一种不完全的观察，也是一种容易引起误解的观察。我们很容易发现这样的"道德悖论"：一个人，在共同体内部（如在一个家庭、一个家族、一个宗族、一个村落），可能是一个非常值得尊重的、非常有道德感的、对共同体富有责任感的，而且在共同体内部有着良好声誉的人；但是当他面临着外部市场的时候，当他的行为超越这个共同体的时候，当他与陌生人打交道的时候，他仿佛就变成另外一种有着完全相反道德表现的人：他会欺骗他的交易对手，会不履行合约，会不惜以毁坏消费者的健康为代价而制造劣质的消费品。他不关心他在共同体以外的声誉，也不在意自己的非道德行为会给社会和他人造成何种恶劣的影响，此时他似乎变成一个完全没有"道德感"和"伦理观念"的人，与他在共同体内部的行为方式判若两人。一个在共同体内部恪守道德要求的人，当这个"差序格局"扩展到距离"波纹

---

① 阿玛蒂亚·森：《以自由看待发展》（*Development as Freedom*），中译本，中国人民大学出版社，2002年，第262—263页。

核心"十分遥远的地方从而远离共同体的时候,这个人的自我道德约束就会显得非常微弱。这种共同体内部的基于道德的交易行为和共同体外部的非道德交易所形成的悖论,是我们作为外部观察者必须注意的现象。只有了解了这个悖论及其背后的根源,我们也许才能找出解决问题的办法。

一个行为主体在共同体内部和外部截然不同的表现,令我们深思。从经济学角度来看,一个行为主体在两种不同情境下的不同行为模式,实际来自他对自己行为的成本收益的计算。在共同体内部,由于有着数量确定的参加者,而且各参加者之间的关系极为亲密熟识,因此一个人的行为具有以下明显的特征:第一,他的行为很容易被观察到,不论他的行为是否符合道德要求,都不可能逃离共同体内其他成员的眼睛,在共同体内部成员之间,关于各自行动的信息几乎是完全而且对称的。第二,行为的长期性。共同体成员之间的关系是建立在一种互相默契的长期非正式合约的基础之上的,这就决定了共同体成员不太可能出现短期行为,不可能冒着被共同体唾弃和抛弃的风险而破坏共同体的伦理规则。第三,在共同体内部,存在着对非道德行为的经常监督和约束机制,那就是前文提到的共同体成员之间的闲言碎语(gossip)。家族和邻里之间的这些具有强大监督能力的"民间舆论",是约束共同体成员最有效的力量,许多成员就是出于对这种"民间舆论"的敬畏和出于对自己长期名誉的珍惜,而收敛自己的非道德行为。第四,在共同体内部,成员的非道德行为可以被及时惩罚,而惩罚的最有效方式就是在共同体内部彻底而永久性地毁坏该成员及其家族的名誉,使他与其他成员达成交易的可能性几乎降低为零。实践证明,这种惩罚方式非常有效,一个声名狼藉的家族,其后代寻找配偶都异常困难,这表明共同体内部不遵守道德准则的成本非常高昂。

而在共同体外部,情况就迥然不同了。在共同体外部,一个人的行为很难被观察,人和人之间有关各自社会行为的信息是非对称和不完全的;共同体外部往往会诱发人的短期行为,使得人为了短期的利益而忽视长远的收益;共同体外部也不存在强有力的监督机制;同时共同体外部对一个人的非道德行为往往难以实施有效的惩罚。这就解释了为什么会出现共同体内部道德交易和跨共同体的非道德交易这样的悖论,也就解释了为什么在中国这样一个伦理范式转型的社会当中会出现那么多的道德失序现象。针对这样的现实,要使得我国的市场道德发生根本性的改观,必须相应地具备以下的条件:第一,充分发挥舆论监督的力量,促进公共信息传播的范围和深度,运用各种大众媒体的作用实现对于社会成员行为的有效观察,对其非道德行为实现及时的报道与公开;第二,建立某种社会机制,鼓励那些符合市场伦理的行为,而约束那些对社会伦理构成威胁和挑战的行为,强调社会成员在交易行为中的信用和相互信任,健全社会成员信用评价体系;第三,对那些破坏市场伦理和危害公共道德的行为进行有效和及时的惩罚,而且当事人必须有动力实施这种惩罚。当然,作为一个个体的当事人,其实施惩罚的机会成本和成本都非常高,因此,政府有必要担当"替代性惩罚"的角色。当然,作为承担"替代性惩罚"角色的政府,其自身的道德实践在维持市场伦理方面至为重要。

五、社会分层、贫困化与社会选择机会

在经济学层面谈论道德演进以及当下不容乐观的道德现实,与从纯粹伦理学层面谈论道德问题,其视角大相径庭。当伦理学家以伦理学视角观察社会道德问题的时候,会发出许多"人心不古,世风日下"的喟叹,于是他们会根据伦理学的基本原则,试图制定一种优良的科学的道德体系,并用这种体系改良或者替代当下的伦理现状。理想的道德谱系自然可以凭借学者的知识来构建,但是现实的道德演进却是不受伦理学家控制的客观历史过程。实际上,在任何一个时代,尤其是在那些社会转型和社会动荡剧烈的年代,都会或多或少地出现道德失序的情形,所谓"人心不古"的话,我们的先辈以及先辈的先辈,似乎已经讲了上千年。但是不可否认的是,像中国这样一个以儒家文化传统为基本伦理规范的国度里,道德谱系一直保持着相当稳定的态势,这与中国传统社会的"超稳定性"是一脉相承的。这种文化传统曾经在 20 世纪受到三次大的内外冲击,从而使得传统的道德资源受到程度不同的挑战、更新与破坏。

第一次是在五四新文化运动时期,西方的文化思潮曾经剧烈地摇撼中国传统社会的伦理规范,使传统的家庭、家族、宗族、社群关系有了相当的改观,新的道德意识逐渐侵蚀甚至完全占领旧的传统的道德意识的领地。第二次巨大冲击是发生在 20 世纪六七十年代的"文化大革命",这次政治运动对中国的政治观念、文化传统、道德价值系统形成了彻底的解构,就对传统伦理道德的冲击的激烈程度而言,这次运动的成果远远超过了新文化运动。许多传统的价值观念和伦理规范遭到质疑和鄙弃,革命话语替代了传统社会的伦常秩序,原有的道德谱系在倾颓和坍塌,而新的革命道德却没有形成一种有渗透力和生命力的价值源泉,没有与中国的传统社会观念有机地融合。第三次冲击发生在 20 世纪 80 年代改革开放之后,西方的伦理意识再一次冲击中国本土文化,在原有文化传统已经丧失殆尽而新的文化传统还没有建立起来的时候,中国固有的价值资源再也没有盛唐时代接纳外来文化与改造外来文化的自信与大度,从而在价值观体系中出现了芜菁杂陈的混乱局面。儒家传统被抛弃了,而西方建立在契约基础上的市场伦理又难以迅速确立,同时计划经济和革命时代所建立的稳定的革命价值体系并未遗留深厚的根基,因此当下的道德体系可谓出现空前的"道德真空"状态。

我们不得不承认,虽然中国有着历史悠久、底蕴深厚的伦理资源,但是这些伦理资源大多只是"纸面性存在",而不是"现实性存在",它们只是作为学术研究的对象存活于学者的书斋和图书馆之中,而不是一种被大众所接受和认同的活生生的存在。当学者们以激烈的言辞和深重的责任感谈论道德问题的时候,应该首先澄清两个基本的观念:第一,依赖学理的推演与知识的判断,我们是难以"制定"出适应于一切时代的伦理体系的,法律可以制定(实际上法律也是文化传统的一部分,其制定和演化也是受到一国文化传统的潜移默化的影响的),但道德体系难以制定;法律可以在一个早晨颁布实施并强制性地执行,但道德的维系依赖社会成员的高度认同和一致行动。第二,道德问题不是一个单纯的伦理学问题,而是一个与社会结构和经济结构密切相关的问题,如果不深入探讨当下"道德失序"的社会和经济根源,我们就会停留在一种学究式的感慨和诗人式的梦幻之中,就难以找到解决中国伦理困境的正确道路。我认为,当下的"道德失序"与社会转型有着深刻的渊源关系,其中最关键的要素有三个:社会分层、贫困化和选择机会。

(1)社会分层。在中国开始经济转轨的步伐之前,整个社会是一种革命的主流意识形态一统天下的单一社会,在社会结构方面,尽管在政治地位上存在着严格的区分和明晰的分层,但是在经济上普遍实行着平均主义的资源配置方式,因此社会成员之间在经济地位上的分层是不明显的,彼此的差异很少体现在物质财富的拥有量上,而是体现在一些非物质的政治荣誉和社会地位上。但在改革开放之后,这种稳定的局面被迅速打破,社会中的某些群体由于充分运用了转轨时期的各种资源(制度性和非制度性的)和机会,从而一跃而成为社会财富的上层,而那些在社会结构中处于底层的社会群体由于承担了沉重的改革成本而沦为社会财富的下层,因此社会分层变得极为明显,阶层之间的对比十分强烈。大量下岗工人的存在、社会财富的高度集中化趋势、农民生活水准在较长历史时期的徘徊不前、权力与财富交换从而引发的大规模寻租现象,成为这个时代社会分层的主要特征。这种社会分层对社会成员的平等感的冲击是致命的。底层劳动者由于社会经济体制的变革而成为制度变迁成本的承担者,而一些体制内拥有大量社会资源和权力资源的阶层却是制度变迁纯粹的受益者。平等感的丧失,社会差别的扩大化和绝对化,以及由此带来的地区差距扩大[①],是造成现今许多伦理道德问题的重要根源。社会成员之间存在着的由社会分层带来的仇视、妒忌和不平衡心理,引发了大量道德问题,也导致严重的社会动荡与犯罪。

(2)贫困化。贫困化是中国经济发展中亟待解决的重要问题。[②]诚然,在贫困与市场伦理之间,并不必然存在着因果关系,更不必然存在着简单的反比关系。但是许多事实表明,当相当一部分社会成员处于社会的底层,从而形成一种金字塔式

[①]　实证分析表明,改革开放以来,我国的地区差距呈上升趋势,表现在:各地区人均 GDP 相对差距出现扩大趋势;最富地区与最穷地区人均 GDP 相对差距出现扩大趋势;各地区人均 GDP 绝对差距进一步扩大;最富与最穷地区人均 GDP 绝对差距进一步扩大。从国际比较看,我国属于地区差距最显著的国家之一。具体指标和数据参见胡鞍钢、王绍光、康晓光:《中国地区差异报告》,辽宁人民出版社,1997 年,第5—10 页。

[②]　根据 20 世纪 90 年代的一项分析,到 90 年代中期,中国有城镇绝对贫困人口 1 200 万,农村绝对贫困人口 8 000 万;城市绝对贫困人口占全国绝对贫困人口总数的 13%,农村占 87%;城镇绝对贫困发生率为 3.6%,农村为 9.4%;全国绝对贫困人口 9 200 万,绝对贫困发生率为 7.8%。详见康晓光:《中国贫困与反贫困理论》,广西人民出版社,1995 年,第 40 页。

的社会财富分配格局(即大量的社会人口处于社会财富分配的金字塔的底部,而极少量的社会成员处于社会财富分配的塔尖)的时候,社会成员之间的矛盾和冲突就会加剧,而处于底层的社会成员,就容易在寻求财富的驱动力下,走上一种与市场伦理相悖的道路。① 值得关注的是,农村的贫困化已经是导致当前市场秩序混乱、自然环境恶化以及社会不安全因素增加的最重要的社会根源之一。

(3)选择机会。与社会分层和贫困化相关的一个事实是,一些社会弱势群体成员在正常的市场竞争中所能够获取的选择机会已经越来越少。社会的不平等集中体现于选择机会的不平等,而选择机会的不平等是导致贫困化的重要原因。因此贫困很大程度上是由"选择机会的不平等"或者像阿玛蒂亚·森所说的"可行能力的剥夺"所导致的。② 由于选择机会的不平等,造成弱势群体以有悖于市场道德的方式参与社会经济活动,当我们谴责假学历假文凭的泛滥的时候,也许应该深刻反省我们这个社会所给予弱势群体的教育机会和社会选择权利,也许应该超越道德判断而反思"可行能力的剥夺"给弱势群体带来的消极后果。

六、结　论

传统的新古典经济学对支撑市场经济的伦理根基的"善意的忽略",导致现代经济学无法对现实经济中的很多现象作出正确的观察和解释。本文在理解"市场经济的人格奠基"问题时所用的非主流经济学视角,在很大程度上得益于社会学、伦理学、法学以及宗教学在道德起源和演进方面所作的宝贵的探索;而作为一个以经济学为自身学术专业的学者来说,自觉地以一种平等的眼光,借鉴其他人文社会学科的成果,并以经济学的分析框架来统御和拓展这些学术思想,也许是促进现代经济学健康发展的一个积极的前提。

本文强调了中国当下所面临的双重过渡:一个是由中央计划经济向市场经济的过渡,另一个是由传统的乡土社会向一个契约社会的过渡,而后一种过渡,是引发现今中国"道德失序"的重要历史背景。由传统乡土社会向契约社会的变迁,使得社会成员之间的市场交易半径大为拓展,然而也容易在转轨期间导致道德上的真空和无政府状态。本文对"共同体内道德交易与跨共同体的非道德交易"这一悖论的解释表明,解决现今道德问题的要旨并不在于道德意义上的喟叹和谴责,而在于寻找引发中国特殊转轨时期道德混乱的经济社会根源所在。本文对转轨时期

---

① 最近媒体报道的大量非法传销活动,多发于经济不发达的地区,而参与者多为家庭比较贫困的农村青年,许多农村传销青年坦言,参与传销行动的最直接诱因乃是想迅速致富,使家庭尽快摆脱贫困状态。这种心态可为本文的理论作一注脚。

② 森的这一观点体现于他的许多著作中,主要是:Amartya Sen, *Poverty and Famines*, Oxford: Clarendon Press, 1981;以及 Amartya Sen, *Resources, Values and Development*, Cambridge, Mass.: Harvard University Press, 1984。

的社会分层和社会差别、贫困化以及由此导致的社会选择机会的不平等和社会成员"可行能力的剥夺"进行了解析,以此表明当下所谓"市场伦理混乱"并非单纯的伦理学问题,而是一个经济学和社会学层面的问题,解决之道在于消除其存在的社会经济根源,而不是一厢情愿的道德设计和伦理说教。

　　自然,在本文中,我们也简略提到转向分析影响市场经济中道德演进的一个重要行为主体即政府。政府是市场经济中游戏规则的制定者和市场交易行为的监督者,当个人作为交易主体对交易对方的非道德行为进行惩罚的成本过高的时候,政府承担着"替代性惩罚"的使命,这个使命完成得成功与否,与政府自身的道德水平和伦理实践有直接关系。

参考文献

Alan Ebenstein, *Friedrich Hayek: A Biography*, St. Martin's Press, LLG, 2001.

F. Hayek, *The Constitution of Liberty*, University of Chicago Press, 1960.

钱颖一:《理解现代经济学》,《经济社会体制比较》,2002 年第 2 期。

王曙光:《理性与信仰——经济学反思札记》,新世界出版社,2002 年。

阿玛蒂亚·森:《伦理学和经济学》,中译本,商务印书馆,2000 年。

弗里德里希·A.哈耶克:《科学的反革命:理性滥用之研究》,中译本,译林出版社,2003 年。

尼尼安·斯马特:《世界宗教》(第二版),北京大学出版社,2004 年。

王曙光:《东亚企业精神的儒家资源及其现代性转化——韦伯理论的经验考察:以日本为核心》,收于王曙光:《理性与信仰——经济学反思札记》,新世界出版社,2002 年。

费孝通:《乡土中国、生育制度》,北京大学出版社,2002 年。

阿玛蒂亚·森:《以自由看待发展》(*Development as Freedom*),中译本,中国人民大学出版社,2002 年。

胡鞍钢、王绍光、康晓光:《中国地区差异报告》,辽宁人民出版社,1997 年。

康晓光:《中国贫困与反贫困理论》,广西人民出版社,1995 年。

第二十章 转型经济学的框架变迁、基本争议 与中国范式的全球价值 *

转型经济学(transition economics)是研究计划经济向市场经济体制过渡国家的制度变迁特征、过渡路径选择以及经济过渡绩效的经济学分支,是将新古典经济学、新制度经济学、发展经济学、演化经济学以及比较经济制度学等经济学科的成果加以综合而应用到转型问题研究的一种尝试。

中国自1978年以来实行的30年改革开放实践为全球转型经济国家提供了生动而有价值的参照体系。中国改革开放的不断深化和持续的经济增长,蕴含着大量富有创造性的中国智慧,同时也为经济学家探讨转型经济学提供了丰富的视角。可以毫不夸张地说,中国的经济改革中所包含的一整套思维型态、理论框架和行动模式,必将成为全球转型经济的最重要成果,同时也必将引发经济学内部的一场深刻的反省与革新。

本文将以全球视角梳理经济转型理论的历史性变迁,通过经典的国内外文献探讨新古典经济学在建立转型理论框架中所遭遇的理论困境和内在逻辑缺失,同时着重剖析了转型经济学中存在的两大基本争议,即渐进式变迁和激进式变迁的争议以及强制性变迁和诱致性变迁的争议,最后在结论部分,对中国经济改革30年的重大实践成果和思想成果进行理论提炼,揭示中国模式的内涵及其全球意义。

一、经济转型理论框架的变迁:转型有"共识"吗

转型经济学中,关于过渡路径和经济绩效的争论比在任何一个经济学领域都更激烈和缺乏共识。在计划经济国家转型初期,来自西方的经济学家们基于传统的新古典经济学理论为这些国家开了药方,希望按照一种理想模式大规模地、迅速

---

* 本文发表于《财经研究》2009年第5期。后收于《经世济民——北京大学经济学院纪念改革开放30周年学术研讨会论文集》,中国发展出版社,2009年。

地、全面地建立起一套西方式的游戏规则体系,从而带动这些国家市场机制的完善和经济的繁荣。根据新古典教科书所达成的迅速私有化、市场化、自由化战略被称为经济转型的所谓"华盛顿共识"(Washington Consensus),这种观点曾经在经济转型的早期占绝对优势,俄罗斯和东欧国家大部分按照这样的策略对经济制度和经济体系进行了大规模的私有化、市场化和自由化改革。这种改革模式有时又被称为"休克疗法"或者"震荡疗法"(shock therapy),这是一种以理想化的完美理念为引导的、基本原则性的、彻底的制度变迁模式。斯蒂格利茨评论说,转型中的休克疗法的深层根源是冷战时期遗留下来的"道德热情"和对冷战"胜利"的陶醉,他们试图一劳永逸地建立起一个"新的、干净的、纯粹的私人所有制市场经济",这种思想不过是雅各宾式的、狂风骤雨式的社会变革模式的翻版。[1]

新古典经济学的信条认为,只要将产权从政府手中转移到私人手中,实现产权的私有化,同时资源配置方式由政府中央计划转向自由市场配置,就可以促进国民储蓄和资本形成,提高资源配置的效率,从而实现经济的可持续增长,而以激进方式实现产权的私有化和资源配置的市场化,则可以最大限度地降低制度变迁的成本。公共部门私有化进程是学界争议的焦点。[2] 迅速私有化的支持者呼吁彻底取消国家所有权,主张将国有资产一次性分配给公民,赋予公民以购买国有企业的权利;而另一派则主张采取较为渐进的方式,逐步地改革国有企业,使国有企业逐渐转变为经济中的新兴部门,他们更加强调实现企业的"硬预算约束",这样盈利性较差的企业就会被淘汰,经营较好的企业则会吸引较多投资者。总体来说,基本采取大规模迅速私有化改革模式的东欧和包括俄罗斯在内的独联体国家转型过程中的经济绩效与预期相差甚远。实践表明,现实中的市场化改革进程有赖于许多制度条件的支撑,这些制度条件包括企业实现硬预算约束,建立良好的市场竞争机制,改善公司治理的激励和约束机制,建立有效而完善的法律体系和产权结构体系,以及对政府功能的重新定位。[3]

"华盛顿共识"曾经是拉丁美洲发展中国家、东欧和苏联转型经济国家在经济转型初期一致接受的政策模式,这种共识认为迅速的贸易与金融自由化以及经济私有化措施的有机结合,将克服不发达国家和转型国家的经济停滞状态并将引发

---

[1] Joseph E. Stiglitz, "Wither Reform? Ten Years of the Transition", Paper Prepared for the Annual Bank Conference on Development Economics, Washington D. C.: World Bank, April 28—30, 1999.

[2] Janos Kornai, "Making the Transition to Private Ownership", *Finance and Development*, September, 2000.

[3] 这方面的文献参阅 *World Economic Outlook*, Box 3.4, "Privatization in Transition Economies", September, 2000; Frydman, Gray, Hessel and Rapaczynski, "When Does Privatization Work? The Impact of Private Ownership on Corporate Performance in the Transition Economies", *The Quarterly Journal of Economics*, November, 1999, pp. 1153—1191; John Nellis, "Time to Rethink Privatization in Transition Economies", IFC Discussion Paper, No. 38, 1999。

经济的持续增长。Williamson(1990)①曾经将所谓"华盛顿共识"归结为 10 个要素：(1) 财政纪律。预算赤字应该被严格控制，以至于国家不必用征收通货膨胀税的方式来弥补财政赤字。(2) 公共支出优先性的转变。支出应该重新配置到那些经济收益较高且潜在地有助于改善收入分配的领域。(3) 税收改革。税收改革包括扩大税基和降低边际税率，其目的是增强激励，在不降低可实现的经济繁荣程度的前提下提高收入水平的平等性。(4) 金融自由化。金融自由化的最终目标是利率由市场来决定。(5) 汇率。汇率应该维持在有足够竞争力的水平之上，以此刺激非传统部门的迅速增长。(6) 贸易自由化。数量性贸易限制应该被迅速取消，同时关税应该逐渐降低。(7) 外国直接投资。阻碍外国公司进入本国市场的各种壁垒应该被取消。(8) 私有化。国有企业部门应该实现私有化。(9) 放松管制。政府应该取消那些阻碍新企业进入或限制竞争的各种管制措施。(10) 产权。法律体系应该在不导致过高成本的前提下提供安全有效的产权保护，并应该在非正式部门提供同样的产权保护。这 10 个方面的"华盛顿共识"，其要旨仍在于自由化、私有化和市场化，是一种典型的经济自由主义共识。

"华盛顿共识"告诉这些转型经济国家只要将大规模国有企业私有化并维持相应的金融指标和宏观经济指标，经济增长就会启动而且不断持续下去。这种建立在新古典经济学信条基础之上的过于乐观主义的共识，在整个转型过程中遭到越来越多的否定和抨击。斯蒂格利茨甚至质疑所谓"华盛顿共识"是否真正存在，事实上，在学术界、国际金融组织以及各国决策者中间，这样的"共识"并非是一种实际存在，这些教条体系并没有统一的标准的定义，而且即使是赞成这些教条的不同实践者也往往以各自的理解强调其中某一个侧面或重点。② 因此，尽管某些学者将这些教条体系归纳为所谓"华盛顿共识"，但是对这些政策合宜性的共识从来就不曾存在过。③

此后，国际货币基金组织对计划经济向市场经济的过渡要素进行了总结，认为过渡包含四大要素：(1) 自由化：允许大部分价格由自由市场决定，降低那些使得

① John Williamson, "What Washington Means by Policy Reform", In John Williamson, ed., *Latin America Adjustment: How Much has Happened?* Washington, D. C. : Institute for International Economics, 1990.

② 20 世纪 90 年代末期，西方经济学家对"华盛顿共识"进行了若干修订，提出加强中央银行独立性和银行监管、建立强大的预算部门以及独立廉洁的司法部门等组织制度领域的改革措施，但其基调与逻辑与"华盛村共识"并没有根本区别。参见 John Williamson, "The Washington Consensus Revisited", In Louis Emmerij, ed., *Economic and Social Development into the 21th Century*, Washington, D. C. : Inter-American Development Bank, 1997, p.58。

③ Joseph E. Stiglitz, "More Instruments and Broader Goals: Moving Toward the Post-Washington Consensus", WIDER Annual Lectures 2, Helsinki: United Nations University World Institute of Development Economics Research, January, 1998; Joseph E. Stiglitz, "Economic Science, Economic Policy and Economic Advice", Conference Paper, Annual Bank Conference on Development Economics on Knowledge for Development, Washington, D. C. : The World Bank, April 20 and 21, 1998; UNDP (United Nations Development Program), *Human Development Report* 1996, New York: Oxford University Press, 1996.

本国与全球市场经济价格结构相隔离的贸易壁垒;(2) 宏观经济稳定:将通货膨胀控制在一定范围之内,避免在自由化之后爆发恶性通货膨胀,缓解过度需求局面,严格控制政府预算规模,控制货币和信贷的增长,强调货币和财政政策纪律,维持国际收支的可持续性和基本平衡;(3) 重构和私有化:创造强有力的金融部门,改革企业制度,逐步将企业所有权转移到私人手中;(4) 法律和制度改革:重新定位政府在经济中的作用,建立市场经济法律规则,引入适当竞争政策。国际货币基金组织认为,在经济转型的四个要素中,自由化和宏观经济稳定可以以较快的速度实施。①

从制度主义的观点来看,向市场经济转型应该是一个包含不同层面经济行为的长期过程,在这个过程中,新的制度安排是成功转型的关键要素。市场经济不仅要求政府管制的自由化和产权的私有化,而且要求足够的制度架构来支撑市场经济的正常运行。从这个意义上来说,经济转型就必须以一种渐进的方式来进行,因为制度建设是一个长期的渐进过程,新的组织的创建、新的法律规则的制定,以及不同经济主体的行为变迁,都需要花费较长的时间。Kolodko(2000)从这种制度主义观点出发,得出与国际货币基金相似的结论,即一般而言,只有自由化和稳定化政策可以以一种较为激进的方式来进行,但是即使如此,也并不表明这是一个理所当然的结论,是否以激进方式推进自由化和稳定化取决于金融稳定的程度和一定的政治环境。②

二、超越新古典经济学和"华盛顿共识": 西方经济学家错在哪里

"华盛顿共识"的失误部分应该归结为新古典经济学对于经济转型过程中制度建设的重要性的忽视。在缺失重要的组织和制度的情形下,即使经济基本指标保持良好状态,经济转型也难以顺利推进。制度和组织的演进是较为缓慢的一种制度变迁,但是在"真实世界"中,制度和组织对于经济绩效的影响至为深远,而新古典经济学恰恰忽视了"真实世界"中制度和组织的重要性。著名经济学家诺思对此发表评论说:"西方新古典经济学理论缺乏对制度的分析,因此在对经济绩效的源泉进行分析的时候往往不得要领。毫不夸张地说,尽管新古典经济学花费很大力气研究有效的要素和产品市场的运作,但是很少有经济学家理解那些对市场创造非常重要的制度要求,因为他们仅仅想当然地认为这些制度本来已经存在。

① IMF(2000), "Transition Economies: An IMF Perspective on Progress and Prospects", *An IMF Issues Brief*, November 3.
② Grzegorz W. Kolodko, *Post-Communist Transition: The Thorny Road*, University of Rochester Press, 2000, p.57.

为了维持经济增长,为使有效的要素和产品市场的运作成为可能,就必须建立一系列的政治和经济制度,这些制度可以提供低成本的交易以及值得信任的承诺,从而使得市场可以有效运作。"①苏联和东欧转型经济国家在改革过程中出现大规模经济滑坡和经济动荡的原因之一是,在旧的传统计划经济体制和相应的组织制度被废除之后,新的适应于市场经济的组织制度却难以在短时期内迅速建立,因而大规模的经济与金融的自由化以及狂风暴雨式的私有化运动是在一种"制度真空"的状态下运作,因而不可避免地造成经济主体的行为紊乱和预期紊乱,从而导致整个经济发生严重衰退。

Kolodko(2000)在总结"华盛顿共识"缺陷的时候,提出该共识所忽视的 8 个要素②:(1)转型经济缺乏自由市场经济所必需的组织架构;(2)转型经济中金融中介较弱,难以有效配置私人资产;(3)转型经济在私有化之前缺乏对国有企业的商业化;(4)转型经济中企业管理不善导致管理者难以在放松管制的经济中实施有效的公司治理;(5)转型经济中缺乏竞争政策有效实施所必需的制度设施;(6)转型经济的法律框架和司法体系不完善,不能有效实施税收征管和企业合同;(7)地方政府效率低下,难以承担和处理地区发展所面临的挑战;(8)转型经济国家缺乏非政府组织来支持新兴市场经济和市民社会发挥功能。在存在严重制度缺失的情况下,转型国家的制度变迁难以达到新古典经济学教条所预期的各种目标。"华盛顿共识"忽视了经济转型中制度的重要性,实际上,在经济转型中,价格的自由化和产权的私有化只是一部分,宪政规则和游戏规则(即广义上的制度)的大规模改变才是经济转型最重要的部分,而宪政规则和游戏规则的改变以及人们对于规则变化的适应与认同都需要时间。经济转型的制度主义观点强调在市场化、自由化和私有化过程中重视制度和组织的建设,重视转型国家在不同社会历史环境和文化背景下形成的特殊路径依赖特征,对转型国家的制度变迁具有重要的指导意义。

"华盛顿共识"对于经济转型的认识未能超出新古典教科书的想象力,它对于经济转型的复杂过程和约束条件缺乏足够的研究。③ 在"华盛顿共识"中忽视了信息在经济转型中的制约作用,而信息的连续性是保持原有组织结构稳定性的必要前提。"华盛顿共识"忽视了制度变迁所必须经历的"过程",把制度变迁看成是瞬间的彻底

---

① Douglass C. North, "The Contribution of New Institutional Economics to an Understanding of the Transition Problem", WIDER Annual Lectures 1, Helsinki: United Nations University World Institute for Development Economics Research, March, 1997.

② Grzegorz W. Kolodko, *Post-Communist Transition: The Thorny Road*, University of Rochester Press, 2000, p.65.

③ Dewatripont, M. & G. Roland, "Transition as a Process of Large Scale Institution Change", D. Kreps & K. Wallis edited, *Advances in Economics and Econometrics: Theory and Applications*, Cambridge University Press, 1996. 有关综述可参照 G. Roland. Politics, Markets and Firms: *Transition & Economics*, Cambridge, MA, 2000; 以及 J. McMillan, "Markets in Transition", in D. Kreps & K. Wallis edited, *Advances in Economics and Econometrics: Theory and Applications*, Cambridge University Press, 1996。

的转变[①]，而实际上，制度变迁是一个累积性的、适应性的过程，是一个不断试错和不断学习的过程。"华盛顿共识"还忽视了经济转型中当旧有的经济秩序和政治秩序被打破而新的秩序尚未建立的时候，可能大量出现的寻租行为和机会主义行为，这些行为构成对于政治程序的大规模破坏并导致民众对未来的秩序重建缺乏信心。

"华盛顿共识"对于经济转型中的"路径依赖"问题缺乏深刻的认识，试图瞬间彻底切断与旧有制度和秩序的联系的做法是乌托邦式的理想主义，制度变迁中路径依赖的存在提醒我们采取更现实的、成本更小的变迁路径。"华盛顿共识"低估了经济转型中文化和意识形态的作用，不同的文化传统和意识形态可能导致和要求完全不同的变迁路径，增强对于经济转型中文化差异性和路径多元性的认识，是转型经济学的重要反思之一。[②]

代表着早期新古典主义转型经济学的"华盛顿共识"实际上是一种新自由主义的政策框架，强调财政纪律和货币纪律，主张金融和贸易的自由化以及国有部门的私有化，这些包含着强烈的经济自由主义的价值倾向的政策主张，在 20 世纪 80 年代以来曾经普遍被发展中国家和转型经济国家奉为经济发展和经济转型的圭臬。同时，"华盛顿共识"的基本理念已经成为受雇于国际货币基金或世界银行的巨大经济学家群体心目中的"正统经济学"。[③]

实际上，经济发展和经济转型以及包含在其中的金融自由化进程，本质是一个复杂的制度变迁过程，是一场深刻的社会转型，而不仅仅是一个以宏观经济变量来衡量的技术性增长问题。最近的转型经济学文献和经济转型实践表明，对于信息不对称和市场失败问题的考察、对于制度变迁的"过程"的重新认识、对于经济发展和经济转型中建立宪政规则和市场法治规则重要性的认识、对于市场经济中关键性制度安排和社会秩序的重新估价、对于国家和政府在经济发展和经济转型中的角色和功能的重新定位、对于计划经济向市场经济转型时期大规模机会主义和寻租行为的认识、对于制度变迁的路径依赖以及对于文化传统和意识形态在制度变迁路径选择中的作用的认识，是信息经济学、制度经济学和转型经济学对现代经济理论的重要贡献，这些理念深化了经济学家对经济发展和经济转型支撑要素的理解，深化了对于市场机制和政府功能的理解，对传统的新古典经济学正统理念形成了极有价值的重构。这种变化和重构，表明转型经济学自身正在发生着另一场具有深远意义的深刻"转型"。

---

① 代表人物萨克斯著有《波兰跳跃到市场经济》，这个隐喻性极强的书名是"华盛顿共识"忽视"过程"的最好象征。参见 J. Sachs, *Poland's Jump to the Market Economy*, Cambridge, MA: MIT Press, 1993。

② D. North, "The Contribution of the New Institutional Economics to an Understanding of the Transition Problem", WIDER Annual Lectures, March, 1997。Yeager 在著作中强调了经济转型中制度建设和秩序的重要性，参见 Timothy J. Yeager, *Institutions, Transition Economics and Economic Development*, Westview Press, 1999。

③ Ben Fine, *Development Policy in the Twenty-first Century: Beyond the Post-Washington Consensus*, London & New York: Routledge Ltd, 2001.

三、经济转型基本争议:"激进/渐进式变迁" 与"诱致/强制性变迁"

转型经济学从诞生的那一天起,就面临着经济转型中不同路径选择及其绩效的巨大争议。这些争议不应当被理解为仅仅是经济学家纯粹的理论思辨,而恰恰相反,在真实的经济过渡当中,不同路径选择确实极大地影响着过渡绩效,影响着这个过程中不同交易主体的利益结构的变迁。

转型经济学中第一个争议是诱致性变迁和强制性变迁的争议。转型经济学根据制度变迁中制度主体的差异将制度变迁分为"诱致性变迁"和"强制性变迁",其中以"初级行为团体"自发行动为特征的制度变迁称为"诱致性变迁",而以国家的自觉行动和强制性推进为特征的制度变迁称为"强制性变迁"。① 诱致性变迁主要以经济上的成本收益比较为其制度选择和制度变革的出发点,并以超过制度变迁成本的最大收益为目标函数。而强制性变迁既考虑经济收益(即产出最大化),又考虑非经济收益(统治者的最大稳定和政党利益的最大化等,制度经济学中将此称为"政府的租金最大化"),在这种由国家作为制度选择和制度变革主体而进行的强制性制度变迁中,只有当产出最大化与租金最大化的综合收益大于成本的时候,制度变迁才会发生。转型经济学在研究"诱致性变迁"和"强制性变迁"时考察了不同制度主体在制度变迁的效用函数上的差异,揭示了国家在"确立有效的产权制度"和"统治者利益最大化"(政府租金最大化)这两个目标函数上的选择困境和巨大冲突。国家在制度变迁目标权衡中的冲突与困境称为"诺思悖论"②,国家面对社会财富最大化和政府租金最大化这双重制度变迁目标时,总是试图求得一个最佳组合,社会财富最大化的实现有助于获得对制度变迁的广泛的社会支持,而政府租金最大化的实现则增加统治者的直接利益。

然而,以制度主体差异为标准划分的"诱致性变迁"和"强制性变迁"在实践中并不是截然分开的,某些国家的制度变迁兼有"强制性"和"诱致性"两种特征。中国的经济转型在总体上是由国家为制度主体而进行制度选择和制度变革的,国家在制度变迁的路径选择、制度变迁推进的次序与时机的权衡中起到决定性作用,扮演着"制度决定者"的角色,是制度供给的主要来源。中国的国家(政府)权力的稳定性和强大控制力与渗透力保证了国家在制度变迁中的主导作用,因而从制度变迁的总体而言,从制度主体这一角度来看,中国的制度变迁基本属于以国家为制度

---

① 林毅夫:《诱致性制度变迁与强制性制度变迁》,收于盛洪主编:《现代制度经济学》,下卷,北京大学出版社,2003 年,第 253—275 页;林毅夫:《关于制度变迁的经济学理论》,收于科斯等:《财产权利与制度变迁》,上海三联书店,1991 年。

② D. 诺思:《经济史中的结构与变迁》,中译本,上海三联书店、上海人民出版社,1991 年,第 10—25 页。

选择主体和制度变革主体的"强制性变迁",而不是以初级行为团体为制度主体的"诱致性变迁"。但是中国的制度变迁在某些方面又表现出某种程度上的诱致性特征,中国农村联产承包责任制改革以及乡镇企业的成长发展就表现出诱致性变迁和强制性变迁融合的特征。

转型经济学另一个争议的焦点是"渐进式变迁"和"激进式变迁"的成本收益问题。渐进式变迁是一种演进式的分步走的制度变迁方式,具有在时间、速度和次序选择上的渐进特征,而激进式变迁是一种"大爆炸式"的跳跃性的制度变迁方式,在较短时间内完成大规模的整体性制度变革。经济学界在渐进式变迁和激进式变迁的成本收益比较的探讨中产生了许多有意义的成果,但是并没有达成统一的意见。樊纲从成本发生原因和特点的角度将制度变迁成本区分为实施成本与摩擦成本。① 实施成本是指制度变迁过程开始后一切由信息不完备、知识不完全和制度预期不稳定所造成的经济效率损失,是完成传统体制下各种经济组织的结构、功能以及规范组织之间关系的各种正式和非正式制度、规则、习惯等向新制度过渡所必须付出的设计、创新与磨合成本;而摩擦成本则被理解为由于制度变迁的非帕累托改进性质造成的利益重新分配而带来的社会中某些社会利益集团的抵触和反对所引起的经济损失,是非经济领域的混乱、摩擦和动荡影响到生产领域引起的损失。从实施成本来看,激进式改革可能在制度变迁的初始阶段出现较大的社会震荡从而引发较大的改革阻力,但是若能在较短时间内完成制度变迁和经济转型,则损失会迅速缩小,而渐进式改革则因经济长期处于信号扭曲的状态之中,这种信号扭曲会造成经济主体对未来形成不稳定的预期,总体的经济损失会超过激进式制度变迁。从契约角度来看,激进式改革的一次性签约成本较大,但是可以避免重复签约过程,而渐进式改革则需要长期的重新签约过程。从摩擦成本来看,渐进式改革在整个制度变迁过程中一直注重过程的可控性和稳健性,强调各社会利益集团之间的利益均等和利益补偿机制,因而从摩擦成本的角度来说,渐进式变迁较之激进式变迁具有优越性。②

也有学者对根据摩擦成本和实施成本的比较而判定渐进式改革和激进式改革的优劣进行了修正。从实施成本的角度来看,渐进式制度变迁是一种边际性的改革,每一次改革的深度都会达到而且也仅仅达到边际收益等于边际成本的一点,因而每一次实际签约的成本都较低;渐进改革中的每一步制度变迁都发生在旧有体制危机最严重、机会成本最低和收益最高的场合,旧有体制的危机使得交易很容易达成,重新签约的交易成本较低;另外,渐进式改革的过渡状态的适应能力和产出

① 樊纲:《论改革过程》,收于《改革、开放与增长》,上海三联书店,1991 年;樊纲:《新体制的成长与改革的渐进之路》,收于何伟、魏杰主编:《中国著名经济学家论改革》,人民出版社,1992 年。

② 樊纲:《改革的渐进之路》,中国社会科学出版社,1992 年;樊纲:《两种改革成本与两种改革方式》,《经济研究》,1993 年第 1 期;樊纲:《有关交易成本的几个问题》,《经济学动态》,1992 年第 4 期。

能力都较强,由于渐进改革的局部性、边际性和盈利性,净收益为负值的时间较短,产出比较容易恢复,这些净收益往往成为外来利润的来源和对下一次签约成本的补偿。因此,将渐进式改革条件下的总交易成本视为改革时间长度的简单增函数是不适宜的。① 还有学者指出渐进式制度变迁是在集权政治秩序下所进行的国家主导型的制度变迁,其改革进程和改革目标选择高度依赖于上层决策者的偏好和利益,而激进式制度变迁对"核心领导者"的偏好的依赖程度较弱,其制度变迁过程的选择更直接地依赖于社会偏好和投票博弈。在整体性的激进式改革模式中,除了经济运行机制发生迅速转型之外,社会制度和政治制度也随之发生相应的变化,这虽然增加了改革初期的摩擦成本,但是政治代理制度的发展和政治市场的完善使得政府的效用函数与社会的效用函数接近,政府目标更接近于社会目标,从而在以后的制度变迁中可以大大降低实施成本和摩擦成本,增加制度变迁的整体收益,因此对激进式变迁和渐进式变迁的比较优势应有更全面的认识。②

经济学家在转型经济国家制度变迁的路径选择及其成本收益比较上的争论,表明试图运用制度分析方法来获得关于不同变迁方式经济绩效的精确计量结果是非常艰难的。强制性制度变迁和诱致性制度变迁的区分、渐进式变迁和激进式变迁的区分,都是经济学家为便于理论分析而作出的概念界定,在现实的经济转型中,不同性质的制度变迁可能发生相互渗透和包容的情形。上文已经探讨过在中国经济转型中强制性变迁和诱致性变迁相互渗透的现象,同样,渐进和激进实际上也不是截然分开的,在中国的制度变迁中,就含有整体上的渐进性与局部上的激进性相融合的特征。而苏联和东欧国家在经济转型中的总体特征上表现出激进性和整体性特征,是一种典型的休克疗法或震荡疗法。但是就经济主体的学习过程和知识更新过程、政府和立法机构的法律建构与法律转型、国家政治市场和政治代理机制的逐步完善等方面的制度变迁而言,这些国家的改革进程又必然表现出某些渐进式转型的特征。在这个过渡时期中,选择激进式改革路径的国家所面临的使命是尽量减少社会各利益集团之间的矛盾和冲突,降低乃至消除社会政治震荡,避免大规模的经济滑坡与宏观经济混乱,尽力维持整个过渡过程的稳定性和连续性。

四、经济转型的中国范式:内涵及其全球意义

中国30年改革开放的成功推进堪称经济转型国家的典范,对中国改革开放模式的总结无疑将具有全球意义,中国的经验为那些处于发展中的转型国家提供了大量值得借鉴和参照的行动框架与制度安排,无疑地,这些行动框架和制度安排都

---

① 王跃生:《不同改革方式下的改革成本与收益的再讨论》,《经济研究》,1997年第3期。

② 胡汝银:《中国改革的政治经济学》,《经济研究》,1992年第10期;樊纲:《公共选择与改革过程》,《经济社会体制比较》,1993年第1期。

烙上了独特的中国智慧的印记。然而我们还是可以从中国范式中抽象出一些更为一般的规律或者原则,这些一般原则尽管不可能在另一种文化传统或制度框架中被完全复制,但是其借鉴价值却值得珍视,其普遍意义需要进行全面的总结和提炼。概括起来,中国的经济转型具有以下基本特征:

第一,中国的经济转型具有强制性变迁与诱致性变迁相融合的特征。其突出的表现是,在很多领域的改革中,初级行为团体在制度选择和制度变革中起到引人注目的关键作用,如农民在影响深远的农村制度变革中就不是作为单纯的"制度接受者",而是在某种程度上参与和开启了制度选择和制度变革,最后再由政府将这些制度选择和制度变革形式向更大的范围内推广,并以国家法律的形式对初级行为团体的制度选择和制度变革加以确认和合法化。从这个角度来看,在中国以国家为制度主体的强制性制度变迁中,又包含着若干的诱致性制度变迁的因素和特征,这构成中国经济转型的一个重要特色。

第二,中国的经济转型具有渐进性变迁和激进性变迁相融合的特征。中国的经济改革总体上无疑是渐进式的,具有"摸着石头过河"的试错特征,边际化改革有效降低了改革的摩擦成本,减少了社会震荡。但在每一具体改革举措的推行和新制度安排的实施方面,又具有激进的特征,很多具体的改革机制实际上是在很短的时间内完成的,如农村基本经济制度和土地制度的改革、国有企业的股份制改革、国有商业银行的股权结构和内部治理结构的变革、资本市场的股权分置改革等,实施周期都非常短,这显示出中国改革在总体稳健渐进的条件下在具体改革实施层面的果断性以及对于制度变革时机的准确把握。值得强调的是,渐进性改革虽然在制度变迁的长期路径上体现出渐进性特征,但是在制度变迁的每一个具体阶段和具体步骤上,又应该具有改革的实质性和果断性,也就是说,改革的每一个具体阶段和具体步骤都应该触及实质性的经济关系,都应该为最终的市场化目标奠定基石。渐进性制度变迁的使命是尽快建立完善的市场经济机制,结束经济体制长期扭曲和双轨运行的局面,避免经济过渡时期内传统体制的复归和经济矛盾长期累积而发生经济体系的全面危机。

第三,中国的经济转型具有增量改革的特征。中国改革采取边际性的增量改革的方式,整体改革过程不是按照一个理想的模式和预定的时间表来进行的,新的资源配置方式和激励机制不是同时在所有经济领域发挥作用,而是在率先进行改革的部门和改革后新成长的部门首先发挥作用。国有企业的改革就是这种增量改革模式的典型表现,早期的承包制在不触动国有企业根本产权制度的前提下利用利润留成产生了新的增量使用,取得了在国有企业改革的特定时期改善激励机制和提高效率的成果。乡镇企业的发展壮大是增量改革的另一个典型案例,乡镇企业在未触动传统经济部门和不对原有资产存量进行再配置的前提下,创造了国民经济中新的市场作用的领域,在资产增量的配置中逐渐引入了越来越多的市场机制,从而大大增加了经济的活力。当然,增量改革在不触及原有经济格局、维持社会经济稳定和利益格局均衡的同时,也对资源配置效率产生了某些消极影响,新体制和传统体制的双轨并行产生了大量的租金机会,企业和居民等经济主体倾向于通过寻租而不是公平的市场竞争来获得收益,这不利于竞争性市场机制的建立,同时造成大量生产性资源的浪费。

第四,中国的经济转型具有典型的局部性"试验—推广"的特征。政府先在某些经济领域或某些地区进行尝试性的改革,然后将成熟的经验和运作方式向其他地区和经济领域进行推广。林毅夫等(1993)认为,这种"试验推广"的局部性改革方式尽管在某种程度上降低了改革风险,保证了整个改革过程的可控制性和稳健性,但是局部性改革本身的推广依赖于国家对不同领域和不同地区的强制性与行政性的隔离与割裂,在不同地区和不同经济部门人为造成了竞争机会和市场环境的不平等,割裂了市场机制的整体性,导致不同地区和经济领域的发展与改革的不均衡性与收入不均等。① 但地区之间的差异化也造成了一种有益的"制度势能",促进了各种生产要素和市场知识在不同水平的地区之间流动,有利于落后地区从先进地区获得更多的改革经验和市场发展的参照系。因而从总体来说,局部性的"试验—推广"的积极效应远远大于其消极层面,局部的尝试性改革激发了创新精神,同时也是整个国民的一个对新体制和新模式的学习、适应和鉴别过程,这对于降低改革的实施成本产生积极作用。这种模式对全球其他转型国家无疑也具有借鉴意义。

第五,中国经济转型具有建立在有效利益补偿机制基础上的帕累托改进性质。改革说到底是一个利益格局的变化过程,在这个过程中,如何建立有效的利益补偿机制,使得改革中每一个人的福利均能获得"帕累托改进"而不是"非帕累托改变",是经济转型的核心问题。在中国整个改革过程中,中央决策者都能够在改革推进的关键时点对改革的受损者进行及时的补偿,使得改革的实施成本和摩擦成本降到最低限度,避免了社会格局的断裂。尤其是近年来,中央提出"城市反哺农村、工业反哺农业",农业税的取消、新型农村合作医疗的推行、农村公共设施财政支付力度的加大、农村教育经费的倾斜等,都是这种利益补偿机制的有机组成。

第六,中国经济转型的成功推行有赖于有效的财政分权体制以及由此激发的地方政府创新精神。在中国的渐进式的转型中,地方创新行为总是充当了相当重要的角色,地方政府以及其他微观经济主体共同形成了地方性的创新主体,从而有力地推动了中央计划者的改革行动,而中央计划者总是在总结地方创新主体的创新经验之后将其适当合法化,从而形成整个国家的集体行动。而地方创新行为主体中,地方政府应该是最值得关注的创新者,可以说,地方政府创新是中国渐进式制度变迁得以顺利推进的最重要的动力来源之一。很多经济学家认为,转型中的

---

① 林毅夫、蔡昉、李周:《论中国经济改革的渐进式道路》,《经济研究》,1993 年第 9 期;林毅夫:《制度、技术与中国农业发展》,上海三联书店,1992 年。

地方政府之所以会有发展经济的行为,是来源于边际激励很强的财政分权体制的作用。财政分权体制给中国转型中的地方政府形成了很强的发展经济的激励。[1] 地方政府在财政联邦制下有足够的动力和内在激励去发展地方的经济,并给地方民营经济创造良好的发展条件。很多文献注意到,民营经济发展过程中出现了一种政治约束弱化的制度变迁,地方政府与民营企业的互动促进了民营经济的发展。Parris(1993)认为地方政府官员与地方经济发展在利益上的一致性是地方政府能够选择促进民营经济发展的重要原因。[2] 通过财政制度安排、区域发展利益激励和政绩评估等方式来鼓励地方政府创新是中国 30 年改革开放中具有普遍意义的成功经验之一。

第七,在中国经济转型中,一个显著的表现是在整体性的制度安排尚未作出系统性改革的条件下对某些微观主体创新行为采取默许式激励方式,这构成渐进式转型的一个重要特征。农村的家庭联产承包责任制的推行并不是在全国"一刀切"式地进行推广的,在家庭联产承包责任制试验的初期,农民和地方政府是冒着巨大的政治风险的,但是对于微观主体的创新,中央采取了务实的宽容态度,允许农民的自发试验。国有企业改革的各种自发性尝试行为也被中央默许和鼓励,而不是被武断地以一种统一的模式推行。在金融体系的改革中,各地农村合作金融机构和城市金融机构在产权重组与经营模式多元化上也得到了中央的默许式激励。这种对微观主体创新行为的默许式激励被证明是有效的,它容许在一定范围内的自发试验,容许微观主体在合理的程度上进行局部的创新,结果是为整个制度创新和制度变迁提供了必要的舆论前提和经验准备。

第八,在保持国家控制力和意识形态稳定性的前提下,建立了有效的不同利益集团的制衡机制与利益表达机制。中国持续稳定的经济增长和顺利的转型,依赖于强大的国家控制力和政治格局的相对稳定,同时中国在持续的法治化努力下建立了新的制度框架和法律框架,不同利益集团的利益均衡和利益表达有着比较畅通的渠道,这为解决经济转型中利益主体不均衡问题提供了制度基础和有效渠道。这是值得发展中国家和转型国家借鉴的一条基本政治经济学智慧。

参考文献

Ben Fine, *Development Policy in the Twenty-first Century: Beyond the Post-Washington Consensus*, London & New York: Routledge Ltd, 2001.

---

① Qian, Yingyi, and Gerard Roland, "Federalism and the Soft Budget Constraint", *American Economic Review*, 1998(December), 88(5), pp. 1143—1162; Jin, Hehui, and Yingyi Qian, "Public vs. Private Ownership of Firms: Evidence from Rural China", *Quarterly Journal of Economics*, August 1998, 113(3), pp. 773—808; Lin, Justin Yifu and Zhiqiang Liu, "Fiscal Decentralization and Economic Growth in China", *Economic Development and Cultural Change*, 2000(October), 49, pp. 1—21.

② Parris Kristen, "Local Initiative and Reform: The Wenzhou Model of Development", *The China Quarterly*, 1993 (June), pp. 242—263.

D. North, "The Contribution of the New Institutional Economics to an Understanding of the Transition Problem", WIDER Annual Lectures, March, 1997.

Dewatripont, M. & G. Roland, "Transition as a Process of Large Scale Institution Change", D. Kreps & K. Wallis edited, *Advances in Economics and Econometrics: Theory and Applications*, Cambridge University Press, 1996.

G. Roland, *Politics, Markets and Firms: Transition & Economics*, Cambridge, MA, 2000.

Douglass C. North, "The Contribution of New Institutional Economics to an Understanding of the Transition Problem", WIDER Annual Lectures 1, Helsinki: United Nations University World Institute for Development Economics Research, March, 1997.

Frydman, Gray, Hessel and Rapaczynski, "When does Privatization work? The Impact of Private Ownership on Corporate Performance in the Transition Economies", *The Quarterly Journal of Economics*, November, 1999, pp.1153—1191.

Grzegorz W. Kolodko, *Post-Communist Transition: The Thorny Road*, University of Rochester Press, 2000.

IMF(2000), "Transition Economies: An IMF Perspective on Progress and Prospects", *An IMF Issues Brief*, November 3.

J. McMillan, "Markets in Transition", in D. Kreps & K. Wallis edited, *Advances in Economics and Econometrics: Theory and Applications*, Cambridge University Press, 1996.

J. Sachs, *Poland's Jump to the Market Economy*, Cambridge, MA: MIT Press, 1993.

Janos Kornai, "Making the Transition to Private Ownership", *Finance and Development*, September, 2000.

Jin, Hehui, and Yingyi Qian, "Public vs. Private Ownership of Firms: Evidence from Rural China", *Quarterly Journal of Economics*, August 1998, 113(3), pp.773—808.

John Nellis, "Time to Rethink Privatization in Transition Economies", IFC Discussion Paper, No.38, 1999.

John Williamson, "The Washington Consensus Revisited", In Louis Emmerij, ed., *Economic and Social Development into the 21th Century*, Washington, D.C.: Inter-American Development Bank, 1997, p.58.

John Williamson, "What Washington Means by Policy Reform", In John Williamson, ed., *Latin America Adjustment: How Much has Happened?* Washington, D.C.: Institute for International Economics, 1990.

Joseph E. Stiglitz, "More Instruments and Broader Goals: Moving Toward the Post-Washington Consensus", WIDER Annual Lectures 2, Helsinki: United Nations University World Institute of Development Economics Research, January, 1998.

Joseph E. Stiglitz, "Economic Science, Economic Policy and Economic Advice", Conference Paper, Annual Bank Conference on Development Economics on Knowledge for Development, Washington, D.C.: The World Bank, April 20 and 21, 1998.

Joseph E. Stiglitz, "Wither Reform? Ten Years of the Transition", Paper Prepared for the Annual Bank Conference on Development Economics, Washington D.C.: World Bank, April 28—30, 1999.

Lin, Justin Yifu and Zhiqiang Liu, "Fiscal Decentralization and Economic Growth in China", *Economic Development and Cultural Change*, 2000(October), 49, pp. 1—21.

Parris. Kristen, "Local Initiative and Reform: The Wenzhou Model of Development", *The China Quarterly*, 1993 (June), pp. 242—263.

Qian, Yingyi, and Gerard Roland, "Federalism and the Soft Budget Constraint", *American Economic Review*, 1998(December), 88(5), pp. 1143—1162.

Timothy J. Yeager, *Institutions, Transition Economics and Economic Development*, Westview Press, 1999.

UNDP (United Nations Development Program), *Human Development Report* 1996, New York: Oxford University Press, 1996.

World Economic Outlook, Box 3.4, "Privatization in Transition Economies", September, 2000.

樊纲:《改革的渐进之路》,中国社会科学出版社,1992 年。

樊纲:《公共选择与改革过程》,《经济社会体制比较》,1993 年第 1 期。

樊纲:《两种改革成本与两种改革方式》,《经济研究》,1993 年第 1 期。

樊纲:《新体制的成长与改革的渐进之路》,收于何伟、魏杰主编:《中国著名经济学家论改革》,人民出版社,1992 年。

樊纲:《有关交易成本的几个问题》,《经济学动态》,1992 年第 4 期。

樊纲:《论改革过程》,收于《改革、开放与增长》,上海三联书店,1991 年。

胡汝银:《中国改革的政治经济学》,《经济研究》,1992 年第 10 期。

林毅夫、蔡昉、李周:《论中国经济改革的渐进式道路》,《经济研究》,1993 年第 9 期。

林毅夫:《关于制度变迁的经济学理论》,收于科斯等:《财产权利与制度变迁》,上海三联书店、上海人民出版社,1991 年。

林毅夫:《诱致性制度变迁与强制性制度变迁》,收于盛洪主编:《现代制度经济学》,下卷,北京大学出版社,2003 年,第 253—275 页。

林毅夫:《制度、技术与中国农业发展》,上海三联书店,1992 年。

诺思:《经济史中的结构与变迁》,中译本,上海三联书店、上海人民出版社,1991 年,第 10—25 页。

王跃生:《不同改革方式下的改革成本与收益的再讨论》,《经济研究》,1997 年第 3 期。

第二十一章　社会共同体重构与制度创新
——互联网金融的哲学[*]

在互联网时代,社会共同体的重构和金融制度创新逐渐加剧。在中国,互联网金融的创新和发展正在积极地改变整个金融生态,加剧了金融市场竞争,改善了资本配置的效率并使资本流动空前加速,也有力地推动了利率市场化、金融监管模式变革以及银行业的开放。互联网金融已经不再是一个虚空的、存在于人们头脑中的概念和思想,而是已经深刻影响到了整个金融体系乃至我们每个人的生活。对于这个汹涌而来的互联网金融的发展趋势,我们不能以掩耳盗铃的方式去自我欺骗和回避,也不能坐视互联网金融以不利于金融业健康规范发展的方式任意泛滥,而是应该以积极的心态面对互联网金融的发展,探索其渗透和介入金融体系的方式及其效应,从而趋利避害,让互联网金融为中国金融体系的革新服务,为中国企业和居民更为便利的融资和投资需求服务。

为此,学术界和金融业界必须深刻思考互联网金融背后的思想和哲学,思考互联网和互联网金融对整个社会结构和人类行为模式所造成的深刻影响,也就是说,我们要对互联网金融所代表和象征的未来趋势有一个形而上的把握。笔者认为,互联网和互联网金融背后的思想和哲学至少包含以下十个方面。

一、开放:开放社会与价值多元化社会的构建

开放意味着信息向一切方向和一切客体敞开,意味着整个社会的治理结构和治理方式的深刻变革。在互联网时代,一个人所发出的对某件商品、某个金融服务和某个社会行为的评价的信息,会以极快的速度和极大的渗透力传播到数量巨大的人群与社群,而政府和监管机构的行动也会以极快的速度和极大的覆盖面投射到整个社会和金融体系中来。人们获取信息的成本越来越低,而隐蔽信息和垄断

---

　*　本文发表于《中央党校学报》2013 年第 6 期(双月刊),原题《互联网金融的哲学》。

信息的成本越来越高,最终以至于在技术上任何机构和个人不可能长时间垄断任何信息。在这种情况下,互联网和互联网金融不仅改变了金融业的形态和金融机构获取信息的方式,而且也在潜移默化地改变这个社会的运行规则,从而以更有效的方式塑造一种以个人决策为基础的、透明的、开放的社会形态,它使社会在良性的基础上进行边际的改善(即帕累托改善),以次优的行为选择导致社会的渐进变革,即波普尔在他的《开放社会及其敌人》中所主张的"零星的社会工程"。未来的互联网社会,将是一个信息充分沟通和传递、社会价值有序而多元、文化多样性存在、市场开放和社会政治多极的开放社会。① 而互联网金融所引致的金融业的开放,是这个开放社会的一个有机组成部分。

二、共享:信息共享与竞争性市场的完善

信息在金融市场中占据着绝对重要的地位,金融市场是进行资本配置和对资本配置进行监管的一种制度安排,而资本配置及其监管从本质上来说是信息问题;因此,在某种意义上,金融市场就是进行信息的生产、传递、扩散和利用的市场。在互联网金融时代,信息的传递和扩散更加便捷,信息的生产成本更为低廉,信息的利用渠道和方式也越来越多元化,从而更有可能实现信息的共享,这种共享包含着各类不同金融机构之间的信息共享(如保险业和银行业共享信息,银行业和小额贷款公司共享信息),而且包含着金融机构与其他行业之间的信息共享(如银行业与电子商务企业之间的信息共享和数据交换,物流企业与小额贷款机构之间的信息共享等)、金融机构和监管机构以及企业之间的信息共享等。这种信息共享,降低了单个金融机构获取信息、甄别信息的成本,提高了信息利用的效率,使信息的生产和传播极为顺畅,从而极大地降低了信息的不完备和不对称程度。

经济学研究证明,由于市场的不完善(incomplete markets)和市场中信息的不完美(imperfect information),从总体上来说,竞争性均衡世界中的所谓帕累托效率(Pareto Efficiency)是不存在的。② 竞争性市场经济不能提供足够的公共品(undersupply of public goods),而信息恰恰就是一种典型的公共品,具有公共品的非竞争性(non-rivalrousness)和非排他性(non-excludability)特征。由于信息的公共品性质,使得分配信息收益存在着很大困难,从而使得信息获致有着明显的外部性(ex-

---

① 开放社会(Open Society)这个概念一开始由哲学家亨利·博格森(Henri Bergson)提出。在一个开放社会中,政府行为透明;它不是集权社会,个人自由和人权是开放社会的基石。卡尔·波普尔开放社会为治理多极(pluralistic)和文化多元(multicultural)的社会,文化多元不仅是开放社会的特点,也是开放社会不断改善、进化的活力源泉。参见卡尔·波普尔:《开放社会及其敌人》,中译本,中国社会科学出版社,2002 年。

② B. Greewald & J. E. Stiglitz, "Externalities in Economies with Imperfect Information and Incomplete Markets", *Quarterly Journal of Economics*, 1986 May, pp.229—264; J. E. Stiglitz, "The Role of the State in Financial Markets", Chung-Hua Series of Lectures by Invited Eminent Economists, No. 21, The Institute of Economics, Academia Sinica, 1993 April, pp.17—19.

ternalities)。由于信息所引致的外部性问题,作为执行信息获取与传递功能的金融市场,就与传统的一般意义上的商品和服务市场迥然不同,存在着大量的市场不完善和市场失败(market failure)。市场缺失和市场不完全的原因在于道德风险和逆向选择这些与信息有关的问题,道德风险和逆向选择意味着这些市场的有效交易成本非常高昂,高昂的交易成本限制了交易和市场的运作。这些论证为传统理论证明政府介入金融市场的必要性打下了坚实的基础,斯蒂格利茨就是从信息不对称出发,系统讨论了政府介入金融市场的前提和方式。① 但是,互联网金融的产生和迅速扩张、信息在不同交易主体之间的充分共享,在一定程度上降低了信息不对称和不完备,降低了道德风险和逆向选择的概率,从而在一定程度上解决了市场失败问题。电子商务企业往往拥有大量的关于企业的真实而不可更改的信息,这些信息若与银行共享,就可以极大地降低银行的信息搜寻成本、信息甄别成本和信用评估成本,从而降低道德风险和逆向选择。当然,互联网金融永远不可能完全解决和消除信息不对称问题,因而政府的适当介入在任何时候都是必要的。

三、合作:互助伦理与合作精神的阐扬

"合作"这个词,在西方起源于拉丁文,原意是共同行动或联合行动的意思。在德语中,合作为"Genossenschaft",又名"合作学"(Genossenschaft wessen),英文为"Cooperation",日文也称之为"组合",《韦伯斯特大词典》的定义为:"合作是一群人为了他们的共同利益所作的集体行动"(Cooperation is the collective action of persons for their common benefit)。② 合作的本质是一群人或一组机构通过各自要素禀赋的充分联合和整合、通过一定的组织架构和内部治理结构,来达到共同目标和共同利益最大化的行动。从传统的合作社范畴来说,合作社的精髓在于成员地位平等,是"我为人人,人人为我"的组织,是一个自然要求民主决策的组织,是成员自觉、自助和自动的结合,要发挥成员自觉、自助和自动的精神。从某种意义上来说,合作是一个伦理运动,对于改善社会的道德形态具有重要的意义。

互联网和互联网金融促进了人们之间的合作。互联网的出现降低了人们交流信息和寻找合作对象的成本,使人们之间更容易实现合作。众筹模式就是通过互联网来达到高效率合作的重要平台,当一个创业者把他的创业灵感公布在互联网

---

① T. Hellman, K. Murduch and J. Stiglitz, "Financial Restraint: Toward a New Paradigm", in M. Aoki, H. Kim and M. Okuno-Fujiwara, eds., *The Role of Government in East Asian Economic Development*, Clareudon Press, Oxford, 1997, Stiglitz, J. and Weiss, A., "Credit Rationing in Market with Imperfect Information", *American Economic Review*, 71 (June), 1981.

② 1995 年 9 月,在国际合作社联盟 100 周年纪念大会上,通过了新的合作制原则,这些原则包括七项内容:自愿和开放的社员原则;社员民主管理原则;社员经济参与与贡献原则;自主自立原则;教育、培训和信息原则;合作社间的合作原则;关心社区原则,与通行的罗虚戴尔原则相比有所拓展与革新。

平台上之后,所有感兴趣的群体就瞬间在网络上形成一个合作社,这个合作社符合传统意义上的合作社的一切特征,他们共同为这个项目进行"天使投资"。这种在互联网基础之上组成的具有同一目标的合作社或俱乐部组织,其发布信息之快、集合成员投资之快、达成合作目标之快,都是传统合作社很难比拟的。P2P(peer to peer lending)实际上也是基于同样的合作社原理,当一个小额信贷的需求者将其信贷需求量、自己的产业和家庭情况等代表其信用的信息放在网络平台之后,每个投资者都会及时看到这些信息,这些人以小额的投入组成一个合作基金,共同资助这个小额信贷需求者。这些成员之间可以互相沟通信息,共同保障信贷的安全性。基于互联网的合作,其成员的沟通成本更低,合作社更有可能突破时间和空间的限制而实现资源的跨时空组合。

四、整合:业态融汇与真实—虚拟世界的整合

互联网已经渗透到所有的产业形态,正在以极快的速度推动不同业态之间的融汇、互补和整合。如果一个创业者或者金融机构从业者不懂得整合的哲学,那么他就有可能丧失很多创业和投资机会。整合意味着原有的传统的行业之间的隔离和界限的消除和弥合,行业和行业不再有不可逾越的界限和鸿沟,跨界不但成为常态,而且成为唯一可行的金融资源配置方式。在移动互联网时代,传统行业正在利用互联网金融开展大量的金融创新,比如商业银行就开始大举进军电子商务行业,建立自己的电子商务平台;而电子商务企业和互联网企业也正在大举进军银行业,腾讯和阿里巴巴已经在进军银行业方面做出了很多的大胆的实践。阿里金融的出现,意味着传统的电子商务和传统的银行业之间的界限在互联网金融时代已经逐渐模糊,电子商务企业所拥有的巨大的客户数据库为其开展信贷业务、支付业务以及其他金融业务打下了坚实的数据基础。迅猛发展的互联网企业拥有巨大规模的用户数据,他们了解客户在金融服务方面的复杂需求和偏好,其金融服务触角从简单的支付渗透到转账汇款、小额信贷、现金管理、财富管理、供应链金融、基金和保险代理等传统银行业务。因此,不同业态的融汇、业界隔离的消失,对传统金融业的冲击和挑战将会非常大,尽管现在互联网金融还难以撼动巨型银行的垄断地位,但是互联网金融所引发的跨界竞争和金融资本日益高涨的"脱媒"冲动,必将逼迫银行业加速与互联网的联姻,从而直面互联网的挑战。在未来,各个行业(包括传统银行业和其他金融业态)将利用各自的客户优势和网络优势,开展充分的业界整合,以实现要素配置的效益最大化。每一种业态都要清楚自己在价值链中的定位,要从客户需求出发,充分依赖互联网来开发适合客户的产品,并实现不同行业之间的资源互补,比如最近兴起的微信创业就在整合手机通信、客户资讯管理、互联网信息方面做出了创新,未来很有可能实现在微信基础上的全方位金融开发。

五、信任：网络信任与交往博弈

金融交易的前提和基础是信任或信用，没有人和人之间的信任，任何交易（包括金融交易）都不会发生。在互联网时代，人们之间的信任是增强了还是削弱了？这是一个非常复杂的问题。一方面，互联网的出现带来了海量的信息，似乎在整个社会经济生活中我们随时可以获得大量信息，人和人之间的信息不对称程度和信息完备程度正在大幅度提升，从而可以极大地降低欺骗的概率，似乎人们之间的信任程度在增加；但是另一方面，互联网由于隔绝了人类的物理连接方式，使得人们在甄别海量信息的真实性方面花费更多的成本，人们对这些信息以及信息提供者的不信任也在增加。这种矛盾困扰着互联网时代的人类，也在困扰着互联网金融的发展。如果没有基本的信任，互联网金融就会崩溃，互联网金融企业以及运用互联网开展金融业务的金融机构就会面临极大的运行成本和风险，可以说，互联网金融所进行的一切努力的核心，正是在于消除互联网金融供求双方的不信任，降低信息不对称的程度。信任无疑是互联网金融的生命。然而我们也看到，随着互联网的发展和信任机制的不断完善，互联网金融有可能比传统金融更能增加信任，从而降低道德风险。比如阿里金融以商家在淘宝或天猫上的现金流和交易额作为放贷评估标准，这些信息是绝对准确且不可更改的，比传统银行的信贷员的线下调查结果可靠得多，从而建立了无担保、无抵押、纯信用的小额信贷模型，从申请贷款到发放只需要几秒钟，这种信贷模式和信息汲取模式增加了信贷供给方和需求方之间的信任，使得欺骗成为不可能。在 P2P 中也可以建立相应的机制，把线上的信用评估与线下的实地调查相结合，从而降低网络信息失真的可能性。

实际上，网络上的信任关系如同现实世界一样，必然经过一个漫长的演进过程，各个主体之间要经过漫长而复杂的博弈，才能最终在学习的过程中获得相互的信任，减少道德风险。经济学家从博弈的角度来理解道德和信任的形成。道德和信任作为一种制度的生成很大程度上是出于行动者对自己利益的计算，当交易双方出于自利的动机而在长期的动态的博弈中选择道德和信任行为时，长远的功利主义计算就会抵挡住短期的机会主义的诱惑，从而道德和信任行为得以延续，而不道德和欺骗行为慢慢被摒弃。经济学的博弈分析乃是建立在个体的理性选择的基础之上，只有当按照道德和信任原则进行交易的长期收益大到足够超过短期机会主义行为带来的收益时，交易者才会选择道德行为。但道德一旦形成，则会形成一种路径依赖的现象，即道德会形成一种外在的专制性的约束，逼使社会中的人遵守其中的规范。而社会中的人也会在重复的交易中感受到遵守交易道德所带来的收益,并体会到不遵守交易规则带来的惩罚和损失。① 在互联网金融时代,由于互联网技术的出现,可以设计出更为科学和高效的识别参与者信用的方式,并设计出更为有效的失信惩罚和信用激励方式,以规范网络交易的参与者,从某种意义上来说,互联网基础上的金融交易的道德约束力可能比非网络交易更强、更有效。

六、共同体:虚拟化社区共同体的构建

互联网的最大功能是创建了网络上的各个"共同体"。"共同体"或"社区"是英文单词"community"的不同翻译,不过"社区"这个译法比较着重于其原始意义②,而"共同体"这个译法则着重于其本质含义。从地域上来说,共同体中的成员虽然一般是在一个地域内活动的,但是这种地域上的规定性并不是必然的。比如说,在世界各地生活的华人虽然其居住的地方不同,却有着大致相同的文化传统和行为准则,因此属于同一个比较抽象的共同体,而互联网上建立的共同体也突破了地域的界限,成为一个虚拟的共同体。因此,我认为,共同体的更为本质的特征是具有共同的交往规则、价值体系和文化传统,也就是说,构成共同体的要素是共同的价值观,而不仅仅是地域上的封闭性和清晰界限。《韦伯斯特大词典》对"共同体"这一概念有四个方面的界定:第一,共同体是由不同的个体组成的团体;第二,共同体的成员通常具有共同的利益,并享受共同的权力,因此具有共同特征和共同抱负的人更容易组成共同体;第三,同处于共同体中的不同个体之间一般具有互动关系,而不是孤立存在的,相应地,共同体中的每一个人都必须遵守共同的规则或法律;第四,共同体中的成员一般都是居住在同一个地方,但是这不是必要条件。③第二个和第三个界定具有比较重要的意义,在第二个界定中,共同的利益关系成为构成一个共同体的最基本的动力和根源,而第三个界定中,共同体赖以维持的先决条件是共同遵守和认同一整套价值观念和游戏规则。

虚拟化的社区或共同体的构建是互联网金融兴起和发展的社会结构基础,比如微信平台所形成的各种"群"就成为创业融资的平台,而P2P所建立的虚拟社区是互联网小额贷款的平台。虚拟共同体(社区)的信任关系的形成,决定了互联网金融的效率和风险,就像我们在上一部分中探讨的那样。共同体中的个体活动总是受到共同体其他个体行为和共同体作为一个行为单位的目标的影响,个体需要

---

① 王曙光:《市场经济的人格奠基与信任拓展:超越主流经济学分析框架》,《北京大学学报》(哲学社会科学版),2006年第5期。

② 把"community"翻译为"社区",据费孝通先生说开始于20世纪30年代。1933年燕京大学社会学的毕业班为了纪念派克教授来华讲学要出一本纪念文集,其中派克教授自己写的文章中有"Community is not Society"一句话,原来这两个词都翻译为"社会",为了准确反映派克教授的原意,费孝通等翻译为"社区"。社区指在一个地区形成的具体的群体,而社会是指这个群体中人与人相互配合的行为关系。参见费孝通:《乡土中国·生育制度》,北京大学出版社,1998年,第325页。

③ 胡必亮:《关系共同体》,人民出版社,2005年,第6页。

在学习和模仿中体会什么是共同体内部的"合宜"的行为,什么行为最适宜于个体的生存概率的提高以及共同体作为一个行动单位的效率的提升。① 随着个体不断调节自己的行为,共同体就形成一种有利于个体和共同体的行为规范。网络共同体内部的成员在互相交流信息的过程中,会形成一些共同的规范,这些规范经由网络技术外化为提供激励和约束机制的一系列技术,从而为规范网络行为提供了技术基础。虽然网络共同体都是无形的、虚拟的,但这并不意味着这个共同体是没有秩序的、杂乱的、没有伦理约束的。相反,网络共同体的约束机制可能更为有效,违反网络共同体价值观的行为所受到的惩罚也许比现实世界中的惩罚更为严重。比如在网络借贷中失信的信贷需求者可能再也无法获得来自网络成员的信任,他永远难以利用网络来借贷,随着大规模的共享型的征信体系的形成,互联网金融领域的欺骗将变得成本高昂。未来互联网虚拟社区(共同体)将与现实中的(社区)共同体相结合,共同构造一个互联网金融平台,比如北大 1898 咖啡厅就有可能成为一个巨大的连接线上与线下、虚拟与现实的创业投资平台。

七、"云":大数据挖掘与复杂世界的发现

"云"是互联网时代最基本的象征符号,也是互联网金融的核心哲学。云计算、大数据已经解构了整个世界的运行秩序和方式,同时也在构建新的运行秩序和方式,成为我们发现世界和建构行为的基础。所谓大数据(big data),也称为巨量资料,指的是所涉及的资料量规模巨大到无法通过目前主流软件工具,在合理时间内达到撷取、管理、处理并整理成为帮助企业经营决策更积极目的的资讯。大数据的 4V 特点包括 Volume、Velocity、Variety 和 Veracity。所谓云计算,根据 Wiki 定义是一种通过 Internet 以服务的方式提供动态可伸缩的虚拟化资源的计算模式;而根据美国国家标准与技术研究院(NIST)定义,云计算是一种按使用量付费的模式,这种模式提供可用的、便捷的、按需的网络访问。进入可配置的计算资源共享池(资源包括网络、服务器、存储、应用软件和服务),这些资源能够被快速提供,只需投入很少的管理工作,或与服务供应商进行很少的交互。②

云计算的核心特征是其对于大数据的挖掘、便捷而灵活的信息获致,以及由此获得的对于这个复杂世界的洞见。③ 通过互联网技术而进行的云计算和大数据挖掘,可以使我们预测某种流行病的基本趋势,可以使立法者精确知晓行人和车辆的复杂行为规律从而为交通立法提供准确信息,可以使商家发现客户和消费者的复

---

① 王曙光:《村庄信任、关系共同体与农村民间金融演进》,《中国农村观察》,2007 年第 4 期。
② 参见百度百科"云计算"词条。
③ 〔美〕维克托·迈尔·舍恩伯格(Viktor Mayer-Schönberger):《大数据时代》,浙江人民出版社,2011年。

杂需求及消费习惯从而开发新的产品和服务,也可以使金融机构获得大量的数据以精准定位和评估潜在的资金需求者。云计算的产生对传统商业银行和保险公司等金融机构的数据挖掘和客户搜索产生了深刻的影响,使得拥有大数据的电子商务企业、互联网企业、物流企业等可以通过与传统金融机构的大数据交易而产生巨大的金融效益。电商企业和互联网企业在数据和客户方面的比较优势与传统银行业在网点、金融产品开发和客户网络方面的比较优势完全可以互补。同时,云计算的哲学思想也必将极大重塑传统银行业现有的客户管理体系、信用甄别体系、风险管理体系以及后台系统。

八、普惠:金融民主化与包容性增长

互联网金融的核心哲学之一是"普惠",互联网金融的发展对于构建普惠金融体系是非常有益的。普惠金融这个概念来源于英文"Inclusive Financial System",即"普惠金融体系"。"普惠金融体系"于 2005—2006 年由联合国和世界银行"扶贫协商小组"(CGAP)正式提出并见诸相关出版物。普惠金融体系的基本含义是,金融体系应该具有包容性的特征,应该以有效方式使金融服务惠及每一个人、每一个群体,尤其是那些通过传统金融体系难以获得金融服务的弱势群体。联合国希望通过微型金融的发展,通过传统金融体系的创新与转型,促进这样的金融体系的建立,从而进一步支持全球的反贫困事业。构建普惠金融体系需要强调两个方面的意义:一方面是如上所说的,普惠金融强调金融体系要为所有人服务,金融体系应该是包容性的、普遍惠及人类各阶层群体的,包括在传统上难以获得金融服务的低收入人群和微型企业;另一方面,普惠金融体系意味着要把微型金融整合到整个金融体系当中,使它成为金融体系不可或缺的组成部分,在法律政策上给予微型金融更广阔的发展空间,使其不再处于边缘化地位。"普惠金融体系"这个概念确立了一种全新的金融理念。这个理念与"包容性增长"是一致的,即要在经济增长和金融发展的过程中,使每一个人都能够得益于这种经济增长与金融发展,而不是被经济增长和金融发展所排斥。[①] 这是金融民主化的精髓。

互联网金融使得普惠金融体系的构建具备了新的可能性和新的途径。与传统银行业的高门槛不同,互联网金融的门槛较低,这就使得大量民间资本可以以互联网为载体进入金融业,从事信贷、保险、支付、财富管理等传统上由金融机构垄断的业务,这就在很大程度上增加了金融市场的竞争,加大了金融市场中的资金供给量,从而提高中小企业和农户的信贷可及性。很多互联网金融企业(比如 P2P 模式、众筹模式等),天然就是服务于中小微客户的,这就为这些在传统金融体系中很难获得融资的弱势群体提供了新的融资渠道。同时,互联网金融的参与者很多都

[①]　王曙光等:《普惠金融——中国农村金融重建中的机制创新与法律框架》,北京大学出版社,2013 年。

是提供短期和小额资金的普通投资者,在 P2P 模式和众筹模式中,资金提供者都是工薪阶层,他们提供几千元到几万元的小额资金,从而以互联网为依托进入了金融业庞大的供给市场中,大众的参与使得互联网金融更具有普惠性,对于动员社会闲余资金非常有益。

互联网金融从微观、中观和宏观三个层面构建了新型的普惠型金融体系。在微观层面,从客户一方来说,低收入客户、中小微企业和创业者是互联网金融体系资金需求的中心,互联网金融给他们提供了新的低成本的融资渠道。而互联网金融中的资金供给者也是零散的小额资金的持有者,他们通过互联网企业这个中介平台,向微型客户提供零售金融服务和微型金融服务,有些互联网金融服务的末端直接通往穷人和低收入者。在中观层面,互联网金融通过网络建立了系统的基础性的金融设施(如网络支付平台、庞大的征信体系和信用评估体系),使金融服务提供者实现降低交易成本、扩大服务规模和深度、提高技能、促进信息透明的要求。互联网金融未来将催生更多的基于网络的审计机构、信用评级机构、专业行业协会、征信机构、结算支付系统、信息技术、技术咨询服务、培训等,这些服务从总体上提升了金融体系的效率。在宏观层面,互联网金融提供了更为方便的融资渠道,能够促进居民收入的提高与宏观经济增长,使得宏观上的金融体系深化程度得以提高,并促进了政府在金融体系开放和深化方面的立法进程。

九、解构:传统金融体系的重构与变革

互联网金融的核心思想之一是通过互联网技术对传统金融业的商业模式和运作机制进行重构(reconstruction)或者解构(disconstruction)。这种重构或者解构虽然没有也不可能改变传统金融业的本质属性,比如互联网金融永远也改变不了信贷产品供求双方的借贷本质,也改变不了保险契约双方的权利义务关系属性,但是互联网金融却可以深刻地改变传统金融业的信息处理模式、客户筛选模式、风险控制模式和信用甄别模式。互联网金融的云计算和大数据的思维模式和营销模式已经极大地颠覆了传统银行业的运行模式,其蓬勃而灵活地运用物联网和大数据技术的创新能力、强大的数据挖掘能力、整合产业链上下游的能力等,都对传统银行业提出了挑战和颠覆。互联网金融对传统银行业的重构和解构使相当多的新兴客户群体游离于传统银行体系之外,以一种更为人性化和个性化的方式参与到银行业务中来,这一方面导致大规模的脱媒现象,另一方面也极大地缩减了传统银行业的版图。但是,这并不意味着传统银行业没有任何比较优势,相反,在互联网金融与传统银行的竞争和合作的历史进程中,传统银行业的核心优势——如严密的线下信用评估体系、紧密的客户关系、物理网点对客户的高度黏合性、对贷款客户资金流向的有效监督等,都是互联网金融难以比拟的优势。因此,面对互联网金融的大举进犯,银行业要审时度势,发挥比较优势,充分借鉴互联网金融思想中的精华,

以互联网来武装自己,克服自己在个性化和定制化服务、客户精准定位、信息搜集和甄别以及在产业链整合方面的劣势,如此就可以在互联网金融时代立于不败之地。

十、创新:制度创新、机制创新与产品创新的源泉

互联网金融的核心特征是无处不在、无时不有的创新,可以说,在互联网时代,金融创新是全天候的、全方位的创新。这种创新主要体现在互联网金融通过迅速的时空转换,实现金融产品创新、金融业务流程创新和金融机构创新。在金融产品创新方面,即使是最经典意义上的信贷产品(即资金盈余方向资金稀缺方提供资金所引起的债权债务关系),在互联网时代也以完全不同的方式出现了,P2P借贷中出现的"一对多"(一个贷款人可以把自己的盈余资金分散配置给若干借款人)和"多对一"(多个贷款人以各自零散的盈余资金配置给一个借款人)的借贷方式,比传统的银行信贷模式更容易分散风险,也更易筹集资金。在金融业务流程创新方面,互联网金融的出现使得传统的单纯依赖线下调查的方式来甄别客户信用的方法被彻底颠覆,电子商务、物联网以及移动支付所提供的大数据极大地降低了传统银行业的信息甄别成本和信息搜集成本,使业务流程更为简易和快捷。在金融机构的创新方面,由于互联网金融而催生出来的新机构几乎每天都会产生,这些新型机构广泛涉及征信体系、支付体系、数据挖掘体系、物流体系、电子商务体系、移动互联网体系等种类繁多的领域,未来还可能更深入地渗透到更为广义上的服务业。未来互联网金融必将以其创新精神继续重构整个金融体系和经济社会体系,同时其运作的规范性和合法性也将进一步提升。

参考文献

B. Greewald & J. E. Stiglitz, "Externalities in Economies with Imperfect Information and Incomplete Markets", *Quarterly Journal of Economics*, 1986, May, pp. 229—264.

J. E. Stiglitz, "The Role of the State in Financial Markets", Chung-Hua Series of Lectures by Invited Eminent Economists, No. 21, The Institute of Economics, Academia Sinica, 1993 April, pp. 17—19.

Stiglitz, J. and Weiss, A., "Credit Rationing in Market with Imperfect Information", *American Economic Review*, 71 (June), 1981.

T. Hellman, K. Murduch and J. Stiglitz, "Financial Restraint: Toward a New Paradigm", in M. Aoki, H. Kim and M. Okuno-Fujiwara, eds., *The Role of Government in East Asian Economic Development*, Clareudon Press, Oxford, 1997.

〔美〕维克托·迈尔·舍恩伯格(Viktor Mayer-Schönberger):《大数据时代》,浙江人民出版社,2011年。

费孝通:《乡土中国·生育制度》,北京大学出版社,1998年。

胡必亮：《关系共同体》，人民出版社，2005 年。

卡尔·波普尔：《开放社会及其敌人》，中译本，中国社会科学出版社，2002 年。

王曙光：《村庄信任、关系共同体与农村民间金融演进》，《中国农村观察》，2007 年第 4 期。

王曙光：《市场经济的人格奠基与信任拓展：超越主流经济学分析框架》，《北京大学学报》（哲学社会科学版），2006 年第 5 期。

王曙光等：《普惠金融——中国农村金融重建中的机制创新与法律框架》，北京大学出版社，2013 年。

后　记

　　本书收录了作者近几年发表的有代表性的二十一篇学术论文。这些论文的主题,大多属于农村发展领域,涵盖农村金融改革、民间信用演进、农村公共品与乡村治理、农村贫困与反贫困、制度创新与转型理论等方面。近十年以来,我和我的研究团队坚持进行系统性的大规模田野调查,从田野调查中获得学术灵感和理论创新的动力。应该说,这种基于田野工作的乡村研究方法论,是每一个研究农村问题的学者必须体验的功课。我要感谢那些与我一起进行农村研究和田野调查的年轻的同道者,他们对北京大学农村金融学科的开拓功不可没。感谢那些对我们的田野调查提供无私支持的农民兄弟以及地方政府、基层农村金融机构、农村医疗机构和合作社的朋友们。我要特别感谢邓一婷博士、王东宾博士、李冰冰博士、董香书博士、杜浩然博士等年轻学者,他们在理论建构、田野调查实践以及数据处理等方面所作的出色工作,构成我的学术生涯的重要组成部分,与他们的交流与合作也是我最值得珍惜的宝贵记忆。

　　本书在编辑过程中基本保持各篇论文在发表时的原貌,只在技术细节上有细微的修改。为保持论文在阅读上的独立性和连贯性,故极个别内容略有重复。感谢发表这些文章的杂志惠允文章结集成书出版,并衷心感谢《财贸经济》杂志社王迎新老师、王朝阳老师,《农业经济问题》杂志社李玉勤老师、方静老师,《中国社会科学》杂志社许建康老师、梁华老师,《北京大学学报》程郁缀老师、刘曙光老师,《农村经济》杂志郭晓鸣老师,《经济科学》杂志社洪宁老师、于小东老师,《金融研究》杂志社李景农老师,《中国农村观察》陈劲松老师,《长白学刊》宋海洋老师,《中共中央党校学报》刘学侠老师,《财经研究》杂志社施祖辉老师等在文章编辑中付出的劳动以及对我学术工作的长期支持。本书承北京大学经济学院教授文库出版基金资助,特此致谢。最后,对北京大学出版社陈莉博士和郝小楠老师在本书出版过程中所作的大量细致的工作,谨致由衷的感谢之忱。

王曙光

2014 年 3 月 25 日

于北京大学经济学院